◎四川省社会科学高水平研究团队（2018—2020）“四川藏羌彝走廊文化创意产业发展研究团队”科研成果
◎阿坝师范学院校级专项科研项目“阿坝州旧志集成”科研成果

阿坝州旧志集成

茂县卷

董常保 编

四川大学出版社

目　录

茂边纪事

乾隆茂州志

道光茂州志

茂州乡土志

茂县概况资料辑要

茂边纪事

（明）朱纨 撰

明嘉靖年间刻本

提 要

《茂边纪事》一卷，户部尚书王际华家藏本，明朱纨撰。纨字子纯，长洲人，正德辛巳进士，官至提督浙闽海防军务、巡抚浙江右副都御史，事迹具《明史》本传。此书乃嘉靖十五年（1536）纨官四川兵备副使时，与副总兵何卿共平深沟诸寨番，因述其措置始末，作四六文一篇，而各以崖略分注其下。又附以纪事诗五十章，及李凤翔《靖柔编》、王元正《平蛮或问》各一首，彭汝实等诗二十一首。末有《自跋》，称此本藏箧中二十年。及开府浙、闽，忧谗畏讥，回思前事，大小一辙，乃萃为卷，录原行文移足之。盖纨在闽，以严立海禁，为势家所龋龁，郁郁不得志，故托此以致意也。卒为众口所排，饮鸩赍恨。士大夫虽渔利以自肥，然奸民得志，内外交通，海氛不靖者十余年，生灵涂炭者数千里。仕闽、浙者咸以纨尽忠贾祸为戒，无敢复婴众怒者。盖有明朝议，有朋党而无是非，自其中叶已然矣。(引自《四库全书总目提要》)

茂县最早的地方志是明代嘉靖年间朱纨延请王元正编纂的《威茂通志》，惜毁于明末战火，今无存，仅乾隆《保县志》载有只言片语。朱纨所撰《茂边纪事》成书于同时，或可补《威茂通志》之遗憾。《茂边纪事》是茂县现存最早的一部军事纪实志。

目　录

自　序[1]

初诸君之征词，为茂边参将周继勋赠也。纨以边隅学者，不知四六之体，乃戏为此。而感时叙事，不觉尽吐所怀。内翰玉垒王子见之，节去首尾，为《全胜楼记》入《威茂志》。愚意记体非似，且不欲泯其颠末，因稍增定为《茂边纪事》。

① 原无序，今按内容补。

茂边纪事[①]

嘉靖丙申季春乙丑，护林（茂州驿名）之北，来远（叠溪所驿名）之南，长宁古驿之墟（长宁驿今废为堡，有提营官戍守），穆肃两河之会（穆肃堡名两河会，其下极险隘，南北粮运必经之地），有戎不轨，倡自三沟（深沟、浅沟、浑水沟，皆番寨名）。群丑弗威，阴连二姓（大姓小姓）。稔凶残于杀越，肆睥睨于转输，神矣。枭鸺作慝，惟窥日入秘，如鬼蜮欺人，至拟天骄。急峡鲸奔，呼吸系千人之命。重关栉比，安危引一发之钧，天意伐谋，地邻告变（时报三沟纠大小旗山、水磨儿、立赖子、高黄、脊鱼凡十寨，夜伏两河口上下，期以来朝劫运）。周郎分阃（参将周继勋），夜传铜虎之符，龚尉名家（长宁提营指挥龚锐），早试金蒲之簇，群饕大沮，一芥不遗。兕出柙而猖狂，豕负涂而踯躅，婴此方张之寇，四路无双，动皆以律。之师三城有恃（贼既失望，则反攻长宁。纨力主战，守深戒，抚和龚锐，一日三战，皆捷）。警闻参府，建节星驰（周继勲），令下岳希，刻期云谷（岳希逐长官司坤元），累官都督。何无忌之策勋，独将游兵，杜诸公之敌忾。松州遣骑，临翼移屯。（时总兵何卿守松潘，遣方和、何礼辈援长宁，游击将军杜钦自叠溪移驻穆肃）。乃控上游，互为策应。蜀山吠日，百尔随声。周辙惊霆，纷如怒臂。外结河西诸部，日扰边陲；（河西巴猪、黑水、历日诸寨助贼攻长宁。）内要山后诸酋，径趋我阏。（茂州山后、罗多、魏磨、白若、罗村，古得、失堕、才主、核桃沟诸寨攻茂州。）积威攸劫，竞传市井。讹言故态，复萌追咎。辕门惜赏，（各寨岁赏，长宁路费银一万三千，叠溪路八千，以为常。癸巳岁，大中丞南涧杨公率总兵何卿平五寨，乘威尽革之。止循故事，存银一千七百有奇，量犒酒肉而已。至是贼以为辞，传者从而和之。）所赖九重神算，炳在琅函。时惟两院英名，茂流锦里，才兼将相。河阳潘岳之孙（大中丞方塘潘公）；风树纪纲，吴郡陆机之裔（巡按玉渊陆公）。刍荛并采，臂指相通。遂收涣而定疑，聿劝忠而鼓锐。三溪设险，可堑可城。（三溪自东路流出，至茂城北山前合流，西入岷江。）六哨分工，且矛且锸。台因山泽，图永逸于暂劳；阵寄鸟云，镇大棼于至静。（山后诸酋频年犯茂城，官军闭门讲赂而已。至是相地于三溪，出师分据之。众无固志，命即地为城，西起岷江，东极山巅。东台名之曰鸟云山墩，西台名之曰鸟云泽墩，中为鸟云亭。）应兵陇水，一战枯摧。枭俊黑桥，群奔瓦解。（城仅起数尺，贼奄至，众倚为固。陇木长官司坤儿卜即阵，诛贼首哭卓。群贼奔据北山，三日乃退。）核桃再炽，达观花水之遗；龙嘴夹持，进扼燕崖之隘。先人默夺，剧寇潜逋。（贼既退，恚甚。大聚于核桃沟，誓众肃队，将再入寇。时新城渐高，乃分兵进据北山，各守要害。期贼至于燕儿崖击之，贼谋知不敢进，半月自散。）伺间道于夜泗，坐收要害。（时贼暗纠五寨为乱，获夜泗诛之，乃定。）获细奸于时出，巧中机宜。旌

① 原无“茂边纪事”四字，今按内容补。

旗与白日交辉，号令为雪山增重。纵横应敌，三军不损一人；远近执俘，一月岂惟三捷。腰金贵介，独驰不测之巅；手刃元凶，两夺群攻之具。肤公尤烈，胁从皆降。（初贼犯茂为四月三日，长宁亦以是日受攻，几陷，龚锐身先士卒，驰千仞巅崖，斩哭竹巴，夺其七梢炮而还。如是者再，历日乃降，余贼皆解。）惟彼深沟，犹兹跋扈。千仞翔而弗下，蔺石为驱；万夫葸尔莫前，常山阻绝。（深沟恃险，惟据高下石。长宁去穆肃仅十里，不相闻矣。）老师非计，密使与权。昭物采以犒军，侈壶浆而属道。狼贪可笑，甘心葛伯之邀，鸩毒入怀；骈首中山之卧。荆棘介然成路，叱咤生风；桑榆藉此收功，诪张亏篑。（四月二十四日遣使祭牲酒，盛张鼓吹，声言穆肃犒军，出深沟寨下。贼争夺酒，群饮之。寻中毒，死伤无数。官道遂通，将率龚锐辈捣其巢穴，周继勲力沮焉。）光韬巨阙，舌戟争銛；敌树萧墙，笔锋御侮。（时内外皆主抚赏之议，有以私憾媒蘖纨者，因与之辨。且促何卿来会，公移私札，往来百计。）断案得中丞之斧，辨失仪秦；突围迎骠骑之鞯，欢交平勃。既三而伍，乍合而离。（五月十八日，纨至长宁迎何卿，反覆论难，日昃始定。议伪为不协之状而散，密期二十八日会剿深沟。）虚实相形，正奇互用。凿山通径，故左道以传疑；卷甲衔枚，忽中宵而乘懈。悬崖壁立，未遑邓氏之毡；分部蚁登，亟树汉家之帜。尽连碉于一炬，烛万劫之遗冤；数杂虏于横戈，刷千工（崖名）之深耻。（至期，纨与周继勋至自茂州，何卿、杜钦至自叠溪部，分指挥李嵩兵屯神溪沟，庞振兵屯刀溪沟，高智矣屯燕儿崖，曹圝兵屯魏磨墩，各为进击之状。留周继勋屯韩胡堡，维舟江浒，为欲渡之势，以缀二姓援贼之众。留高黄、脊鱼降者于穆肃诸堡，以杜往来传报之奸。龚锐分兵由长宁上门路，指挥蒋启兵继之；坤儿卜、坤元兵由长宁后山路，法保继之。指挥曹克新兵由两河口路，长宁安抚司兵由长宁下门路，杜钦兵由穆肃山路。俱夜半衔枚缘崖而上，凡越三岭。未明抵深沟寨，袭杀守者。合围之，焚其碉一百八十余座，火三日不绝。何卿洎其子何希亮、周继勲、杜钦各营其巅，为进击浅浑之规。）浅浑伊迩，一夕亡唇。老稚相携，四山崩角。事惩姑息，恢张擒纵之规；乱问厥由，克制短长之命。众输心而悔罪，争缚渠魁，至断指而祈恩，壹遵约束。（浅浑乞降不许，献甲献牛羊不许。浅沟缚送巨魁三人，浑水缚送二人，斩于军前。与深沟余党俱贡方物来降，愿受约束，有断指截耳以自誓者。）刲牛枭杪，饲马云端。鼾息仰天之窝，勒铭张口之石。月初建未，日则先庚，黑水再清，汉关重辟。壮士歌而昆仑应，妖氛净而牛斗光。伟哉！主帅之功，展也多贤之辅，智慧借惟乘势。号啕终有同人，征调无烦旁县。不闻金革，公私大省，居民尽仰帲幪（先是三司会议，调合省之兵，檄书发而捷书至）。彼娼嫉者，何为竟捷？皤乎何益？嗟乎！夷狄古无深治，兵家未有常形。处置得宜，韩舆取捷。忠邪易位，陈堑为夷。慎萧氏之金瓯，白茅斯重；碎范增之玉斗，瓦砾何殊？语要无他，任人而已。溯历年之多难，慨当事之寡谋。舍耕织于专门，玉人受教；狃採樵于近利，天险争雄。千里征兵，驱市人而浪战；一言遣将，率弟子以舆尸。野心从此日骄，士气至今不振。或吹齑而过计，每破釜而失声。吝出纳于平时，急抚和于临阵。堂堂中国，不羞城下之盟；赳赳武夫，尽剜心头之肉。校人饰诈，谓彼昏而不知；祈父招尤，惨多瘠而罔诏。驯致迩年之祸，无如五寨之深。（鹅儿、鸡公、刀农、乌都、鹁鸽。）江山助彼金汤，道路出其门户。防秋死别，一戍数千；来岁生还，十无四五。擢发已穷于甲士，褫衣不免千户侯。（所谓千工深耻也。）彼美督军，呈身三宿。（高智提督长宁时，为贼诱拘三宿，四百金乃免。）有雄骁骑，遮道千金。（游击邓爵阨于中途，千金乃免。）魏磨觇我垣墉，白若戕人肘腋。有山如障，来则高巢；有坎如隍，履同平地。孤城巩固，谁开近贼之门；福将尊荣，莫究折冲之志。蒙茸北郭，牧唱吞声。（茂城北门外田数千顷，不敢牧放马牛。）咫尺西桥，鬼门腾号。（茂城西门外镇西桥，号鬼门关。）狗彘贵于人命（长宁堡尝毙贼犬，众贼来攻，得人命钱乃散），貔貅贱若草菅。章玺稔凶，神人共愤。（章玺，茂卫指挥，因诱贼要赂者，十余年后毙于狱。）仵勋死事，日月为昏。（长宁堡百户仵勋为贼支解。）上帝闻腥，旋转廓清之运；元臣秉钺，凿开混沌之天。（即癸巳之举时，会计用兵之费三十万，调合省兵数万。）罪恶贯盈，宜俾根株悉拔；险肤起信，乃惟旦夕迩图。腥血犹争虞旌，倏下秦皇失措。马高已死之金，丧乱既平。人惜有功之杇，健儿鲜体。髦士弛担（乙未秋，纨承兵备之乏），乏承殊类。杞忧环视，漠如越瘠。言犹在耳，戎复生心。试观四起之尘，夫岂一朝之故。及今不戒，尚事因循；厥祸长流，将何纪极。彼其之子，束高阁乎几年；亦独何心，坏长城乎万里。塞胸诸难，未闻决策。耸人销骨巧词，只见幸灾乐祸。身如谋国，何嫌殿上之争；贼已渡河，尚作道旁之舍。百年之算，肯敛手以推棋；六月之师，但驾言于挥扇。肩山欲蹶，腹剑反攻；太阿不识，倒持宏词。何用手板已看？倒执高论犹存。嗟乎！内有谗夫，外多勍敌；坂高难合，息壤无盟。肘虽掣而力自前，踵未旋而乱遄定。人见田单厉气，遂收三月之功；孰知神禹至诚，会奏七旬之格；竖儒几败乃事，炎德方隆蔡功。惟断乃成，名贤在位；匪人匪地，惟动惟天。盖忠良不病于扼腕，斯夷虏无忧于猾夏。天冠地履，自循万古之常；秋杀春生，孰爽四时之令。是非如镜，赏罚快人。英雄有乐死之心，沙漠尽宣威之地。嗟乎！室家安枕，所重藩篱；七剂奏功，宁辞瞑眩。靡监莫非王事，匪躬乃见王臣。戎塞归骖，耆老垂汉官之涕；青萍长价，将军全报主之身；柏府持衡，宏启清平之宴（两院开宴，名曰清平）。玉垒秉笔，大书全胜之楼。（玉垒王子元正）白面何能，躬逢盛事；彤弓载咏，共醉佳辰。念一时共事之情，成百折不回之义。有痛更深于定，惟亡乃保其存。爰纪诸艰，再申百韵。

纪事绝句五十首

谁将全胜榜高楼，太史毫端走素虬。
五十余年无此捷，三溪回合大江流。

丙穴嘉鱼来入馔，山椒归马赋平羌。
绮罗色动三城戍，笳鼓心苏百战场。

将军片纸活千人，藩屏三州护百囷。
回纥未传单骑至，匈奴已识汉兵神。
（所谓周郎铜虎之符，龚尉金蒲鏃也。此后二十六首，俱纪兵兴以来事。）

独守孤城抗贼冲，连旬血战尔何雄。
他时扫荡妖氛净，首论睢阳保障功。
（尉龚锐所谓：婴此方张之，寇动皆以律之师也。）

河东复构河西贼，小姓兼为大姓谋。
银锞纷纷俱散尽，入传木刻到松州。
（番寨纠赏以银锞为质，以木刻为信。）

汉关周道尽狼烟，猛将提兵去未旋。
白日汹汹文武地，黄埃滚滚犬羊天。
（时周继勋在长安，茂城闻山后诸酋入寇，上下震怖。）

马度三溪宿雾开，云中指点破群猜。
高山有险无人守，城下长年纵贼来。
（所谓三溪设险，六哨分工也。）

犒士长安策马回，即看群贼蔽山来。
挥鞭列阵须臾定，匣剑韬弓次第开。
（贼至插旗寨，纨自长安驰回拒守，已而继勋亦至营于法保寨。）

黑桥不省鸦兵至，黠虏轻趋细柳营。
结绿寒铓刲贼首，缕金明甲献新城。

（贼趋周继勋营，坤儿卜伏兵黑桥，邀斩贼首哭卓，获其甲，皆缕金为饰。贼众遂溃，所谓一战枯摧、群奔瓦解也。）

逋酋折趾怒横戈，再煽腥风出魏磨。
虎帅营中看制变，燕儿崖下好张罗。
（所谓核桃再炽，进阨燕崖也。）

核桃沟里数千群，半月逡巡竟不闻。
却说往年山下路，游戎曾此覆三军。
（游击张杰先年陷设于核桃沟，茂军损三之二。所谓士气，至今不振也。）

千仞巅崖起七稍，双龙飞度斩天骄。
若非风送云中舄，应是神驱海上桥。
（尉粪锐所谓独驰不测之巅，两夺群攻之具也。）

复道长宁收历日，兼闻实大杀巴猪。
今朝叱咤千人废，前日将军一纸书。

贼技初穷只据高，一夫驱石万夫遭。
解围胜有平城计，取醉何如公瑾醪。
（所谓狼贪可笑，酖毒胥怀也。）

黄昏连寨死伤余，鸣剑长驱定釜鱼。
百尺竿头难进步，鸿沟养虎计何如。
（诘周继勋。）

群疑错认武陵蛮，投笔凋伤猛士颜。
马革便须图死报，玉门何必问生还。

元戎整队下松州，两将云从万弩遒。
虎翼翩翩旌帜动，狼心乙乙纲罗收。
（时参游以下，知内外不协，渐成观望。何卿既至，怯者勉而勇者奋矣。）

神溪沟入刀溪口，青草山连黄草坪。
面语才贤须耀武，目知奇正好论兵。
（谕李嵩辈。）

征戍常年悲巷哭，今朝出塞引儿嬉。
镇西桥外三军气，兵未交锋胜负知。
（慰蒋启辈。）

乌云山泽自逶迤，从此诸番不敢窥。
便有横磨兵十万，城中供亿了无期。
（师出望新城自慰。）

春来乌合动盈千，左右支撑竟帖然。
千虑本无韬略在，孤忠或有鬼神怜。

西山西望更无天，雪岭参差六月寒。
莫谓浮云能蔽日，马头旗影是长安。
（筑长安堡。）

韩胡正控诸蛮会，坚卧烦君一枕当。
赤壁孙黄俱俊伟，诗家千载颂周郎。
（是夜，固留周继勋于韩胡堡。）

穆肃山高云栈开，奇兵须听疾如雷。
当年王濬收归命，为有江陵杜预来。
（寄杜钦。）

韩胡灭火肃宵征，峡影星光水暗明。
军校相逢问车骑，勿云马上有书生。
（是夜别周继勋，潜行二十里，甚或免冠下马，混众卒中，缘崖步行达长宁。）

比来神使速精兵，珍重将军许马迎。
与报驽骀筋力健，长宁早已驻新营。
（报何卿。）

夜半营中传令发，平明碉寨化为烽。
深山不识擒戎计，惊问天门下几重。
（所谓分部蚁登，连碉一炬也。）

先锋一剑斩楼兰，遂定盘云虎豹关。
天子征辽功万级，何如三箭定天山。

最险深沟一夕平，浅浑连夜自相惊。
将军只共三军宿，火满前山赤帜明。
（所谓恢张擒纵之规也。）

输甲输牛未许降，渠魁骈首伏铦锃。
群山万落魂销尽，始信朝廷有宪章。
（所谓输心悔罪、争缚渠魁也。）

当年此地见蛮酋，三日天兵不敢收。
都尉急传犀角阵，中丞亲上北城楼。
（此后追纪历年之难及近日任事之艰耳。往时茂城拒贼，列阵北郭。贼散出其左右，率数步一人，矢无虚发，名曰满天星。官军露宿三日，有献计者作犀角阵：一向北门、一向西门，后广前铣，仅获入城。）

山头乱水背村流，血染平原草木愁。
城下咆哮需退甲，江边澡洗问椎牛。
（贼常年攻茂城，索退甲财物，谓之退甲钱。既释甲，浴于江头，索牛酒财物，谓之洗澡钱。）

种菜为园尚有墩，可怜孤注社坛村。
深山狐迹时当道，斜日人家早闭门。
（茂城北郭外有社坛村，土民居之，高垒自固。东郭外有官民菜园数顷，筑菜园墩，分军守之。）

群凶忽犯边城戍，话我曾伤贼一人。
壮士伏诛园不解，佯彝来坐弃尸唇。
（镇戎旧事：有军人射杀一贼，翌日群贼围堡，乃囚。掌堡官及本军，赂而谢之，贼不退，遂毙本军于狱，令贼妻入视，坐尸唇验之，始解围。）

三年赢却羝羊角，一死犹输人命钱。
独有我军如土芥，几千沟壑更谁怜。
（堡军尝与贼争，三年后死，仍索人命钱。）

天险神功臣斧开，何人唤取大棺材。
江声入夜如雷吼，应是山灵怒气来。
（汉关墩北有大壑，常年军死悉委其中，人呼曰大棺材。）

块肉瓶浆作俑年，何人一费万三千。
草黄山瘦春天色，应是民膏岁月朘。
（先时赏番，惟瓶酒块肉而已，后无纪极，岁费万计。）

羊肠鸟道一丝悬，路并江声入汶川。
天险不殊风教异，诸君惟问赏番钱。
（自叠茂尽汶川境，逶迤千里，皆高洼急峡，仅通一线之路耳。汶民最淳，恪供赋役。北路要赏无厌。）

长宁来远旧征徭，剥尽军储祸未销。
当局好论先后着，江山随处有杨公。
（要赏诸寨，旧皆长宁、来远二驿失也。）

常言投拜本相愚，荐履辕门入壮图。
独有宋家金帛贱，尽将闽广付强胡。

驱石如神贼技长，腾云流火亦相当。
欲纾戎祸惟威信，何事临危议抚降。
（边军火箭利于攻远。）

从来作舍道旁难，抗论孤危血泪殷。
今日论功谁第一，都台霜斧童于山。
（所谓断案得中丞之斧，辨失仪秦也。）

充国谋成惟魏相，乐羊功就属文侯。
谁将一死酬知己，曾母当年杼亦投。

重赏真看有勇夫，何如厮养滥吹竽。
绝怜三月经戎费，不及供边半月需。
（茂边月给该银九千有奇。）

此意参差竟未如，荊州木屑总堪储。
君看百费今狼藉，尽是年来节省余。
（初意欲大简边军，易以边氓，众议不协而止。）

山肩旋觉临边重，肉眼相看亦外轻。
休诧君门违万里，会城翘首即春明。

兵神却说边情易，人险何如蜀道难。
塞外将军犹草食，枥间嘶马自雕鞍。

何事功成将亦疑，羽书初定尺书驰。
古来文士多高论，不向军前赋一诗。

万丈云霾孤绝地，一宵风雨再生天。
边关呼吸无人见，惟有空山瀑布悬。

推恭谁为羊都督，褒诏空怜悉怛谋。
不独平吴烦圣虑，西戎自古朝堂忧。

赐进士出身、中顺大夫、四川按察司副使、奉勅整饬威茂兵备兼理粮储，长洲朱纨撰。

靖柔篇

维皇祀十有五年春三月，维州迤西，长宁、穆肃弗靖。诸番肆毒，将校有警，边鄙再变，虏情叵测。我兵宪秋崖朱公以监司整饬为至虑，勤劳谋画，调度制驭。于是按险隘以严斥堠，暂介胄以精技射，处钱谷以备给饷，诘攻守以定奇正，悬赏格以速斗志。乃总戎柏村何公以松城至，游戎杜公以叠溪至，而参戎周公则朝夕从事惟谨者也。于是督四路之令，兴六月之师，掩袭诱伏，攀扪驱蹑，士各用命，诸酋震恐。纵炬焚浅深之沟，血刃歼浑水之寨。豺狼宵遁，草木皆兵。羸薜逻拜，渠魁授首。遂全师以归长宁，俟群丑而来效顺。是役也，以谋则审，以兵则寡。不费官帑，不烦有司。振旅靖寇，我秋崖公之力其可少哉？是故慎云中之调者其敌遏，计先零之宜者其围固，资荥绛之将者其机成。矧才以御众，气以宣力；智以济变，威以佐德。我公之伟绩，盖亟于闻上哉。柏村公辈将奏报勒铭而远，属五石子以为言。五石子曰：谋贵独断，兵贵万全。昔者庸蛮叛楚，阪高之役，势将徙迁，独大夫蒍贾谋以决战。当时潘尪感奋，师会临品，斗椒至自石溪，子具至自仞道。群蛮就盟，庸见威焉。是故秋崖公之算，蒍贾之善也。诸公戮力，扬三子之恪命也。敢不欣跃以申义？而为之歌曰：

> 芭凤鸣治兮海内毓灵，法星应会兮西土胄临。公当锁钥兮王心载宁，维州告急兮番酋煽腥。宪度严明兮垒堞先声，将校贾勇兮士卒锐精。踦角夹攻兮石莽崩腾，气奋膽张兮电掣雷轰。矛横戈挥兮兕逸蜿奔，寨碉烈焰兮雾散星分。俘获克捷兮扫穴犁庭，公速下令兮纳疑全生。戎心谁逞兮慑威称神，玉垒增光兮树绩策勋。汝水澄波兮饮马洗兵，嗟公谈笑兮樽俎干城。仰公熟筹兮万世法程，陋彼汉唐兮徒务纵横。愿纾主忧兮克广德心。

嘉靖丙申六月望后二日，赐进士出身、承德郎、云南道监察御史，成都五石李凤翔顿首书于青羊少室。

朱宪使平三沟蛮或问

或问曰：夫朱宪使何以克三沟蛮也？山人曰：夫朱宪使得所以克蛮之道，惟时而已者也。夫云行雨施，万物育焉；严霜厉风，万物剥焉；天时也。夫夷狄顺，我则思以抚之；逆，我则威以剿之；人时也。是故取诸天时以察其变，取诸人时以究其成。时抚则抚，时剿则剿；恩威以时，道其丕煜；君子之能事也。尚其明，不疑于所虑；持其刚，不怵于所之。是故以整诸迩则不棼，以御诸远则不疚，以理诸天下国家之大则无不利。匪明则疑，其征凶也；匪刚则阻，不可以大事也。惟明惟刚，与时偕行。宪使其善学君子者乎哉？其莅茂也，以诸克蛮之道询诸守令焉，询诸将领焉，询诸乡士君子焉。其告者，不曰抚则曰剿，不曰剿则曰抚，又有曰在不抚不剿之间。于是仰观俯察，按其图籍，审其地险，究其夷性，绎其庶言。变而通之其蔽撤，化而裁之其偏举。曰：我有所取之矣。其惟时乎，所谓随时变易以从道也，予尝受诸《易》矣。且龙勅在函，诰告惟明；宪台百尺，臬峻而凝。济济三军，如罴如熊。茕茕小民，云胡不宁？蠢蠢变酋，肝脑雷霆。是故有备无患，先事也；难而苟违，旷厥责也。功则归己，虞则推人，匪我志也。时惟蛮众，伏戎千莽，突如跃如，其来纷如，矫虔攘夺，自干天殛。宪使赫怒，时哉不可失矣。是故童牛之角，时宜牿之；高墉之隼，时宜射之。播令于众，征兵于土氓，缀其行伍，简其犀铳。合群离而一之，不以劳远，盖取诸《涣》。甲朽锋折，曷以赴敌？除其戎器，无有不善，盖取诸《萃》。用命有厚赏，不用命有常罚，谆谆然命之，盖取诸《巽》。筑郛于郊北，所谓设险以守其国，盖取诸《坎》；腾檄于中丞，所谓外比于贤以从上也，盖取诸《比》。抗言于三将军，誓诸神明示以肺腑，盖取诸《同》。人出以律，行以粮从；殪蛮于黑桥，殄于长宁；收长子之捷，无舆尸之虞；盖取诸《师》。蛮泣降于野，懔懔若就死地，赦过宥罪，刑有常典从之，盖取诸《解》。夫惟明以通其时，夫惟刚以乘其时。通则其业新矣，乘则其誉远矣。君子之能事，备于宪使矣。或曰：明之失察，刚之失厉，亦能永业而终誉乎？山人曰：明可贵也而晦为难，刚可贵也而克为难，是故宪使能以永终也，盖取诸《谦》。观其班师而还，告诸人曰：主持拟议，是惟中丞潘公之力；张弛有方，左右得宜，是惟都督何公之力，捶阬批亢，无缩气，有毅声，是惟周杜二将军之力；其何功焉？《易》曰：劳而不伐，有功而不德，厚之至也。又曰：谦尊而光，卑而不可逾，君子之终也。是故可以迓《晋》接，是故可以衍《泰》祉，是故宪使能以永终也。于是乎知时《易》之道也。刚而明，《易》之德也；谦，德之柄也；受《易》之益大矣。适庠文学暨诸乡士君子至，谓山人曰：宪使克三沟蛮也，云雷经纶，擎蒙御寇；旅无二矢之亡；力解三年之备；道路康衢，我民枕席；宪使之赐弘矣。凡我编氓受而谖乎，惟需言以彰群志。山人遂以答或人之言，书诸轴以献诸宪使，而曰“或问”。

嘉靖丙申孟秋中旬日，玉垒山人王元正撰。

《平番诗》序

嘉靖十有五年六月，宪伯朱公平番夷于深沟。八月，拜送巡抚潘公于叙。过嘉时，司谏彭子汝寔方住闲，凤韶亦谪下僚。公以同年故招之，燕于凌云，礼意独至。君子曰：古道不在兹乎？彭子因出《平番诗》数章，美朱公也。凤韶读而叹曰：美哉！兹功不独在一方，在社稷也。夫番夷之为国患也，寔当襟喉，非若北虏生长草地，无预中国，可以置之度外者也。然连年以来，恩亵于岁赏，威损于抚和。驯至今日，杀掳我人民，阻截我粮运，攻袭我城堡。望我赎取，挟我赏赐，势将不戢。公问其策，武人曰：抚乎？公曰：已误，不可再也。于是乎举兵。然则抚中寓剿乎？公曰：不信何以任人？于是乎一于剿。然则遂进乎？公曰：不守则不战。于是乎砌城垣。然则何以剿乎？公曰：不困则不下。于是乎焚其碉寨，取其田禾。然则尽剿乎？公曰：献其馘，斯止矣。于是乎诛首恶而什胁从一，十余寨望风底平。然则厚赏乎？公曰：厚赏将不继，祸之始也。于是乎节岁赏。君子是以推公之善谋也。不损威，不亵恩，不失信，不伤仁，不惑危言，不急近功，故曰：不独在一方，在社稷也。昔申伯崇德，宣力四方，为周藩翰，尹吉甫作诗以为颂。彭了之意，不在兹哉？凤韶因序之，以告于司边计者。

嘉靖丙申九月壬午，麻城毛凤韶谨书。

平番十曲有叙

威茂松叠，蜀西山警地也。羌番为难，古无宁时，西南实苦之。宪臣经戎，武臣承敌，少有异同，动成牵制，而卒以偾事者往往也。嘉靖丙申春，诸番构煽，阻道要赏，大肆攘处。我秋崖朱宪伯，实定幄中之谋，两台诸司无不画一，将领用命，士饱马腾，三月而成西山之功，川之南北，得无震邻之恐？所在讴吟，况我年雅身被霑濡者，乃不能为里人致一言，以志不忘乎？

一赏糜军一岁租，何人捐此百年痡。
嘉州可惜岑参老，无句歌吟封大夫。

委质羌酋累乞盟，镇西合筑受降城。
马前尽献描金甲，吹彻鸣笳瘴月清。

旄头落尽将星高，羽扇纶巾富六韬。
栅寨碉房俱火猎，瘴烟千里彻惊飚。

一道威名重两台，渎江安下雪山开。
夷歌杂采成番乐，朱黻原兼文武材。
（先生有《平番诸什》。）

丁玉常清位望同，西南徼外一丸封。
雪山已为先生重，不数天山早挂弓。
（丁、封二大夫皆有遗绩在边，时以拟先生者。）

宝剑新弹鹖鹈光，照人寒色晓飞霜。
诸番已落当时胆，啮指于今敢架梁。
（架梁，番人守隘乘高之语。）

霜风夜袭铁衣寒，鼓吹铙歌拥队还。
消得年年洗兵马，深沟浅壑助潺湲。

腊雪不严春不暄，军威无素赏无恩。
谁知缓带轻裘者，谈笑犹能却吐番。
（先生力剿不和，威是用戢。）

蛮巫绳卜巧占羊，是处夷方是鬼方。
设教贵神君莫讶，岐山从此日焚香。
（事平，里中有神赛，先生大祠之，以萃人心，因俗美云。）

不迓来奔不拾遗，先生自是丈人师。
庙谟已足酬西顾，敢献元和圣德诗。
（先生军中誓戎，土人德之。）

嘉靖丙申秋，嘉定彭汝寔拜书。

平三沟蛮曲十首

镇西桥北路，白日望昏昏。
两河飞毒矢，五寨是游魂。

虎臣鸣尽角，象宪驾舟輓。
蛮儿崩厥角，绝嶂出降幡。

孔明擒孟获，狄帅得侬高。
昆仑惊电炬，洱海怖龙韬。
千载留英迹，三城伏俊髦。
眼看行道究，箪食岂徒劳。

雉堞长宁堡，虎隅来远楼。
如何岚气掩，不尽野人愁。
金缯悲贾策，肉食愧唐筹。
东吴一俊杰，揽辔独澄流。
万仞探彪穴，三营结豹帱。
远开云鸟阵，不见深浅沟。
崩角奔遗孽，紧累泣老酋。
莫芰穮麦尽，性命借淹留。

井幕连松镇，江沱下汶关。
须才为保障，此地属难艰。
气倡三军壮，师迎六月还。
道旁舞衰白，布褐有余欢。

电扫乌蛮窟，云开青草岑。
干戈看倒刃，负戴莫惊心。
溜索狐踪灭，残苔燐火侵。
康庄明月蒲，匹马汉关深。

群寨还周服，弥山艺禹田。
何年吞噬便，裂作犬羊天。
驿撤虚星使，墩明有画烟。
从今肃杀后，王道颂平平。

何武遗英胄，朱云更好孙。
杜周皆俊伟，义气溢櫜鞬。
勇捷挥星剑，谋深运海源。
荒陬籍锁钥，山躍水腾掀。

不见縻泉布，而能定狗羌。
一从遭血刃，谁敢复猖狂。
权杜歌周仕，饥寒仰汉强。
书茅绹夜索，乘屋哭声长。

玉灵濯江汉，戎誓戒春秋。
寄语临边将，须为报国谋。
廪禄思先世，簪缨慕远修。
秋崖亦儒者，抗志即戈矛。

玉垒山人王元止。

平三沟谣

嘉靖岁丙申，季春日初九。
三沟蛮跳梁，乌合祟岗阜。
架彼七稍炮，逞彼山桑杻。
矢石若雨注，人心若熏炙。
粮运浑不通，商货任其棓。
长宁堡危哉，筹策烦官守。
武矣图暂安，招抚意云厚。
或论持两端，令人事掣肘。
智者握其几，征剿议为首。
亟筑北子城，先事防不偶。
突如四月三，群蛮来相殴。
仗此城半成，可当万夫赳。
一战才交锋，头落我军手。
鱼散而鸟惊，丧气投林薮。
楼扁全胜楼，北揭昭星斗。
城号小金城，志载垂不朽。
夫何犬羊性，诡计日相诱。
纠合豝猪蛮，攘夺两河口。
奇计自此去，多命死药酒。
恠哉蛮儿命，自视若鸡狗。
跳梁日益滋，攘夺仍依旧。
道梗几三月，我备事事有。
躬率三军行，三将听指授。
时维五月终，直上深沟陡。
捣彼巢穴空，蹂彼穬麦亩。
始识我军威，且哭且奔走。
老幼尽呼天，乞我饶罪咎。
混浅雨沟蛮，望风崩角叩。
争献恶酋头，冀我归斯受。
不亡我一矢，不费我粮糗。

取捷呼吸间，有嘉获匪丑。
国威益张大，蛮性收咆吼。
剿抚兹较之，孰左而孰右。
我闻御戎方，几定无可否。
彼既犯中华，我剿奚可后？
彼若安夷分，我抚未为忸。
剿抚二字明，文武才堪数。
厥功继五寨，厥谋靡让某。
全师收全功，责任良不负。
今齐丁玉名，古与德裕友。
桓桓六月师，咏来太史叟。
啧啧群欢声，踊若获珺玖。
军曰我长城，民曰我父母。
日升而月恒，令誉同其久。
汶水而岷山，奇勋并其寿。
但愿继继推，毂皆若人威。
茂风清纾我，皇王西顾恸。

汶川李延芳。

克平番寨疏

巡抚四川等处地方都察院右副都御史潘鉴题为：克平番寨事，嘉靖十五年七月十三日。行据四川按察司威茂兵备副使朱纨、分守松潘副总兵署都督佥事何卿、协守松潘南路右参将署都指挥佥事周继勋、叠茂游击将军署都指挥佥事杜钦会呈，督兵克平深沟等寨，剿抚获功缘由，各称云云。捷报到臣，案照本年三月十八日有副使朱纨等呈报，深浅浑水等寨逆番，突出截抢粮运缘由前来。臣即与巡按御史陆琳，各行兵总、参、游击等官，统兵分布紧关墩堡，相机抚剿。间又据各官报称，各番占架山嘴不退，乞发军火器械策应。臣等又严行都司解发，及行都、布、按三司掌印等官集议兵粮。四月初十日又据副使朱纨报称：各番纠合千余去打长宁堡，一半来犯茂州城。官军迎敌，斩获身穿描金甲番首一人。余贼多被残伤，奔扎山寨，声言定要添赏，方退等因，到。臣当差武举千户孔仁前去赞画，并赍执火牌，及巡按御史陆琳案行各著落，参将周继勋住扎长宁堡，游击杜钦住扎穆肃堡，各整搠兵马，副使朱纨居守茂城，与副总兵何卿计议调度，仍相机抚剿，及严督修筑茂州北门外城备御。去后，随据朱纨等揭帖禀称，各番不时突出，幸我兵粮有备，死守封疆缘由前来。除严督该边兵马，奋拒坚守，毋开赏议，致贻后艰。若果有梗道路，有犯墩堡，容臣等调兵集粮，相机扑剿。俱经会本，于本月十三日，具题外绩。据四川按察司呈，该本司署印副使龚亨，会同布政司左布政使陆深、右布政使卫道都司都指挥刘永昌、守巡道右参政张大轮、副使欧阳，必进计议兵粮行，该边相机剿抚，务使渠魁就擒，余党解散，及发官银二千两前去支用。又据朱纨呈称，长宁一带路梗，叠溪粮运难进，乞折价银，暂收茂库解发等因，允行外该。臣与巡按御史陆琳看得，前项逆番事始在于深沟，各行兵总等官相机将该寨发兵除剿，余寨抚降。认守地方，容其往来买卖，生理仍听卯，以存约束。及看各番北抵松潘，南通威、灌。又行松潘兵备等官，南北遏截。臣节差千户丘玺等赍执旗牌，督剿深沟，余寨招抚，不许故杀降党。及该御史陆琳移住灌县，一体督振军威，调度行剿。又据三司议，调叙、泸、大、雅等处汉土军兵四千八百名，调取间，续准兵部咨该本部覆议，题奉钦依移咨前来。又经通行各官，相机剿抚去后。今据前因，除会同将节次解到番级，俱发按察司验明，发为害地方枭示，擒获番妇收候查处，并投献牛羊等项，发茂州变价入官，番器贮边备用。被伤军兵给银医治，死者置卖棺木，寻尸给埋。用过钱粮，行兵备道，查明造册，缴报查考。原议调叙泸等处军兵停止，及会行巡按四川监察御史陆琳外，该臣议照叠溪北拒松潘，南牴威、茂，守叠所以保蜀，实为朝廷紧关边城。但其地孤悬群番之中，贼寨星罗，俯瞰关堡。以相杀为撕打，以战死为善终。一有变动，叠先受厄。在昔西番盛时，官军莫之敢撄，假赏羁縻。今夕狼飧，来日悖德；公和私赂，岁费万余。朘生民膏血，销国家元气。历历边事，言之可悲。嘉靖十二年，仰伏天威，克平五寨，裁抑赏需，边事稍振。历今三岁，警报绝闻。乃者深沟，恃共雄黠，无故抗威，突出阻运。近邀浅沟、浑水、岐山、水磨以借声势，远结赖子、儿立、高黄、脊鱼、巴猪、黑水、历日、白若、罗打古、罗多大小各姓寨番助衅。猖狂敢肆，虐毒恣横，杀军窥城，曾莫忌畏，而又邀夺兵机公文，以致传报不通，运道为塞，粮饷折银；贮茂关堡，忍饿待苏；施恩招降，梗不服命。盖以五寨近挫，饕餮失图；深沟独雄，姑诚一逞；少得遂利，旧焰再张；不知阻运。挟赏词，属要求。事既犯顺，罪实滔天。兹幸仰伏皇上德威之重，卿相谟算之成。假臣等督处之便，诸将一呼，群情响附。不俟征师之至，即收焚夺之功。巢穴既倾，凶丑随溃，卒之输情纳款，全师以旋。其余助衅寨番，献甲不可，献牛羊不可，直至献馘而后，待以不死。若擒纵之，由我者砍狗剁牛，固彼常事；断指割耳，实前罕闻。此则剿不穷兵，而抚寓于剿之中；抚不用赏，而剿行于抚之内。盖非得已之剿，亦非不得已之抚也。即今道路廓清，关堡宁谧，粮运长驱，蜀天欢庆。又况州县得免赋车籍马之劳，市廛亦无行赍居送之扰，较之五寨之捷，尤收全功。盖非先有十二年之捷，亦不能成今日平定之功；非有今日平定之功，亦不能有光于十二年之捷也。再试失利，彼复何谋。自今而后，诸番知有朝廷矣。及照分守松潘副总兵署都督佥事何卿、四川按察司整饬威茂兵备副使朱纨，腹满经略，动合机宜，文武同心，艰难共济。卿也战伐久亲，威名素著，再日克五寨，今日克深沟。所谓投之所向，无不如意者也。纨则运筹之妙，主议之坚。到边一年，省钱粮几及万数；行兵三月，用军饷未满五千。所谓盘根错节，方别利器者也。协守松潘南路右参将署都指挥佥事周继勋、叠茂游击将军署都指挥佥事杜钦，骁勇俱雄，威武各奋，艰险不避，矢石争先。提督长宁堡松潘卫指挥佥事龚锐，婴[①]方张不制之贼，率素练敢死之兵，血战十余，军无一损。始则周继勋星驰救援之力，继则何卿日添精兵之功。机仆而立，卒获渠魁，滨死不回，以需大举。论今日分兵取捷，劳与众同，而连月抗敌，保全功为独著。成都后卫指挥同知曹克新、茂州卫指挥佥事蒋启、松潘卫千户张昊、武举舍人何希亮、陇水头长官司土官坤儿卜、岳希蓬长官司土官坤元、静州长官司土官法保，均有率众先登之劳。实关，出死得生之地。一茂州掌印知州吴潮、茂州卫掌印指挥使鲁元忠、威川千户所掌印指挥佥事宋连、宁川卫武举千户孔仁，随分经画，各效勤劳。又照四川布政司左布政使陆深、右布政使卫道按察司副使龚亨、右参政张大轮、副使欧阳必进、都司署都指挥同知刘永昌，或殚思计议兵粮，或同心慎严封守，群策并行，均有劳绩。再照巡按四川监察御史陆琳，警报一闻，心怀忠愤，谘谋广集，志切除凶，大秉肃清之威，屡驰约誓之檄。慰劳军士以作其勇敢，亲驻边城以助其威声。以致诸军用命，群丑销魂，厥功不可不录。如臣叨享朝廷重禄，滥膺地方重寄，百凡边务，皆其常职，固未必尝有分外之劳，为可报称也。惟边腹效力各官，不加量奖，难劝将来。除指挥等官，曹克新、蒋启、张昊、坤儿卜、坤元、法保、吴潮、鲁元忠、宋琏、孔仁、舍人何希亮，并有功军兵人等，俱臣等犒赏外，伏乞皇上轸念万里边患，敕下兵部再加详议，将有功人员，量加奖励。内指挥龚锐，行臣等赏劝，惟复别有定夺，缘系克平番寨事理，未敢擅便。为此具本专差

① 婴：当为“撄”。

承差李廷金亲赍，谨题请旨。嘉靖十五年七月十六日具题，奉圣旨兵部知道，钦此。该本部覆议将何卿、朱纨厚加赏赉，以旌首功；潘鉴、陆琳等特加赏赉，以加其功等因。奉圣旨，这番寨克平，斩首俘获数多，各官效劳可嘉。何卿、朱纨各赏银三十两、纻丝三表里；潘鉴、陆琳并周继勋、杜钦、龚锐各二十两、二表里；陆深等各五两、一表里。其余依拟。钦此。

自 跋[①]

右藏箧中十二年矣，未尝敢以闻于人。兹奉圣天子简，命开府浙闽，任至重也。而苦心掣肘，忧谗畏议，真有中夜绕床之叹，盖不苦于处事而苦于处人。回思前事，大小一辙，乃萃为卷。录原行文移足之，惜散帙残编，不尽当时辩论耳。

① 原无，今按内容补。

（清）丁映奎　纂修

（乾隆）茂州志

乾隆五十九年抄本

提　要

茂州，明代为成都府属州，清雍正六年（1728）升直隶州，民国二年废州，改设茂县。

（乾隆）《茂州志》，（清）丁映奎纂修。映奎，字文远，号秀峰，贵州开泰（今锦屏）人，乾隆三十四年（1769）进士，乾隆五十七年署茂州知州。明万历间王元正始创《威茂通志》，兵备副使薛曾成之，刻板毁于明季兵燹，其存志《保县志》多有引用。康熙年间李斯佺奉檄纂修，未竟。映奎莅任斯土，搜寻旧乘，补订续纂，于乾隆五十九年编成，未能付梓，仅存抄本。

是志卷首有“修志姓氏”“分野图”“岷山图”“大江图”“茂州舆图”“岷山考”和“大江考”，正文分“建置”“疆域”“官师”“武备”“古迹”“人物”“风土”“杂录”“艺文志”等九卷，共六十一小目。

乾隆《茂州志》是茂县现存最早的一部方志，道光《茂州志》即以此版本增续修纂而成。

目　录

《茂州志》序

茂州[1]，宋、元以前无可考。至明，秋崖朱公始延玉垒王公创《威茂通志》，南岐薛公因而成之。后明季之变，流寇攻城，版已付灰烬中矣。国朝康熙二十五年知州李斯佺奉檄纂修，惜未经授梓，百余年来散佚殆尽，士大夫家间有存者，不过十之二三而已。夫蜀中郡邑纪载颇详，而茂独无有，亦一方阙典也。甲寅春，我观察承公按临斯地，谓：茂为益州屏翰，松叠襟喉，较内郡为尤重，凡古今之筹划、山川之险易、城堡关隘之严固、人物风土之淳漓，胥于志焉是寄，及今不修，后将何所考鉴哉？奎闻命之余，乃嘱诸同寅暨各儒学绅士，搜购遗编于茂，得前《李志》写本数卷，大都一时草创，犹为未成之书。爰是研虑殚精、广诹博采，或稽之他书所载，或征之断碣所遗，或参之故老所传与闻见所及。略者详之，讹者正之。大纲既举，众目斯张。要惟援古证今，不敢妄附胸臆，以补州志之阙而已，谨述其概如此。

乾隆五十九年孟夏月，署知州丁映奎撰

① 州：道光《茂州志》作“志”。按，茂州之建置沿革，宋代前便有“茂州”之名，再联系上下文意，“州”当为“志”。

《茂州志》凡例

一、图考。列分野、岷山、大江，仰观俯察以知天地之理，并绘一州舆图，百里花封如指诸掌，所谓不出户庭而四境周知也。

一、建置。详载历代沿革，制因时定，未敢从略也。若城池、公署以及教养诸大政，关系匪轻，故胪列无遗，俾居官者知所重云。

一、疆域。各有毗连，凡名区要隘、山泽关津皆域中胜概也，其它民居寨落，琐屑必登，守固封守，惠我嘉师，胥在是矣。

一、官司。于官制外，先纪名宦、表贤良，以示劝也。他如大法、小廉、循例直书，并付土司于末，守法奉公一而已矣。

一、武备之修，边疆尤重，则前人规画最为精详。旧本略焉未载，兹特补入，以垂法守。

一、古迹中如郡邑废置，散见于他书，帝里藩封，留芳于远徼，与夫仙踪客躅班班可考者，志中悉为载入。

一、人物。有仪型足式，忠孝可风，尚矣。至选举、成均，亦都人士之表表出群者，故并列之，以征人才之盛。

一、风土。奢俭、贞淫、刚柔、燥湿原有不同，《风》什所咏，《周礼》所传，未可阙也。

一、文艺。旧本颇略，兹特广为搜罗，凡诗、赋、疏、传、铭、赞、记、序之类，有美必录，无奇不传，间有鲁鱼亥豕，谬加订正，去瑕存瑜，非敢僭也。

一、杂录。理若无关于轻重，事不容没于山陬，纷纭丛错，莫适主名，故别为杂录一条，附诸篇末，好事者取资焉。

首　卷[①]

修志姓氏

松茂兵备道承勋	裁正
署知州丁映奎	纂修
知州徐麟趾	重辑
儒学学正车书	分辑
贡生陈芝	分辑
儒学训导何尔聪	分校
廪生王元聘	分订
生员唐际泰	分订

① 原志于卷首及每卷内均有小目录，鉴于总目也包含了小目录，故删去。各卷皆同，不赘注。

分野图[①]

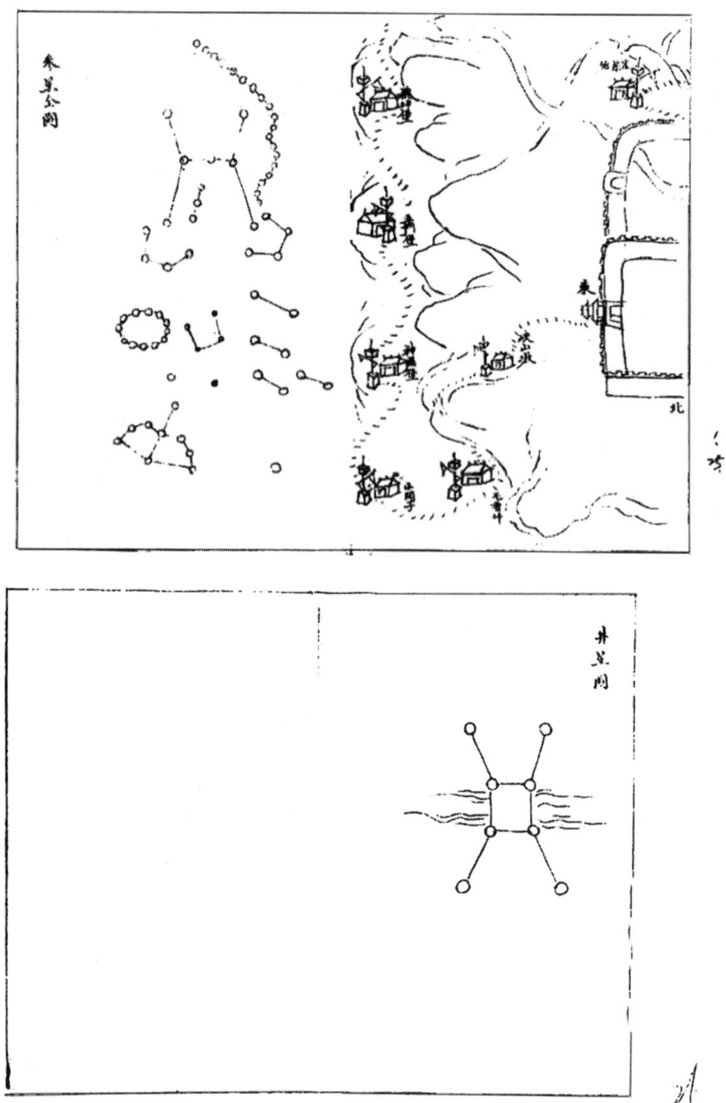

① 原志书作“图考志目：分野图、岷山图、大江图、本州舆图”，今按目录稍加改动。

岷山图

阙

大江图

阙

茂州舆图[1]

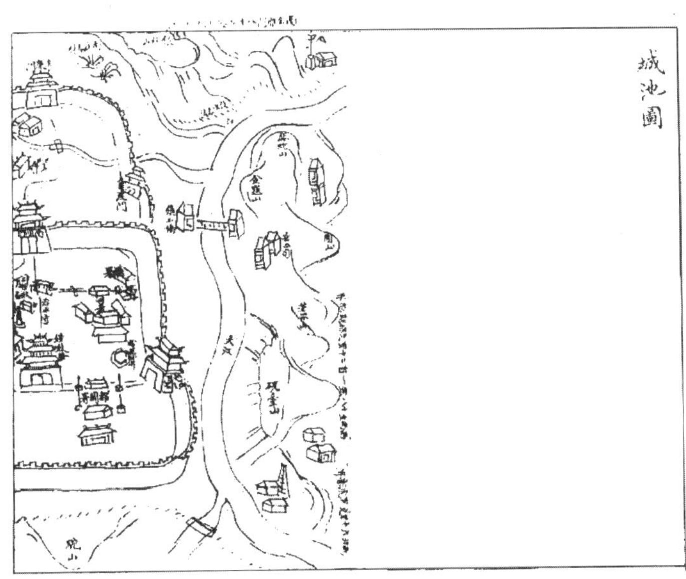

① 原志书作“本州舆图”，今按目录改。

图考志[①]

伏羲氏龙马出河，而天下始知有图。凡宇宙中名物、象数，皆得施章设色，取而呈诸几席，以公人之赏识焉。绳州上应井参，西控吐蕃，岷山、大江绵亘数百里，表而出之，如指诸掌，亦一方胜概也。志图考。

① 原志作“图志考卷一”，今按目录稍加改动。

岷山考

《禹贡》：岷山导江。《史记》作汶山。又《封禅书》：名山有渎山，蜀之汶山也。《汉·地理志》：岷山在湔氐道西徼外，江水所出。《蜀志》秦宓曰：蜀有汶阜之山，江出其腹。《蜀都赋》：汶山之精，上为井络。郭璞曰：岷山在广阳县。《华阳国志》：汶山，一名沃焦山，其跗曰羊膊，江水所出。《隋志》：汶山在汶山郡左封县，又汶山在临洮郡临洮县。《括地志》：岷山在溢乐县，连绵至蜀，几二千里，皆名岷山。《寰宇记》：羊膊山在平康县。《舆地广记》：岷山在汶山县西北，俗名铁豹岭。张敬夫《西岳碑记》：在茂州列鹅村，其跗曰羊膊。《方舆胜览》：《禹贡》梁州之山四：岷、嶓、蔡、蒙，西山皆岷，北山皆嶓，南山皆蒙也。《舆程记》：有大分水岭，在卫西北二百二十里，有二派：一东南流为大江，一西南流为大渡河。或曰即古羊膊岭也。《一统志》：在茂州列鹅村，去州四十里，实威、茂、彭、灌之中。其高六十里，山有九峰，四时积雪，经暑不消，每晨光射之，烂若红玉。去成都五百里，人西望之，若在户牖，居人呼为九顶山。杜子美诗所咏《西山》即此也。《元和郡国志》：岷山即汶山，南去青城山百里，天色晴明，望见成都。山顶积雪，尝深百尺，夏月融泮，江为之溢，即陇之南首也。史注云：在陇西郡岷州溢洛南一里，连绵至蜀二千里，皆为岷山。连峰叠岫，重接险阻，不详远近。青城、天彭诸山之所环绕，其为羊膊山、为铁豹岭、为渎山、为鸿濛山，为汶岭，皆是也。

按：岷山原委，《隋志》《括地志》、史注为是。其山起自洮州，峰连冈接，由松至茂，更为巍峨。所谓列鹅村九峰者，即在州南石鼓里。绵亘至保、汶，以达于灌口之青城，皆岷山也。

大江考

江自湔氐道西徼外流入松潘北，又东南经叠溪、茂州，由保治北过保子关索桥外，东合沱水，入汶川县。《禹贡》：岷山导江。荀卿曰：江出岷山，其源可以滥觞。《汉志》：湔氐道。《禹贡》岷山在西徼外，江水所出，东南至江都入海，过郡七，行七千六百六十里。《益州记》：大江泉流始发羊膊岭下，缘崖散漫，小大百数，殆未滥觞。东南下百余里至白马岭，回行二千余里至龙涸，又八十里至蚕陵县，又南六十里至石镜，又六十余里而至北部。《水经注》：江水亦曰渎水，自羊膊岭下，至白马岭而历天彭阙，江水自此以上至微弱，所谓发源滥觞者也。江水自阙东至汶关，而历氐道县北，又经龙涸至蚕陵白部。《元和志》有江源镇，在汶川县西北三十里。《通典》：甘松岭有江水所发之源。《寰宇记》：羊膊山下有二神湫，乃大江始发之所。范成大曰：江源自西戎中来，由岷山涧壑出，而合于都江，今世所云只自中国方耳。《水利志》：江源出岷山羊膊岭，分二流：一西流为大渡河，一南流为大江。《明一统志》有潘州河，在司城西北六十里。《卫志》：松潘河源出西夷哈吗鼻浪架岭。《旧志》：潘州河源出西夷鼻浪架岭，分二派：一派西南流，合出灶沟；一派东南流，历东寨至尖橐，合滴漏水，水出滴漏山。山岭亦分二派：一派西南流，出灶沟，入西番界；一派东流经恶落村，至尖橐与浪架水合，流入黄胜关下，又四十里至虹桥关北，合漳腊河，其河源出生番弓家岭。其山岭水亦分二派：一派东流入上羊峒生番界，一派西南流至漳腊境，又南流四十里至漳腊城西南合玻璃泉，又十里至虹桥关北与州河合流，又南流二十八里至松潘城东入城，出城西南而南折，又东南流一百八十里合众山溪水，过平番营入叠溪营界。又《江源记》：江发源于陕西临洮之木塔山，水自山顶分东西流：东流者即岷江也，由草地甘松岭八百里至松之漳腊，其水渐大，漳腊由磨刀弯达于松潘，以至于下水关入红花屯达于叠溪，至穆肃堡，黑水从南合之，入深沟，经茂州南，至于威西，至汶川转银岭，合草坡河，至蚕崖东，至灌口分道而下，由威玉垒山为玉轮江，至汶川为皂江，岷江至此而大，故名。至灌口过新繁入成都为外江，由灌道郫入成都为内江。蜀人以此水濯锦鲜明为锦江，由温江东流入府界为皂江，自落口分经汉州及新都，又东流入简州资阳为中江。《省志》：一名湔水，湔水每斤较沱水轻二两。按：湔水即次玉水也。

按：诸志所称江水源委，最为确切。又外记江出岷山，其源自蜀西戎万山来，至嘉定而沫水自嶲州合大渡河，穿夷界十山以会之，至叙州而马湖江会之，南十五里广江会之，至泸州而内江又自资、简会之，至重庆而嘉陵江自利、阆、果、合等州会之，至涪州而黔江合南夷之水会之，至万县而开水自开、达等州会之，总而入峡，是江自峡而西受大水凡八。及出峡而下岳阳，则会之者洞庭湖，所受湖南北诸水也。自是而下鄂都则会之者汉江，所受郧、襄诸水也。又自是而下黄州东四十五里，则巴河会之。又自是而下九江，则彭蠡会之，今名鄱阳湖，所受之东西诸郡水也。又自是而下，则会之者皖水，所受淮西诸水也。夫然后总而入海。是江自峡而东受大水凡五，略记天下之水会于江者居天下之半，其名称之大而可考者凡十有三，故曰“江源”。又圣祖上谕：岷江之源出于黄河之西巴颜哈拉岭七七勒哈纳，番名岷捏撮。《汉书》所谓岷山在西徼外，江水所出，是也。而《禹贡》导江之处在今四川黄胜关外名楮山，古人谓江源与河源相近，《禹贡》“岷山导江”乃引其流，非源，真确有可据矣。

第一卷 建置志[①]

茂居氐羌之域，天文井参分野。郡开于汉，州肇自梁，至唐而茂之名乃定。由宋迄明，始治城垣，修公癣[②]，编粮设学，以及邮政之属，罔不具焉。国朝廓清海宇，百度维新，金汤巩磐石之安，林总臻富教之美，德化流行，速于传命，真旷古以来所未有矣。志建置。

沿 革

本古冉駹国地。秦分梁为蜀郡，别冉駹为湔氐道。汉元鼎六年始置汶山郡，地节三年省并蜀郡为北部都尉。后汉为汶江道，永初三年为广汉属国都尉，延光三年复为郡。晋移郡治汶山县，改县曰广阳属之。东晋后废。宋、齐仍为汶山郡。梁普通三年改为北部都尉，置绳州，北部郡仍置广阳县为治。周保定四年置汶州。隋开皇初郡废，改蜀州，寻为会州，置总管府；仁寿元年改县曰汶山，大业初府罢，复为汶山郡。唐武德元年复会州，三年置总管府，四年改南会州；贞观八年始改茂州；天宝元年改郡，曰通化郡，属剑南道。五代属蜀。宋仍茂州通化郡，属成都府。元至元九年属土番宣慰。明洪武十七年仍置茂州，兼置茂州卫，以汶山县地入焉，属成都府。皇清因之，雍正五年改为直隶州，属松茂道，领二县。

城 池

汉唐以来并无城垣。宋熙宁间，知州范伯常始筑土城。元因之。明洪武初，指挥佥事楚华等因旧址重修，易以砖石。高三丈六尺，周三里七分，计六百六十七丈。门四：曰东胜，曰南明，曰西平，曰北定。引三溪水入城，以滋灌溉。成化中，巡抚张瓒始筑外城。弘治六年，参将房骥于东北二面凿壕，阔三丈，深如之。巡抚谢士元复砌外城以石，高一丈六尺，周五里，计九百丈，增东西二门，东曰忠义，西曰青波。嘉靖中，巡抚许廷光复于四门环以瓮城，建四角楼，置巡警铺二十四，并建钟鼓楼于城内，额曰：万里天威，钟鼓式灵。副使朱纨、总兵何卿、参将周继勋相继重修。崇祯末，遭流寇赵

---

① 原志作“建置志第一”，今改为“第一卷　建置”，以下各卷皆同，不再赘注。原志于小序后列本卷小目，今列于卷首。以后各卷均按此体例改，不再赘注。

② 公癣：即公廨，官署，政府办公的地方。

荣贵之乱，城圮。国朝康熙六年修筑，五十六年保宁府通判王廷珏重修，高二丈七尺，周四里，计七百二十丈，垛口一千零三十九，门四，俱有楼。

叠溪营，唐贞观时筑。明洪武十一年，丁玉讨复故地，令茂州卫指挥童胜、千户夏荣改筑于松坪，高一丈，周三百九十丈，门四。成化间，千户许铨重修。

公署

都察院，在北门内左。明宣德间，知州陈敏建。弘治中，副使王恩充拓之。今废。

兵备道，旧在内城北。明洪武中，知州陈敏建。成化中，参议黄绂买都司庞福宅拓修。正德中，副使谢朝宣置台、池、亭、树，崇祯末毁。国朝顺治中，始迁于内城东南。雍正八年重修。

知州，在内城西南隅。明洪武初，知州于敏因土知州杨者七旧宅改造。万历中，知州张化美重修，大堂、寝室、堂下植三槐，东西列六房，仓狱皆如制，明末圮。国朝康熙四年，知州黄陛重修，中建圣谕坊。二十五年，知州李斯佺复创三堂五楹，二堂左右置书室、仓厫，大门内设内外监，其制始备。

吏目，州治仪门外西偏。明知州张化美建。国朝康熙四年，知州黄陛葺。乾隆十年，吏目宋峻建修。

儒学，在文庙侧。明参议黄绂、御史许廷光建。国朝顺治十七年，署知州李春选重建明伦堂。康熙六年，知州黄陛始于堂后置学舍四楹。乾隆五十八年，学正车书重修。均有碑记。

卫，明洪武间，指挥吴礼建经历司，在堂东。左右中前四所在仪门外，今为千总署。

游击，在叠溪城南，州北一百二十里。明初建，国朝康熙中重修。

都司，内城钟鼓楼后。本明参将置，守备孙敬建。国朝乾隆二年，改威州协。十七年，始改都司。五十年，都司张万魁重修大堂、箭厅、过厅、花亭。

千总，本明卫治。指挥吴礼建，在内城东。

户口

旧管万祖成等七千五百五十户，男一万四千三百九十九丁，妇一万三千七百四十二口，共二万八千一百四十名口；新收六十七户，男六十七丁，女丁十七[①]口，共男、妇一百三十四名口；开除三十六户，男三十六丁，妇三十一口。现在七千五百八十一户，男一万四千四百三十丁，妇一万三千七百七十八口，共男、妇二万八千二百零八名口。

---

① 十七：文中有“男六十七丁，女丁十七口，共男、妇一百三十四名口”，以数字相加，当为“六十七”。

仓 储

常平仓额贮仓斗麦五千七百零八石五斗二升四合九勺，仓斗荞一千零三十六石二斗九升四合七勺。社仓存贮仓斗麦一千三百八十六石一斗五升一合九勺，仓斗荞二百四十一石四斗一升九合二勺。额征番粮折净市斗麦一百零六石九斗，岁支茂营兵饷。

田 赋

山地估种一千七百八十四石一斗二升二合七勺，每种一石，征丁粮银二钱九分五厘五毫四丝三忽八微三尘五纤五沙，现征丁粮银五百二十七两二钱八分六厘四毫六丝五忽七微六尘九沙八渺，遇闰加征，每两该征银一分七厘五毫六丝二忽三微七尘九纤一沙二渺。又静、陇、岳三寨认纳徭银二十四两三钱六分一丝九忽。又黑虎、七族、黑斗等寨番民认纳莜麦杂粮，折净仓斗米一十四石八斗一升一合五勺五抄二撮。又三齐等寨番民认纳麦粮，折净仓斗米四十石。又黑水下寨认纳杂粮五十三石六斗，折净仓斗米二十五石六斗九升七合六勺。

杂课：现征磨一百一十三座半，每座榷课银二钱四分，共征课银二十七两二钱四分；牙行银一十一两，田房税契尽征尽解；现征盐税银一百二十二两八钱五分二厘四毫。雍正八年，钦奉上谕事案，内计口授盐，认销绵州陆引三百三十八张；《盐务章程》案，内认销射洪县改折陆引一百一十三张；共引四百五十一张。每张征税银二钱七分二厘四毫，现征茶课税银四百七十二两二钱二分七厘。雍正八年，钦奉上谕事案，内按引榷课，认销名山县边引三十张。本州行销边引七百六十一张，共引七百九十一张。每张榷课银一钱二分五厘，共榷课银九十八两八钱七分五厘。每张征税银四钱七分二厘，共征税银三百七十二两三钱五分二厘。起运盐茶道库贮收，听候支拨。

学 校

在州治南明门外。明永乐八年，州人沈连上封事请设学，知州刘坚即指挥徐凯宅为之。宣德三年，知州陈敏始建于此。嘉靖中，兵备胡鳌、知州王生贤重修，太史杨慎有记。万历庚戌，知州段宜标改置内城东南隅。崇祯八年，副使史赞舜复迁今处，明末毁。国朝顺治十六年，署知州赵廷正建。康熙六年，知州黄陛增修。乾隆十年，知州陈克绳建立碑亭。乾隆四十年，知州娄星率绅士唐□畴、陈芝等补修，匾额、碑、祠与全省同。中学额取十二名，今照小学例额取八名，廪增生各二十名，二年一贡。雍正八年九月，分巡松茂道郑其储详奉题准，嗣后茂州羌民一体考试。

祀典

文庙

汉高帝十二年诏，祀孔子以太牢，诸侯王至郡先谒庙而后从政。魏文帝初祀孔子于辟雍，改谥文圣尼父，以颜子回配享。北魏献文帝诏郡县立学祀孔子，与周公并享，太和中，乃诏宣尼庙，别敕有田享荐。隋文帝诏国子等每岁四仲月上丁释奠，州县仲春、仲秋释奠。唐高祖诏立孔子专庙。太宗又诏天下州县皆立专庙，塑像出内庭，衣衮冕，正南面之位。宋太宗诏文庙立戟十六，徽宗时又增门戟二十四。明洪武元年，令郡邑访求应祀神祇，名山、大川、圣帝、明王、忠臣、烈士，凡有功于国、惠爱及民者，奏著祀典；二年，令有司祀典神祇，其不在祀典而尝有功德于民者，即不祭，存其祠宇。十四年，首建太学；十七年，勅每月朔望，祭酒以下行释菜礼，郡县长以下诸学行香。嘉靖五年，厘正祀典，始为木主，称至圣先师孔子。后又定制府、州、县近郊三坛，南神祇坛，每岁仲春秋祀，云雨风雷之神，境内山川之神，城隍之神，各用少牢。在省城者，布政司祭，府不别祭，县附府者亦如之。西社稷坛，每岁仲春秋上戊祀，司社之神、司稷之神各用少牢；北属坛，每岁上元、清明、孟冬朔日祭，无祀鬼神，羊三、豕三、饭米三石。名宦乡贤二祠附先师庙，或别祀，每岁仲春秋祀，用少牢。岳镇海渎在境内，每岁仲春秋别祭之，用少牢。古帝王陵寝、忠臣、烈士及官吏有功德于民者，提镇都司衙所每岁霜降，有旗纛之祭，用少牢。牧马者祀马神。市乡百姓又有乡社、乡厉之祭。若诸神祠有灵异者，百姓各以其乡俗祀之，官不为禁。国朝顺治二年，定文庙谥号，称大成至圣文宣王先师孔子，每岁仲春秋上丁致祭，直省、各府、州、县、卫一体遵行。雍正元年，追封先师孔子五代，以五世祖为肇圣王，高祖为裕圣王，曾祖为诒圣王，祖为昌圣王，父为启圣王，改启圣祠为崇圣祠。二年，令各府、州、县、卫于学宫侧近建忠义、节孝祠，著为祀典。

祭器数

宋徽宗定礼品一副，内十笾十豆。明初，国子监笾豆各十，天下府、州、县各八。成化十三年，加笾豆各十二，外府、州、县各十。嘉靖九年，遵照初制。国朝因之。

祭品

香、烛、酒、牛用纯黑、羊、豕、鹿、兔、帛，正位用绫，余用绢练，白色长一丈八尺。太羹实于登，和羹实于铏，黍稷实于簠，稻粱实于簋。形盐、藁鱼、枣、栗、榛、麦、芡、鹿脯，以上实于笾；韭菹、笋菹、醓醢、鹿醢、兔醢、鱼醢，以上实于豆。

乐器数

麾旛、应鼓、鼗鼓、笛、笙、箫、搏拊、祝敔、编磬、编钟、排箫、琴、瑟、篪、埙。

佾舞数

唐乐用宫悬，舞用六佾。明初，用六佾。成化十三年，增为八佾。嘉靖九年，仍为六佾。国朝因之。

礼　仪

按会典祭前一日，行省牲礼。正祭日，候官至，通赞、赞签祝版、引赞引承祭官至更衣所，赞更衣、升堂、序爵、序事、请祝签名、下堂、通赞、赞启户、乐舞生就位，执事者各司其事。分献官就位，陪祭官就位，主祭官就位。瘗毛血、启牲馔盖、迎神、乐作，引赞引各官诣西北隅迎神，众官打射，通替赞参神，承祭官行三跪九叩礼，乐止，行奠帛初献礼，乐作，引赞引主祭官诣盥洗所，浴手、净巾，诣酒尊所，司尊者举幂酌酒，诣至圣先师孔子神位前，跪、进帛、奠帛、进爵、献爵、俯伏、兴、平身，诣读祝位，跪，鸣赞赞众官皆跪，引赞赞读祝文，俯伏兴，平身，鸣赞众官俱兴，平身，通赞赞行分献礼，引赞引分献官诣四配神位前，跪，进帛，奠帛，进爵，献爵，俯伏，兴，平身，十哲两庑与四配同，亚献、终献与初献同，引赞引主祭官诣饮福位，跪，饮福酒，受福胙，通赞赞谢神，承祭官行一跪三叩礼毕，复位，通赞赞撤馔，乐作，乐止，辞神，承祭官行三跪九叩礼毕，送神，引赞引众官诣送神所，赞神去，众官打躬，通赞赞望瘗，读祝者捧祝，执帛者捧帛，各诣瘗所，引赞引众官诣望瘗位，焚祝帛，复位，通赞赞阖户，鸣赞赞礼毕，散班。

乐　章

迎神乐（奏咸平之章）

大哉孔子，先觉先知。与天地参，万世之师。祥征麟绂，韵答金丝。日月既揭，乾坤清夷。

初献乐（奏宁平之章）

予怀明德，玉振金声。生民未有，展也大成。俎豆千古，春秋上丁。清酒既载，其香始升。

亚献乐（奏安平之章）

式礼莫愆，升堂再献。响协鼗镛，诚孚垒瓶。肃肃雍雍，誉髦斯彦。礼陶乐淑，相观而善。

终献乐（奏景平之章）

自古在昔，先民有作。皮弁祭菜，于论思乐。惟天牖民，惟圣时若。彝伦攸序，至今木铎。

撤馔乐（奏咸平之章）

先师有言，祭则受福。四海黉宫，畴敢不肃。礼成告撤，毋疏毋渎。乐所由生，中原有菽。

送神乐（奏咸平之章）

凫峄峨峨，洙泗洋洋。景行行止，流泽无疆。聿昭祀事，祀事孔明。化我蒸民，育我胶庠。

祝　文

惟先师德隆千圣，道冠百王。揭日月以常行，自生民所未有。属文教昌明之会，正礼和乐节之时。辟雍钟鼓，咸恪荐于馨香；泮水胶庠，益致严于笾豆。兹当仲春秋，祇率彝章，肃展微忱，聿将祀典。以复圣颜子、宗圣曾子、述圣子思子、亚圣孟子配。尚飨！

崇圣祠

仪注悉同先师。分献官或先祭，或同时祭。名宦乡贤祠亦随丁祭分献。

祝　文

惟王奕叶钟祥光开圣绪，盛德之后积久弥昌。凡声教所覃敷，皆循源而溯本，宜肃明礼之典，用申守土之忱，届兹仲春秋，聿将祀典，以先贤颜氏、先贤曾氏、先贤孔氏、先贤孟孙氏配，尚飨！

武　庙

祭　品

帛一、白磁爵三、牛一、羊一、豕一、菜品五、核桃、圆眼、荔枝、枣、栗、酒一尊。

礼仪（雍正五年颁行）

祭日，赞引官引承祭官进左旁门，至盥洗处，赞：盥洗，盥洗毕，引至殿内行礼处站立。典仪官唱：执事官各司其事。赞引官赞：就位。引承祭官就位，站立。典仪官唱：迎神。司香官捧香盒，就香炉左边站立。赞引官引承祭官就香炉前立，司香官跪，赞引官赞：上香。承祭官立，将柱香接举插炉内，又将块香上三次，毕。赞引官赞：复位，引承祭官复位，站立，赞引官赞：跪，叩，兴。承祭官行三跪九叩礼。典仪官唱：奠帛献爵，行初献礼。捧帛爵官将帛爵捧举各就位前，赞引官赞：奠帛，官跪献毕，行三叩礼，退。执爵官立，献毕，退。读祝官至安祝文棹前行一跪三叩礼，将祝文捧起，立。赞引官赞：跪，承祭官、读祝官俱跪。赞引官赞：读祝。读祝毕，捧至位前跪安盛帛金内，毕行三叩礼，退。赞引官赞：叩，兴。承祭官行三叩礼，立。典仪官唱：行亚献礼，执爵官照初献礼献毕，退。典仪官唱：行终献礼，执爵官自案右边照亚献礼，献毕，退。典仪官唱：撤馔，送神。赞引官赞：叩，兴。承祭官行三跪九叩礼，立。典仪官唱：捧祝、帛、馔，各恭诣燎位，捧祝、帛、香、馔官各至位前俱跪。祝帛官行三叩礼。香、馔官不叩首，将祝、帛、香、馔捧起，依序捧送时，赞引官引承祭官退至西边，立，候捧祝、帛各官过，毕复位，站立。赞引官赞：诣望，燎位。引承祭官至燎炉前，焚祝帛，时赞引官赞：礼毕，引承祭官退。

祝　文

惟帝浩气凌霄，丹心贯日。扶正统而彰信义，威震九州；完大节以笃忠贞，名高三国。神明如在，遍祠宇于寰区；灵应丕昭，荐馨香于历代。屡征异迹，显佑群生。恭值佳辰，遵行祀典。筵陈笾豆，几奠牲醪。尚飨！

雍正三年诏追封关帝三代，以曾祖为光昭公，祖为裕昌公，父为成忠公，每岁仲春秋致祭。

仪　注

上香，奠帛，奠爵，照三公次序。行惟承祭官进中门，复位、送神二节，俱行二跪六叩礼，余俱不祭，武庙同。

祝　文

惟公世泽贻庥，灵源积庆。德能昌后，笃生神武之莫；善则归亲，宜享尊崇之报。合三世以肇禋，典章明备。列上公之封爵，锡命攸隆。恭逢诹吉，祗事荐馨。尚飨！

先农坛

在东郊，以官地四亩九分为藉田，田后建立坛位神牌。坛高二尺一寸，宽二丈五尺；牌高二尺四寸，宽六寸；座高五寸，宽九寸五分；金字填写。坛后建正房三间，配房各一间，中间供奉神牌，东间贮祭器、农具，西间贮藉田、麦，配房东间置祭品，西间看守农民居住。周围筑土为墙，开门南向。

祭　品

香烛、酒、羊一、豕一、铏一、笾四、豆四、簠二、簋二。

前期，致斋一日。祭日，主祭官及各官俱穿朝服诣坛。行礼俱如文庙之仪，礼毕，各官俱换蟒袍补服。正印官秉米，佐贰执青箱播种。耆老牵牛，农夫扶犁，九推九返，农夫终亩。耕毕，各官望阙，行三跪九叩礼。农具赤色，牛用黑色，箱用青色，子种宜麦，农夫免役，酌给口粮。

社稷坛、风云雷雨山川坛、厉坛

祭　品

香、烛、酒、羊一、豕一、铏一、笾豆各四、簠簋各二。

凡遇祭期，俱长官一人行礼，余官止陪祭。其斋戒、省牲、三献等礼，俱与文庙同，惟厉坛止行一跪三叩礼，少差。

龙王庙、火神庙、城隍庙

朔望日恭诣，文武两庙行香外，并赴各庙祀典。岁一举祭，祭品与各坛同。

先农坛祝文

惟神肇兴稼穑，粒我蒸民。颂思文之德，克配彼天；念率育之功，陈常时夏。兹当东作，成服先畴。恭惟九五之尊，岁举三推之典。躬膺守土，敢忘劳民。谨奉彝章，聿修祀事。惟愿五风十雨，嘉祥恒沐于神庥；庶几九穗双岐，上瑞频书于大有。尚享！

山川社稷坛祝文

惟神奠安九土，粒食万邦。分五色以表封圻，育三农而蕃稼穑。恭承守土，肃展明禋。时届仲春秋，敬修祀典。庶丸丸松柏，巩盘石于无疆；翼翼黍苗，佐神仓于不匮。尚享！

风云雷雨山川城隍祝文

惟神替襄天泽，福佑苍黎。佐灵化以流形，生成永赖；乘气机而鼓荡，温肃攸宜。磅礴高深，长保安贞之吉；凭依巩固，实资捍御之功。幸民俗之殷盈，仰神明之庇护。恭修岁祀，正值良辰。敬洁豆笾，祗陈牲币。尚享！

龙神祝文

惟神德洋寰海，泽润苍生。永襄水土之平，经流顺轨；广济泉源之用，膏雨及时。绩奏安润，占大川之利涉；功资万物，攸庶类之蕃昌。仰藉神庥，宜隆报享。谨遵祀典，式协良辰。敬布几筵，肃陈牲币。尚享！

火神祝文

惟神位居鹑首，职掌离明。功德佐乎三元，气运行于四月。驾赤龙而行南陆，照明荧惑之宫；烛朱陵而显丹台，焕赫文昌之运。体符乾健，万物被阳德之亨；道济土行，群生沾长养之惠。兹当祀日，敬荐牲醴。以报鸿功，聿昭祀典。尚享！

春秋二祭文庙及山川社稷各坛祭祀银一十六两，又续增武庙祭祀银一十六两，内酌拨银二两致祭厉坛。

驿 传

护林驿，在州治南明门内。

安远驿，在州治南五十里。

长宁驿，在州治北六十里。

以上三驿俱明洪武初置，额设马匹由崇庆、新繁等州县协济，今裁。

铺 递

底塘铺，在城；

宗渠铺，州治十里；

石鼓铺，州治二十里；

白水村铺，州治三十里；

凤毛坪铺，州治四十里；

文镇铺，州治五十里；

青坡铺，州治六十里。以上南路。

石榴沟铺，州治十里；
魏门关铺，州治二十里；
长安堡，州治三十里；
宁江铺，州治四十里；
松溪铺，州治五十里；
长宁铺，州治六十里；
穆肃铺，州治七十里；
实大铺，州治八十里；
大定铺，州治九十里；
马路铺，州治一百里；
小关铺，州治一百一十里；
叠溪铺，州治一百二十里；
新桥铺，州治一百三十里；
普安铺，州治一百四十里；
太平铺，州治一百五十里；
永镇铺，州治一百六十里。以上北路。

南、北共计二十三铺，每铺额设铺兵三名，共计六十九名。每名岁支工食银六两，共支银四百一十四两，赴臬库请领支给。

底塘铺，在城；
毛香坪铺，州治二十里；
明足底铺，州治四十里；
都料口铺，州治六十里；
黄金湾铺，州治八十里；
桃坪铺，州治一百里；
石泉铺，州治一百二十里。

以上东路。计七铺，每铺额设铺司兵二名，共兵一十四名。每名岁支银六两，共支银八十四两，移松潘给领。

祠　庙

文庙：在州治南明门外，详见学校祀典。
崇圣祠：在文庙东。乾隆元年，知州刘墧、训导李璋重修。
名宦祠：在文庙东。
乡贤祠：在文庙西。
忠义祠：在明伦堂西。

节孝祠：在明伦堂西。

武庙：在忠义门外。元至正时建，明永乐间重修，嘉靖中兵备奚良辅、参将刘韬葺。国朝乾隆五十年，威茂协副将董辅远、都司诺尔贝重建，并修三公祠及武侯、吕祖、药王、大士、华光等祠。

社稷坛：在城西。各属制同。

先农坛：在城东。雍正六年建。各属制同。

平正祠：在跃龙桥左明时建。乾隆五十三年，贡生张廷祥募众重修。

厉坛：在治北。吏目宋峻德建。

城隍祠：在城内鼓楼街，康熙中建。乾隆十年重修，三十年住持僧尘参补葺两楹，东西塑十八狱神像，并立五显痘神祠。

大禹庙：旧在阜康门岷山祠下。明兵备李承志移建于内城东北隅，崇祯末毁。

火神祠：在参将署东。明成化时建，顺治中重修。

龙王庙：在海会寺前。旧有二：一在镇西桥，一在龙洞堡。明末毁，乾隆二十年松茂道李本建。

江渎祠：在州治东一里许。明嘉靖三年副使余珊建，隆庆中知州张化美重修，俱有碑记。

川主庙：在阜康门内。明洪武时建，乾隆五十六年重修。

东岳庙：在控岷门外鳌山麓，明时建。乾隆四十年，州人唐时用等培修。一在东北三里许，庙更廓大。

三皇庙：在州治东二里。

西岳庙：在镇西桥。元至正时建，明洪武中重修。有张敬夫碑记，崇祯末毁。

文昌祠：在文庙西。明知州陈敏肖像以祀，并于楼下肖朱子像，至今存焉。乾隆二十七年，吏目宋峻德鸠士人重修，移朱子像于楼右，有碑亭。四十八年，贡生张廷祥捐买李姓宅，修置大门。

灵佑宫：在护林东。明嘉靖间，总兵何卿、参将杜钦建。乾隆三十年，州人重修，并肖神像祀文昌于内。

五瘟祠：乾隆二十年，重修塑像。

钟鼓楼：在城内东。明巡抚许光廷建，康熙四年威茂兵备郭之培重修，乾隆五十六年知州张愈聚劝士民重建。

三圣庙：在舍棠村。明时建，乾隆五十六年僧正智培修。

武安楼：前武庙前。明崇祯十二年副使何闳中建，今圮。

秦晋香院：在鼓楼街，乾隆初年建。

岷山楼：在阜康门外，康熙乙卯年建，今圮。

湖广馆：在外城正街，乾隆二十五年建。

陕西馆：在鼓楼街，乾隆五十九年建。

江西馆：在通天桥，乾隆四十年建。

陈候祠：在阜康门内。明万历丁丑年，监收通判王升为知州陈敏建。

马王庙：在东门外。乾隆四十年，茂营官兵重建。

朱公祠：在长宁堡。为明副使朱纨建。

何公祠：在长安堡。为明总兵何卿建。

薛公祠：在州治南门外。明时为兵备薛曾建。

寺 观

治平寺：在州治南门内。宋治平间建，明正统知州陈敏铸钟于寺，有《晓钟记》载《艺文志》，乾隆二十年吏目宋峻德补修。

延洪观：在州治南。元至正间建，明洪武间总兵何卿重修，有《记》载《艺文志》，乾隆四十年都司张万魁补修。

报恩寺：在州治城内。宋元祐间建，康熙二十五年知州李斯佺重修，左准提右地藏。

玉真宫：州东土门堡，宋成化中建。又有宝藏寺，明时建。

龙泉寺：在州治东。元开定间建，洪武间重修，寺侧有龙泉潜其中。

万安寺：在州治东五十里。宋元祐中建，明洪武中重修。

接引殿：在北门外。康熙元年，州人王承舟建。

圣寿寺：州东四十五里。宋元祐间建，明洪武中重修。

月峰寺：在州治东，明正统间建。

明水庵：在州治东，洪武中建。

海会寺：在州治阜康门内。明洪武间建，乾隆四十年重修。

普贤庵：在州治南，明永乐间建。

莲华庵：在外城北。明崇祯四年州人刘士魁舍宅建，乾隆五十年庠生王全智募修。

白衣庵：在州治东。

龙颜寺：在桃坪堡。又有普庆寺，俱明时建。

孝光寺：在内城，久废。

灵官殿：在外城正街。明时建，乾隆四十年州人晏对策捐地重修。

升平寺：在阜康门内。

三元宫：在阜康门内。明万历四十一年重建。

普庆寺：即普安寺，州东六十里。元泰定间建，明洪武间重修。

送子庵：在灵官殿前。蒋复隽建，今移后。

清真寺：在龙王庙。明时建，乾隆三年重修。

养济院：在阜康门内。

药师院：在州治南，明洪武中建。

玉清楼：明游击李葵建，顺治中重修。

观音堂：康熙二十五年，州人赵启后建。

华光楼：在外城正街。

景元寺：在州治北，唐时建。

回龙寺：在州南十五里，明时建。

晏公祠：在镇西桥西。

川主楼：在州南宗渠堡。

第二卷　疆域志

古王者画井分疆，胥天下郡邑而经纬之。非第曰有土者慎固封守已也，亦谓广狭攸殊，险夷各判。惟民生厚因物有迁，而即是以思裁成辅相之道。茂南连雁门，北抵平松，东界石泉，西通杂谷，汉羌错处。凡所以抚绥而导化之者，诚未可以无本之治治也。志疆域。

封　界

东西距一百八十里，南北距二百三十里。东至石泉县界一百里，西至岳希里土司番界八十里，南至汶川县界七十里，北至松潘界一百六十里；东至绵竹县界二百七十里，西南至保县界九十里，东北至静州土司番界三十里；又东北至陇木土司番界一百里，西北至沙坝土司番界九十里，又西北至梭磨土司番界三百里，至京四千九百里。

形　势[①]

《旧志》：地当西极。上应井参，控制吐蕃。全蜀巨屏，岷山毓秀。一方巨镇，天生江水。开源万古，神功禹出。开崻七星，锁羌氐之门户；堡雄大定，张松叠之屏藩。

八　景

九顶朝霞：州南二十五里，日出之初，霞光炫彩。

三溪晚照：州北五里，溪水合流，日入之际，余晖远映。

南庄春晓：州南十里，地势平衍，草木先春荣茂，居民东作始此。

西岭雪晴：州西十里，峰峦高耸，积雪开霁，清光遥射。

石幢秋月：州东治平寺内，状类浮图，上刻佛像，秋夜月明影见。

汶水春波：州南六十步水，即岷江。夹岸花圃，当春敷荣，波涛潋滟。

雪花仙井：治西二十步，脉通大江，喷如涌雪。

江渎灵源：州南二十里巨人山畔，其山莹洁，有龙潜中，木叶飘入，鸳鸯衔出。

叠溪营：《旧志》：牦牛屏崻，汶水碧环，排栅接前，云峰拥后。

---

① 形势：原总目录和分卷目录作“形胜”。

八　景

龙池晓月：河西十里，池中有龙，遇晓吐烟，似月光照映。

海映晚照：治东半里，日暮常有光映。

小关烟雨：治南五里，四时烟雨迷山。

白泥美根：治北河西十里，地产圆根，叶似蔓菁，根大如西瓜，味甜可食。

马鞍积雪：治南十五里，其山高耸，四时积雪，历年不化。

临翼双泉：治南门外，水发源玉津洞，流注双泉。唐节度使李德裕名曰“玉津”。明侍郎罗绮治亭于池上。

石轮晚照：治北五里，唐将军李广置石轮寺，遇夜，圣灯出现，如霞光相照。

炭沟早春：治河西十里，每逢春花，草先放科，麦预熟。

关　隘

南路关隘[①]

鸡宗关：州南四十里，扼羌人出入之路，在今壁立寨山下。

七星关：州南三十五里，即唐望星关。乾符二年高骈镇西川，戍望星关，即此。关前有小孔七、大孔一，穿山而成，状如七星伴月，故名。关南栈道临江倚崖，古称绝险。明嘉靖十七年，副使张问之凿崖修关，题曰“七星天险”。

雁门关：州南七十里，临江据险，为州南门户。明正统十年，黑虎等番为患，巡抚寇深设，题“山高水清，横绝峨眉”数大字于石壁。嘉靖二十一年，兵备胡鳌、提督田茂盛重修。

四顾墩：明正德六年，副使谢朝宣因河西番蒲卓等为患，设此墩，扼其隘口，遂擒斩之。

文镇堡：州南六十里，明时设，系老剌儿诸番出没要隘。

镇番墩：明嘉靖三十一年，副使胡鳌设，系河西诸番出没要隘。

归顺墩：明嘉靖十一年，副使副元设，界内有扫水崖，系前番追追肆恶地。

定远墩：明弘治十三年设，界内有黄草坪，系黑虎诸番出没要隘。

青土坪墩：明成化十二年，巡抚张瓒设，系三姐等寨出没要隘。

三路口墩：明正德四年巡抚林俊设，系黑虎等寨生番出没要隘。

天门石墩：明正德二年设，系三姐寨番出没要隘。

保安墩：明正德十二年，黑虎诸番为患，兵备吴希由设，界内饮马湾系黑虎诸番出没隘口。

北定墩：明嘉靖十六年，兵备朱纨改修，界内放羊坪，黑虎等番出没隘口。

以上属南路。

---

① 原志无，为条理有序，便于参阅，据“以上属南路”，加此小目。

北路关隘[①]

镇戎堡：州北十里，明嘉靖十三年兵备韩璒修，堡中有井，系弘治间镇抚苏济凿。界内龙嘴儿、乱石窖、小蒜坝、小溜口、观音堂等处，系前明黑虎诸番阻截要隘。

椒园堡：即魏门关。明嘉靖十三年，总兵何卿建，界内红崖子、老鹰窝、猪圈山、大溜口等处，俱系黑虎诸番出没隘口。

宁江堡：旧名韩胡。明洪武十年，御史大夫丁玉设。嘉靖十五年，兵备朱纨、总兵何卿重修。界内刁浓沟、扫水崖系黑虎寨番出没要隘。

松溪堡：明洪武初设。嘉靖十五年兵备朱纨、总兵何卿重修。界内黑虎沟、两路口、老鼠硐、千佛崖、烟墩坝、水草坪俱系黑虎等寨诸番出入隘口。

长宁堡：明成化十五年设。先是都御史张瓒以椒园去韩胡太远，议于两堡中添设此途，委百户徐宽董其事，时鹅儿寨番恐占其地，密以银瓶赂宽，遂改筑于山坂，地形受敌。嘉靖十二年，诸番攻堡，几陷，既而兵备韩璒、总兵何卿克平五寨，乃相地于旧堡之南，即番田而改筑。据得其地，识者题之。界内擦耳崖、鹅耳湾俱黑虎诸番出没隘口。

五灵芝墩：明嘉靖六年，兵备顾珀、参将李昇议设，系黑虎等寨出没隘口。

长宁堡：明洪武初，御史大夫丁玉设。嘉靖中，兵备朱纨、总兵何卿、参将周继勋节次修筑，界内烂柴湾、两河口、张石口、驴尿坡、走石坡、观音堂、水草坪俱大小力日等番旧时抛放矢石，阻截经行之处。国朝康熙二十四年，巴猪逆番为患，白布、力日等寨应之。松茂道王隲、松茂镇总兵高鼎率师剿平凡力日，卓沙梁、黄六定、白布、双马、捏角、黑虎等寨望风归附。二十五年，川陕经略西临，往按其地，威惠并行，由是数百年边患永息，羌汉乐业，至今称易治云。

穆肃堡：明洪武初设，堡中有井，指挥顾学凿，界内太平、石桥头坡、二哨坝、三哨嘴俱系力日、白布二寨出没隘口。

实大关：明御史大夫丁玉设，界内有土崖、新开路、知母坝、扫水崖、干沟子、老虎口、俱双马、捏角、巴猪等寨，前明时隔江射箭、潜渡劫掠之处。

自镇戎至此属北路。

叠溪营关隘[②]

新子堡：明景泰间千户郑塬建，嘉靖十三年，总兵何卿委千户陶雄、刘勋重修，界内泞水沟、长沙湾、板栈道、旧关脑、巴猪嘴、观音堂、杀蛮嘴、金钗花，俱巴猪等番出没要隘。

马路堡：明成化十五年，总兵尧彧建。嘉靖十三年，兵备韩璒、参将邱岌重修。界内石门坎、白鹤崖、烟冲儿、龙湾、黄茨坪，俱小寨子、拆铁寨生番出没要隘。

小关子：明洪武中千户夏荣建。嘉靖十三年总兵何卿重修。界内水沟子、大石坡、

① 原志无，为条理有序，便于参阅，据“自镇戎至此属北路”，加此小目。

② 原志无，为条理有序，便于参阅，据“以上自新堡子至此属叠溪营界”，加此小目。

平湾嘴、龙池、烧炭沟等寨生番出没要隘。

饮马墩：明宣德间总兵陈怀建。正德十四年，兵备吴希田委指挥邓爵重修。

汉关墩：明洪武间千户夏荣建。弘治指挥邓爵重修。界内万工崖、乱石窖、五盘子、海螺洞、磨刀溪、蟀蜴坡俱龙池结白鱼儿和尚、松坪结别等寨番出没要隘。

新桥堡：明洪武间千户夏荣建。嘉靖十三年，兵备韩瓆、总兵何卿、游击邓爵重修。界内沙湾、石灰沟、小蒜坝、安架沟俱麦儿白泥小寨子诸番出没要隘。

普安堡：明宣德间百户刘鉴设。嘉靖十三年，总兵何卿、游击邓爵重修。界内白水坎、泉水崖、沙湾、三哨嘴、画佛崖俱麦儿大寨生番出没要隘。

太平堡：明成化十五年，总兵尧彧建。正德初，失守。嘉靖十一年，总兵何卿、游击邓爵重修。界内黄石坎、泉水眼、青冈嘴、土门子、索桥坝俱杨柳沟等寨番出没要隘。

永镇堡：明洪武间千户夏荣建。正德时，失守。嘉靖十一年，总兵何卿、游击邓爵重修。界内土圈子、大黄湾、扫水崖、三哨嘴、索桥头俱树底麻答、双桥、挖撒、牛尾巴等寨番出没要隘。

以上自新堡子至此属叠溪营界。

东路关隘[①]

月峰墩：明正德十五年，副使吴希由、参将芮锡建。界内天生峰窝系水磨儿力大沟诸番出没要路。

夹山墩：明嘉靖二十七年，兵备副使马九德建。界内打狗坝系前明时白若诸番潜伏掳掠之所，黄草坪系黄草坝生番出没要隘。

土地岭堡：明洪武初建，嘉靖十一年副使孙元、参将沙金委、镇府苏时、千户张懋同、提督蒋启筑，增饬边墙、壕堑。三十三年，提督田茂盛重葺营房。界内倒马坎、打尖坪俱先年罗打圤垌诸番出没要隘。

镇夷堡：明嘉靖二十五年，总兵何卿委指挥田茂盛修。界内马鹰沟、捏颈儿、水磨沟、得失罗打等寨番出没隘口。

关子堡：明洪武初设。嘉靖十六年，兵备副使朱纨重修。二十五年，指挥田茂盛开拓西城。界内马三湾、马路溪、磨刀溪、三清庙、明角底、干沟子、刀溪沟俱白若、罗打、水磨诸番出没隘口。

神溪堡：明成化十五年增设。嘉靖十六年，副使朱纨委提督苏时拓修。三十九年，参将李尧章委提督徐建威重葺。界内神溪沟、干沟子、水磨坝、玉亭嘴俱白若、青片、白草等寨生番出没隘口。

永宁墩：明嘉靖十三年，副使韩瓆建。界内麻练、都料口俱白若、罗打、青片等寨番出入隘口。

土门堡：明初建。嘉靖十六年，提督苏时议呈兵备副使朱纨拓修，凿井建仓。界内皂矾坡、吊水崖、文家湾、鹅颈岭、倒坐庙俱坝底、白若等寨番前明时出掠隘口。有太

---

① 原志无，为条理有序，便于参阅，据“以上月峰至此属东路”，加此小目。

史王元正碑铭。

镇安堡：明弘治八年，参将韩雄设。正德初，诸蛮大叛，墩兵不守，下有小路可通睢水关，蛮多由此出劫安县、绵竹地方。嘉靖十二年，兵备副使韩璒、总兵何卿复设此墩，以绝其路。

蒿坪碉：系旧蒿坪材，在土门、桃坪之交诸山之内，去大路甚远。嘉靖三年，青片、白草等番为患，村民王银保报修土城。十六年，前番复谋攻劫，兵备朱纨、总兵何卿委提督苏时筑碉防之。界内龙王庙、猪嘴子、亚坪等处可通白草、青片、巴地诸番。

桃坪堡：明成化十五年设。嘉靖三年，兵备余珊拓修。十六年，兵备朱纨重修。界内黄荆湾、水瓮子、黄公坪、水井湾俱青片、板舍、转架、桃红等番出入要隘。

以上月峰至此属东路。

山川

岷山：州南一里。《益州记》：岷山去成都五百里。《元和志》：汶川县即岷山，去青城山百里，天色晴明，望见成都。山岭停雪常深百丈，夏月融泮，江川为之洪溢，即陇山之南首也。其高直上六十里，山有九峰，四时积雪，不消一名，雪山俗呼“九顶山”，昔人谓此为佛居，有狮子，人常见之。

相公山：《方舆胜览》谓：州主山。宋熙宁中，使王中正驻师于此。

五味山：州东十八里。出五味子，故名。

巨人山：州南三里。一名老人山，山形如人，须眉毕现。《方舆胜览》：山有黑龙湫，环绕百二十里。《旧志》：与雪山相连，前有龙洞山，顶有龙池数湫，山后有径，可达天池，大坝、彭县、二郎庙等处皆攀萝附葛而行。

马蹄山：州东三十里。石上有马蹄迹。

乞习山：州西南。唐贞观十九年，裴行方讨叛羌，西至乞习山，临弱水而归此。

茂湿山：州北十二里，林木密茂，常有岚气。《唐志》：州取茂湿山为①。贞元中，韦率出湿山破吐蕃，即此。

陇东山：州东北十八里。《宋史》：州北有陇东道，通绵州，即此。

鸡宗山：州南四十里。宋熙宁九年，杨文绪为患，声援俱绝，至书木牌投于江以告急，朝廷遣王中正将兵，旁出鸡宗山讨平之，置关及镇羌寨于此。

襄阳山：《汶山记》：昔有毛牧尝走荆蜀，访无尽居士。九日，游此山，谓众曰：大类襄阳之岘首。后人遂名“襄阳”。

笔架山：《旧志》：群峰列秀，笔架然。

马鞍山：《旧志》：在水井湾，形类马鞍，峰峦甚奇。

橐驼山：州东北。以形似。

盘台山：《旧志》：顶平衍，如盘如台，又曰“银锭山”。

屏风山：州南状如屏障。

---

① 为：或当为衍文，当去掉。

鳌峰：州东南。明时建奎阁于上，遗址犹存。流寇赵荣贵于山顶施炮攻城，峰忽动，有声如雷，炮不能举，遂罢去。土人因名“摇头山”。

龙泉山：《旧志》：山有泉，清洁可爱，龙潜其中。

白狗岭：州南。与雪山相连，白狗羌居之。

虎头崖：州北。明嘉靖中，总兵何卿征五寨，夺此崖险要，克平十一寨。

汶江：州西。源出于岷山分水岭，东南流，南流者即岷江也。由徼外甘松岭经八百里至漳腊，其水渐大，入镰刀湾达于松潘，从下水关入红花屯，经平番、叠溪，合长宁堡黑水，经州城西南，合汶保之水，达于灌口，为江渎之源。

黑水：州西北。自叠溪流入，即古翼州水也，至长宁堡入江。

三溪：州北五里。源出茂湿山，南流入城，民取汲之，西入江。《明一统志》：有五福泉在州治南，自城西三溪口引入，城贮以两井，名“五福泉”。

白水：州南。源出龙泉山，居民引之，灌溉甚利，西入江。

北松溪：州北。源出黑虎寨，东流入江。

南龙溪：州南。《方舆胜览》：州有龙溪水，引入城内，至光孝寺以两池潴之，居民常汲引。其源出巨人山龙湫，今改流城外，西入江。又有宗渠水，源出九顶山，至宗渠，西入江。

石密溪：州东十九里。东流，入石泉县界。又有马蹄溪，源出马蹄山，东流入石泉。又有都流溪，源出都流口寨，合马蹄溪。

麻窝沟：源出巨人山，至迁桥墩入江，又有野。

鸭池滧：骊水源，出桃坪堡。

马公井：州城中。旧无井，蛮寇猖獗，汲断水路。明正德中，抚按马昊开凿。

雪花井：州西。脉通汶江，泉水喷出如雪花，久废。乾隆五十九年，署吏目杨廷锡疏通之。

叠溪营

雪峰山：叠溪东六里。高耸凌云。

牦牛山：叠溪东三十里。明正统中，番贼窥境，官军追及于此。

石镜山：叠溪东南。《水经注》：蚕陵南下六十里石镜。《隋志》：翼针县有石镜山。《元和志》：在翼水县东南九里，山侧有石，圆径二尺，明澈如镜。

排栅山：营南十五里。明洪武十一年，大兵至此，立栅屯驻，因名。

寿星山：营西十里。形类老人。

七顷山：营西。《元和志》：卫山县有七顷山，一名落日山，山岩峻阻，平地惟有七顷。周翼州，在山下。

雪峰山：营北三里。峰峦突兀，山下有泉，可资灌溉。

大雪山：营西。《元和志》：大雪山一名蓬娑山，在柘县西北一百里。

飞凤山：营北三里。形如凤翼凌空，较诸山尤为秀特。

肃番山：营西北。《元和志》：在石白县北十里，下有肃番寨。

蚕陵山：营北五里。《通典》：蚕陵县有蚕陵山。

栢岭：营西北。《元和志》：在柘县八十里北，岭北三十里至白崖驿，与吐蕃接界。

大江：营西。自松潘流入，又东南入州界。《水经注》引《益州记》：江水自龙洞，又八十里至蚕陵县，又南下六十里至石镜山，又六十里至北部。《元和志》：大江经翼州城西，又经翼水县西。《明一统志》：汶江在营西二里，至东南与黑水合流入州。

黑水：营西北。《旧志》：源出于番界，东流至营城北五里入江。此又一黑水，非《明一统志》所云翼水别源也。

七里溪：营西七里。源出松坪岩，流入汶江。

饮马沟：营城东。源出云峰山顶，悬崖而下，入汶江。

翼水：营南。东南流至界入江，亦名黑水。《元和志》：翼水出翼水县南。《明一统志》：在营五里，有二源：一出松潘，一出黑水，合流如张两翼。

玉津泉：营南。砌以铁瓦石瓴，绿坡接引，直抵城下，人民取汲，甚利。

天涌池：营南。明正统间，寇深开凿，引水潴其中，以便居民取汲，有碑记。

津梁

镇西桥：以篾索浮板为之，即挑桥也。明正统中，都御史寇深谋砌以石，材具而江广，莫可达。会岐山崩，江流塞者终日，深急命下石并工砯中嘴。比水至，高以寻丈，由是江乃岐而桥成。嘉靖中，江涨桥圮，参将盛愈谦重修。此后仍复挑桥，岁用绳木，俱七里民供具焉。

通天桥：旧为镇远桥，在南门外。引三溪口水经其下，名曰“五福泉”。明成化中，参将邹伦建，巡抚许庭光更为“通天”。嘉靖中，兵备胡鳌建坊，于上颜“神禹乡邦”四大字。隆庆中，副使莫如善、参将盛愈谦重修。

节巴桥：在州南百步，引龙洞水，经其下。明嘉靖中，僧海江建。谚呼和尚为“节巴”，故名。国朝乾隆五十年，知州娄星重修，更为“跃龙桥”。

长宁桥：有索桥一、铁桥一，明兵备胡凤、总兵何卿建，为经行松叠要路。

实大桥：明知州刘坚，通叠平大道。

神溪桥：州治东。通石绵大道，旧用浮桥，不能垂久。国朝乾隆十年，知州陈克绳始议建桥，优贡王椿、陇木长官司何璸等成之，覆以瓦亭。四十年，桥圮，璸孙嘉重建，有碑记。

兴隆桥：渭门关南。乾隆四十年，楚民段万儒捐建。关外有索桥，通黑虎诸番寨。

蒿坪桥：州东八十里。通安绵官道，有碑记。

亚坪桥：州东九十里。通安绵，有碑记。

宗渠桥：州北。大溪水经其下，源出九顶山，旧设木桥。明嘉靖三十五年，知州钱纯让始建以石。事载杨慎《记》。

石鼓索桥：通脊鱼窟，两岸立柱，以竹为绳，横截江面，斫木为筒，状如瓦覆，系绳上渡者，以麻绳缚背，悬于筒下，仰面缘绳于中，乃以手攀绳而进。又有双索，南高而北低，或北高而南低，以筒溜之，甚速且便。南北两路如此者约七八处，兹不具载。

石鼓偏桥：即古秦汉栈道制也。缘崖凿孔，斜插木于中作桥形，铺以木板，覆以土，傍置栏护之。

七星偏桥：临江倚崖，古称绝险。明兵备任中凤凿崖辟路。有碑记。

白水桥：州南三十里。龙泉山水经其下，旧有桥，岁久俱圮。国朝康熙二十五年，知州李斯佺重修。

深沟桥：在深沟墩。明知州刘坚建。

小溪桥：在文镇。架双木为之，岁易修理。

宁江索桥：即明韩胡堡、黑虎等寨渡处。

里甲

原额在城、陇东、蓬族、石鼓四里，后增陇木、静州、岳希三里。乾隆五十一年，茂州营属踏花牛耳十八寨恳请编氓，详归入七里，一体输赋承役，蒙准，改新民里。五十三年，沙坝土千户属部落、梁黄七寨复请编氓，照新民里之例，详入七里，一体输赋应役，蒙准，改广民里。以上九里名曰“汉民”，差赋较羌民繁重。

原额沟口、岐山、三沟、五寨、黑虎寨、巴珠寨、维新、汰派、大小牛耳、麦尔寨羌民八里，后增入三寨无主生番三十六寨三里，又杂谷土司苍旺服诛，毗连州界后番黑水十八寨部落入州，照羌民一体应役，分列二里。以上羌氏十三里，除黑虎、三齐、黑水、六里系输夷粮麦石外，七里俱系照汉例输纳。以上汉羌共二十二里，计编二百四十三甲。

寨落

大章圭、小章圭、麦非、木耳、沙坝、官板山、两河口、白桥沟、黑桥沟、破多、儿木若、河坝、大岐山、小岐山、大力日、小力日、凿箕、哭栗、押力、出沙普、力若、吉八、波咱、得勒、勒白、连黄、六定，以上诸寨系长宁安抚司管辖。

双马、庙山、黄梁、独日、辖吾、咱耳，以上诸寨系石大关长官司管辖。

赖子、力宇、水草坪、深沟、浅沟、河坝、大力日、小力日、出沙布，以上诸番系水草坪巡检司管辖。

竹木坎、五林墩、耳子坝、鸡公、黑虎、儿辈密、巴地吾卜，以上诸寨系竹木坎巡检司管辖。

纳普寨、阔伏、屋札、纳勺、羊密独、记格、克耳、鹅月、木卧伯、作坝、日利擦、谢克，以上诸寨系静州长官司管辖。

黑虎、鹰嘴、和太、在卜只、黑鱼、端工、色孤、伯什只、矮子关、勒格、板地、和尚、瓜子多、根头八节、和儿、吉克、罗儿、如意、挖力、思耳坝、小寨、勒都、杂格物，以上诸寨系岳希长官司管辖。

牟托上村、牟托下村、锅查头、齐使、查山格、罗密独，以上诸番系牟托巡检司管辖。

明头、黑水、马曹、拗盘、小鹿沟、大鹿沟、白石寨、河固、勿耳、干木、古怪、鹅入、儿力寨、来赖、上独密、下独密、七金坪、白水村、西革坝、木巨黑亭，以上诸寨系陇木长官司管辖。

旧关老、水田、白六、梁黄、六定、永泰、落多、上安山、了猪、屋地、顺良、哲虎、昔日坝、白家坪、白鸡、承归坪，以上诸寨接壤梭磨、杂谷，系大定坝土千户管辖。

七族、石灰、白土坎、葫芦、罗布、皮袋、小关、马路、高黄、脊鱼、遮花、排栅、白泥、石嘴、麦尔、杨柳、牛尾、上麻达、下麻达、山后西歪，以上诸寨系叠溪大姓土百户管辖。

索多、结别、鱼尔、勒谷、大牟什坝、小牟什坝、龙池、烧炭、三牙太、哲台、小寨、山后慱邹、磨多，以上诸寨系叠溪小姓土百户管辖。

小和尚、大和尚、哭力、竹子合、白蜡、水磨、立阿、挖耳、屋独、昔挖底、日泥、刁孤、擦亦、儿巴鸡、刷益、火鸡、乌鸡、噶昔、水梳、押国、麦什、额挖、儿格、麦子挖，以上诸寨系叠溪松坪土百户管辖。

昔鱼、磨西、挖若、勒柳、白六、六耳，以上诸寨系大姓黑水土百户管辖。

色喇、木若、革别，以上诸寨系小姓黑水土百户管辖。

第三卷　官师志

秦以前冉駹之国，各自为雄，至汉首开汶山，始置郡邑，设刺史令长。唐、宋、元、明体制略殊，皆因时制之，宜道也。我朝设官分职，酌古准今，州有牧，县有令，辅以庶尹，临以监司，居其位者，责任匪轻，宜思所以报称矣。志官司。

官　制

汉武帝立汶山郡，置刺史，县置令长。成帝改为州牧，令长如旧。昭烈立将军府，置将军，州牧令长仍旧。晋、魏置汶山郡，刺史。隋罢蜀郡，州、县各置刺史、令长，置总管，隶西南行省。唐太宗置都督，统茂、维、翼三州，隶建南道节度使。明皇通化郡、临翼郡、维州郡、交州郡皆置都督，升建南经略为节度使，统军屯茂、维、翼，增领松、霸、乾、古四州，州县如太宗时。僖宗改威戎军节度使，领茂、龙等五州。宋太祖分为剑南西路，置知州、县令。元置威州、茂州知州，汶山、汶川、通化县尹，立总管府，领成都等府，威、茂等州。明洪武设将军都督指挥。镇州、松、潘、威、茂。宣德设布政使布政。正统设都御史。成化设兵部侍郎，后改设都御史布政司参议、按察司副使。弘治裁参议，设整饬，威茂兵备兼理粮储按察司副使，所属设监收通判、指挥经历、知事等官。国朝顺治初设西南监军道。康熙八年改设分巡松茂道，辖龙谷、松、茂等处地方，驻扎茂州。

明洪武初，以土人为知州，后改用流官，设知州、同知、通判及吏目、仓大使、驿丞等官。国朝顺治九年，除奉裁外，设知州一员、吏目一员、儒学二员、阴阳医学各一员。

名　宦

唐

陈大慈：嗣圣中授都督之职，十九年吐蕃寇茂州，慈统军战破之。

李　晟：大历十四年，吐蕃、南诏拥众二十万入寇，一自茂州过汶川及灌县，一自扶州、文州过方维、白坝，一自黎雅过邛崃陷郡邑，乃发禁兵四千，邠、陇、范阳兵五千，命晟讨之，斩首九万级。

宋

孙羲叟：神宗时节度绵、茂军，先是涂、静、时、飞等蛮寇茂州，知成都周焘遣兵马钤辖张永铸等击之，畏懦不敢进，羲叟遣中军将种友直等破之，其酋旺烈等悉降。

李　琪：熙宁间以屯田员外郎出知州事，州故无城，惟植鹿角。蛮入劫掠人畜，州长每取贷于民，遣人赎之。琪至，是始请筑城，疏上而琪以罢去。

范伯常：熙宁间以大理寺丞出知州事，朝廷以前李琪言下成都府钤辖司审度，伯常极言其利，锐意筑之，蛮乞罢，伯常不许，工甫兴，群蛮掩至，伯常率州兵战却之。

王中正：熙宁间，静州将杨文绪诱吐蕃董阿舟攻围茂州，声援俱绝。知州范伯常书木牌投江告急，朝廷遣中正将兵数千人，由鸡宗关袭击，破之，文绪等悉成擒。先是石泉属茂州，中正请割以属于绵，自是吐部始服。

史　学：丹棱人。哲宗时知州事，监军营田，民赖以安。魏了翁有记。

明

丁　玉：洪武初，以御史大夫为平羌将军讨平松潘之乱，筑城建卫，招降诸夷，置安抚长官司，以羁縻之，分其姓为大小二种，给以银锞，羌人奉以为宝，为边功第一。

徐　凯：字子安，合肥县人。洪武初，茂州卫指挥调守松潘，时茂州土官杨者七叛，凯讨平之。后海西降将刘太平领兵伐云南，中途背叛，凯率兵兼行，夜列火炬，六战六克，遂擒太平。元贾哈喇为边患，凯执送京师。又征散毛十八洞番蛮功，先诸将，遂授中府都督。阶、文二州叛，以凯为平羌副将军，擒贼首张超达，改授左府都督征虏前将军。

阴　序：无锡进士。明永乐中任布政使。宣德初，西戎围茂州，城中老弱不及二千，序往守城，几陷，竭力拒之，内外断绝声援，不相闻者数月，乃募善泅者赍蜡书，趣大兵以救，戎乃去。

李　敩：字居学，涿州进士。明宣德初任参议，时松、叠、威、茂被西戎侵扰。都督陈怀总大军征之，栈路飞挽，甚艰。敩任转运，均其劳逸，获成功焉。迁右布政使，居蜀十年不携妻孥，惟一苍头供役。历官吏部侍郎。

刘　坚：字成祖，濮州进士。永乐时知州事，立学校，以教军民子弟，秉公有守，均徭平讼，流民复业，岁旱祈祷，甘雨立应。秩满，州民保留之。

陈　敏：字志学，华亭人。永乐间知州事，历任三十载。敏为治先德后刑，除奸宄，保善类，卜地建学，引泉灌田。景泰时，麦穗五岐，上制《满庭芳》词赐之。夫妻卒于任，州民合葬于南明门外。通判王升即墓前建祠祀之。乾隆五十九年，署知州丁映奎有碑记。

陈　怀：合肥人，松潘总兵。宣德三年，西戎叛，围茂城，几陷，凡六月，番垒相望，成都军不能入，上命怀与参将蒋贵统军由间道入，乃解，城赖以存。

蒋　贵：宣德三年，吐蕃大叛，偕陈怀统兵四万由洮州入解松、茂之围，归至黄土铺，伏发，刀伤其面，至今雁门堡塑像有伤痕焉。寻征云南，论功，赐爵定西侯世袭。

寇　深：字文渊，唐县监生。历山西副使，升佥都御史。正统间，提督松潘军务，威惠并著，决策如神，沿边城堡，多所创建，筑茂州镇西桥，收威贼董敏九窦，羌民皆惮之。

罗　绮：磁州进士。历任刑部侍郎，巡抚四川。景泰二年，总理军务，布德宣威，信赏必罚，军势大振。驻茂州，擒威贼王允。时边仓少储蓄，奏开盐场，以足军食。兴贤育才，文教蔚起。边人感戴，建《安边政绩碑》于茂州。

张　祥：江陵人。成化中知州事，爱民育士，学校桥梁，多所修葺。升太仆寺丞。

余　珊：桐城进士。嘉靖初，以兵备莅茂，方正率下，除奸去恶，积弊一清，奏革番赏，四夷怡服，修名宦、江渎祠，设汶川学，城堡关隘多所建置。

王　涧：江西人。以给事中谪判茂州，治才卓异，有清操。去之日，匹马、一仆人，无知者。

顾　珀：晋江人。嘉靖五年，任兵备副使。持宪刚明，弗尚察察，蛮夷畏服，仓场之蠹，攒典为最。珀力除之，修镇西桥。尝遣军于长宁沙坝取木，番不敢动，制驭之妙，人莫能测。升户部侍郎。

宋　沧：号有台，巨野人。嘉靖九年抚蜀。亲贤爱民，督采大木，民忘其劳，受命专征，东剿真州剧贼周天星等，降其众数万人，西平番贼白草蛮、刀农、窄溪等寨，勋绩伟然。以劳卒于军，蜀人无不悼之。著有《筹边图说》。

胡东皋：余姚人。恩威明断，控制有方。嘉靖初，任兵备副使，谒名宦祠，顾余珊神主曰：此可以幸致哉！公诚吾师也。时打喇儿寨追追作乱，居人大恐，东皋不动声色，殄之，划去威茂繁役，军民称便。

何　卿：字荩臣，合肥人。成都前卫指挥佥事，弱冠即戎。正德戊辰，守备威茂。庚午，征流贼，讨东路诸蛮，又获大捷于土门核桃沟。已卯，擢守叙泸，剿谢文义等贼；庚辰，论茂坝军功，授世袭指挥使。辛巳，擢都指挥。未几，以芒部乱，迁永宁参将，擒元恶龙政、支六、沙保，置署建学。丙戌，擢松潘总兵，建墩设堡，修路凿险，不可悉数。癸巳，复命专征茂州五寨，蛮殊死战，夺虎头崖等险，攻坚破敌如入无人之境，遂克平十一寨，管中府都督佥事，仍领松镇，改修长安、马路等堡，增置御寇、靖虏诸墩，裁省各路赏番银数万计，沿边营建为间二万有奇，夹道边垣障蔽一千余里，开拓边地，卿为首称。卿为人清心寡欲，开诚布公，号令严明，恩威兼济。在镇三十年，全蜀均受其惠，平时涉猎书史，谙防边务，修学化民，边人争立生祠祀之。

韩　璒：高阳进士。明嘉靖十一年，任威茂副使。会北路五寨蛮乱，攻堡绝道，威、叠不通。璒上疏请兵，朝廷是其议，乃调集军旅平之。升湖广参政。

朱　纨：长洲人。嘉靖十三年，任威茂兵备。时北路五寨虽平，而河东三沟复叛，誓师应敌，斩其渠魁，余寇悉降服。威严有断，兵政肃然。著《茂边纪事》。

胡　鳌：沅陵进士。任兵备，建州学，修阜康城，在任三载，边隅宁谧。

杨　露：余姚人。嘉靖九年，知茂州。清廉耿介，教士爱民。初抵任，一骑、一仆、书数卷，去之日不增一物，州人咸泣送之。

孙　汉：江阴人。嘉靖间，知茂州。时五寨蛮叛，汉守御有方，蛮不敢犯，未几，以忧去，军民如失父母。

段宜标：云南举人。初任龙泉令，以平杨酋功擢茂州牧，有惠政。捐廉迁学，改筑长安堡，城旱，祷，辙应，麦秀五岐，汉羌悦服。

沙　金：延安人。嘉靖间，任威茂参将。雅有儒风，每呼将校，讲求平蛮机宜，以忠勤清慎勉之，后以被诬去官，行李萧然，军民叹息泣下。

钱纯让：字益庵，又字子实，铜仁籍江西新喻举人。有清操。前边军饷折银一万有奇，贮州库拨支，吏胥多侵隐。纯让始清，改贮布政司，按期分拨。修桥凿池，建儒学坊，州人德之。

吴　伟：汉中人。由国子监生知茂州，卓有政绩。历升四川右布政使。

张化美：陵江人。隆庆间知州事，建署立学。麦穗五岐，招抚小姓、白若、罗打、三沟等寨诸番，给以木牌，铁刻“永受羁縻”，边患遂息。

薛　曾：字南岐，福清进士。隆庆中，任兵备副使。礼贤爱民，尽心边备。讨平汶川、草坡叛番，筑镇西桥堤，修《威茂通志》，茂人为立生祠。

国　朝

李国英：字培之，遵化人，隶正红旗。顺治三年，从肃王定蜀，献贼剿灭，王师凯旋。国英以孤军镇保顺间，群寇环伺，随机剿扑，未尝少挫。八年，以都御史任巡抚，治兵阆中，军旅之后，劝课农桑，民足食用。十四年，晋总督，旋加太子少保兼筹荆陕，屡平大寇，保厘全蜀者二十一年，卒于官，赐“勤襄”，通蜀祀之。

高荫爵：字淡庵，铁岭镶白旗人。由荫生历升四川松茂道按察司佥事。康熙四十五年，疏浚都江堰水利，转运黄胜关粮储，署布、按两司事。抚绥有术，讼狱无冤，兵民交感，后转直隶古北口道。

王　隲：山东福山人，顺治乙未进士。康熙十九年，分巡松茂道，时蜀中甫定，广为招徕，羌汉悦服。平巴猪、白布、力日诸番，筑都江堰堤，以普水利，士民颂之，通蜀皆祀。

黄　陛：字摅白，亳州拔贡。康熙二年，由[①]河南项城县升州，兴学校，葺城垣，爱民如子，有古循吏风。

张廷柱：韩城监生。初任广西融县令，擢知北直保安州。抑强锄盗，廉公有威。寻以艰归，补茂州，多善政，汉羌率服。

职　官

兵备副使

明

李　敩：浮梁进士，成化中任。

谢朝宣：陕西进士，正德中任。

---

① 原作“曰”，据文意改。

陶　照：秀水进士，正德中任。
马　昊：宁夏进士，正德中任。
吴希由：莆田进士，正德中任。
莫如善：恩平进士，隆庆中任。
郭　聘：嘉靖中任。
余　珊：相成进士，嘉靖初任，入名宦。
奚良辅：嘉靖中任，入名宦。
胡东皋：余姚人，嘉靖初任，入名宦。
顾　珀：晋江人，嘉靖五年任，入名宦。
韩　璒：高阳进士，嘉靖十一年任，入名宦。
朱　纨：长洲进士，嘉靖十三年任，入名宦。
孙　元：承天进士，嘉靖中任。
陈洪范：仁和进士，嘉靖中任，入名宦。
张问之：庆云进士，嘉靖中任。
陈时范：长乐进士，嘉靖中任。
胡　凤：黄梅进士，嘉靖中任。
李承志。
马九德：德州进士，嘉靖中任。
朱　聘：三原进士，嘉靖中任。
胡　鳌：沅陵进士，嘉靖中任，入名宦。
万文彩：云南进士，嘉靖中任。
薛　曾：福清进士，万历中任。
任中凤：长安进士，崇祯初任。
周嘉谟：天门进士，万历中任。
何闳中：黄冈进士，崇祯中任。

国　朝

旧设威茂兵备道：
王士彦：辽东广宁选贡，顺治五年任。
程翔凤：湖广孝感籍，四川芦山举人，顺治十一年任。
陈子达：福建闽县进士，顺治十八年任。
郭三培：直隶任丘进士，康熙十三年任，建钟鼓楼，有记。
周　彬。
分巡松茂道：
南廷铉：陕西渭南举人，康熙九年任。
董明命。
王　隲：山东福山进士，康熙十九年任，入名宦。
王清贤：镶红旗荫生，康熙二十三年任。
王承祚：贵州新贵进士，康熙二十五年任。

王之麟：辽阳拔贡，康熙三十一年任。
张圣佐：奉天监生，康熙三十六年任。
金祖诚：江西吴县监生，康熙四十一年任。
高荫爵：奉天监生，康熙四十九年任，入名宦。
佟世禄：正蓝旗监生，康熙五十年任。
赵宏仁：镶红旗监生，康熙五十六年任。
孟以珣：镶红旗官生，康熙五十八年任。
李世倬：正蓝旗监生，雍正四年任。
高　绂：镶黄旗监生，雍正七年任。
曹源邠：河南商丘生员，雍正七年任。
尤　清：镶蓝旗生员，雍正七年任。
高维新：直隶宁晋进士，雍正八年任。
郑其储：湖广石首进士，雍正八年任。
善　宁：满洲。
张之俊：顺天大兴进士。
李　本：满洲荫生。
查　礼：顺天宛平监生。
王凤仪：江南太仓举人。
李永琪：山西洪同举人。
倭什布：满洲正红旗监生。
承　勋：满洲正白旗监生。

知　州

明

叶贯道：洪武十三年任。
蔡文韶：洪武十七年任，改设流官自此始。
于　敏：洪武二十四年任。
孙　芝：洪武三十年任。
刘　坚：濮州进士，永乐初任，入名宦。
吴　伟：汉中人，永乐初任。
陈　敏：华亭监生，永乐初任，入名宦。
沈　頫：景泰六年任。
韩　铎：天顺间任。
丁　韶：成化初任。
郑　瀓：成化中任，治西列岫堂。
吕　瑗：归安人，成化中任，升夔州府同知。
张　祥：武陵人，成化中任，入名宦。
邓　清：成化十二年任。

于　浚：弘治间任。
崔　荣：弘治间任。
张　浚：字于英，澄城举人，弘治十六年任。
张克隽：平乐人，正德初任，以抚黑虎寨功，升保宁府同知。
汪凤韶：进贤举人，正德中任。
封　宪：泰安州人，监生，正德末任。
邵　履：贵溪举人，嘉靖初任。
孙　汉：江阴举人，嘉靖六年任。
张　绪：举人，嘉靖八年任。
杨　露：余姚人，举人，嘉靖九年任，入名宦。
吴　潮：举人，嘉靖十四年任。
王　域：字尧封，直隶清县举人，嘉靖十五年任。
高　腾：鄜州监生，嘉靖二十一年任。
严光洽：兴国州举人，嘉靖二十四年任。
黎舜卿：字宁益，崇仁举人，嘉靖二十五年任，升同知。
王生贤：字以辅，卢陵人，嘉靖二十九年任。
王　渊：江西人，嘉靖中任，入名宦。
钱纯让：字子实，铜仁籍江西新喻举人，嘉靖三十三年任。
陆汤臣：字师尹，广西汉州籍浙江嘉兴举人，嘉靖三十七年任。
陈　仕：字原学，湖广崇阳举人，嘉靖四十一年任。
姜　符：举人，嘉靖四十四年任。
段宜标：云南人，嘉靖中任，入名宦。
林　贵：嘉靖中任。
蓝士龙：嘉靖中任。
张世泰：字大宁，浙江人，嘉靖中任。
王　寅：字敬天，嘉靖四十五年任。
张化美：江宁举人，隆庆初任。
廖世同：字真甫，隆庆二年任。
赵友仁：云南建水举人，万历七年任。
萧文璧：陕西建安举人，万历十四年任。
白比珩：陕西绥德贡生，万历十六年任。
薛应麟：山西河津举人，万历二十年任。
魏　让：万历中任。
杨　豫：万历中任。
岑昌运：广东人，天启中任。
吴崇德：浙江人，天启中任。
张邦栋：湖广澧州贡生，崇祯初任。
霍子伟：南海举人，崇祯初任。

杨光宾：福建举人，崇祯时任。

罗铭鼎：昆明举人，崇祯十三年任，流寇赵荣贵破城，被执，母恭人段氏死之。

国　朝

赵廷正：顺治十四年署任。

刘德行：康熙元年任。

黄　陛：浙江进士，康熙二十年任，兴学葺城，麦秀七歧。

范承德。

张文德：陕西文县人。

迟　炤：辽东进士，康熙十年任。

徐之凯：浙江西安进士，康熙二十年任。

李斯全：山东济南荫生，康熙二十三年任，纂修州志。

卞永吉：正白旗监生，康熙二十九年任。

范时鸣：镶黄旗监生，康熙三十年任。

王始禹：陕西韩城监生，康熙三十六年任，入名宦。

赵国器：正蓝旗官生，康熙四十年任。

宋征烈：奉天进士，康熙四十九年任。

孟以忱：正红旗人，康熙五十四年任。

高　超：直隶监生。

边鸿烈：镶红旗监生，康熙六十年任。

朱廷梁：江西举人，雍正四年任，改直隶州自廷梁始。

宋虞凯：江南监生，雍正七年任，士民德之，额曰“万家生佛”。

刘　桥：河南新郑贡生。

朱介圭：江南长洲人。

江吴鉴：江南举人。

陈克绳：浙江进士。

黄廷铣：满洲监生。

九　格：正蓝旗，乾隆十八年任。

张　鉴：江夏监生。

徐　镇：贵州铜仁举人。

张龄度：河南祥符进士。

陈奉兹：江西德化进士。

滕兆棨：陕西人。

娄　星：浙江钱塘举人。

朱　梓。

任　琦：浙江会稽监生。

张愈聚：河南陕州举人。

王廷端：汉军正红旗举人。

徐麟趾：顺天永清籍，安徽颍上人。

王用仪：江西进士。
张若詠：浙江人。
丁映奎：贵州开泰县人，进士。
吉　兴：满洲镶蓝旗人，生员。

吏　目

殷臣鼎：康熙初任。
姚奕蔡。
常克长：天津人。
涂崇煌。
宋峻德：甘肃陇西吏员，乾隆七年任。
陆　寅：江南江宁监生，乾隆三十二年任。
林秉毅：江苏监生，乾隆三十三年任。
刘昌尉：广西举人。
钮大坤：顺天大兴监生，乾隆三十五年任。
王攸训：河南监生，乾隆三十七年任。
李士祺：山东历城监生，乾隆三十八年任。
蔡文彬：江南大湖监生，乾隆四十年任。
徐之琅：浙江仁和监生，乾隆四十一年任。
王曰璘：湖南湘潭监生，乾隆四十二年任。
顾大柽：苏州吴县监生，乾隆四十六年任。
葛坚焘：顺天大兴监生，乾隆五十七年任。

儒　学

杨　溥：广元举人。
何达先：涪州举人。
李　璋：华阳廪贡。
苟系林：威远举人。
何　书：华阳岁贡。
陶国相：叙永岁贡。
胡　琼：简州岁贡。
贾思谟：铜梁举人。
武锡龄：新津廪贡。
马儒修：德阳廪贡。
车士兴：会理举人。
陈其介：巴县岁贡。
刘中孚：阆中举人。
冯湛恩：庆符岁贡。

罗宗元：新都举人。
车　书：长寿举人。
何尔聪：叙永岁贡。

旧设威茂营参将

明

朱　文：北京人，成化元年任。
刘　芳：成都中卫人，成化十三年任。
孙　镐：北京人，成化十三年任。
傅　秦：湖广人，成化十六年任。
邹　伦：卫人，成化二十年任。
沈　运：重庆卫人，成化二十二年任。
王绳尧：成化中任。
韩　雄：泸州卫人，弘治元年任。
邱　林：成都后卫人，弘治二年。
卫　启：重庆卫人，弘治四年任。
房　骥：北京人，弘治六年任。
李　英：成都人，弘治九年任。
周　英：山西人，弘治十二年任。
朱　廷：宁川卫人，弘治十年任。
马　隆：陕西人，正德元年任。
单　嵩：北京人，正德八年任，用民夫修教场，激变。
李　荫：重庆卫人，正德九年任。
芮　锡：北京人，正德十三年任。
李　昂：成都卫人，嘉靖元年任。
沙　金：陕西榆林卫人，嘉靖八年任，入名宦。
邱　岌：成都后卫人，嘉靖十一年任。
周继勋：陕西延安卫人，嘉靖十三年任。
李　爵：重庆卫人，嘉靖十六年任。
杜　钦：松潘卫人，嘉靖十七年任。
邱　鲁：成都后卫人，嘉靖二十六年任。
田继礼：雅州所人，嘉靖三十年任。
王　贤：贵州普定卫人，嘉靖三十一年任。
刘　韬：叙南卫人，嘉靖三十二年任。
李尧章：叙南卫人，嘉靖三十七年任。
盛愈谦：陕西临潼卫人，嘉靖四十四年任。
张　焰：河南南阳卫人，隆庆三年任。
陈　良：陕西固原卫人，隆庆六年任。

傅　崑：南京金吾左卫人，万历九年任。

刘用光：浙江台州卫人，万历九年任。

朱文达：浙江义乌人，万历十五年任。

边之垣：松潘卫人，万历十六年任。

刘守圭：浙江宁波卫人，万历二十一年任。

王梦吉：南京锦衣卫人。

魏之奇：宣德时任。

国　朝

梁汝贵：山东人，康熙二十二年任。

金　得：福建人，康熙二十五年任。

胡　俊：福建人，康熙三十年任。

穆廷栻：直隶武进士，康熙三十七年任。

张自成：山西岢岚人，康熙四十一年任，建桥修道，军民德之。

王允吉：四川人，康熙四十七年任。

赵　琏：陕西人，康熙五十二年任。

马良臣：陕西人，康熙五十七年任。

张成隆：陕西人，康熙六十一年任。

张元佐：四川武举，雍正元年任。

周起凤：陕西人，雍正三年任。

杨德美：贵州人，雍正三年任。

吴进宝：陕西人，雍正六年任。

岳钟璜：成都侍卫。

马化正：成都人。

何起贤：成都人。

董抚远：满洲侍卫。

和楞额：满洲侍卫，茂州营都司。

张　云：广东人。

阿尔泰：满洲侍卫。

寿禹干：浙江山阴武进士。

邢天培：山西武进士，乾隆三十九年征金川阵亡。其子邦彦以身当刃，救护不及，与父同没。

张万魁：崇庆人，本州籍。

刘士勋：建昌人。

额尔恒额：满洲人。

李永福：直隶荫生。

威茂营守备

郎　培：直隶人，康熙二十二年任。

李日韬：江西人，康熙三十六年任。
李逢春：陕西人，康熙四十四年任。

设卫指挥

明

曹　宗：以功升都指挥佥事。
张　勋：有才略，善谋断。土人语曰："茂州有事，问张、曹。"谓勋与敏也。
马　骢：历升佥事参将。
吴　宏：升指挥佥事。
庞　昇：正德己卯，征核桃沟，战死。
邹　庆：升都指挥掌印。
田茂盛：升指挥佥事。
霍　采：千户，以功升指挥佥事。
何　英：千户。
张　纲：百户，从庞昇战死核桃沟。
曹　敏：百户，勇略过人，以平威州酋董敏、王允功，升指挥同知。
李　高：百户，核桃沟战死。
李　果：百户，核桃沟战死。
贺　才：总旗，核桃沟战死。
潘　元：总旗，核桃沟战死。
贾天锡：山西人，康熙五十七年任。
马纪师：陕西人，康熙五十七年任。
高攀桂：四川人，康熙六十一年任。
贺　喜：陕西人，雍正二年任。
文永德：贵州人，雍正六年任。
郭　镇：四川人，雍正六年任。

叠溪营游击

姜逢彩：镶红旗人，康熙十九年任。
邵　进：浙江人，康熙二十二年任。
吴　杲：陕西人，康熙三十二年任。
王　玉：陕西人，康熙四十年任。
马良灿：河南人，康熙四十二年任。
卓昇云：陕西人，康熙五十四年任。
胡　灏：四川人，康熙五十六年任。
郭寿域：山西人，康熙五十九年任。
常力行：山东人，雍正元年任。
刘国纲：广元人，乾隆五十七年任。

罗定国：浙江人，乾隆五十八年任。

叠溪营守备

栗大本：陕西人，康熙二十一年任。

祝　苞：直隶人，康熙二十七年任。

汪　蛟：江南人，康熙四十年任。

任大成：四川人，康熙四十二年任。

李国柱：四川人，康熙四十八年任。

陈　英：四川人，康熙五十五年任。

徐　寅：直隶人，康熙五十六年任。

杨玉先：龙安人，康熙六十一年任。

颜清如：陕西人，雍正二年任。

邓国芳：云南人，雍正四年任。

段起贤：陕西人，雍正六年任。

沙应龙：甘肃皋兰人。

土　司

静州长官司：董勤诗，其先董非车，于前明世袭土职。康熙五年，董归诚，仍授原职，应诏领有印信号纸。其地距州城一里，东至关子堡土门陇木司接壤三十里，南至梨园村漫水湾接壤二十里，西至岷江岳希司接壤十里，北至叠溪营属土司接壤六十里。管寨十二番，民共二百八十户。雍正六年，报垦载粮二十七石一斗九升五合，赴州完纳。

陇木长官司：何清远，其先何卿，于前明洪武七年世袭土职。康熙五年，何延禧归诚，仍授原职，领有印信号纸。其地距州城东四十里，东至水瓮子石泉县接壤三十里，南至曹毛与州治接壤五里，西至关子堡与静州司接壤五里，北至叠溪营属土司界三十里。番寨二十，番民一百一十七户。雍正六年，报垦粮一十六石五斗，赴州完纳。

岳希长官司：坤国屏，其先满送，于前明世袭土职。康熙五年，坤道龄归诚，仍授原职，领有印信号纸。其地距州城五里，东至镇西桥接壤，南至牟托司鲫鱼寨接壤二十五里，西至章圭寨壳壳沟接壤二十里，北至竹木坎巡检司松溪堡接壤五十里，管寨二十六。

长宁安抚司：苏安民，其先蟒答儿，于前明世袭土职。顺治九年，苏耀祖归诚，仍授原职，领有印信号纸。其地距州四十里，东至长宁堡官道接壤七十里，南至水草坪巡检司地方接壤三十里，西至龙坪、大小力日、三齐等寨接壤五十里，北至实大关接壤八十里，管寨二十七。

水草坪巡检司：苏尚智，其先蟒答儿，于前明世袭土职。顺治九年，苏廷宾归诚，仍授原职，领有印信号纸。其地距州城三十里，东至长宁堡接壤十里，南至渭门关接壤四十里，西至镇戎堡与岳希司龙嘴接壤四十里，北至官道与长宁安抚司接壤十里，管九寨。

牟托巡检司：温怀忠，其先于前明世袭土职。顺治九年，温士英归诚，仍授原职，领有印信号纸。其地距州城六十里，东至温水湾墩与州石鼓接壤三十里，南至保县保子关接壤二十里，西至汰派后沟生番地方接壤五十里，北至鲫鱼寨与岳希司接壤二十五里，管寨六。

竹木坎副土巡检司：孙天德，其先坤儿布，于前明世袭土职。顺治九年，孙六受归诚，仍授原职，领有号纸。其地距州城五十里，东至擦耳崖、三齐寨生番接壤五十里，南至长宁堡与岳希司接壤二十里，西至黑虎寨接壤三十里，北至水草坪巡检司接壤五里，管寨七。

叠溪营

大姓土百户：郁芝，其先郁鸣凤归诚，授职，领有号纸。其地东至山后、青片、昔歪寨接壤，南至州属踏花寨接壤，西至河西索多与勒谷寨接壤，北至平番营属皮袋寨接壤。管寨二十二，河东河西十七寨，纳粮八石六斗五升。山后、青片三[①]寨纳黄蜡三十斤、大布三十四，折充叠溪营兵饷。

小姓土百户：郁润，其先郁华，于康熙四十二年归诚，授职，领有号纸。其地东至叠溪城三押寨接壤，南至大定沙坝旧瓜老接壤，西至山后、黑水、木西岭接壤，北至松坪和尚寨与侔什坝接壤。管寨十一，河西小姓九寨纳粮五石，山后、青片二寨纳黄蜡二十斤，大布二十四，折充叠溪营兵饷。

松坪土百户：韩喜，其先韩晋卿，于康熙四十二年归诚，授职，领有号纸。其地东至牛尾、树底寨接壤，北至山后、大黑水与出勺寨接壤。管寨二十四，纳粮六石六斗五升，折充叠溪营兵饷。旧属茂州营。

梭磨副长官司：囊索沙加布于雍正元年归诚，授职，领有印信号纸。住牧之地曰“梭磨”。乾隆五十年，因长官司杨曙不能抚驭，番民杨文秀等呈恳情愿归州，纳粮应役，批准改为新民里，裁去副长官司。

大姓黑水土百户：郁其英，其先郁孟贤，于顺治初年归诚，授职，领有委牌。管寨二十二，俱生番地方，接壤梭磨、杂谷，旧纳粮五石。乾隆元年豁免。

大定沙坝土千户：苏尚荣，其先苏忠于顺治初年归诚，授职，领有号纸。管寨十，俱生番，地方接壤梭磨、杂谷。旧纳粮七石五斗，乾隆元年豁免，旧属叠溪营，五十五年归州。

小姓黑水土百户：郁宣，其先郁从文于顺治初年归诚，授职，领有委牌。管寨三，地方接壤梭磨、杂谷，旧纳粮一石五斗，乾隆元年豁免。

实大关外委土弁：官运洪，其先官之保于顺治初年归诚，授职，领有委牌。管寨六，番民一百六十四户。

茂州罗打鼓，宣德中尝盗边，上遣大将军陈怀、蒋贵击破之。弘治六年，又帅白若诸寨扰汉境，是时房骥为将军，请国门外建东胜、菜园诸墩，以备之。万历初再入茂州，茂州城尽闭，驿路不通，既而凌霄九丝大捷，斩首虏千级。时刁农鸡公最强，乃畏威率头目列余之等来降，于是罗打鼓、谷国、日列寨、独密寨并叩塞，愿附如刁农鸡

① 三：按寨数及下文“小姓土百户”所载，当为“二”。

公，兵备使王维善下其事，指挥田赋问状，皆犹豫未决，茂州知州张化美直前请，曰："昔古冉駹之国，乃六夷七羌九氐地也。幸而归化，使我不受之以示德，意甚失诸羌心，且使诸羌虽当诛，以将军威重，不假斧钺于境外，而款塞踵至，将军其归，御史大夫于以彰国威而风边境，不亦可乎？"会虞怀忠为御史，王廷瞻为都御史，皆谓茂州议是，遂受之。是岁也，生羌血热血书伯什及黄草坪、水磨沟、崖立寨、吉革寨亦皆愿降如罗打鼓，瞻乃召诸羌辨核之，其在黄草坪寨有红即说太儿等，水磨、崖立寨有白说等，吉革寨有西日巴等。

俸工

知州一员，岁额俸银八十两。额设衙役三十名，内：门子二名、皂隶一十三名、马快八名、轿伞扇夫七名，每名岁支工食银六两，共银一百八十两。又改设仵作二名，每名岁支工食银六两；随学仵作二名，每名岁支工食银三两，共银一十八两。又设立民壮二十名，每名岁支工食银八两，共银一百六十两。又添设禁卒十名、更夫八名，每名岁支工食银六两，共银一百零八两。又添设捕役二名，每名岁支工食银六两，共银一十二两。又设立斗级一名、仓夫一名，每名岁支工食银六两，共银一十二两。设立州属底铺、宗渠、石鼓、白水、凤毛、文镇、青坡、石榴、魏门[1]、长安、宁江、松溪、长宁、穆肃、实大、大定、马路、小关、叠溪、新桥、普安、太平、永镇共二十三铺，共设铺司兵六十九名，每名月给工食银五钱[2]，岁共支银四百一十四两，遇闰照数加增。又东路七铺，共设铺司兵一十四名，岁共支银八十四两，移松潘给领。

吏目一员，岁额俸银三十一两五钱二分。额设衙役六名，内：门子一名、皂隶四名、马夫一名，每名岁支工食银六两，共银三十六两。

教官一员、添设训导一员，每员岁支俸银四十两，共银八十两。额设衙役四名，内：门斗二名、膳夫二名，每名岁支工食银六两，共银二十四两。廪生原额二十名，每名岁支饩粮银三两二钱，共银六十四两。遇闰，每名加银二钱六分六厘六毫六丝六忽六微六尘六纤，年终赴布政司库贮地丁银内请领。支给孤贫口粮，岁无定额，现支银三十一两七钱五分。

① 魏门：道光《茂州志·铺递》作"渭门"。

② 五钱：当为"六两"。按：共六十九名，每名每年六两，共计四百一十四两。若按五钱银算，则数目不符合。且下句"又东路七铺，共设铺司兵一十四名，岁共支银八十四两，移松潘给领"，故"五钱"当为抄录之误。

第四卷　武备志

兵可百年不用，不可一日无备。我国家忧盛危明，兵制之精超越千古，而于边疆尤为加意。汶山居蜀西偏，羌夷环列，悬崖峻岭中羊肠一线，历代叛服无常，经前人极力筹划，始得少安。逮圣朝恩威遐播，稚髻凿齿之伦，罔不倾心向化，列为编氓，官若民永享无事之福，尤复未雨绸缪。松潘置镇，维州置协，茂及保汶皆设重兵以守，诚制治保邦之良谟也。故特详志之，以昭万世之法焉。志武备。

兵　制

唐

德宗元年，以韦皋为西川节度使。十八年吐蕃攻维州，韦皋遣兵千人前行，自将数万人踵，袭击吐蕃大破之。

文宗以李德裕为西川节度使，德裕至镇作筹边楼，图属地形，练士卒，葺城堡，积粮，运粟，以赈饥民，禁鬻女以繁生齿，南诏归所掠百姓四千余人，吐蕃维州刺史悉恒谋请降，事虽未就，西蜀赖以少安。

宋

皇祐二年，诏四川戍兵，及二年而未得代者，罢归钤辖司，以土兵岁一代之。

熙宁八年，王安石言募兵，未可全罢，民兵则可渐复。至于剑南边地，尤不可缓，训练之法，当什伍其人，拔其才，武之士以为什百长，自首领以下，各以禄利奖劝，使自勤于阅习。

九年，诏四川经略使统番戍诸路，有事即以征讨。

哲宗元符二年，诏四川沿边州县，城池楼橹各务修治，有不治者罪之。

宣和四年，诏茂州石泉军旧管子弟番土守把，不谙射艺，选施黔兵善射者各五十人，分任教习，候精熟日遣回。

元

世祖三年，平蜀后立万户府及千户所，以统军士，遇方面有警，则置行省枢密院以总之，事已则废。

明

洪武初年立大都督府，节制中外诸军事。若有征讨之役，以公侯伯充总兵官，名曰挂印将军。其在外镇守地方武臣置都指挥使司，以领卫所置。总兵、参将、游击、守备以司攻守，诸军在外者谓之翼。洪武中，改翼曰卫，有指挥使等官。各卫所官军分番教阅，大率以五千六百人为一卫，一千二百一十六人为一千户所，一百一十二人为一百户所。每一百户设总旗二人，小旗十人，管领大小相维，以成队伍。四川都司所属二十一卫，所原十六万三千六百三十六名，有大征伐，或量调各土司兵听官兵总领节制指。诏四川立民兵万户，简民间武勇，教之技击。编队伍，时操练，有事用以征伐，无事为民。宣宗宣德元年，以平蛮将军都督方政、副总兵蒋贵镇守松潘。是年，又以四川伍籍空虚，籍民民编保甲，有土丁民壮之名，鞍马器械，悉从官给，免本户粮五石丁二丁事，故不许勾补。英宗正统元年，以提督松潘兵部侍郎罗绮、总兵都督徐海整饬四川边务。

国　朝

初为威茂营，额设：参将一员，守备一员，千总二员，把总四员；额设：马兵一百一十名，步战兵一百五十名，守兵三百四十名。

一驻扎本州城，参将一员，守备一员，马步战守兵三百名。

一分防东路汛，千总一员，带领马步战守兵五十名。

一分防北路汛，千总一员，带领马步战守兵五十名。

一分防南路汛，把总一员，带领马步战守兵五十名。

以上马步战守兵共三百二十六名，马五十二匹。

一叠溪营，游击一员，守备一员，马步战守兵三百四十名。

一分防七族汛，千总一员，带领马步战守兵二十名。

一分防永镇汛，把总一员，带领马步战守兵八十名。

一分防大定汛，把总一员，带领马步战守兵六十名。

以上游击一员，守备一员，千总一员，把总二员，马兵八十名，步战兵一百一十七名，守兵三百三名，共兵五百名，马八十匹。

乾隆二年，改威茂参将为威茂协副将。十七年，杂谷土司苍旺不法，总督果毅公策楞、提督威信公岳钟琪剿灭，将后番民分拨茂州、保县管辖。孟董九子等寨列为屯兵，移协维州，改为茂州营，都司一员，领哨千总一员，把总二员，外委三员，额外外委二员，马兵四十九名，步战兵七十六名，守兵一百九十八名，共马步战守兵三百二十三名。

一驻扎本城，领哨千总一员。

一分防东路桃坪汛，左司把总一员，汛兵五名，塘七处，每塘设兵五名，共兵四十名。

一分防西路镇西汛，右司把总一员，汛兵五名。

一分防北路长宁汛，领哨外委一员，汛兵五名，塘八处，每塘设兵五名，共兵四十五名。

一驻扎本城，左司外委一员，巡视内外城。

一分防南路七星关汛，右司外委一员，汛兵五名，塘四处，每塘设兵五名，共兵二十五名。

一驻扎本城，额外外委二员，听候差遣。

武　功

唐

肃宗永泰元年乙未，吐蕃引羌寇西山柘静寨，剑南节度使严武先破吐蕃于当狗城，武奏崔旰为汉州刺史，将击吐蕃，连拔其城，攘地数百里，吐蕃遂不敢犯。

代宗广德十四年己未冬十月，吐蕃入寇，诏神策都尉李晟讨之，斩首二千级，恢复维、茂二州。

德宗贞元四年戊辰，吐蕃为患，将寇西川，约兵十余万屯泸，西川节度使韦皋遣兵击破于清溪关外。辛巳十七年，韦皋大战吐蕃于雅州，历破四十八万。壬午十八年春正月，韦皋复破吐蕃于维州，斩首五万级，自是吐蕃不复侵扰。

穆宗时，吐蕃寇边，西北震动。又略雅州，东川节度使王涯将兵拒之，吐蕃遂不能入。

文宗太和四年庚戌冬十月，以李德裕为西川节度使。先是南诏入寇劫掠蜀民，德裕至镇作筹边楼，图蜀地形，南入南诏，西达吐蕃，日召习边事者，访以险要，未逾月皆若身历，乃练士卒，葺保障，积边储，以备边。蜀人粗安，索南诏所掠百姓，得四千人。

明

洪武初，松潘未下，御史大夫丁玉率师平之，开建关堡，设立酋长，诸蛮震服。

茂州土官杨者七叛，徐凯率兵讨平。后海西侯纳哈驰、降将刘太平领兵伐云南，中途反，凯追至青州，六战六克，檎太平于沔县，尽收其众。复征阶、文二州，擒贼首张超达，诸蛮遂平。

宣德三年，羌贼攻围茂州，城几陷，凡六月，番垒相望，成都军不能入，宣宗遣总兵张怀与参将蒋贵等统军由间道入讨，平之，建置关堡，设右前二所，边隅始宁。

天顺末，夔、茂、威、嘉盗起，连劫州郡。佥事汪浩，密设方略，多张疑兵，深入擒斩贼众，寻讨平巨贼赵铎，所至有功。

宪宗成化十四年，戊戌夏六月，巡抚四川都御史张瓒，平松潘诸蛮，先后破寨五十有二，降寨一百有五，展柘茂州城池，增置墩堡，留兵戍守。

嘉靖间，茂州河东三沟复叛，朱纨誓师应敌，擒斩无数，余寇悉降。

嘉靖中，五寨蛮大肆寇掠，兵备韩璒上疏乞师，剿灭之。

正德中，河西蛮蒲卓不法，副使谢朝宣擒斩之，设四顾墩，扼其隘口，南路以宁。

塘　汛

宗渠堡塘：距城二十里。

七星关塘：距城四十里，驻防外委一员，汛兵五名。

文镇堡塘：距城五十里。

青坡堡塘：距城七十里。以上南路共四塘，每塘设兵四名。

石榴沟塘：距城十里。

渭门关塘：距城二十里。

长安堡塘：距城三十里。

宁江堡塘：距城四十里。

松溪堡塘：距城五十里。

长宁堡塘：距城六十里，外委一员，汛兵五名。

穆肃堡塘：距城七十里。

石大关①塘：距城八十里。

大定堡塘：距城一百里。

马路堡塘：距城一百一十里。

小关堡塘：距城一百二十里。

叠溪堡塘：距城一百三十里。

新桥堡塘：距城一百四十里。

普安堡塘：距城一百五十里。

永镇堡塘：距城一百六十里。以上北路共十五塘，茂州营八塘，叠溪营七塘，每塘设兵五名，与松潘关平番等处交界。

夹山墩塘：距城二十里。

毛香坪塘：距城四十里。

小关子塘：距城六十里。

神溪堡塘：距城一百里。

桃坪堡塘：距城百一十里，驻防把总一员，汛兵五名。

两河口塘：距城一百二十里。以上东路共七塘，每塘设兵五名。

边　防

松茂道属西番，西番即吐蕃也。其先本羌类，凡百余种，散处河、湟、江、岷间，其酋发羌、唐族等居析支水西，后有樊兄者西济河，踰积石，居跋布川或逻婆川。

隋开皇中，有论赞索居牂牁西。

唐贞观二年，始通中国。

代宗大历十五年十月，吐蕃率众入寇，上命李晟等讨平之。其先崔宁在蜀十余年，恃其地险兵强，恣为淫侈，朝廷不能制，后因入朝吐蕃，与南诏合兵三道寇蜀，州县多陷，上忧之，趣宁归镇。杨炎言于上曰："不若留宁，发范阳戍兵杂禁兵往击之，何忧

① 石大关：志中亦常写作"实大关"。

不克？因得纳亲兵于其腹中，蜀将必不敢动，然更授他帅，使千里沃壤复为国有，是因小害而收大利也。”上遂留宁，遣李晟等击破之。

德宗建中元年，吐蕃乞归其俘蜀将士，言不可归，上曰：“戎狄犯塞则击之，服则归之，击以示威，归以示信，威信不立，何以怀远，悉命归之。”是年，吐蕃入贡。贞元三年，韦皋领剑南节度，吐蕃寇泸北，皋遣兵击破之。五年，复嶲州。八年，攻维州，获其将。九年，拔吐蕃五十栅，斩首与投崖死者无数。十七年，皋遣将将兵二万出成都西山，南北九道并进，破吐蕃于雅州，转战千里，拔城七，军镇三，焚堡百五十，斩首万余级，围维州，吐蕃遣大将论芥热将兵十万往救，皋设伏邀之，获论芥热，杀其士卒过半，自后西边宁靖。唐末，种类分散，入内属者谓之熟户，余谓之生户。

文宗太和四年，李德裕为西川节度使，作筹边楼，图蜀地形，入南诏，西达吐蕃，日召徕习边事者，访以险要。未逾月，皆若身尝涉历，乃去属兵羸弱者四千人，募少壮与北兵，得二千五百人，与土兵参居，转相训习，日益精练，威声大振，吐蕃首领悉怛谋举维州来降，德裕遣兵守其城，且奏其状，帝使群臣议，皆如德裕策，而牛僧孺独谓纳降无以示信，上然之，诏德裕以其城及悉怛谋等归吐蕃，吐蕃诛之境上。

武宗会昌三年，德裕言：维州据高山绝顶，三面临江，在戎虏平川之冲，是汉地往来之路，自为吐蕃所陷，号曰“无忧城”，得此遂并力四边，凭陵近甸。故韦皋欲经略河、湟，以此为始，臣到西蜀，空壁来归，山西八国，皆愿内属，可减八处镇兵，坐收千里旧地。当时不喜臣者，望风疾臣，诏送悉怛谋等，命彼自戮，绝忠款之路，快凶虐之情，从古以来未有此事。乞追奖忠魂，诏赠悉怛谋为右卫将军。时朝贡不绝，其酋领唃厮罗始居鄯州，后徙青州。神宗、哲、高宗朝皆授以官。

元宪宗始于河州置吐蕃宣慰司都元帅府，又于四川徼外置碉门，鱼通、黎、雅、长河西等处宣抚司。世祖时，复郡县，其地设官分职，以吐蕃僧人思巴为大宝法王，帝师领之，嗣者数世，弟子号司徒国公，佩金玉印者前后相望。

明洪武间，设行都司于建昌，无复南警，西边松、茂诸蛮反复不常。十年，遣御史大夫丁玉讨平之，召集诸寨首领给以银锞，俾各守地方，蛮人以为世宝。又于东路设八郎麻儿、匝芒、鬼者、阿角寨四安抚司，与麦匝、者多、比定、祈命、腊匝、牟儿等一十七长官司，俱隶松潘卫。南路设长宁安抚司与岳希蓬族、静州、陇木头三长官司，俱隶茂州。叠溪、郁郎二长官司，俱隶叠溪千户所。各降印信，仍立首领一人为土官，以世掌之。

永乐间，建立董小、韩湖等宣慰使司，杂谷等安抚司，于吐蕃境内以统部落。其俗尚异端，故于松潘又立番僧二人为国师，曰商巴，曰绰领。二人为禅师，曰黎巴，曰完卜。商巴事道，黎巴事佛，皆授银印，令抚谕之。

宣德二年，松潘千户钱宏开有交趾之役，惮于远征，乃诱蛮族入寇，虚张奏报，得留不遣，蛮自是煽祸，攻围城堡。朝廷遣都指挥韩整、高隆，调四川各卫官军五千员征之，至威州黄土铺失利，道遂不通。三年命总兵、都督陈怀、刘昭，参将赵安、蒋贵等，率陕西兵四万由洮州入松潘解围，怀增置城堡守备回京，蛮犹弗靖。八年，复遣都督方正调四川建昌、贵州官军讨平之。

正统四年，都督指挥赵谅诱执蛮长，国师商巴以犯边，被擒奏闻。遣都督李安征之，寻察其伪，且生衅乃诛，谅蛮始服。十二年，佥都御史寇深提督军务，修饬营堡，平治道路，于叠溪迤工，添设普安、靖夷、镇番三堡，又于麻答崖、青岗嘴、画佛崖、海螺洞、万江崖沿山凿石，驾木悬栈，靡费钱粮巨万，军民胥困而后人赖其利。

景泰二年，蛮长王永阴持两端，煽动上下五族，欲拒南路。刑部侍郎罗绮抚治松潘，设策制胜，一举殄之，厥后召绮还京，但置按察司副使一员，整饬松、茂二路。

天顺五年，蛮复要截粮道，入龙州、安泉等处。

成化十一年，蛮势益张，按察司佥事林璧奏请文职重臣提督军事，乃勅巡抚四川右副都御史张瓒兼理边务。十三年，瓒调汉土官兵五万分布东南二路驻扎，十月，令都指挥沈运、李镐等，分兵攻剿投坪、懦弱、白羊岭、鹅饮溪、大白、饮马池、通林等二十一寨，进克木瓜、竹头坪等寨，斩蛮四百余人。于是商巴等二十六族诣军门，献马纳款，各谕以利害遣之。十四年正月，佥事林璧进攻黄头、复水诸寨，俘馘三百余人；总兵尧彧领兵二万攻西坡等寨；都指挥谢琳等分兵为五哨，进攻前后，杀获男妇七百余人，赭其碉房九百，坠崖死者不可胜计，番蛮困惫，输款。

正德二年，副总兵杨宏、兵备高江诱杀绰领寺国师雪郎三出，诸番纠合，围杀官军，自后本寺小宛卜等动出扰害，松城之外不敢昼牧。十一年，副总兵张杰、兵备胡澧整兵奋敌，蛮稍惧敛。

嘉靖间，乌都、勃鸽、鹅儿、鸡公、刁农五寨番蛮，纠合黑虎等寨八百余番攻围长安等堡，阻截南路，势甚猖獗。十二年，巡按御史宋廷立奏，调汉土官兵七千，分为六哨，命守备指挥李葵、邓斌、陈宗、鲁元忠、宋琏领哨夹攻。朝廷又勅副总兵何卿自松潘来节度诸军，又勅都御史杨守礼提督军务。乌都等一十一寨皆次第剿平，又屠遮花寨，于是黑虎等寨，观望寒心，皆诣军门，纳款佥议，仍量给赏需，以示柔远之恩。十三年，巡抚都御史宋沧克平坝底、白草诸寨，诸夷献侵地二千余顷，又克茂州鸡公寨。五十年，长宁等处深浅诸寨番蛮，求索赏需，兵备副使朱纨督兵捣其巢，擒斩首恶，余俱次降，年例赏需，尽行裁革，于是西陲安静。

皇清定鼎之后，蠢兹番蛮，间犹骚动。

顺治十二年，威州龙蒲等寨逆番，纠合贼党，攻城掘冢，势甚猖獗。总督李国英檄行威茂监军道佥事程翔凤、松潘副总兵王明德，出其不意，六路进兵，歼其凶首，扫穴平碉，剿抚并用，诸蛮乃服。十四年，杂谷土官桑吉朋、阿日土官巴必太合兵千余，攻围瓦寺土官曲翊伸，番寨未下，闯入内地，劫堡断桥，杀戮汶民，掠去男妇四十余人。监军道佥事程翔凤调防威守备关天、爵林、阿桂等领劲兵六百，首尾夹攻，斩馘不计其数，生擒凶首阿朋，并贼番一十三人。桑吉朋、巴必太共负重伤逃回。六月内，吉朋输款纳甲，以图自新。各番控龥部院，愿献所掠男女以赎阿朋，及释阿朋，归见吉朋，没其家赀，遂成莫解之仇。

康熙元年，内水田、星上、会头三寨番听阿朋诱惑，阻路横劫，威保声息不通，威茂兵备道参政陈子达、松潘副总兵何德成奉令调剿，四路夹击，平其寨，斩其渠魁，各番始纳款输赋，听瓦寺、打喇二土司官约束，每岁量给赏需，以示羁縻，诸番悉平。

康熙二年，剿上下五族。先是青片上下五族等寨生番散居石泉、茂州、山后，地方绵亘数百里，凶肆自擅，不讨之日久矣。至是松潘副总府何德成奉令剿抚，于正月十七日分兵进讨，克平下五族，上五族之番畏威投顺，愿隶版图，合上下五族，每年俱输蜡认粮。番寨近茂州者，责之茂州陇木土司管束；近石泉者，责之石泉县唐李土司管束；边患以靖。又阿朋纠阿姜济等，于元年内逐土官桑吉朋于别思蛮地方而立其侄，视杂谷如几上肉也。夫杂谷，古维州地。吉朋为贡臣长，无吉朋则无维州，无维州则威茂之藩篱不固矣。兵备道陈子达有鉴于此，十二月，遣中军张士龙由董卜接吉朋至省，寻带至汶，示部番，以有所归，并宣布朝廷恩威，抚谕阿朋，迎故主以盖前愆，奈阿朋恃恶不悛，断我绳桥，阻我哨道，煽引诸番攻堡日急，亦于康熙二年始讨平之。

二十四年，叠溪、大定堡、山后住牧巴猪五族逆番，阻道劫营，抗抚拒敌，四川巡抚韩士奇题请抽调汉土官兵，相机进剿，复缮写招抚告示，委松威道佥事三隅亲往列角、双马等寨，谕以安分住牧，免取株连。并招抚巴猪，令其归顺，乃逆番恃其紧邻之卓沙、百卜、撮箕等寨为之胁从，反复抗抚。松潘总兵高鼎领兵攻击，各剪其羽翼，逆番犹恃险拒敌，我兵奋勇直攻，斩焚逆番数百余人，遂屯营山顶，给发白旗招安，各寨俱畏威投降，惟巴猪逆番诈降复叛，巡抚韩士奇随分遣汉土官兵三路进发，巴猪逆番约六七千人亦分三路迎敌，我兵奋勇攻击，自辰至卯，当阵擒斩，并焚死、追杀番蛮七百余口，获伪印一颗，伪敕一道，纱帽一顶，角带一条。余番尽奔历日寨，见天兵追至，复奔黄梁，走大定，我兵力追抵黑水江岸，复擒斩一千余人，其先后招抚番蛮共一十三寨，输赋纳粮属大定堡抚夷管束，边患遂消。

康熙三十七年，松潘黄胜关外川柘等寨系潘州故址，久没草地。番目绰尔济等夷，抢去上下包坐人畜，经巡抚贝和诺委笔帖式尔吉图，查询招抚，始输诚纳赋。松潘镇属之漳蜡营西路包子寺、牟尼寨、平番南路云昌等寨，及东路阿思洞等寨诸番，自昔梗化，旋抚旋叛，野性靡常。迨圣祖仁皇帝荡平伪逆，恢复以来，始皆倾心向化，于康熙四十二年经总兵周文英宣布朝廷威德，加意抚赏，西北两路土目情愿每年输纳青科、贝母听充正项。

五十九年庚子，口外恶洛西番，劫我兵民。提督岳钟琪、松潘总兵路振扬请兵，由松潘进剿，数败贼番，阿坝土目旦增等归降，愿偿所劫，许之。先是住藏之厄鲁特贝勒额，传阿保移文乾清门，头等侍卫拉锡言：“西边郭罗克爰满肆行抢掠，请派兵剿抚。奉旨，着提督岳钟琪等即行剿抚荡平。”又派满洲兵数百，并插汉丹津兵，协助提督岳锺琪、游击周瑛。五十九年冬十月率诸军进攻，取丁郭罗克之吉宜卡等处二十一寨，直抵中郭罗克之那务等寨，贼番出敌，官兵奋武，连破一十九寨，斩三百余级，擒获首恶酸他儿蚌索布六戈，乘势复抵上郭罗克之插六等寨，寨目旦达等绑缚恶首假㙚并贼从格罗二十二名以献，贼从尽正法，首恶酸他儿蚌等三名解部，其投诚番众，令杂谷土目囊索沙加布管理，留土兵一千名驻札，自黄胜关至恶洛俱安塘站，由是西番平服。

我皇上御极之元年，四川提督岳钟琪因西宁之役，带领游击张元佐、王刚并汉土官兵，由黄胜关出口，剿抚二十部落，招安阿坝、郎随、毛革、麦杂等处，番目弯布桑顿独赖林阿等纳土归诚。雍正二年甲辰，下羊岗凶番拔那刚让笑等，复猖獗不法，松潘镇总兵张元佐率领游击刘屏翰、邱名扬进剿，擒获首恶，余寨投诚。番目牵慢甲个札实太等率各寨番皆愿为编户，辟地二百四十里，得番民三十七寨，建城于南坪坝，为南坪营，川陕道路始通。五年丁未，杂谷土司约束下郭罗克番蛮不严，仍行劫掠，川陕总督岳钟琪遣平番营守备宋宗璋领兵进剿，招抚下郭罗克、阿树等一十三寨归并本营管辖，由是川陕各边并间内，番属俱帖然，慑服天朝威德，各安住牧。大抵番人性耐饥寒，垒石巢居，如浮图数重，人以梯上下，货藏于上，人居其中，畜溷于下，高一二丈者谓之鸡笼，十余丈者谓之碉房，凡遇粮夫经行，或据险装塘，或临高擂石，或隔河放流矢，截军索货，往往有不能制者。自朝廷天威大振，文德诞敷，薄海内外，罔不率从，土夷倾心向化，无复向日之顽梗者矣。

茂州，氐羌地，方数千里，始在万山。汉武南通夜郎，西开冉駹，始置汶山郡。驱羌蛮而居之，以大江为限，旧领羁縻，蛮自推一人为州将，常在茂州受处分。州旧无城，惟植鹿角，蛮以昏夜入州，掠人畜贷卖，遣州将往赎之，习以为常。宋神宗熙宁八年，范百常知州事，民请筑城，既而蛮长诉称城侵其地，乞罢筑，百常不许。九年三月，始兴筑静州，蛮数百奄至，百常率州兵击斩数人，蛮乃退。百常遣民入牙城，明日蛮数千人四面焚鹿角及庐舍，引梯冲攻牙城，矢石雨下，百常悉众乘城拒守，二蛮长为木檑所伤，乃却。州南有鸡宗关，通永康军；北有陇东道，通绵州；皆为蛮所据。百常募人间道诣成都，又书木牌数百投江中告急，蜀绵兵救之，蛮始解围，誓和。

明设茂州以统羌民，设茂州卫以统军伍。军内城，民居外城。永乐间羌民黑大肆行不法，四川成都指挥李敬率兵进剿，直捣贼窟，擒斩渠魁。正德八年，羌豪张敖、刘芳、焦拱等诱羌围城，欲杀指挥万嘉言等，嚇银七百两，敖畏罪，使其党唐茂诬奏嘉言等受羌民钱，伺勘官至，复拒众围之，杀旗舍。廖易受陶惠等以胁勘官，自是益横，动辄攻城杀人。十一年，抚按官廉知其状，行文杨兵备等擒敖杀之。万历二年，刁农窄溪得胜卫门等寨，愿纳款降附，知州张元美探知其情，条议俱报，招抚归顺，量给羁縻，列为编民。崇祯末年，土司乘乱占据各寨，羌民构讼，频年不安。

国朝康熙六年，知州黄陛查验前知州张化美给券遵奉院道批详，给以木牌铁刻，镌石州前，永隶茂州，不许土司侵管，羌民悦服。惟黑虎生番，历代以来恃其山箐险阻，屡肆猖獗。有明三百年，出没官道，掠虏人民，虔刘牲畜，岁无虚日。接连茂州龙溪十八寨羊肠一线，羌番杂处，其人皆不通声教，非可以威力制，以文告服者。故明时设军卫，停障斥堠，远迩相望，所为绸缪御侮之计，难详且慎矣。自我国家统一区宇，天威叠震，声灵赫濯。先时，龙蒲、星水等寨蠢动，帅臣用张挞发黑虎龙溪各寨，固已闻风窜伏，罔望跳梁。康熙四十二年，巡抚贝和诺、提督岳升龙，先后招抚各寨，纳土归诚，俱赏给银牌、缎布、牲牢、米物，复命州牧协同威茂参将亲临碉寨，阅其疆界，稽其户口，以杜侵冒，诸羌悦服，献图列册。黑虎七族生番，每年输麦粮以示羁縻。龙溪十八寨得户千一十有二，岁输麦粮八千石。自是各番始畏威怀德，倾心内附。大抵茂去省近，汉夷相半，羌民久被声教，间有不逞者，可以王法绳之。惟松叠为巴西极塞，夷情狡狙，控制维艰且杂，各金川土司每每恃功骄纵，故必重兵备守。盖松茂所以扼塞吐蕃，叠溪则为松茂脉络。昔人谓吐蕃有事必自黎文，南诏有必事自沈黎，吐蕃、南诏共有事必自灌口，然则三城为边之藩篱，灌口为叠茂喉襟，威茂为灌口保障，岷山又为全蜀之屏输也。

附

前　明

杨一桂雕剿处置人荒等三寨议

万历七年，松潘兵备副使杨一桂议：松潘设居极边番种，近多为地方患，最桀骜者无如丢骨、人荒、没舌三寨，跳梁架寨，堵截粮运，时或默地装塘，劫掠财物，连年犯顺，未尝一创，以致肆恶横行，请相机剿抚等因。又按察司行杨副使复议，三寨陆梁，宜加诛剿，但大征滋行，别寨疑畏，未若雕剿，可以惩一戒百。巡抚王廷瞻看议，四川要地，莫重于松潘，番蛮悍戾，莫胜于三寨，狼贪无厌，出没无常，数十年来地方苦其荼毒，盖以负山箐之险，挟羽翼之重耳。雕剿之议，允属可行。又据提督归化指挥曹希彬报，三寨番蛮闻知委官放粮，聚众抢夺等情，即令希彬带领千户李世杰等奋勇对敌，斩番级五颗，获马匹器械，乘胜追之，番据险力战，因调起大兵深入，擒斩四十五人，锐前伤死无数，烧毁碉寨平房七十八座，粮储一空，各寨哀词纳款，罗拜投降，奏上。有功人员，分别赏赍。

处置风村白草投顺等番奏议

万历七年二月，四川巡抚王廷瞻据兵备道黄德洋据石泉县报，称熟番全保领内儿卦寨番牌饿寨等，说各番不曾窝藏丢骨、人荒、没舌三寨蛮子，今与齐风村岭等十一寨马甲前来投降，愿做百姓，随带番牌儿十书饿柘等译审。又据守备宗绶呈，称熟番罗背报称白草、猪窝等一十七寨说近日村巅等寨投降，讨得安生，这白草等寨生番商量齐心，亦出马甲器械投降，愿做百姓，望赏白旗任守地方等情，本道审得二十八寨男妇八千四百九十四口，仍行各官译审，俱愿各换姓名，每年万寿圣节，长至各番，俱叩头，每寨输纳蜡一斤，以供灌烛之用等情。佥事黄德洋议得，各番在嘉靖二十三年借称伪帝及李保将军黑杀总兵等号，致烦兴兵征讨，今一旦回心向化，诚是奇事。巡抚王廷瞻巡按余怀忠，看议风村白草等番，素恃虎负，常振鸱张，盘据各番之中，密迩会城之地部落既众，控御为难，因松潘三寨雕剿投降，又见威茂诸羌议封纳款，一旦倾心甚众，愿为编氓者有之矣。而变易番姓，则前此未闻，愿贡方物者有之矣，而从习汉仪至今始见，此二百余年蜀川之仅有者也。上奉旨，黄德洋先行赏赉，通判李茂先仍以都司职衔管坝底事，专一抚化番夷，其风村白草等番收入石泉版籍，自此边境宁谧。

国　朝

雕剿各寨奏疏

雕剿龙沟等寨疏

四川巡抚李国英题为塘报，雕剿逆寨大捷，仰祈睿鉴事。顺治十二年九月，牌行监军道官吏仰查：龙番自前砍狗盟誓，悔罪俯服之后，于某月日复于某处某所为某事不法。应剿要见侵犯者何地，受害者何人，作祟者系何情形，纠合黑虎生番，谁人眼见，有何凭据。今应当作何剿除，逐一开列详报，以凭裁夺。如系风影之言，或小人挟雠谎从希利，一面传谕各番守法安分，一面据实回报，严行查处，毋得再以模棱之语徒烦议谕等因到道。该道将逆番通贼叛乱实迹逐一列款，呈详批行。松潘副将王明德调集官兵会同监军道进剿去后，随据监军道佥事程翔凤具由呈报：十二月二十日，本道会同副将王明德奉令雕剿，六路进兵，捣其巢穴，焚斩贼番不计其数，划平八十七碉。凶孽既除，余党奔溃。曲山大寺等寨诸番望风投顺，各给白旗招安，许其自新。该臣看得龙沟等三寨逆番偪处威州城外，相隔一衣带水耳。自献逆据蜀，恶番投逆，受印之后，即大肆桀骜，恃其碉寨峻险，党羽繁多，阻截行商，焚烧关堡，威城外累累千家，掘发无遗。人鬼含冤，欲食其肉而寝处之非一日矣。且阴与成灌逆贼常相勾连，屡谋为内应，以我提备之严，不得发。该边道将屡请于臣，谓是腹心之患，宜先剪也。臣行查明确，密授方略，出其不意，乃馘其凶渠，焚其碉寨，逆番几无遗种，举百十年盘踞之窟穴，一旦荡为灰烬，踏为平陆，泄神人久愤之冤，除内地肘腋之患。余威所震，且使拘山、大寺、小寺等寨素称顽梗，作祟者莫不畏惧，乞降稽颡恐后，亦可谓快心之举矣。除漏网恶番，檄行道将严加缉捕，投顺各寨给旗安插，夺获伪印关防二颗，转赍肃王。同固山查验鸟枪盔甲等项，收营存贮。所获牛羊分给有功员役，并优恤阵亡官兵。外致监军佥事程凤翔密谋制胜，松潘副总兵王明德勇略超群，文武合同，以致克捷，并在事有功员役，所当一例纪录者也。谨会同督臣金砺、按臣高明瞻合词具题，奉旨据奏，逆寨剪除，具见调度有方，在事有功官丁，着察叙具，奏该部知道。

雕剿处置星上、水田、曾头等寨疏

四川巡抚佟凤彩题为恭报：生番畏威归诚，率土输赋，并陈分管控制之法，仰祈睿鉴事。据威茂道参政陈子达呈报：据西路保县乾通一带士民焦溥、袁明保等诉，为逆番造叛愈炽，杀戮残民难堪等事。该本道看得自威至保古道一带乃国家内地。而星水诸番，虽从来不受约束，往往隆冬水涸，伏路抢夺，非敢称兵横肆对垒抗衡也。今为叛逆阿朋煽动结党，猖狂谋袭古道，致威保首尾不接。今据村民呼吁望救，情迫词哀，相应转详，伏乞本院俯鉴舆情，立赐裁度。由详奉批曾头、星上、水田等寨，逆番比附阿朋，聚众称兵，谋袭内地，法不容贷，据详已咨移提督矣。仰一面严加防御，若官兵到时，该道会同领兵营将相机剿抚，务出万全，仍饬瓦寺曲翊伸谨守边界，不许逆番窜逃彼地。至于粮米，更须极力措备，务俾饱腾可也。本年十月十三日，又奉总督部院都御史李国英批：据逆番猖狂，阻道截杀，法无可宥，但前准提督咨报水田、星上各寨比附阿朋，作叛情形，业经咨覆，只候招抚阿朋，不服即进兵，一同诛剿矣。奉此，该本道随于十一月二十四日会同松潘副将何德成俱到古城，察各寨之险易，并逆番为恶之首从，分布进剿。其进剿情形，斩获贼级，获其器械节，经塘报在案。本道见番寨如鳞，逆番如猬，虽一时官兵剿洗而逃奔者，实繁有徒。我兵来而兽散，我兵去而蜂屯。祸根未绝，终非长策。遂定议招抚，即传唤牛、骡二寨番目朋之太、路必等，给以白旗，令往招抚。会头寨仍唤活擒番目郭之太，本道亲解其缚，谕以国法，惕以兵威，亦给予白旗，令往招抚星上、水田各败番，并赤鸡寨败走逃于星、水寨各番。遂于二十六七等日，曾头、星上、水田、赤鸡等寨番头，俱赴本道投见，本道仰体本院，恩威并施，责其敌拒官兵之罪，仍许其改过自新，遂各认纳粮一百一十五石，作我熟番。又再查曾头、星水各寨，原无统率，各自雄长，乃就中查番头之最桀黠者，给以札付提调。诸番催纳麦粮而总辖，则归之瓦寺土司与打喇土司分管。本年正月初四日，本道齐集随征将领千把领旗等官，并各寨归顺番目，大张鼓乐，犒赏已毕，即颁给铁刻粮牌，内书粮石数目并各官衔寨分，一给番寨为凭，一发威州存案，而各寨番目俱俯首悦服回寨。讫此，皆仰荷本院威略，远振遐迩，章服之所致也。仍将本道自买茂州官店一所，每岁收店租银一十五两捐作各番赏需，以示羁縻等因呈报到院。据此，该臣看得星上、水田等乃界连威州之生番也。当明季时，倚险为势，黠悍异常，从来未归王化。及杂谷土官番目阿朋驱逐本官桑吉朋，聚众称兵，而渠等辄敢附比作祟，屡犯内地。臣随移商提督二臣，行令该道，将遵奉谕旨先行招抚，各逆番仍怙恶不悛，后我兵捣巢破穴，始畏威归诚，率土输赋。除进剿斩获情形，所获器械，已经督臣详细题奏在案。惟是各番地处深山穷谷之中，皆刀耕火种，素称穷苦。若免其输赋，恐番性犬羊，叵测不常而向背，无可稽考，故今认纳杂粮一百一十五石。虽为数无几，然不过见归诚之据而已。至于各番种类繁多，因将番头朋之太量加提调名色，威茂道给以印札，约束番寨，而总辖则分隶之于瓦寺、打喇二土司。至各番既已归诚，输赋而岁赏，又系抚边之要道。据威茂道陈子达详议，自买官店一所，每约租银一十五两捐作每年赏需，俾新附野番，既畏其威，复怀其德，应如所议，谨题奉旨依议。

雕剿阿朋疏

四川总督李国英题为番目谋吞内地、提臣督兵剿平、恭报大捷事。康熙二年正月内，据威茂兵备参政陈子达呈报：逆番阿朋结党，逐去土官桑吉朋，避之别思蛮地方，及接吉朋至省，阿朋仍攻据要隘，阻其归路等因到院。随咨移提督，相机剿抚，去后。随准提督咨移，亲统官兵，于二月十一日深入贼巢，攻破老硐，擒阿朋、阿姜济，当阵斩之，巢抚番寨一百三十有奇。桑吉朋仍安置维州等因，咨移到部院，该臣看得：逆番阿朋、阿姜济等擅逐土官，协谋不轨，纠连生番，窥犯内地，势甚猖狂。臣咨移抚提转行道将，屡为招谕，怙不知改。及臣具疏入告，奉旨酌发官兵再行抚谕，如仍拒抗不服，即行剿灭之旨。臣准部咨后，即奉有会剿巨寇之命，随将剿抚阿朋。咨移抚提两臣，转行道将，再加晓谕开导，以昭朝廷浩荡之恩。无奈阿朋、阿姜济等冥顽抗背，全无后悔之心，尤且唆党肆劫，流毒滋蔓。臣咨移抚臣筹指粮糈，将进剿机宜密咨提臣，于十一月十四日檄令松潘副将何德成统领官兵，会同抚提两标及威茂各将兵，相机进发沿边各寨，抚者抚，剿者剿。而阿朋等犹据险丹这猛老寨，阻扼要隘，抗衡愈力。该提于正月二十六日亲统士马往前抚剿并用。至二月十一日，阿朋等拥众拒敌，三路官兵出奇追杀，虽奔入老硐，尚未大挫凶锋。及十二、十三等日攻破头硐、二硐，犹有逆番救援，尽为击败。至攻破三硐，而阿朋等力穷势急，突围冲出，各将士奋力合击，阿朋、阿姜济等当阵斩馘，各番兵追杀无遗，共计剿抚番寨一百三十有奇。元凶授首，诸番顺投，其杂谷土官桑吉仍归维州。一时声灵丕播，十数万之番蛮俯首纳款，千余里之岩疆奠如盘石。是役也，皆仰赖我皇上威德远震，致报大捷。而将师武臣其功良有足多者，均应照例纪叙，奉旨依议。

平定巴猪等寨逆番情形疏

康熙二十四年九月，四川巡抚韩士奇题为恭报：平定巴猪等寨逆番情形等寨。该臣看得巴猪等寨逆番阻道劫营，抗抚拒敌情形，先经臣等一面会疏密题，一面抽调汉土官兵相机进剿。复念此等生番从古不庭，罔知汉法，先当示以兵威，继谕以招抚，使其威畏怀德，倾心向化，各安住牧，以仰体我皇上好生之仁。臣是以缮写告示传牌，专委威松道佥事王隲面领，亲往大定堡一带，责令安巡土司并通事人等，执持牌示晓谕列角、双马寨，安分住牧，不许助恶，自取株连。并招抚巴猪逆番，悔悟归顺，亲到军前受抚，免其追剿。又经屡檄该道，并咨移松潘镇会同多方招抚，不得妄行杀戮，致伤生命。去后，今据该道王隲呈详，并准松潘镇臣高鼎咨，称差人化谕再三，镇道曲尽招抚，而巴猪逆番恶，留我往招人役作质。始议，数番前来投拜，愿献首恶一人，交还抢去器械，送以退兵牛羊。该镇道随准其受抚，给示领赏，回寨擒献首恶。而紧邻之卓沙、小历日、白卜等寨见巴猪已降，方赴军前受抚，各领告示赏需，令归本寨。去讫，嗣见巴猪逆番，诈称首恶挖子逃走，恃险复叛，致已经受抚之卓沙等寨亦变幻而抗抚矣。回思巴猪逆番，所恃双马、列角、庙山、小寨、大小历日、卓沙、白卜、撮箕等寨为之协从，必先剪其羽翼，以示兵威。遂分遣官兵攻取小寨，老窝垛、列角寨，乃逆番敢以鸟枪箭石，恃险拒敌。我兵奋勇齐攻，斩杀逆番七十余名，烧死逆番数百余名。我兵屯营山顶，给发白旗招安，而白卜、卓沙、小历日、撮箕、双马、庙山、作力、合卜等寨及已破之，小寨、老窝垛、列角三寨始畏兵威，投降恐后，愿纳粮差，永不侵犯哨道。惟巴猪逆番，诈降诈叛，怙终不悛，恶贯满盈，自干天讨。随分遣抚标游击冶秉孝、提标游击穆廷栻、城守副将贺双耀、松播镇标游击李镇鼎、王世臣、瓦寺土官坦朋吉卜等，授以方略，统领官兵三股进发。而巴猪逆番约有六千余名，各执弓矢鸟枪，亦分三股前来迎敌。我兵奋勇攻击，当阵杀一千七百余名，生擒枭首及根，追杀死、搜出正法逆番共计一千余名，得获鸟枪、弓箭、长枪甚多，烧死番蛮二千三百余名，搜获伪印一颗、伪敕一道、纱帽一顶、角带一条，当同塘报咨解在案。尚有巴猪漏刃余孽尽奔大历日寨，见我兵追至①黑水江岸，逆番浮水过江者，仅止百十余名，余皆落水溺死。我兵欲渡江穷追，但隔江乃系黑水生番之界，不便深入重地，是以回营。今历日、梁黄、六定俱已投降受抚，认纳粮差。至巴猪首恶挖子，业已被火焚死，验明首级无异等因，造具有功人员，伤亡官兵，得获器械，并白卜、撮箕、小历日、卓沙、作力、合卜、小寨子、窝垛、列角、庙山、双马、大历日、六定、梁黄一十三寨，纳粮清册，呈赍前来。臣查此一役也，数百年不归王化之生番，今一旦愿纳粮差，为我编氓；数百年不获清宁之官道，自此不烦送哨，边患永消，此皆仰我皇上天威遐震之所致也。虽所纳之粮为数无几，然借此以羁縻其野蛮之性，知有纳束而不敢作祟为害矣。至在事有功人员，相机调度，剿抚并用者，松潘镇臣高鼎松、茂道臣王隲也。其余有功人员并伤亡官

① “见我兵追至”后，道光《茂州志》有“复奔连环六定，我兵跟至六定，逆番聚众敌，我兵奋力战，阵斩七百余名，焚死三百余名，其不能入寨者，见我兵追至”句。

兵及各寨纳粮数目等册，除送部查核，以听分别议叙恤赏，并将搜获伪印、纱帽、角带，臣即在外焚毁，止将伪勅印送部查收销毁外，所有平定巴猪等寨逆番情形，理合题报，臣谨会同川陕总督臣席尔达、四川提督臣何传合词具题，伏乞皇上睿鉴，勅部议覆施行。

按：松茂道属，周秦为西羌所居，自汉武帝募民耕塞下，以代转输。设河西五郡，以洮州、岷州、河州、潘州、松州隶湟中郡。赵充国设金城十二屯政，统十五万之众，分十二屯营开设。松州，亦在屯营之一，屯兵一万有零，置护羌校尉。迨后屯政废弛，转运不给，始分洮、岷州、河州属秦，松州、潘州属蜀。至汉季、晋、魏，或设或失，边防不可复考。至隋改设县治，名曰交川。今在红花屯一里。又设翼州，即今叠溪所在。汉时名蚕陵县，皆为松潘地方。唐贞观间，总天下之屯，开府兵九百九十有奇。设立松州，亦属府兵之一，设一都督府统之。至一易而为旷骑，再易而为戍兵。松州驻扎数千之众，以防御吐蕃。宋设上、中、下潘州。明洪武十三年，设松州卫、潘州卫，二十年废潘卫，止设松潘卫军民掌印指挥使司，设一副总兵领之，总设兵备道统领。宣德四年，调成都前卫后所为小河所千户，增置城堡，添调成都利、保等卫所官军更番戍守。先年，兵备提督皆侍郎、都御史。成化初，改设按察司副使总理之。皇上荡平宇内，百制维新。顺治初，奉裁茂州卫、叠溪、威州、小河等千户所。十年，以地方荒残，将安绵道暂停推补，寻奉裁，改松潘道为松龙道，提调龙安。顺治十八年，仍改松潘道为威茂道，兼摄巡西道。康熙六年，二道俱奉裁。于康熙八年题请后，设松威道，松潘仍设分守副总兵，添设城守守备。龙安、威茂仍各设参将，叠溪、小河、漳腊仍各设游击，平番、石泉各设守备。康熙十年，奉旨改遵义为协，松潘为镇，设松潘镇中、左、右三营，游击三员，守备三员，马步兵二千四名。迨康熙二十七年，改松威道为松茂道，只设松潘镇，马步兵二千名，仍管龙茂、漳叠、小河、平番、南坪等营，各属要害，分兵汛守。松潘旧有四州，三近漳腊，今阿失寨，即上潘州；班班簇即下潘州；二州之间即中潘州；去松不过二三日，故城遗址尚存。今设潘州连建二营，亦属松潘管辖，与漳腊诸番犬牙相参。自松达茂三百余里，路循河岸，夷碉棋布，山岩视之如蜂房。保县有堡，过汉索桥则古维州故城，三面临江，殊陡险。盖董卜、韩湖宣慰司与杂谷安抚司交界处，城上有李德裕筹边楼。明景泰间为叛夷王永所毁，遗址尚存。州址今为杂谷，碉寨迤北，则古无忧城。故经略者，谓松潘乃西蜀之重镇，诸番之要区。东连龙安，南接威州、茂州，西距吐蕃，北抵洮岷。镇城关堡之外，四面皆番，威、茂、叠、龙亦属要地，故先时俱设重兵以镇之。国家大张挞伐，廓清荡平，节制之兵，一可当千，经制所设营镇，马步战守，简阅倍精，已详载兵制矣。比年以来，诸番帖服，边夷敉宁，但夷情叵测，绸缪未雨，又在筹边者加意勿懈云。

兵部咨为边防宜重等事，议得大学士，仍管川陕总督印务。查郎阿奏请四川松潘一镇设在成都之西北，巩全川之门户，为要紧之冲内，而犹猓杂居，种类各别，外而夷番环牧，野性难驯。自松以达成都，左依层岭嵯峨，右俯江涛汹涌，中通一线，鸟道崎岖，几及千里，虽设有平番、叠溪、威茂等营。而将弁之大者，不过参、游，兵之多者不过六百，未足以壮声援而联脉络，成都既难策应，则松潘未免孤悬。今查茂州在松潘之中，而接壤之汶川、保县，皆众番必由之要隘。如众番之中，如杂谷，即吐蕃之苗裔，相去保县不过五十余里，其所属地方，最大健丁不下十万，富饶甲于诸番。然性本无常，心怀叵测，且近在肘腋，防范宜严。蒙世宗宪皇帝远照，保县在大河之南，为土番出入隘口，特拨威茂弁兵移驻保县，以资防御。但查威茂一营分防六路，四面皆夷番环绕，管辖内外十三土司，大小六百余寨，弹压抚绥，责任繁重。该营类兵仅止六百名，除分各汛及安塘、新丁、公费而外，所余实属单微，请将威茂营改为一协，再添兵六百名，合之旧额，共足一千二百名之数。西北可以备松潘之犄角，东南可以联成都之声势，西南可以控杂谷之咽喉。再茂州在威州西北八十里，威州距保县九十余里，隔桥二道，若添兵止驻茂州，犹恐威、保跬步皆山，猝难呼应，应将添设，及旧额兵一千二百名，分为左右两营。左营为该协中军随驻本城，照汛分防；右营官兵移威州二百名，仍于威保一带，添置汛守控制策应，其所需添设兵丁六百名。查有松潘镇所属之小河营设镇城之东，龙安营之西，既不管辖番夷，又无汛防分守。该营游击一员、守备一员、千总一员、把总二员，兵四百五十名，甚属闲旷，应将该游击裁去，止留守备一员、把总二员，带兵二百名，足资防守，其余兵二百五十名，抽拨威茂。又有议裁之四川督标兵五百，除陆续裁汰，并抽拨补兵缺外，尚存兵丁二百余名，俱系操练统熟，以此添拨威茂标营，则边防既得精劲之资，而兵丁亦无裁革之苦，此外所少无几，招募亦易。再将威茂中军守备改为左营都司，裁汰小河营之游击，改为威茂右营都司，带兵移驻保县，其千总弁员即于新兵千把外委内拨补，毋庸另议。惟是保县向因山水陡发，城垣被冲塌损，应酌量修葺。其威茂营所需副将，查有四川督标裁缺副将张圣学，人甚明白，办事勤敏，历任四川护理松潘总兵印务，边情最为熟悉。现今进京引见，在圣怀洞察之中，若即以补授威茂营副将，则驾轻就熟，实为人地相宜。至新补威茂营参将岳钟璜，查有成都守营参将员缺，应归部选可否，即以岳钟璜补授。至于保县，应补修城垣衙署，并应添兵房等项，应令川抚臣委员查勘，估计动支公项，修葺完日报销等因，具奏前来。查四川威茂一营，系控番边地最关要紧，原宜大员弹压，酌添兵丁，使声势联络，控制得宜，方于岩疆有益。该督既称威茂一营六路，四面夷番环绕，管辖内外十三土司，大小六百余寨，弹压抚绥，责任綦重。该营兵仅止六百名，实属单微。请将威茂营改为一协，再添兵六百名，合之旧额共足一千二百名之数，分为左右二营。左营惟该协中军，随驻本城，照汛分防；右营官兵移驻威州二百名、保县四百名，仍于威保一带，添置防汛，守其所需，添设兵丁六百名。查有小河营，既不管辖番夷，又无汛防。分守该营，设有游击一员、守备一员、千总一员、把总二员，兵四百五十名，甚属闲旷，应将该营游击一员裁去，并裁兵二百五十名，及督标兵二百余名，均添拨威茂。此外，所少无几，招募亦易。再将威茂中军守备改为左营都司，小河游击改为威茂右营都司，带兵移驻保县，其千把外委拨补。惟是保县向因山水陡发，城垣被冲塌损，应行酌量修葺等语。应如该督所请，四川威茂营参将准其改为副将，添兵六百名，合之旧额，共一千二百名之数。分为左右二营，每营各兵六百名；将参将中军守备改为该协左营都司，随驻本城，照汛分防。右营官兵移威州二百名、保县四百名，将该协右营添设都司，移驻保县，仍于威保一带，令该督酌量地势，添置汛守，其千把弁员，即于新兵千把外委内补，至小河营准其裁去游击一员，止留守备一员，千总一员，把总二员，兵二百名，所余二百五十名，即督标应裁兵丁二百余名，均准抽拨威茂协，尚有未足兵丁，令另行招募抽拔，招募抽拔兵丁年貌，并防汛地方造册，报明兵部查核。其威茂协添设右营都司员缺，令该督拣选题补至小河营，游击例应另补。但该营游击孔文彬，先因出兵黔省，已据经略苗疆贵州总督张广泗，题贵州丹江营参将，毋庸赴部，另补其保县，应修城垣衙署，并应添补兵房，令该抚委员确估动项修葺等因。乾隆二年三月二十八日奉旨依议。

第五卷　古迹志

岷山导江，肇自神禹。汉武首开汶山。历唐宋元明，其间疆宇之分合，郡邑之变迁，人事之消长，犹赫赫照人耳目。儒者居今考古，抚残碑而咏叹，经故陇而留连，感怀于劳人骚客，肆志于羽士缁流，雅韵仙踪，脍炙人口，皆足以引人入胜云。

废　置

汶川故城：今州治。汉置汶江县，为汶山郡治，后省，属蜀郡，为北部都尉。后汉因之。季汉复置汶山郡，初移郡治于绵虒界，改汶江置广阳县属之。东晋后废。萧齐复置北部都尉。梁复置广阳县，为北部郡治。隋仁寿元年，改曰汶山，复为汶山郡治。唐为茂州治。宋因之。明初，省县入州。

广阳废县：州西北五百五十里，晋置，寻废。

废直州：州西北。唐天宝五年，于此置昭德郡。乾元元年，改曰直州，领昭德、昭远、鸡川三县。《旧唐志》作真州，治真符县，分临翼郡之昭德、鸡川两县置。又昭德县，显庆元年置，曰识旧，属悉州，天宝元年改名。又鸡川县，先天宝二年割翼水县置。《宋志》：茂州领寿宁寨，本羁縻。真州，政和六年建寿宁军，在大皁江外，距州五十里，八年废为寨。宣和三年，又废为堡。

废乾州：在州西。《旧唐志》：大历三年，开西山置。为正堂，领昭武、宁远二县。

又有涂州，武德元年，临涂羌归附置，领端源、婆览二县。贞观二年，州县俱省，入茂州。五年又置，领端源、临涂、悉怜三县。

又炎州，贞观五年，生羌归附置，曰西封州。八年改名，领大封、慕仙、义川三县。

又征州，贞观五年，西羌首领董嗣贞归化置，领文征、俄耳、文进三县。

又向州，贞观五年，生羌归化置，领具左、向贰二县。

又冉州，本徼外敛才羌地，贞观五年置西冉州，九年去西字，领冉山、磨山、玉溪、金水四县。

又穹州，贞观五年，生羌归附置，曰西博州。八年改名，领小川、征当、壁川、当博、恭耳五县。

又笮州，贞观七年，白狗羌降附置，曰西恭州。八年改名，领遂都、亭劝、比思三县。

以上七州俱羁縻，属茂州都督。

永徽二年，特郎壁惠等羌内附，又折置蓬鲁等共三十二州。

又嵣州，贞观元年，招尉党项置，领江源、洛稽二县。

又可州，贞观四年，处党项置，曰西义州。八年改名，领义诚、清化、静方三县。

又远州，贞观四年，生羌归附置，领罗水、小部川二县。

以上三州俱羁縻，属松州都督府。《宋志》：茂州，领羁縻当、真、时、涂、远、飞、乾、可、向、居十州。

合江城：在州北，一名合口镇。唐置守捉城于此。

安戎城：在州西。南唐仪凤二年，益州长史李孝逸筑，至德初改曰“平戎城”。

舍棠城：州北二里。明嘉靖三十一年，兵备胡鳌筑，与州城相犄角。

万里城：州北三里，一名逻城。明嘉靖中，副使朱纨筑。

列岫堂：州北。因九顶列于南，屏风盘台列于西，巨人橐驼列于东，故名。

雪峰堂：州治。内有妙算、遥雪二堂，今废。

唐回车院碑：唐刺史盖巨源撰，大中十三年建。

横玉楼：州南。

唐刺史题梁：皇唐梁记，有“宝历元年，刺史窦季余；大中三年，刺史刘成师；咸通三年，刺史盖巨源撰。”

张延赏《修城记》：按董守愚《两路记》载：“唐大历十四年，吐蕃事。兴元元年，张延赏重修，其后别驾修建城宇、堡壁、雉堞。”

神禹故里坊：在阜康城外。

治平寺碑：寺旧在城外，缘叛羌董阿丹焚，元丰初移入城。

《西山记》：宋绍圣中，茂守曹坦记。

《更生阁记》：政和丁酉，倅二跨鳌先生李新目击静州之变，记载其事甚详。

《图经》：郡守史宪序。

叠溪营

蚕陵废县：营在西一百二十里。汉置，属蜀郡。晋，分属汶山郡。东晋后废。《元和志》：汉元鼎中开，梁太清中萧纪于旧县置铁州，寻废，章怀太子曰“蚕陵故城，在翼水县西”。《旧唐志》：在卫山县西。《明一统志》：在所城北三里，周改为翼针县。

废翼州：营西。《隋志》：有翼针县，周置。又置翼针郡，开皇初废，属汶山郡。唐置翼州。《元和志》：州西至悉州二百二十里，北至松州一百八十里。本汉蚕陵县地，周天和九年平蚕陵羌于七顷山下，置翼州，以翼针水为名。隋大业三年改置利山镇，唐初复置治翼针县，周武帝置。《旧唐志》：武德元年，于左封县置翼州，以翼针县属之。六年，移州来治。《旧志》：七顷城，贞观十七年移治七里溪，咸亨二年移州治羌前，上元二年仍来治。天宝初改县曰卫山，又改州曰临翼郡。乾德初复曰翼州，后陷吐蕃。《新唐志》：广德后翼、当、悉、静并为行州，是也。《寰宇记》：翼州南至茂州一百二十里，西南至悉州一百五十里。《明一统志》：翼州城在所城南，卫山废县在所西五里。

翼水废县：在县南。《隋志》：周置，曰龙水县，并置清江郡。开皇初，郡废改县，曰清江。十八年，又改曰翼水，属汶山郡，唐属翼州。《元和志》：县北至州六十里，本汉蚕陵县地。《明一统志》：在所城南十里。《旧志》：在所西南九十里。

峨和废县：营北。唐置，属翼州。《元和志》：县南至州六十里，本汉蚕陵县地，天宝十一年置，以县有峨和山为名。《明一统志》：在府北六十里永镇桥。

废当州：营西北。《隋志》：有通轨县，周置。并置覃州及覃州、荣乡二郡。开皇初郡废，四年州废，属汶山郡。唐改置当州。《旧唐志》：州初治利川镇。仪凤二年，移治逢旧桥。天宝初，改江源郡。乾元初，复曰当州。《寰宇记》：广德后为行州。《吐蕃传》：大历五年后，茂州羁縻当州。

利和废县：营西。唐置，属当州。元和置县，西南至州三十里。周天和元年于此置广平县，寻废。显庆三年于广平旧城置。又有谷利县，东至州六十里，文明元年开生羌置。又有平康县，西南至州六十里，显庆中因古平康县置，在平康水，西属翼州，寻废。垂拱元年，复置，属当州。

废悉州：营西。《隋志》：有左封县，周置广平县，又置翼川及广平、左封二郡。开皇初郡并废。仁寿初改县曰左封。大业初州废，属汶山郡。唐置悉州。《元和志》：州东至翼州二百二十里，西南至静州六十里。显庆元年，分当州置，在悉唐川，因以为名。其首领任刺史治识旧县，与州同置，地名识旧因名，领左封县，东南至州二十里。天和元年于此置广平县，开皇十八年改名。天宝中又于县置守捉，领归城县，西北至州八里，本生羌地。垂拱二年、从化三年，置县以处之。《旧唐志》：武德元年，复于左封县置翼州。六年，移州治翼针而县废。贞观四年复置县，二十年属当州。显庆元年，置悉州于悉唐，以县属之。咸亨元年，移州来治。载初元年，移里东南五十里匪平州，又曰在当州东南四十里，天宝初改归诚郡，乾元初复曰悉州，广德后复陷吐蕃。

废静州：营西南。唐置。《元和志》：州东至悉州八十里，东北至当州六十里，西北至柘州三十里，本汉蚕陵县地。天授元年置，治悉唐县，领静居县、清道县，皆显庆元年与悉州同置，天授元年割属。《旧唐志》：显庆元年，分当州悉唐川置悉唐县，兼置悉州。咸亨元年，移州治左封，又自翼针移翼州来治，并置都督府。仪凤二年，州还治翼针，以县置南和州，天授元年改曰静州，天宝初曰静州郡，乾元初复曰静州郡。《寰宇记》：州南至维州一百三十里，西南至恭州六十里，西北至柘州三十五里。后陷吐蕃，废。

废柘州：营西。唐置。《元和志》：仪凤元年置，以山多柘木为名置柘县。前上元二年置，又领桥珠县，与州同置。《旧唐志》：天宝初曰蓬山郡，乾元初复曰柘州。《寰宇记》：州东至静州三十里，南至维州三百里，东北至松州二百六十里。广德后，陷吐蕃。

废恭州：营西南。唐置。《元和志》：西南至维州二百五十里，东北至柘州一百里。开元二十四年，分静州部落于柘州西置，治和集县。旧广平县属静州。天宝元年改曰领博恭，县西至州二十五里，又领烈山县，西至州五十里。《旧唐志》：天宝初，改恭化郡。乾元初，复曰恭州。《寰宇记》：州东至茂州三百五十里。广德后，陷吐蕃。大历十四年，吐蕃入寇，一由恭州过汶川至灌口，是也。

龙涸城：营北。《元和志》：龙涸故城在卫山县北十一里，俗名防浑城，城之北境，旧是吐各浑所居。

北岸城：营西。唐贞元中，韦皋破吐蕃论莽热兵，进屯白岸，西山诸羌皆降。《新唐志》：翼州有白岸、都护、祚鼎三城。

鸡栖桥：营西南。唐贞元十九年，韦皋讨吐蕃，分兵攻维、保、松州及鸡栖老翁城，即此。《寰宇记》：鸡栖州在悉州东南一百里。《元一统志》：鸡栖村在茂州东北一百七十里，有三路：一通茂州，一通龙州，一通绵州。皆吐蕃险要之地，今隶石泉。

王津亭：营南。景泰初建。

帝　王

夏大禹，黄帝五世孙，父曰鲧，娶于有莘氏之女名修，已见流星贯昴，遂有娠而生禹于石纽山。尧时洪水方割，四岳举鲧治之，九载绩用弗成，于是舜举鲧子禹使嗣鲧之业，禹乃劳身焦思，居外十三年，过门不入，卒平水患，受舜禅，以水德王，圣称无间。

明太史王元正曰：

> 圣而不可知之谓神，人而至于神不可以复加矣。圣人以神称者，惟炎帝与伯禹耳。炎帝以医药永民命，万世享其寿焉，故称曰神农；禹以治水拯民生，万世享其利焉，故称曰神禹。呜呼！非天下之至神，孰能与于斯。又云：风泄土囊，云兴寸石，在物云微，宜彰所自。禹，圣人也。精一执中，二帝授其道；地平天成，万世赖其功。巍巍乎，与孔无间。然发迹之地，吾人可冥然乎？正尝瞻禹穴，已异其地之秀灵，及阅有功之庙文，潘华阳之国志，按杂史以求源，本《禹贡》而著迹。观鼎湖，轩辕之迹可寻；过尼山，曲阜之容可挹。正遂纂而为纪，以祛群疑。涉于伪妄者，计有功已不书，正曷敢赘？

按：大禹生于石泉石纽山，石泉，古广柔县，地即今茂州也。陈寿、谯周及《华阳国志》皆云：禹生汶山郡石纽之刳儿坪。宋计有功《大禹庙记》论其事甚详。周后稷，帝喾之子，尧时为农官，佐禹治水，禹决九川，距四海；浚畎浍，距川。暨稷播奏庶艰食、鲜食，懋迁有无化居，蒸民乃粒，万邦作乂。及周文、武，遂有天下。

薛曾著《通志》[①] 引《山海经》：后稷之葬，山水环之，在氐国。《西海内经》：西南黑水之间有广都之野，后稷葬焉。氐国，今威茂、叠溪地有黑水，当时后稷随禹治水没于此，未详所自，姑存之。

坟　墓

明陈敏墓：知州陈敏殁于茂，人感其恩德，筑墓葬敏与妻，墓在清波门内。

叠溪营唐杨夫人墓：在番地，相传将军李广妻没于此，遂葬焉。

① 即明《威茂通志》。

流　寓

汉

廖　立：字公渊，武陵人。先主领荆州牧，辟为从事，擢长沙太守。及先主入蜀，孔明镇荆州，权使通好于亮，问士人，谁相经纬者，亮答曰：庞统、廖立，楚之良才，当赞兴王业者。建安二十年，权遣吕蒙袭南郡，立脱身走归先主，以为巴郡太守，迁侍中。后主即位，徙长水校尉。立自谓才名不宜闲散，怏怏不已。亮表立从汶山郡，立躬率妻子耕织自守。及亮卒，立垂泣曰：吾终为左衽矣。遂终于徙所，妻子还蜀。

明

宋　濂：字景廉，浦江人。洪武学士，司制作之柄，文章卓冠一时。因孙慎以罪被劾，安置濂于茂州，子璲随侍入蜀。濂卒于夔，而璲亦没。璲之从子怿，以孤童治丧。蜀王夙钦濂为硕德名儒，移柩于成都，葬之。按：此濂尚未至茂，而茂之人至今思之，故录其事于志云。

严　安：海宁人，宋濂甥也。任户部主事，因宋慎生不法，谪戍茂州。子茂，博学善属文，郡中碑刻多出其手，当路爱其文，行优礼之，其子孙迁居于灌口。

吕　经：字道夫，陕西宁州人，进士。授吏科都给事中，以论潼关镇守中官，谪蒲州判。嘉靖初，诏复原官，历副都御史、巡抚辽东，后以边事，谪戍茂州卫。

孙应乾：字体健，山东邹平人。袭会昌侯，以仇鸾事谪戍茂州卫。

王元正：陕西盩厔人，正德辛未进士。任为翰林检讨，初号三溪。嘉靖间，以议礼，谪戍茂州卫。前在京系狱时，有玉垒山之梦，遂改号玉垒，及过玉垒山，叹曰：“今何至此耶!”遂徘徊不去。兵备孙元即于山下筑室居之，名曰玉垒行寓。元正寄兴诗酒，举止晏如，与杨慎同修《蜀志》。

仙　释

元

道仙：相传鄷都人。大德戊戌，栖引九峰山。乙卯季冬，召集道友曰：“吾化矣。大道坦然，皎如日月。难由人宏，岂由人往？诸生宜遵道而行，毋自半途而废。”偈曰：“朴庵寄住有年，东西南北依然。里面浑无一物，只有元文数篇。今日草茅朽腐，须要改换栋椽。眼底风波太恶，不容久住山巅。选得幽居去处，和躯移上九天。”端然而逝。

明

僧海江：性慈悲，不喜佛典，惟以济人利物为事。尝于州南募建石桥，往来称便。人有疾，僧往视辄愈，终日端坐，常如对客。时州人呼为真节已，谚云和尚也。

第六卷　人物志

人才不择地而生，况茂之山曰岷，川曰江，蟠天际地，为神禹发祥之所，历代以来英才辈出。或布化宣猷，垂循声于竹帛；或凌云夺锦，展伟抱于科名。他如孝可格天，忠能贯日，圭璧树人伦之望，松筠标绣阁之奇。高风亮节，均堪不朽，百世下犹动人景仰之思云。志人物。

乡　贤

明

沈　连，州人，有隐德。永乐中，上对事，请设州学，始建学立师，风化以开。

支　凤：州人，性刚介，孝友。以明经授乳源令，清慎自矢，民受其福，解组归，士负笈从之，教人以躬行为本，不屑屑文艺。家居端整，虽燕居无惰容。

晏子纶：字仲诚，州人。戍僻陋，未有科第，纶奋然负笈，游成都，交诸文学，讲究经义，遂中弘治乙卯乡试，授陕西乾州知州，为政有古循良风，后改云南宾州，致仕归，惟杜门训诲子孙，虽卧疾不倦云。

苏继文：卫镇抚苏时子，贡生，博学能文，一时记序，多出其手。总兵何乡雅重之，辑《松边志》，任凉州牧，有惠政，士民悦之。

陈朝仪：州人，嘉靖中举孝廉，知阿迷州，升云南府同知。性淳厚，政多恺悌。以忧归，杜门不出，乡里高之。

蒋英才：州选贡，任江南巢县，廉明公正，巢人为立生祠，额曰“金斗神君”。

唐宗智：州岁贡，以孝弟闻，任广东罗定同知，有治绩，士民爱之。

国　朝

刘宜振：州贡生。值吴逆之乱，杜门不出，教授生徒，多所成就，登贤书者数人。年七十五任绥阳训导，有贤声。知州李斯佺修志，多出其手。

王枚卜：州贡生，由攸令升泽州牧，有善政，士民悦服，攸、泽皆立生祠祀之。

蒋复隽：州举人，知崇信县，有善政，长于诗赋，著《游艺集》。

孝 友

明

唐宗智：州岁贡，居家孝友，人无间然。

文嘉谟：州贡生，母邓氏，割股进姑，时嘉谟年尚幼，亦割股以进，一时称为双孝。

忠 义

明

贺才卫：总旗。正德壬申，从征流贼，追及德阳略平镇，手刃七贼而死。总制彭泽、巡按高崇熙旌其门。

姜第州：岁贡，任重庆府教授。行敦古处，勤必以礼，娶瞽女终身。

罗 经：州人。正德间，羌叛，以刃加经颈胁之使从，经不为夺，时年已七十，叹曰“吾犹及见此曹之伏诛也”，事定，副使吴希由建坊表之。

焦勋：州学生。嘉靖中，五寨入寇，勋伏义先驱，手刃数贼，力尽死之。太史王元正哀之以词。

王 秦：州人。家贫为卒，正德间羌叛，挟秦使致状于官，秦投之江，骂贼而死。巡抚许庭光命有司祠祀之。

梁 昱：叠溪千户。宣德二年，番寇攻围，阻截水道，城中乏水十余日。昱奋勇率军出城取水，以济军渴，后战死。

蒋 忠：叠溪所总旗。正统中，领军巡视永镇堡至白石坎，遇伏，起追至旄牛山，忠与贼对垒，气益励，手刃数人，中流矢死。

谢 林：成化中以指挥使调征松茂，分兵深入，攻破番寨甚众，人称为“谢老虎”，后为番夷所袭，战死。

胡 澄：叠溪百户。弘治中守备普安堡，番人攻围，澄督军出战，追贼葫芦崙嘴，力战，久之不少怯，中流矢死。

蒋兴周：州贡生。明季流寇之乱，兴周首倡义兵，节次破贼。当事嘉其能，委办威州事，一方倚重焉。

列 女

明

吕氏、王氏：吕父志文无子，以女赘婿，生子仲廉，遂承吕嗣，婿早殁，吕誓志不移，抚仲廉成立，娶媳王氏。仲廉寻卒，时王年二十二，事姑孝，姑媳相依。吕年八十有五，王年六十有六，皆以苦节终，天顺八年旌表。

陈氏：州镇抚朱政妻，灌县人。成化乙未，羌寇犯边，政战死，陈抱尸恸哭，既殡，投崖死。

雷氏：舍人熊轼妻，指挥熊果母。轼没，果年十九，雷守志教子，终身无疵，天顺中旌表。

邓氏：州学生文节妻。节赴秋试，姑李氏病剧，邓割股以进，姑食之甚甘。越数日，复思，子嘉谟跪告于母，邓曰："母能活姑，孙独不能活祖耶?"亦割股进之，病愈。抚按嘉其双孝，疏闻旌表。嘉谟后举乡试。

夏氏：州人李瑞妻。成化间，群盗入室，索其夫，夏氏请当刃，盗怒并杀之，同郡刘玉嘉其事，作《烈女传》。

李烈娥：州人李茂少女。许聘王廷用，未嫁，适茂夫妇外出，娥独在室。廷用突入，欲私之，蛾以计绐出，即缢死。

李节娥：州人李泰女。既嫁有《新台》之变，蛾引刀自刎，几绝，再犯之，乃缢死。

王氏：州人王志宏女，镇抚苏坤妻。事姑白氏至孝，白年九十乃终。后坤卒，王年二十，子济甫八岁，坤有少妾二，王度其不能守，悉遣去，誓志抚孤，子孙成立，孀居四十余年卒。

荀氏：州人荀有谅女。赘同里张必荣，二年，必荣卒。荀年二十一，守节，善事舅姑，教子有成，历九十六岁卒。

陈氏：州人李有谅妻。年二十一守节，历年六十一卒。

王氏：适参政谷茂之子岳，年十九而寡，抚了成立，卒年八十。

傅氏：州人韦伯珣妻，夫早没，事姑至孝，苦节七十年，卒。

陈氏：适龚姓，年二十夫死，无子，氏立嗣，守节历三十年，巡抚刘公旌其门。

晏氏：州百户张纲妻。年三十核桃沟之乱，纲战死，无嗣，晏闭门守节，历三十余年卒。

胡氏：州庠生谭继妻，夫卒，无嗣，孀居五十七年卒。

史氏：州卫舍人尚孜妻，青年守节，历四十载，有司旌其门。

段氏：云南人，州牧罗铭鼎母。赵贼陷州城，铭鼎被执，段投大石缸死。今缸犹存，署知州李光填建祠祀之。

周氏：成都人，指挥曹宗次室，十五适宗，二十五而宗卒，子佶甫八岁，周矢志《柏舟》，躬亲贱役，教子有成，垂四十余年，都督何卿旌其门。

侯氏：州贡生蒋文奎妻，奎赴廷试，卒于途。侯年二十余，家贫无恃，侯矢志苦守，藜藿度日，教子良才、雄才，俱成名。

赵氏：明将杜汉良妻。汉良有妾曹氏、贾氏、张氏，袁滔武大定之变，汉良遇害。四氏逃至茂为贼所逼，赵密约曹、贾以死报良，独张有子，未可以死，遂绐贼，以越日除服乃可，至期遣张抱子潜逃，嘱以善抚遗孤，乃与曹、贾同经一室以死，后张至灌，遇夫弟泗良，以其子付之，投江死。监军程翔凤义其事，为作传，详载"艺文"。

国　朝

宋氏：州人叶定国妻，年二十守节，事姑抚子，历三十余载。

刘氏：夹江举人刘玉鼎之女，适王璘，越二载生子世栋，甫六月而夫亡。氏哀号，截指誓志，后侍姑病，割股以进，苦节终身不改。

赵氏：庠生刘廷彦妻，幼割股愈母疾，适廷彦，生一子，甫三岁而廷彦病甚，氏复割股进焉，及卒，誓死苦守，教子有成，寿登八十卒，雍正二年旌表。

蒋氏：学生唐景皋妻，年二十八，景皋卒。氏《柏舟》矢节，躬亲教子成名，有《哭夫诗》十首，闻者感叹泣下。

冯氏：州人乐安妻。安卒，氏年二十八，子大用方三岁，艰苦备尝，抚孤成立，有古节女风。

贾氏：州人许国忠妻。初忠遘疾，贾曾割股愈之，后再病几致不起，贾默祷于神，重割以进，疾遂痊。后举一子名列胶庠，人以为淑德所感。

冯氏：州人冯士奇妻。士奇早卒，苦志守节，抚子大才成立，霜操肃然。

蒋氏：庠生罗宽妻，宽早故，励志冰霜，教子成名，郡人钦服。

刘氏：州贡生刘宜振长女，适庠生周祯。姑杨氏久病不起，思得鲜味，刘一时无措，割股以进，姑疾立瘳。

李氏：州人刘国琛妻，琛早卒，苦守抚孤，六十余年如一日。

坤氏：州人晏焕妻，焕早故，守节教子，清操特立。

坤氏：州人何瑛妻，何早卒，氏誓志苦守，教子有成，以苦节终。

选　举

宋

李　枢：乾道八年进士。

韩　昵：建平丙午状元。

明

万　安：天顺八年进士，仕至大学士。

姜曰广：天启时，翰林院编修，父老相传为州人。

周　逊：嘉靖二十五年进士，仕至云南参议。

万　修：安子，天顺举人。

晏子纶：弘治乙卯举人，入乡贤。

陈朝仪：嘉靖癸卯举人，入乡贤。

邓硕辅：万历丙午举人，任陕西褒城县。

国　朝

晏士杰：顺治甲子举人，任浙江长兴县。

傅大受：康熙癸卯举人。

任赞化：康熙丙午举人。

蒋复隽：康熙庚午举人，任陕西崇信县，入乡贤。

陈　恺：康熙丁酉举人，任河南济源县。

何　灿：康熙庚子举人。
窦　璁：康熙庚子举人。
唐升俊：雍正丙午举人，任山东齐东县。
蒋元宇：雍正壬子举人，任江南沭阳县。
王廷英：乾隆己卯举人，任简州学正。
文运鸿：乾隆庚辰举人，任会理州学正。
王曰拔：康熙辛酉副榜，任夹江教谕。
王　庆：康熙壬午副榜，任綦江教谕。
赵文矩：乾隆乙酉副榜。
余翀鹏：康熙戊子武举。
董时暎：康熙戊子武举。
潘文粹：雍正丙午武举，历任直隶丰顺营都司。
武安邦：雍正丙午武举。
臧　英：乾隆辛酉武举，历任建昌镇公毋营都司，喜读书作文。
莫文艺：乾隆丁卯武举。

成　均

明

李　鹏：任江南江宁典膳。
李　鹍：任马湖教授。
何伯贵：历任安化县。
罗　蓝：任景陵县丞。
朱　银：任西安知事。
胡　梁：任云南临安教授。
严　约。
谢　表。
李　新：任安庄卫教授。
赵　纶：任陕西礼县。
谭　宗：任云南布政司照磨。
余　相。
胡　钰。
李应春：任南京国子监典簿。
范　宣：任河南彰德通判。
邹　庚：任保庆训导。
杨茂兰：任陕西同州州判。
郭　藩。
支尚文：任陕西礼县训导。

蒋志清：任光禄寺监事。
严　华：任叠溪所训导。
刘　鳌：任安福县主簿。
晏　谟：任鸿胪寺序班。
熊廷相。
陈　璋：任南海卫知事。
曹子濂：任山西泽州训导。
侯克忠：任陕西凤县主簿。
王　谕。
文　节：任平州吏目。
晏　才：任景陵训导。
罗　衣。
曹　佶：任枣阳主簿。
晏　咏：任陕西商州判，有才名。
屈绍严：任江夏县丞。
文嘉谟：任阳宗县，入孝友。
贺朝用：任昆明县。
严克和：任霍邱县。
苏继文：任凉州，有惠政，入乡贤。
何　衢：任荣和县丞。
陈来仪：任宁陵训导。
贾绍杨：任蒲圻县。
胥鸿渐。
周　绍：任长沙训导。
支万鉴：任蜀府教授。
李东严：历升湖广布政司理问。
周　京：任镇雄教授。
蒋　林：任蒙自训导。
姜　第：任重庆教授，入忠义。
支　屏：任曲庆教授。
侯　郡：任保山县丞。
骆宗高：任宝鸡县丞。
支一元：任主簿；
梅凤腾：任宁远县。
蒋永宗。
蒋文奎。
任之良。
晏三聘。

胡　鲲：任青神训导。
王枚卜：历任山西泽州，入乡贤。
赵　揆。
方宪文。
侯　邻。
杨于廷。
蒋英才：任江南巢县，入乡贤。
蒋雄才：任郡阳县。
赵之衡：任平阴县。
张　祚：任沃嘉县。
文醇祖：任建昌抚夷通判。
蒋体元：任山西兴安州。
张尹志：历任新兴州。
唐国英，任婺源县。
傅　伦：任金华主簿。
支可久：任征江教授。
姜山定。
陈　璪：任鹤庆通判。
王　珂：任内黄主簿。
周　凤：任郇阳训导。
蒋兴周：崇祯间倡议拒贼，署威州事，入忠义祠。

国　朝

张同人：署本州学正。
晏　诰：任扬州检教。
王鼎镇：任营山训导。
王鼎键：任大竹训导。
邓遐龄。
唐钦明：历任会川卫教授。
刘宜振：任绥阳训导，入乡贤。
文应凤：任长宁训导。
王永爵。
傅俊超。
桂　馨。
晏荣祖：任南溪训导。
邓昌龄。
唐文炳。
周之蔚。
王士英。

陶　铸：任射洪训导。
王毓秀。
蒋士宏：任绵竹训导。
赵　冕：任灌县训导。
刘廷弼。
孟继圣。
蒋麟士。
贾又谊。
李调元。
许　锐。
许　梅。
文经世。
潘晋云：恩贡。
黄继先。
文其旦。
罗锦文。
唐升阶。
刘梦麟。
李文发。
王　槐。
王　松。
顺允文：任仪陇训导。
何　锟：任三台训导。
唐淑虞：拔贡，任江西广德州判。
赵　纶。
卢九畴：任眉州训导。
王　楠：任射洪训导。
王　椿：优贡，任蒲江训导。
郭丕振。
文大纲。
唐尚武：拔贡，历任华阳松潘学，擢升湖南长沙府安化县，有遗爱。
任维世：任阆中训导。
蒋麟瑞：任大邑训导。
文大成：任峨眉训导。
何　珽：任珙县训导。
王元明：任广元教谕。
蒋周兴：任华阳训导。
张崇仁：拔贡。

张崇德：任渠县训导。
蒋维嵩：任中江训导，有《阴隲文诗注》。
唐赓畴：廪贡，任叙州训导。
唐赓臣：廪贡。
刘国栋：任威远训导。
鲁士贤：任成都训导。
贾良彦。
刘秉钧：恩贡。
王发祥。
张文德：任成都府训导。
良友白：廪贡，任汉州训导。
文以黻：任忠州训导。
陈　芳。
何思聪。
袁应升：任彭水训导。
孙士荣：拔贡，分发浙江试用知县。
唐时举：任巴州训导。
王以升：恩贡。
任天眷。
王元俊。
任元佐。
张廷瑞：廪贡。
晏新策：恩贡。
张大伦。
张文灿：恩贡。
陈　芝：岁贡，肄业国学。
潘　鼎。
张廷祥：附贡。
张清臣：廪贡，任垫江训导。
张清彦：廪贡，任重庆训导。
何清宁：拔贡，任高县教谕。
何中孚。
晏治策。
蒋维昆。
何清荫，拔贡。
陈嘉诰。
唐时佐。
莫汝明：廪贡。

唐之珩：廪贡。

王钦拔。

以上成均。

吴士秀：行伍，任松潘镇千总，乾隆三十年从师金川阵亡。

董　藩：行伍，任松潘镇千总，乾隆三十六年从师金川阵亡。

韩士贵：行伍，任维州协千总，乾隆三十九年从师金川阵亡。

罗　武：行伍，任叠溪营外委，金川阵亡。

顾大佺：行伍，任叠溪营外委，金川阵亡。

姜廷栻：行伍，任贵州大定营都司，出师云南阵亡。

王特简：行伍，任成守营守备。

王特用：行伍，任青云营千总。

万民戴：行伍，任威茂协右营把总。

潘文松：行伍，任提标千总。

晏　勋：武生，任督标千总，升陕西泸沟堡守备。

杨丕烈：行伍，任黎雅营把总。

袁　琼：行伍，任泸宁营守备。

顾大训：行伍，任龙安营千总。

罗　文：行伍，任龙安营千总。

王　龙：行伍，任龙安营千总。

杨　岱：行伍，任平番营千总。

刘相臣：行伍，任彰腊营把总。

刘良臣：行伍，任茂州营千总。

章甫世：行伍，任松潘镇千总。

仲时唐：行伍，任马边营千总。

唐士元：行伍，任贵州思南营守备。

杨　虎：行伍，任甘肃甘州镇守备。

何连升：行伍，任绥靖营守备。

唐　华：行伍，任黎雅营千总。

刘元臣：行伍，任懋功营把总。

罗维甡：营书，调石泉县把总。

何　珍：行伍，任懋功营把总。

周士贵：行伍，任南坪营把总。

潘占魁，行伍，任建昌镇宁远营把总。

贾师琦：行伍，任茂参营把总。

杨　琏：行伍，任黎雅营把总。

吴德音：茂营把总，松潘人，子孙随任，遂家焉。

第七卷　风土志

古者，采风问俗，辨九土之宜而方物有别，参五行之数而休咎可征。以今茂观之，其风尚勤，唐魏之遗也；其土宜药，寿世之珍也。其它灵芝瑞草，久发端于前代。至国朝而麦衍七歧之秀，人产三子之英，称极盛焉。讵得以属在边疆置而不论哉！志风土。

祥　异

周成王时，鸾鸟见于氐羌，故以鸾鸟献。

汉成帝三年正月，岷山崩，壅江三日，水竭。

哀帝时，湔水泛溢，漂流民室数千。

唐开元中，赤雀见于翼州；二年，坝州见白鸟。

宋诏圣元年，茂州献瑞麦，一茎两穗。

明宣德六年，茂州端麦，两歧或五歧。

嘉靖丙申，茂州大鱼见，冬十二月地震，九月城西支乳源宅左，产芝草二本。

隆庆二年冬十月二十八日，茂州地震，有声自北而南。三年夏淫雨。

康熙八年夏四月，茂州麦穗七歧。

乾隆四十八年夏六月，茂州文廷柱妻一产三男。

汉　风①

其地有六夷、七羌、九氐，各有部落，其长颇知书而法制严重。《后汉志》：盛夏凝冻。《华阳国志》：俗耐饥寒。《图经》：毡裘杂猱。《王咨防边五事》：好弓马以勇悍相尚。《旧志》：地瘠民贫，风淳讼息，其人诚朴，其俗勤俭，其士颇知自爱。婚祭丧礼，宁俭毋奢，犹为近古。正月朔五日，俗谓五鬼日，饮食用物，必先晚取出，以备一日之用，其存贮食物，皆以炭压之。元宵，妇女投石于筛巴桥下，相传去病。迎神，用鼓乐，子弟扮神将，名曰“作会”。元旦、伏腊，均与他郡同。

① 原作“风俗”，目录为“汉风”，今改。

夷　习

古冉駹二国，六夷、七羌、九氐之遗。其地多寒，宜麦宜畜牧。其人，冬入成都各郡邑为佣，曰下坝；春尽乃返，曰归巢。其居垒石为之，高至十余丈，小者五七丈，状似浮图，曰邛笼，又曰碉笼。其服饰，男毡帽氉衣，女编发，或以布缠头。嫁娶论财，牛马估值折算。岁时不拜贺，惟于五月端午贴符换联，备酒食，互相请饮如新年。然占卜或羊毛作索，陈各物于地，用青稞洒之，曰打索卦。或取羊膊以艾炙之验文路，占一年吉凶，曰炙羊膊；或炙牛膊，验汗气占一二日之事。病疾不用医药，亦惟烧羊膊以验症，炙艾于背腹，以羊皮缚之，谓能去诸病。

物　产

谷　属

麦，有大小二种。
荞，有苦甜二种。
青稞，形如大麦，磨面作糌粑，亦作酒。

菜　属

茵陈，味苦而美，于回州出。
圆根，形如蔓青，味亦似之。
蒌蒿，叶似蒿而细，味极清芬。
空筒，州出。
蕨，根可作粉。
羊肚菌，形似羊肚。

花　果

牡丹，有紫红白三种。
芍药，有赤白紫三种。
兰，山谷间多有之。
延景，州出。
红花，州出。
梨，味极清香，又有雪梨，冬熟，历久尚鲜。

禽　兽

锦鸡。
野猪，羌寨往往有之。

药　属

冬虫夏草，固精补髓。
大木药，一干二花，女科圣药。
五加皮，出州乡。
独活，出州乡。
羌活，出州乡。
熊胆，出州乡。
贝母，出州乡。
杏仁，出州城。

珍宝杂物

麸金，硝，麻，甘露蜜，黄蜡，酥酪，花椒，猪胰，白土，黑土，麝香。

按：州地寒，不产稻谷，米皆运自灌、安等县。其它蔬、果、花、木、羽、毛之属，无殊腹郡，兹不悉载。

第八卷　杂　录

天地如斯，其大也；古今如斯，其富也；人物如斯，其繁也。或理之所无而事之所有，或搢绅先生难言而樵夫牧竖皆能记忆，又或大体宜从略而间情不必删，诸如此类，不可胜数。茂虽僻处一方，其轶事往往用散见于他说及诸父老所传。游览所获，篇中详载无遗，俾志古者，资为美谈。亦以见事无巨细，不敢稍略云尔。志杂录。

南岐薛曾曰：余观古今沿革制，而知司边境者责至重也。夫州县守令，父母之任也；卫所将领，干城之寄也；学校师儒，教化之源也；三者之切于民，均也。威茂之地，九石一土矣。父母以厚其生者难，四塞皆蛮矣。干城以捍其患者难，旧风未殄矣。教化以易其俗者难，图易于难，各有司存兢兢勉勉，尽其心力以图之，犹恐弗给。若有一毫苟且行私于其间，则难者愈难而民焉赖哉！国家爵我禄我，氓庶仰我奉我，将奚为者？语曰：官无大小，称塞为良，贤者当自励也。

王元正曰：予著《建置志》，尝嗟秦、汉、隋、唐之务广地也，大我国朝之若天道也。威茂西北陬皆羌氏地，而秦，而汉，而隋，而唐，乃半入夷腹，版图不毛而尽郡邑之；冠带椎髻，而尽臣服之。凡以肆并吞之焰，耀威于无外也。然乍臣乍叛，合未几而复裂，动干戈，匮财力，经年岁不肯少，已非徒无益而又害之，小则吐蕃入成都，大则大羊犯宫阙。记有之：务广地者凶，固有明效哉。我国家混一海宇，四荒罔不内向，体国经野，亦惟天道。奉若置茂州、置威州、置汶川、置保县、置茂卫、置威州所、置叠溪所，内以揆文教，外以奋武卫，地若短于前而国势益尊。置长宁、杂谷安抚司，置茂州三长官司，置叠溪二长官司，置达思蛮长官司，人若少于前而声教益讫。夫以高皇帝之圣武，迥出汉唐之上，罄无地与人而有之何难，而经画之规若以往辙为戒，岂不以寒温燥湿，风气自殊，丘陵山川，华夷有限，天道不可违欤？

贾捐之曰：武丁、成王，殷周之大仁也，地东不过朔方。高皇帝不其殷之武丁、周之成王哉！噫！司边城者，慎固封守，无慕汉唐云。

叠溪《天涌池碑略》：按《通志》：西汉元鼎六年设立县治，名曰蚕陵，附益州。宋末，复失于羌，为蛮寇王璋所据。明洪武十三年，平羌将军、御史大夫丁玉讨平之，裁县设所，名曰叠溪。城中艰于得水，其源在城东二里许云峰山脚，由悬崖数百丈而下。提督松潘军务寇深相地度宜，于是为之凿石壁、砌暗沟，导引入城，甃池于千户所署前名，曰“天涌池”，以供合城取汲，由是无乏水之患。

叠溪《文庙碑记略》：汉唐以来原设在河西，为翼州。洪武三十一年，改为叠溪守御千户所，建学于治东饮马关下。正德四年，威茂道陈洪范巡历亲临，见庙宇倾颓，令买城内东南隅隙地，重建大成殿、两庑、戟门、棂星、启圣祠，置明伦堂于殿右，捐俸二十金，以掌所刘待聘、操捕千户张名扬为督工，由是堂祠聿新，风气渐聚，应试者多列前茅而限于额数。茂州知州段宜标详请题准，设廪九石，科岁两考，得以顶补，由是士气蒸蒸与腹里等。

恩 例

贾海大、何源、何洪、文鉴、王纲、支清、陈仲凯、骆璇、湖桀，以上各年八十余，明弘治中冠带。

赵海、荀明、孟必山、彭纲、任溥光、姜相、陈思廉、侯璜、余秉经、杜钦、董志纲、王纪，以上各年八十余，明正德中冠带。

景志坚、邓长春、晏子经、谭鹄、蒋仁、易九皋、史正，以上各年八十余，明嘉靖中冠带。

邓文，知县硕辅父，明万历十二年冠带。

胥凤，州学生，明正德中冠带。

胡棐、陈明甫、赵镕，俱州学生，明嘉靖中冠带。

王朝、邹士英，俱州学生，万历中冠带。

袁宗义，明万历中授典仪。

李成，万历中授典仪。

文兆熊，万历初授蜀府典仪。

贾成仁，明万历中授蜀府典仪。

坊 额

诚求：州治中署，知州滕兆棨建。

古汶山郡、古绳州：俱州治前。

神禹乡邦：州通天桥，明副使奚良辅建。

古翼雄镇：叠溪营。

元老世家：为大学士万安建。

茂林开第：为举人万修建。

化导汉番：州阜康门外，知州任琦建。

三溪神功：州东岳庙前。

德媲孟陶：为唐蒋氏建。

节孝齐芳：为赵唐氏建。

岁晚松筠：为刘李氏建。

孝光巾帼：为晏坤氏建。

志洁冰台：为罗蒋氏建。

台榭

西亭：州汶江岸侧。李新诗：水出吐蕃分黑白，地穷巴蜀接幽阴。故名。

列岫堂：治西。明成化中知州郑徽建。

练光亭：州镇西桥中嘴，旧名“观澜”。后王咨取杜子美“州虹饮练光”句，易之。

宾雪堂：州治西。明副使孙元为太史王元正建。

玉垒别业：太史王元正寓。

临渊亭：州雁门堡。明指挥宋琏建，有碑记。

萧然亭：知州黄陛建。

大树园：都司署内。有百花亭，四围环以池。

望江楼：州清波门。

长啸亭：州魏门关。

玉津楼：叠溪南门外。

祈雨台：叠溪营南。

率然堂：明副使谢朝宣建，有记。

故典

汉蜀后主十四年夏，帝如湔，观汶水，旬日而还。

唐太宗十八年九月，茂州童子张仲文忽自称天子，口署其流辈数人为官，大理以为指斥乘舆，虽会赦犹斩。太常卿摄刑部尚书章挺奏“从妖言断”，上曰：“去十五年，怀州人吴至浪入先置钩陈，口称天子，大理、刑部皆言指斥乘舆，成断处斩。今仲文称妖，乃同罪异罚，卿作福于下而归虐于上耶!”挺拜谢趋退。自是宪司不敢以闻。数日，刑部尚书张亮复奏：“仲文请依前以妖言论。”上谓亮曰：“章挺不识典刑，以重为轻，朕当时怪其所执，不为处断，卿今日复为执奏，不过欲自取刚正之名耳。曲法要名，朕所不取。”亮默然就列。上因谓之曰：“尔无眼色，而我有猜心，夫人君含容，屈在于我。可申君所请，屈所见，其仲文宜处以妖言。”

代宗大历十一年，吐蕃入掠黎、雅。十三年，攻茂州，略扶文，遂侵黎、雅。

宋自黔黎以西，至涪、泸、嘉、叙，自阶文，折而东南，至威、茂、黎、雅备边十余郡，绵亘数千里，刚夷恶獠殆千万种，自治平之末讫于靖康，大抵皆通互市，奉职贡，虽时有剽掠，如鼠窃狗偷，不能为深患云。

宋真宗大中祥符元年己巳，诏：黎、雅、威、茂四州官，以瘴地，三年一代。熙丰间，威、茂州有土丁各二百名，月给米三斗。

绍兴四年，关师古以乏战马为请，令四川宣抚司于茂州置博马场。

明乡饮酒礼，原编银九两六钱四厘，后因蜀省凋敝，典礼久废，酌用银二两。

官、吏、俸工、阜控二门、商税，内支给北路长宁、松溪赏番银二百四十六两，亦于税课内动支，年终报销。

屯田四所，原坐汉、崇、繁、灌、郫、温、双等州县，原额新增等项共一万八千五百二十二石一斗九升九合六勺五抄，除右前二所原额粮三百五十七石九斗改附汉州官吏俸银外，实征屯粮共一万八千一百六十四石二斗九升九合六勺五抄，左中二所额坐安县屯粮。万历十一年十月，内奉屯田佥事王安验为《议处征粮以恤屯官困累事》，奉抚按批。据威茂兵备佥事李条议行，委绵州万知州、汉州胡知州查议详允，以十六年为始，改行安县掌印每石以三钱五分追征，内贰钱解贮布政司库，一钱五分贮该县库，听支附近官军月粮。

明知州张化美立社学二，一在南明门外，一在城内。择弟子员贫而好学者给以馆谷，俾司训课，东南一带士民亦各立社学，一时文教渐兴，咿唔之声彻于四境。

康熙二十四年，知州李斯铨置义馆于内外城，就治平、灵佑二寺延师授徒，至今称之。州北一带，明时建有十仓以储兵食，曰广备、曰韩胡、曰椒园、曰镇戎、曰长安、曰神溪、曰松溪、曰长宁、曰穆肃、曰实大，设仓大使副使二员、监收通判一员、验粮通判一员，监收住本城，验粮住灌口。

胜　景

东岳庙有大佛一尊，高九尺。不知年代，后重换佛身，腹中怀金钱一枚，系宋徽宗靖国元年置，距今七百余年。

大定堡外里许，有大石卧江边，形如马，纯黑色，中系金线一条。每江水涨发至此，纡折而行，人呼为“天马石”。中州客以千金售之，土人不受，谓此大定风脉，岂千金所能偿耶?

金枪崖，在叠溪，明丁玉平番置枪于崖。崖颇高，有番人结梯视之，见大蟒盘踞，后无复启上者。

叠溪明伦堂忽放霞光数丈，经数日不散，诸生掘地得石佛，别为祠，祀之灵验无比。

叠溪教场南有大石高三丈余，周数十丈，顶平如掌，镌石佛二，旁刻“大唐贞观六年翼州知州立”。又一行书“大元开国忠顺公上万户刘文远引兵至此”。又一洞泐“石洞临秋”四字，相传张三丰息于此，留题而去。

署中有大炮一尊，重四百七十斤，名“生明车儿筒”，系明洪武十一年六月铸。

叠溪有瑞芝石，相传西汉芝生石上，刻有“瑞芝石”三字。

叠溪城北玉垒洞可容数十人，通明无比，明人题曰“玲珑仙室”。又一联，曰：万山一平地；片石两洞天。总兵托云有诗勒石：山中野鹤飞何处，石窟犹存宝帐图。古代战场指点在，汉关要害杳然无。腰镰稚子横牛背，唱晚归樵觅酒垆。共说总戎云鸟阵，夜深鬼语不相呼。

支凤宅产芝二，本州牧钱纯让上其事，太学生晏咏为诗曰：盛代重逢圣，支门复产芝。姓从天作合，种自地呈奇。

土门堡三教祠坊，刻宋状元韩昵题，曰：天地人由我做成一个，儒释道是谁分作三家。

七星关有八景，明指挥万亶新勒诗于石，今犹存。

陇木司署前有寿星山，山后有池，龙潜其中，池旁云起，大雨立至。

富顺场有锦屏山，又有凤凰山，古木阴森，中建老君祠，昔人题曰“太清仙境”。每岁二月，士民相率礼拜，祷晴雨，无不应者。

废盐井在南明门瓮城内，相传井脉与石泉诸井相通。昔人有开此井，石泉诸井皆涸，商走诉，井遂填。

第九卷　艺文志[①]

世之论蜀才者，孰不曰：岷峨毓秀，江汉炳灵。而茂之山水，实岷与江会萃而成，讵不卓然，表见于斯郡哉！又况唐宋以来，名臣宿将，不少吁谟，仙吏神君，时敷谠论。以及词人之酬唱，迁客之流连，士女之讴吟，碑碣之纪载，始足以壮三溪之色，而增九顶之光，未易更仆数也。方今文教昌隆，都人士涵濡于圣朝，菁莪棫朴之化度，必有含英咀华，如杨、马、李、苏辈起而上应乎休嘉者，予将拭目俟之。志艺文。

赋[②]

江　赋

晋·郭璞

咨五才之并用，实水德之灵长。惟岷山之导江，初发源乎滥觞。聿经始于洛沫，拢万川于巴梁。冲巫峡以迅激，跻江津而起涨。极泓量而海运，壮滔天以森茫。总括汉泗，兼包淮湘，并吞沅澧，汲引沮漳。源二分于岷峡，流九派乎浔阳。鼓洪涛于赤岸，沦余波乎柴桑。网络群流，商榷涓浍。表神委于江都，混流宗而东会。注五湖以漫漭，灌三江而漰沛。滈汗六州之域，经营炎景之外。所以作限于华夷，状天地之险界。呼吸万里，吐纳灵潮。自然往复，或夕或朝。激逸势以前驱，乃鼓怒而作涛。峨眉为泉阳之揭，玉垒作东别之标。衡霍磊落以连镇，巫庐嵬崛而比峤。协灵通气，喷薄相陶。流风蒸雷，腾虹扬霄。出信阳而长迈，淙大壑与沃焦。若乃巴东之峡，夏后疏凿。绝岸万丈，壁立霞駮。虎牙桀竖以屹崒，荆阙竦竦而盘礴。圆渊九回以悬腾，湓流雷响而电激。骇浪暴洒，惊波飞薄。迅澓增浇，涌湍叠跃，砯岩鼓作，漰湱泶灂。㵵瀷濜㴔，溃渀泧㳠。潏湟淴泱，㶁㶅潣沦。漩澴荥瀯，渨㵧濆瀑。溭淢濆瀑，龙鳞结络。碧沙瀢沲而往来，巨石硉矹以前却。潜演之所汩淈，奔溜之所磢错。厓隒为之泐嵃，碕岭为之岩崿。幽涧积阻，岩硌营确。若乃曾潭之府，灵湖之渊；澄淡汪洸，瀇滉渊泓；泓汯泂澋，涒邻圖混；瀚灏涣，流映扬焆；溟漭渺沔，汗汗沺沺；察之无象，寻之无边。气滃渤以雾杳，时郁律其如烟。类胚浑之未凝，象太极之构天。长波浃渫，峻湍崔嵬。盘涡谷转，凌涛山颓。阳侯砐硪以岸起，洪澜涴演而云回。峾沦溛瀼，乍浥乍堆。㵐如地

① 原志有“艺文志”，但未标卷数。按各卷卷前均有小序，“艺文志”也有小序，当独立编卷，故新编如题。

② 原无小标题，今据各卷体例及内容补。

裂，豁若天开。触曲崖以萦绕，骇崩浪而相偪。鼓硆窟以崩渤，乃溢涌而驾隈。鱼则江豚海狶，叔鲔王鳣；鲳鰊鰧鲉，鲮鳐鲶鲢。或鹿觡象鼻，或虎状龙颜。鳞甲锥错，焕烂锦班。扬鳍掉尾，喷浪飞唌。排流呼哈，随波游延。或曝采以晃渊，或赫思乎崖间。介鲸乘涛以出入，鲼鮆顺时而往还。尔其水物怪错，则有潜鹄鱼牛，虎蛟钩蛇。蜦蜅甍蝐，鲼鼋鼍鼊。王珧海月，土肉石华。三蝬虾江，鹦螺蜁蜗。巢蛣腹蟹，水母目虾。紫蚢如渠，洪蚶专车。琼蚌晞曜以莹珠，石砝应节而扬葩。蜛蝫森衰以垂翘，元砺魄磥而隈碰。或泛潋于潮波，或混沦于泥沙。若乃龙鲤一角，奇鸧九头。有鳖三足，有龟六眸。赪鳖肺跃而吐玑，文魮磬鸣以孕璆。蜂蛹拂翼而掣耀，神蝾蝹蝓以沉游。蛴马腾波以嘘蝶，水兕雷咆乎阳侯。渊客筑室于崖穴，鲛人构馆于悬流。雹布余粮，星离沙镜。青纶竞纠，缗组争映。紫菜荧晖以丛被，绿苔鬖髿乎研上。石帆蒙笼以盖屿，萍实时出而漂泳。其下则金矿丹砾，云精烛银；珕珋璇瑰，水碧潜瑶。鸣石列于阳渚，浮磬肆乎阴滨。或颎彩轻涟，或涓耀崖邻。林无不溽，岸无不津。其羽族也，则晨鹄天鸡，鴢鹙鸥䲹；阳鸟爰翔，于以元月；千类万声，自相喧聒；濯翮疏风，鼓翅翻㓎；挥弄洒珠，拊拂瀑沫；集若霞布，散若云豁；产毻积羽，往来勃碣。橉杞槙薄于浔埃，梀榑森岭而罗峰。桃枝筼筜，实繁有丛；葭蒲云蔓，樱以兰红；扬皜毦擢，紫茸荫潭；澳被长江，繁蔚芳蓠；隐蔼水松，崕灌芋蕈；潜荟葱茏。鲮鲑踦跂于垠隒，獱獭睒瞲乎厥空。迅蟏临灵以逞巧，孤玃登危而雍容。夔魽翘踛于夕阳，鸳雏弄翮乎山东。因岐成渚，触涧开渠；漱壑生蒲，区别休湖。蹬之以濛，瀷渫之以尾闾；标之以翠，翳泛之以游菸。播非艺之茫种，挺自然之嘉蔬。鳞被菱荷，櫕布水蓏；翘茎瀵蕊，濯颖散裹；随风猗萎，与波潭淹；流光潜映，景炎霞火。其旁则有云梦雷池，彭蠡青草；具区洮滆，朱浐丹㴔；极望数百，沆漾皛溔。爰有包山洞庭，巴陵地道；潜达旁通，幽岫窈窕。金精玉英填其里，瑶珠怪石绛其表。骊虬缪其趾，梢云冠其嵘。海童之所巡游，琴高之所灵矫。冰夷倚浪以傲睨，江妃含颦而绵眇。抚灵波而凫跃，吸翠霞而夭矫。若乃宇宙澄寂，八风不翔。舟子于是搦掉，涉人于是檥榜。漂飞云，连艅艎。舳舻相属，万里连樯。泝洄沿流，或渔或商。赴交益，投幽浪；竭南极，穷东荒。尔鼒祲于清旭，觇五两之动静。长风飂以增扇，广莫飚而气整。徐而不飈，疾而不猛。鼓帆迅越，趋涨截洄。凌波纵柂，电往杳溟。霄晨霞孤征，眇若云翼绝岭。倏忽数百，千里俄顷。飞廉无以晞其踪，渠黄不能企其景。于是芦人渔子，摈落江山。衣则羽褐，食性惟蔬鱻。洊淀为岑，夹潨罗荃。筩洒连峰，罾罶比船。或挥轮于悬碕，或中濑而横旋。忽忘夕而宵归，咏采菱以叩舷。傲自足于一躯，寻风波以穷年。尔乃域之以盘岩，豁之以洞壑。疏之以涌汜，鼓之以潮汐。川流之所归凑，云雾之所蒸液。珍怪之所化产，瑰奇之所窟宅。纳隐沦之列真，挺异人乎精魄。播灵润于千里，越岱宗之触石。及其谲变儵怳，符祥非一；动应无方，感事而出。经纪天地，错综人物，妙不可尽之于言，事不可穷之于笔。若乃岷精垂曜于东井，阳侯遯形于大波。奇相得道而宅神，乃协灵爽于湘娥。骇黄龙之负□，识伯禹之仰嗟。壮荆飞之擒蛟，终成气乎太阿。悍要离之图庆，在中流而推戈。悲灵均之任石，叹渔父之櫂歌。想周穆之济师，驱八骏于鼋鼍。感交甫之丧佩，悯神使之婴罗。焕大块之流形，混万尽于一科。保不亏而永固，禀元气于灵和。考川渎之妙观，实莫著于江河。

岷山积雪赋

——以日熳如银其高无际为韵

陈克绳

夫何岷山之巃嵸兮，当西域[①]而崒嵂。列九峰而若屏兮，插万仞其如壁。寒惨惨而终古兮，阴森森其一色。霰淅沥其长凝兮，雪粉糅而愈密。凌碧落兮晶莹，映素云兮髣髴。问仙[②]集兮何年，尚未消乎今日。盖其峡势高寒，蛮光历乱；阴积太初，高浮天半。雪遇寒而始凝，寒侵雪而不散。风岌嶪于山阿，雾氤氲于霄汉。雨回峰而成冻，冰凝结而未泮。是以露为霜而层层萦积，流光则万岭嵌空；加之云酿雪而奕奕联翩，泻影则千岩烂熳。于是缤纷繁雾，飞洒纡徐；瀌瀌蔼蔼，密密疏疏。始缘溪而藏谷，终度岫而盈渠。塞羊肠之险隘，填鸟道之空虚。迷郡[③]峦之向背，失危机[④]之崎岖。若海波之回兮，拔潮于地轴；若江涛之上兮，鼓浪于天昊；若缟带之翻兮，素娥奔月以灿尔；若银杯之散兮，白叟赴酺而皤如。心神为之滉漾，尘氛于焉消除。尔其东南日晓，西北云屯。碧留蝉[⑤]而有晕，昭似汉而无垠。气霁而山山颓玉，光浮而岭岭流银。近藏李白之山，书帷欲破；遥映文君之市，酒斾方新。笛奏青羌兮，芳梅并落；鞍调白马兮，金勒俱驯。此其为徘徊之多态，而绰约之动人者也。若夫积朔连晦，晨光夕曦；烟霞婉娩，风雨凄其[⑥]。历四时而不变，亘千古而无移。春烟暖而良玉之苗尽出，秋月清而鲛人之泪齐垂。奇峰邃兮，夏云掩映；苍松秀兮，冬岭参差。朝望兮若吴王之争会，素甲万人而昧明其方定；霄观兮若周室之将朝，庭燎千树而闷[⑦]夜于何其。沵兮漫兮，高而盼焉，若仙府之凌灵[⑧]，而珠网晶帘之缥缈；璀兮璨兮，晴而望焉，若上林之迎日，而琼琳琦[⑨]树之迷离。莫不随时赋象，任地呈奇。则有军临棨戟，士拥旌旄。守韦皋之戍垒，立严武之勋劳。对三城兮雪积，仰七星兮斗高。一曲琵琶，弹未[⑩]古堞；万林两骑，渡去空濠。追骄虏于五更，六花敌甲；擒生羌于千里。三白满力。盌挥勃律之坚，今朝痛饮；鼓卧蓬婆之域，昨夜萧骚。复有寻诗幽客，抱隐酒徒；宁封丈人，杜甫腐儒。不唾青城之地，长携绿蚁之壶。望冰雪以为容，绿云拟住；缅江山之远近，浣笔为图。冻彻玉楼，粟生多寡；光摇银海，花眩有无。青笠萧萧兮峰何限，红衫隐隐兮仆将痛。亦复躭幽玩，寂搜冥诣。他若黄竹歌成，幽兰曲俪；灞桥策驴，剡溪鼓枻。谢庭之絮将飞，袁巷之门长闭。梁园之客已空，惠连之词独丽。是皆伸娱玩之无穷，惜阳春之易替。孰若兹山之鲜耀，自鸿蒙而已离。元阴凝而洁长留，太阳耀而光不逝。千春不

---

① 域：乾隆《保县志》作“城”。
② 仙：乾隆《保县志》作“先”。
③ 郡：乾隆《保县志》作“群”。
④ 机：乾隆《保县志》作“栈”。
⑤ 蝉：乾隆《保县志》作“蟾”。
⑥ 其：或当为“凄”。
⑦ 闷：乾隆《保县志》作“问”。
⑧ 灵：乾隆《保县志》作“虚”。
⑨ 琦：乾隆《保县志》作“琪”。
⑩ 未：乾隆《保县志》作“来”。

夜，万峰高霁。焉得借缘玉杖于飞仙，筑黄鹤楼而独倚。寻高士于山中，见美人于天际。排阊阖而开关，叩通明而谒帝。凭云升降，随风逝憩。心与雪而同清，身并山而不敝。歌白雪兮年年，视红云于世世。

文君濯锦赋

州举人　蒋复隽

武皇初载，惟莫之春。景含烟而凝碧，日舒化而晶莹。临邛富室卓氏王孙，家近鹤山之麓，居邻锦水之滨。繄有美其新寡，正绿鬟以芳龄。薄罗初试，仿朱甍之画扃；七襄既就，思澼㴒于碧浔。于是晨兴淡妆，江皋祁步。遵微行，践芳杜；惊游鸿，下汀鹭。出越女于苧罗，移姑射于洛浦。盼仙子之凌波，驻湘妃于渊渚。斯时也，晴岚远映，兰藾芬芳；澄潭潋滟，玉鉴摇光。粉黛傍江干，俨芙蓉之出水；纤腰漾涟漪，类弱柳之轻扬。听莺簧之细啭，俯潜鳞之出翔。物与人而咸适，情共水以悠长。尔乃徐舒皓腕，聊试蹇裳；漫渍绮罗，轻翻江浪。浮沉彩练，涨赋流香。质鲜妍兮，出清波而愈艳；色晏粲兮，触纤手而弥芳。烂天河之组织，绚机上之文章。俄而矾铺霞锦，暄曝微晞。日迟迟以欲晨，风飘飘其吹裾。含愁独对，倦倚斜晖；爰携我濯，逶迤言归。则有文园之客，游冶江湄；被服娴雅，高吟子灵。既邂逅乎丽人，乃目眺而神许。赋四海以求凰，托芳心于绿绮。音要妙以含清兮，致回翔而容与。美彼美其知音兮，遂相与其卖酒乎成都之鄙。

古诗①

唐

奉和严郑公军城早秋

杜　甫

秋风袅袅动高旌，玉帐分弓射虏营。
已收滴博云间戍，更夺蓬婆雪外城。

岁　暮

岁暮远为客，边隅还用兵。
烟尘犯雪岭，鼓角动江城。
天地日流血，朝廷谁请缨。
济时敢爱死？极目壮心惊。

西山三首

夷界荒山顶，蕃州积雪边。
筑城依白帝，转粟上青天。

① 原无小标题，今据各卷体例及内容补。

蜀将分旗鼓，羌兵助井泉。
西南背和好，杀气日相缠。

辛苦三城戍，长防万里秋。
烟尘侵火井，雨雪闭松州。
风动将军幕，天寒使者裘。
漫山赋营垒，回首得无忧。

子弟将深入，关城未解围。
蚕崖铁马瘦，灌口米船稀。
辩士安边策，元戎决胜威。
今朝乌鹊喜，欲报凯歌归。

野　望

西山白雪三城戍，南浦清江万里桥。
海内风尘诸弟隔，天涯涕泪一身遥。
惟将迟暮供多病，未有涓埃答圣朝。
跨马出郊时极目，不堪人事日萧条。

寄董乡嘉荣十韵

闻道君牙帐，防秋近赤霄。
下临千仞雪，却背五绳桥。
海内久戎服，京师今晏朝。
犬羊曾爂烂，宫阙尚萧条。
猛将宜尝瞻，龙泉必在腰。
黄图遭污辱，月窟可焚烧。
会取干戈利，无令斥堠骄。
居然双捕虏，自是一嫖姚。
落日思轻骑，高天忆射雕。
云台画形象，皆为扫氛妖。

军城早秋

昨夜秋风入汉关，朔云边雪满西山。
更催飞将追骄虏，暮遣沙场匹马还。

题两河口

云卷旌旗，风生剑戟。犯之者焦，触之者碎。
王者无敌，天道好生。氐羌来享，万年太平。

仁昭义立，春生秋杀。恩以济威，夷不猾夏。
莫高匪山，莫深匪江。华夷统会，天地包荒。

新堡磨崖

白石凿凿，周道如砥。我陵我阿，昆夷駾矣。
云山为戟，风树为旗。用张我武，永靖边夷。

瑞　麦

岳降神兮川效灵，诞嘉种兮集休征。
于皇牟兮百室盈，庶物蕃兮谷乃登。
于胥乐兮粒我烝，昭圣治兮遐且宏。
思多祜兮如冈陵，亿万千兮靡不承。

瑞麦行

南廷铉

皇帝八载月在午，文山有麦七岐吐。
锦浪翩翩五日风，珍芒濯濯十朝雨。
田家乍见诧非常，州郡转上中丞府。
中丞归献天子前，天子曰都休惟汝。
三锡命兮素兰抽，廷僚动色征征羽。
不腆时叨宗伯郎，按歌几见行云舞。
福曜遥瞻神早驰，扫门无自徒延伫。
一朝衔命西南来，邀缘幸荫中丞宇。
中丞厚德与宏功，笔端无力难为谱。
大者经营榛莽间，夙兴夜寐怀靡盐。
劳来心力竭无遗，哀鸿次第就安堵。
粤稽伊始造蚕丛，气钟石纽生神禹。
中丞特简踵司空，弼时仔肩文变虎。
蜀称陆海李冰贻，士林山斗文翁祖。
艰难之际武侯贤，琴鹤飞鸣清献图。
粒我蒸民稷配天，我公玉振群公睹。
五丁神力何足多，七岐瑞霭轶千古。
喜溢天颜薄海闻，百灵将顺先牟糈。
往时曾诵满庭芳，于今复见文山武。
和气至祥理固然，况是民天符斗数。
众维鱼矣旐维旟，大人占之丰且聚。
碌碌忝窃茂之陲，欣承下风能无语。
嗟乎渔羊乐不支，青田颂可取碧鸡。

金马往往奏神奇，何如家给七岐之麦黍。

瑞　麦

黄　钫

尧廷推后稷，粒民功配天。
矧从榛棘后，只手辟疆田。
诚惠抚孑遗，归鸿乐受廛。
解力争佩犊，远村烟火连。
积和相感召，祥应屡丰年。
嘉种贻来牟，文山七穗妍。
拜疏告我后，增德达穹天。
圣主岂言瑞，勉臣矢洁蠲。
堂帘交策励，喜起想当然。
特典锡纁组，用章节钺贤。
兼旌吏与农，恩赉一何专。
西顾使君重，渔阳麦秀传。
二张名奕奕，今事更超前。
玉垒云为卷，锦江春倍宣。
犹怀臣职歉，率属猛加鞭。
覃虑蛮荒外，绸缪周万全。
务期膏雨遍，王会极无边。

送参戎沈葵旸之东路长歌一首

闽布衣　方周兴

横南矫矫勤将军，天生独擅百夫雄。
锦袍玉带下九重，王侯学士竞趋风。
结交十友气如虹，名倾四海若人龙。
噫嘻神力尚歆崇，况于兵甲罗心胸。
将军游击葵旸公，声名气概宁相同。
运筹尊俎从且容，神机变化疾飘飕。
指挥雷电驱罴熊，吐吞江海若为穷。
笑开明月试雕弓，虚弦飕飕落飞鸿。
叠溪之水清溶溶，妖魔惧照遁无踪。
此逵彼箐尽罗罿，黠狐狡兔自怔忡。
如霜宝剑倚崆峒，千年铜柱蛮烟空。
天门赫赫飞云封，命开参府松维东。
重关绝险拥千峰，干城复此崇奇功。
行看高列云台中，黄金烂熳肘边红。

皇威不学晋和戎，我从群骥爱神骢。
临歧执手意融融，宁知歌尽晴未终。

戍谣二章

述翼州戍卒情也。葵旸沈公镇翼，擢松番东路参将，戍卒悲其去，碑而颂焉。予闻而嘉之，作此以送。

前　人

公胡来兮前年，荒草枯杨之早春。
公胡去兮卉木，萋萋整东轮。
明星耿耿向中夜，拔剑起舞鸡鸣晨。
公营营兮哀我人，公胡东兮吾宁匪民。
睹旌旗而踊躅，聆鼓吹以呻吟。
欲攀辕兮不可，徒惆怅兮伤神。

公之来兮岁幸，迟予愁寒兮苦饥。
公至止而穹窒，驱硕鼠以远而治。
芳畦之兰芷密，修行之藩篱，饥可食兮寒有衣。
豺狼遁迹兮，抵掌鸣剑以长嘻。
公胡为兮复东之，予颇领兮愁疮痍。
安得此生如芳草，长在春风而葳□。
吾愿公为峨嵋之明月兮，穷荒普照走□魑。

过甘棠墓吊陈侯

州贡生　陈芝

西南城隅有小路，路旁蟠踞起高墓。
相传先牧陈公茔，每见祥烟高覆护。
从古宦游非一人，独公葬此何以故。
岁时久远事不详，尚余残编志未亡。
永乐年间公守此，百废俱修鸿业张。
生熟羌番干羽格，韬弓櫜矢诣门降。
由此边隅常安静，武备已修文治彰。
文宫武庙巍然肃，学校振兴钟鼓皇。
开科发甲弦诵继，数百年余文教昌。
书传东汉多良吏，南阳召杜尤拔萃。
号父号母古今传，保赤诚求心独挚。
公也何心学古人，自与古人为一致。
三年绩著报升迁，汉番挽辔马难前。
上体舆情为奏准，二次泣留意倍坚。

复闻有旨升参议，朝命何人敢违背。
茂人必欲得神君，寇公从此留河内。
政成君庆民欢欣，三十年来福星晦。
可怜治内贤夫人，相继以终归仙队。
公有子兮遍此乡，循伦葬祭子之常。
当时万家丧考妣，千秋瘗玉号甘棠。
华表翁仲坛阶肃，双寿春秋享蒸尝。
迄今墓道松楸坏，石碣无存绝扫拜。
磊磊惟剩一荒丘，风雨飘摇后将败。
古人不藉今人传，今人表章令人快。
今之视昔后犹是，岘山悲泪垂不已。
我思古人阐幽微，学荒力薄亦徒尔。
贤良千古有知心，如公岂容阙禋祀。
一日碑刊祭典兴，我当种树承风旨。

大禹庙

参议　任彦杰

广柔石纽山，大禹发祥始。
懋哉永赖功，禋祀无穷思。
巍巍崇伯子，明德无间然。
大孝焜耀照，伟略盖前愆。
帝尧忧未释，司空爰命禹。
四载奏平成，勋名高万古。
稽古惟大禹，荒度急生民。
后克艰厥后，臣克艰厥臣。
夏祀四百年，玉帛万方总。
至哉精一传，百世道之统。
岩岩祠庙新，肃肃瞻拜忻。
仰止端严貌，想见执中心。

秋日边城即事

秋尽岷江水欲消，汉家兵马出嫖姚。
蛮酋莫作猖狂态，中国长城万里遥。
乌白乘秋欲渡河，防边甲士已增多。
长枪利剑应无数，行见将军奏凯歌。
八月秋风边塞高，寒威先已着征袍。
天兵十万龙沙外，羌虏何能犯节旄。
圣代恩威重抚绥，岁劳金币赐诸夷。

犬羊溪壑应无足，从此边陲莫缓师。

北路班军未还

雨风长日满秋山，豺虎纵横道路艰。
晓起试从桥北望，隔江征戍几人还。

翔风吹雪暗边城，多少征人怨未平。
泪堕岷江流不尽，犹遗呜咽水中声。

州南八景

明指挥　万亶新

宗渠春水
宗渠春水接汶江，暖泛桃花片片香。
花若天台无路入，令人惆怅忆刘郎。
石鼓秋风
石鼓传闻击有声，不劳匠凿自天成。
乾坤留此知何代，多少西风宿草情。
崖头暮雪
璃琉高下种崖头，银作硐窠玉作楼。
莫怪溪山俱冻合，明年应是兆来弊。
白水晴虹
一溪流水四时同，晓见晴波饮白虹。
千尺素芝浑不断，恍疑飞练坠天宫。
七星夜月
莫叹班超老玉关，城头夜月白团团。
佳人几度劳纤手，为捣征衣寄远寒。
五里朝云
江水萧萧五里头，晓来云气暗汀洲。
何当鞭得苍龙起，一洒甘霖遍九州。
安乡羌笛
耕罢山田日欲昏，羌人横玉坐中闻。
虽无杨柳梅花调，吹裂崖前一片云。
斗族樵歌
三三两两逐方行，采得薪归几背轻。
踯躅西风林石外，呕哑齐作断肠声。

宾雪堂

张　俭

九顶山高雪满巅，主人奚事结堂前。
蛟龙未遂施云雨，清白聊将共岁寒。

玉垒行窝

天设金城限大荒，巍巍玉垒自藏昂。
主人亦有坚刚癖，为筑行窝向垒傍。

中秋二绝

参将　胡骏

他乡丛菊动人愁，塞上清烟见素秋。
深夜东亭明月里，琴书声静漱芳幽。

平分秋色塞风寒，皎皎清霄万里看。
知是嫦娥幽怨苦，故将彩碧放云端。

小关雪中

游击　余承恩

小关雪下大如掌，山上流云远相荡。
为问将军何独行，番蛮跳甲需年赏。

谒明牧陈公墓

何尔聪

绳州士庶感深仁，借寇曾留三十春。
汉室循良应继美，风规千载寿贞珉。

三百年来俎豆新，如何暮道渐沉沦。
岷山有士曾知否，一树甘棠尚爱人。

节妇蒋氏悼夫唐景皋诗十首

夫去长怀满腹忧，朝啼暮哭几时休。
深深望断云山路，不见行踪返故州。

清风细雨入帘来，万斛忧情何日开。
只有泉台归路近，嘱君莫去入凡胎。

更残月落倍添愁，忍对孤灵泪暗流。
君有灵兮携妾去，与君千载作冥俦。

凄凄冷冷过寒年，珠泪抛流湿枕边。
一片愁怀无处诉，昨宵梦里得相传。

忽见门前芳草青，愁思春色两相形。
幽冥肯许还魂路，再教孤儿读五经。

细雨纷纷点绿苔，年年春景向谁来。
素居不爱海棠色，只合寒梅雪里开。

栏前绿水漫悠悠，数载秋波泪共流。
总为良人归去早，终天别恨几时休。

南郊绿柳吐新枝，寒食标坟两泪垂。
化鹤何年归故国，挥毫空写断肠诗。

静夜纱窗月色清，泉飞淅沥倍愁生。
君游地下多离恨，妾处闺中更惨情。
疾首怕闻蒿里句，伤心难赋白头吟。
旧时苦读残书在，谁听咿唔呫哔声。

除夕无端倍感伤，堂前灯火自辉煌。
桃符莫遣愁思去，苏酒难消别恨长。
梦逐才郎同入穴，醒惟明月独留房。
忽闻杜宇临窗泣，遗痛千秋矢共姜。

谒陈侯墓

州增生　姜仑

贤劳甘致百年身，赢得清风汶水滨。
墓道及今多蔓草，冰心犹自照吾民。

循声厚泽古无伦，父老曾留三十春。
此时岷山同仰止，常将故事问前人。

鸳鸯琴瑟葬岧峣，千载无人奠酒浇。
记得承恩三十载，春秋两祀敢虚抛。

过七星关

副使　薛曾

昔闻三蜀险，今到七星关。
马渡银河上，车横霄汉间。
旗光元武动，剑气斗杓寒。
貔虎当门立，皇威震百蛮。

平羌奏绩十首①

隆庆戊辰春二月，师既平草坡。其遗孽嗷嗷乞降，乃即玉垒城受之。遂凯还，士民填观欢焉。绘图歌诗书报功之章，合为一卷，进之参戎凤谷盛公，公请题于予。题曰“平羌奏绩”，因系之诗十首。

仁义兴师

燕罘义旗动，师扬列骑骎。
蛟龙翻远水，罴虎出茂林。
剑指云为净，风行草不禁。
将军何所似，汉壁一淮阴。

奇正步武

仁义虽无敌，兵机本自渊。
旌旗云鸟变，奇正鬼神元。
东出封三窟，西驰下九天。
豺狼数已尽，无处可潜延。

前锋摧伏

贲鼓鸣汶水，前锋摇马原。
魅魑虽伏险，雷电自飞魂。
剑试濡腥血，旗扬挂硕顋。
山崩风雨骤，神算蹑轩辕。

马岭围营

地入三川险，兵团八阵营。
亚夫眠细柳，充国扼金城。
虎豹当山立，豺狼无路生。
夜铃声远去，穷窟起啼猩。

① 原无，今据诗前小序加。

捣巢残类

雷电空中下，貔貅云顶驰。
巢高和卵覆，穴邃并雏夷。
火艺神人愤，烟浮草木萎。
秦宫三月焱，此更惬人私。

献馘纪功

公志惟为国，勋成寂若空。
平吴应识濬，大树始知冯。
兵法严攸馘，诗人颂献功。
清朝嘉郭李，懋赏属英雄。

克险除魁

穷寇负岩窟，神威易馘酋。
昂庄探虎穴，谈笑斩蚩尤。
倚剑天山缺，断螭亦水流。
何殊李飞将，独系单于头。

洞门报捷

虎帐筹尊俎，龙骧入崄崎。
风尘闲寂寂，露布拽迟迟。
淝水原无敌，谢安固有基。
百年滋蔓寇，此日已于夷。

玉垒受降

草恶固宜剪，鸟穷亦可怜。
依人甘绁鞲，归命奠生全。
款塞心弥赤，叩关情已坚。
乾坤同覆载，忍弃唐虞天。

茂林燕喜

奏凯诚为乐，完师乐更殊。
香花飞锦幕，好鸟侑冰壶。
士卒歌杕杜，将军咏出车。
鸱枭今已化，边境永无虞。

提兵长安堡

都御史　杨守礼

缓带入威州，霜风不暂休。
戍兵鸣鼓吹，飞帜出城楼。
落水山猿戏，夕阳贾客愁。
百蛮开纳款，捷报慰君忧。

书维州公馆壁

御史　朱廷立

杖节行荒服，艰危已备尝。
不徒闻栈道，亦复见碉房。
塞草愁寒近，蛩声送夜长。
匆云归马急，吾道自沧浪。

岷　山

谁将和氏玉，妆却蜀山尖。
野戍三城白，边庭六月严。
天开云母障，日照水晶帘。
柱笏收看处，公余兴未厌。

题于延祚禅林　二首

竹西　王坚

题壁惊三载，蹉跎尚一方。
名徒供笑口，酒岂快愁肠。
志士诗书误，征儿锦绣香。
重来增感慨，絮被卧僧廊。

孤矢难酬志，飘零走四方。
计存三寸舌，思若九回肠。
敢道文章贱，羞闻姓字香。
山川多间阻，不定过空廊。

谒明牧陈公墓

署州事　丁映奎

有身殉百姓，无地慰双魂。（公与夫人合葬，地几为人有。）
考古名斯在，镌碑墓幸存。
千秋宜俎豆，一献愧鸡豚。

为语都人士，无忘三十恩。(公留茂三十载。)

九峰山

有峰夸九顶，无雪不千秋。
便觉通霄汉，还将问斗牛。
泉飞云忽起，彩散日初浮。
最喜当窗近，时时得坐游。

九峰山

山阴　孟釐

九峰排玉笋，自古号名山。
耸翠低群岫，分形压百蛮。
最宜霞缥缈，长喜雪斓斑。
绿野堂开处，相看意自间。

七星关

署州牧　陈克绳

岷山自天走益门，千峰万峰向东奔。
势如天马西北来，腾空万匹入中原。
江流忽折峰势曲，金羁鞚住相踞蹲。
中有严关据绝壁，倚崖傍壑列戍关。
屯边流泉分股出，七星回旋抱天根。
飞泉直向夹江去，雷砰电击撼鲸鲲。
城郭岌岌空且矗，旌旗猎猎云头翻。
洵哉天险非人力，剑阁峥嵘何足论。
我驱庋马日将暮，潇潇书剑向孤村。
时清久罢三城卒，蚕崖新月破黄昏。
忆昔前军列河北，夜半思擒吐谷浑。
战垒秋风吹白骨，天阴月黑哭征魂。
人世几回伤兴废，此关自古壮乾坤。
君不见隗嚣当日据，陇西函谷东风一丸泥。

长宁道中

望望大云烧益州，云边斜控紫骅骝。
高秋雪拥岷山出。斜日风分黑水流。
废垒红花荞过雨，荒原黄穗粟经秋。
汉唐战伐今何有，日暮笳声起戍楼。

岷　山

明兵备　薛曾

岷岭高寒井络边，千年积雪宛依然。
层楼直接三城戍，悬度西连万里天。
琪树笼晴光夺目，银潢垂练午生烟。
玉京咫尺琼楼在，应在飙车载列仙。

歼黑虎寨三族恶番渠魁，诗以纪事

黑虎穴深种类蒸，材官骑士不能膺。
多时据路磨牙爪，此日承风就鞴绁。
李广不劳没羽技，卞庄自播两获名。
边氓击壤歌虞化，率无同归干羽庭。

闻赴玉垒之约未及前知廖作以赠

明兵备　郭凤翔

金马风流玉垒仙，紫鸾黄鹤驾青天。
浮云变态含今古，美酒忘怀见圣贤。
旧雨仍同新雨好，他生已结此生缘。
登临一任恣多兴，收拾奚囊入古编。
嘉靖戊子夏五月，予游汶川尝宿约也。

游溪兵宪郭公寄诗相赠因写咏奉吟

明　王元正

鹭巾凫舄学飞仙，五月寒潭玉垒天。
蚁缘醉忘身是客，鹿鸣歌愧我非贤。
台端藻句能遥寄，云里山灵结旧缘。
千古草堂传盛事，登临那得少陵编。

提兵长安堡

都御史　杨守礼

提兵深入虎狼群，夷夏争传此地分。
拜舞羌蛮来峻岭，笑谈今古到斜曛。
秋风野草红沾血，白日荒山愁带云。
镌石有名王太史，将军千载有奇勋。

前　题

山下索桥山上楼，柝声一夜不曾休。
当年未许维州议，今日还劳圣主忧。
塞草连云嘶战马，碉房临水系耕牛。
书生莫负筹边策，回首西风两鬓秋。

茂林即事

自惭踪迹遍西川，到处看山到处便。
青入蚕崖常近日，高登娘子欲齐天。
碉房栈道过秋雨，玉垒雁门清塞烟。
方叔凯旋应指日，平番还拟献诗编。

游龙洞

明副使　孙元

将军夙有看山约，出郭今乘玉露秋。
天外鹤飞开霁景，峰头云敛豁吟眸。
凋林绿水随风下，激石寒泉绕涧流。
李愬英标真在眼，能无亲切变山讴。

宿土门叠玉垒韵

晓风晴日催征盖，晚塞暝烟正戍关。
危堞营连犹顾骇，虚崖径仄欲摧颜。
两川经略心常在，七郡供输力未间。
尝有杞忧增白发，愧无佳句对青山。

石幢秋月

范　渊

谁把云根巧制深，琢成幢盖立株林。
风吹不动秋无影，月照还能夜有阴。
蟾窟桂花香馥馥，象台贝叶古沉沉。
几回静坐禅房下，细玩清光听梵音。

茂　林

明参议　潘真

使节西传几度关，豁然形胜自区寰。
双城横压通三路，一镇雄关控百蛮。
可喜士风文欲豹，却怜习俗性犹犴。

方今圣化无遗物，收拾羌番礼乐间。

观九顶山

参政　王傅元正父

九顶峰峦插太清，西戎屏障倚长城。
四时积雪举头见，千里秋毫入眼明。
天簇莲华朝北帝，地分鳌足奠苍生。
我来坐笑情无限，要得凭高望帝京。

怀潜溪　为流寓宋濂作

儒雅风流早振宗，晚逢干德正居中。
秋禾有客临东阁，买赋无金出后宫。
白帝旗魂归杜甫，十年血食配文翁。
还知不死精灵在，化作红光照越东。

长宁题壁

参将　岳岁

刁斗无声堠火空，诸番授首梗途通。
漫言笑取非常捷，都在将军盖世雄。
严武昔为英节度，柏村今擅大元戎。
运筹又得同韩老，共占麒麟第一功。

前　题

游击　余承恩

绝壁千寻巧凿空，修途不数五丁通。
龙泉小试精光射，虎旅长驱意气雄。
万里韬钤清宇宙，中原斥堠走羌戎。
肘金腰玉君家事，麟阁相图汉将功。

小关雪中

朔风吹雪满孤城，何事将军爱远征。
一线危途时报警，万间广厦若为情。
谢公谩许棋声急，季子应憎酒力轻。
山柝夜传烽火静，遥瞻直兆是神京。

宾雪土阁

惊飙吹落塞云斑，谁念投荒学士难。
杖倚药栏江色暝，杯倾土阁曙光寒。

从来策马趋黄屋，何事焚鱼远碧山。
为爱潇嘉彭给练，诗筒犹自递邮边。

前　题

雪色侵凌草色斑，却怜蜀道未应难。
金戈落日边城静，铁甲鸣风石峡寒。
万里云烟瞻魏阙，五更魂梦绕泰山。
词臣漫尔嗟行役，闻道金鸡已赐还。

怀古六首

怀李冰

岷江东去石犀沉，粒食开疆万古情。
疏凿已同神禹迹，艰难曾与毒龙争。
清明浪筑金堤固，秔稻渠分灌口平。
誓水有碑应不朽，年年秋祀满春城。

怀司马长卿

咸阳冠盖度长虹，士女欢迎负弩同。
黎越山川看入贡，邹枚辞赋漫齐工。
凌云已惬同时志，封禅应遗报主功。
叹息深沉随逝水，升仙桥畔野花红。

怀诸葛武侯

沃野澄江亦帝都，鼎分天府旧吁谟。
雪山远控三城戍，云气长阴八阵图。
谶纬频疑参造化，忧劳祇谢一茅庐。
汉家历尽空祠庙，碧草黄鹂漫有无。

怀杜甫佐严武

路尽汶山幕府开，提封渤海自崔嵬。
江源黑水骊龙伏，塞下黄云宛马来。
天宝君臣思盛世，年□五十起雄才。
岑参姓氏原同列，摇落嘉州独可哀。

怀草堂书院

浣花溪水锦江流，词客棲迟有故丘。
远屋菜花飞乱蝶，半弯莎草浴轻鸥。
紫宸回忆蓬莱杳，仆射还生鹦鹉愁。
断碣喜逢遗像在，至今双眼望沧洲。

人日上岷山楼

竹西　王坚

玉壶春暖共相携，依槛回看百雉低。
鸟道横云天极北，蛮烟远树日平西。
四愁谁共怜湘水，三笑还同类虎溪。
独有文园词赋客，墨花到处灿留题。

前　题

州贡　唐文炳

扶筇闲把锦囊携，徙倚修岑万壑低。
樵子暗通松径外，牧童遥憩板桥西。
穿云叆叇云迷嶂，咽石潺湲水满溪。
沉醉忽忘天早晚，且呵彩笔试新题。

九日偕僚友东岳祠登高诗二首

副使　查理

阴云低压茂州城，东岳祠前抒远情。
放远平畴秋稼获，打头黄叶晓钟鸣。
商量风雨还吹帽，断续酴醿更举觥。
却笑老僧太痴绝，峨眉不住住长阮。
（祠有老僧，年已八十余，去壮岁薙发于峨嵋，近来住此。）

去年重九锦屏巅，前岁登高邛海边。
（戊子守宁远，己丑，蒙恩除授松茂观察。）
官秩稍增人渐老，诗情不减境多迁。
滥竽西蜀惭难称，浪迹南云乐有缘。
薄暮归来秋气肃，马蹄一路踏流泉。

九日陪查观察东岳祠登高敬和原韵二首

州学正　贾思谟

九日追陪出北城，登高因见古人情。
一天云气当檐合，几处虫声入座鸣。
黄菊竞开低楼槛，倚筵共醉且传觥。
独惭胜会无佳句，却喜年礼满堑阮。

簪缨遥集翠微巅，梵语悠悠过酒边。
帽落欲随风雨去，毡青几觉岁时迁。
齐山觞咏征前迹，茂郡跻攀有夙缘。
管乐奇才稽阮性，羡公官迹在林泉。

绳州即事

署州牧　朱梓

气候绳州迥不侔，萧然炎暑似深秋。
堂临九顶千年雪，郭绕三溪万里流。
高卧北窗惊簟冷，开樽河朔畏风遒。
玉壶一片冰常在，赢得清凉傲五侯。

茂林即事

署州牧　戴如煌

风高云急正深秋，野火寒烟傍戍楼。
地接松潘称要道，天开边塞壮雄州。
长江巨浪摇千岭，峭壁重岗砥万流。
自问抚绥惭老拙，来年□发已盈头。

巨人山

署州牧　丁映奎

雪山自古高天下，谁信山中有巨人。
受气长空原不偶，成形大地更无伦。
风云只合供消遣，冰霰何从耗本真。
千载绳州同仰止，巍然坐镇奠斯民。

平长宁道为参戎张自成作

蒋士宏

西去长宁路，崎岖险处多。
我公怀恻隐，失足虑经过。

捐俸修歆仄，鸠工治坎坷。
往来车马客，谁不颂恩波。

建三溪石桥为参戎张自成作

陈秉忠

金钱解橐筑三溪，石采山南架水西。
丝粟未曾劳蔀屋，竹椿立办护桥堤。
匏阁病涉今无患，土地留恩孰与齐。
革尽弊端兴尽利，木天珥笔不胜题。

尊经阁

州举人　明知州　晏子纶

宪府新城百尺楼，珍藏御制衍洪休。
圣经贤传充梁栋，睿藻天葩灿斗牛。
道在即今堪鉴古，文同视鲁可知周。
士林增重何为祝，愿取科科中状头。

无忧城怀古

康熙庚午举人　任陕西崇信县　蒋复隽

棲乌纷纷落戍楼，筹边壮烈纪维州。
蛮烟永靖敷天乐，石画长舒西顾忧。
冉駹山前雪尚白，吅谋城下水安流。
登临顿起千年思，拊髀无端感慨留。

春日登岷山楼

再上春山续旧游，春山高处倚层楼。
远烟带雨迷丹嶂，芳杜浮沙暗绿洲。
醉听小蛮歌白苧，狂如太白傲沧洲。
独嗟尘世劳劳者，长学杞人卒未休。

九顶朝霞

晏子纶

起视晨光放晓晴，九峰高上彩霞横。
光腾列岫千机灿，辉映层峦五色明。
秦岭殊形同峻极，巫山有待继芳声。
天然形胜归图画，环拱西邮茂湿城。

三溪晚照

溪北溪南极隐幽，夕阳倒影渐将收。
熹微余晷随波滚，浅淡残晖逐浪流。
数点归鸦飞杳杳，几群游鹿语呦呦。
行吟未尽三春赏，不觉韶光又转秋。

汶水春波

州人　县丞　余相

雪岭消琼液，江天百尺波。
清光摇夜月，碧影落星河。
浪暖鱼龙化，沙晴鸥鹭多。
禹功疏凿久，灌溉听民歌。

南庄春晓

王士全

旭日城南冰雪开，郁葱佳气近楼台。
晓烟多自幽溪发，曙色先从暖谷回。
翠黛无端催客兴，芳菲有意倩农猜。
汶山力作垂春早，都向山头着眼来。

西岭晴雪

州学正　车书

乍开帘幙惜花残，春色初含七宝栏。
西岭昨宵三尺雪，白云深处玉光寒。

石幢秋月

宝塔玲珑天际浮，琼宫玉宇正中秋。
清宵谢尽红尘影，贝阙珠光十二楼。

雪花仙井

州贡生　陈芝

古泉疏凿自何年，争道神工半属仙。
白浪翻空潮六日，银光彻底散千绵。
分明琼玉飞来屑，终是葫芦别有天。
清宦应从寒借操，好将膏雨润桑田。

江渎灵源

谁知江渎水中神，一派灵源清且沦。
浪激云牙飞冻雪，波梳石发跃春鳞。
奇禽万古犹啣叶，厚泽千秋足活人。
此去朝宗应到海，渔郎何处问仙津。

治平晓钟

成都府训导　张文德

何代金镛挂治平，晓天一叩韵弥清。
非关秋夜寒霜动，合共春朝应律鸣。
鞳鞈每能惊客梦，春容时复逐鸡声。
此间即是寒山寺，枕畔遥闻正五更。

太乙峰

楚南　庞白起

老人峰镇古绳州，日对岷江水自流。
道气连云通瀚海，仙风岭透出陵丘。
时芳应许垂青目，景过何须叹白头。
九有香山同一峙，真堪不朽庆千秋。

重建钟鼓楼

州廪生　黄映暄

钟鼓楼成嘉靖年，今朝鼎建更巍然。
朱甍绚日光银汉，金顶摩云透碧天。
三叠已空多宝塔，四围环绕万家烟。
何缘春半频瞻眺，饱看红疏一色鲜。

谒罗太夫人贞烈祠

州廪生　张儒仁

斑衣正好奏鸾笙，讵料当年寇入城。
鼠辈何人千古臭，琴堂有母一身轻。
魂游尺水波为泣，血染寒缸石欲鸣。
凭吊于今怀往迹，坤仪长共月萼明。

挽烈女李氏

楚　南　王曰珍

从来风化重闺门，此日同招烈女魂。
十五年来完大节，百千秋后护灵根。
残生不辱心如石，誓死难污气秉坤。
邑有贤侯题彩笔，旌扬应自渥隆恩。

词①

明宣宗赐茂州陈敏瑞麦满庭芳词

连野盈畴，一茎五穗，信是丰年真符。黄云铺处，千顷灿金珠。黎庶惊呼奔走，告方牧，驰进天衢。称嘉瑞，丕隆景运，尽说古来无。

昭乎，天助我，生民富足，国用丰余。昔两歧呈秀，安得同途。自愧微躬菲薄，荷祖宗，垂佑鸿图。齐称庆，千官万姓，歌诵满皇都。

庚戌校士拟满江红　二首

州牧　戴如煌

丽日融和，讲堂下、英才罗列。开眼处、缝桃红杏，喷如雪大。罗天上浚仙曲，千佛经中争秀杰。想鸡鸣，夜火对寒窗，磨穿铁。

擢高第，传灯诀；菁莩发，霏玉屑。足三冬，攻苦个中谁说。文思涛涌峡江水，彩笔浪翻鹦鹉舌。继凌云、司马换紫袍，朝金阙。

托手丹铅，烧残烛、衡平论列。红纱去、评题甲乙，心同冰雪。一榜簪裾谁人彀，两廊灯火超群杰。赖清风，郎鉴绝苞苴，寒生铁。

黄石履，一卷诀；丹九转，破琼屑。思青云，得路监橘可说。光焰文章李杜笔，揣摩简练苏张舌。抱治安，鸿策辅圣朝，答天阙。

① 原无小标题，今据各卷体例及内容补。

颂[①]

瑞麦颂　茂州麦穗公七歧作

万文麟

蜀国凋残已廿年，村村瓯脱抛良田。历经灾疫兵荒苦，千里埏埏几绝烟。十两黄金一斛谷，茹芹饮荚相频蹙。东逃西窜离乡井，天道好还无不复。圣主垂矜咨股肱，纶音特简大中丞。我公何事不能了，志在澄清揽辔登。平寇救饥如禹稷，沉潜刚克干戈熄。益州刺史布仁慈，民得暖衣与饱食。瓦砾成堆半草莱，仁声仁闻广招徕。差官捐俸重恩济，秦楚流移向蜀回。督课农桑严息讼，欢声处处听舆诵。慈祥恺悌以安怀，名卜金瓯天子重。和气蒸蒸能致祥，七歧瑞麦产梁疆。嘉禾多穗无如此，珍重瑶函上奏章。汉代渔阳仅两歧，龙颜欢动喜孜孜。满朝歌舞归天子，克让允恭以再辞。帝赉中丞极庶蕃，勋名赫赫在旗裳。历年施泽已云久，瑞凤祥龙出此方。盛事从今迭记史，留芳千载垂庚垒。普天处处祝升平，西蜀家家歌乐只。

重修长安堡颂

嘉靖癸巳　王元正

秋九月，总兵何公暨参将邱公暨襄五寨，乃谋改筑長安堡，与副使韩公议合，遂城堡，堡成，工元正込观于新堡城，乃赋《旅我》八章，美成功也。

尔蛮蚁如，尔窟尔墟。我旅林如，我城我居。就筑斯墉，诱深其阻。以让凶孽，厚我之痡。噫彼蠡贼，总于货宝。乃筑斯墉，作蛮之好。阽我于危，靡饮靡薪。蒸徒有年，茹彼螫辛。尔骄孔宣，我威孔严。于何将军，烈烈桓桓。韩邱贰之，以拯旅艰。以拯旅艰，以歼尔顽。载拔柞棫，载夷嶙岏。柞棫载拔，嶙岏载夷。我武既扬，从康匪宜。乃询乃履，乃卜新基。乃迁于南，曰止曰时。乃召侯伯，乃召庸行。乃程厥工，乃腴厥粻。乃节仆仆，乃慰遑遑。翼翼长安，惟汝之襄。构屋增增，叠石平平。修术绳绳，列雉隆隆。堞帜穹穹，垣键重重。兵律而壮，癖积而置。我山我木，我熏我燎。我江我池，我熟我疱。我席我安，我郊我遨。组练无虱，豺狼无骄。肃肃谢功，召伯营兮。漠漠朔方，南仲城兮。于惟前声，兹俪铉兮。山人矢诗，绍世永弥兮。

翼江游戎沈鲸功德碑记颂

明兵备　薛曾

丁卯之冬，岷翼之方。三军迎止，四牡彭彭。惟霜凄凄，惟草元黄。君子至止，熙我春阳。南山有虎，北山有狼。君子至止，乃居乃康。匪疆匪亩，匪麻匪桑。无饥无寒，爰得我常。我稷我黍，我宇我墙。鸟鼠攸去，终焉允藏。父兮生我，寇攘莫防。母

① 原无小标题，今据各卷体例及内容补。

兮鞠我，困惫莫将。君子之德，惠我无疆。维荆之南，岘石苍苍。维陕之西，蔽芾甘棠。巍巍斯碑，永与永长。

铭[①]

明贞烈罗太夫人段氏殉节石缸碑铭

李光埮

乾隆十四年，予从军大金川凯旋。十一月，会茂牧陈公克绳擢雅州司马，将入觐，委予署州事。谒庙毕，顾瞻宫墙内忠义节孝祠，名位寥如。入署，有白石方缸置于宅左，视之，系明弘治九年二月十一日造，上镌“明贞烈罗恭人段氏因贼破州城死之”，他字皆漫灭不能识审。是则署旧有缸而为恭人段氏死所也，茂无文献，所传异词。惟传罗公铭鼎系云南人，明崇祯末任茂州牧，值流贼赵荣贵破城，被执去。段闻之，慨然曰：“吾母子身受国恩，今城已破，尚忍偷活人世耶?”遂投缸而死。前牧书其事于石缸以表之，宜即此物也。呜呼，若兹烈迹委於荒衙，百余年来，其不灭尽者，亦有神呵焉。此司马陈公将上其事，使祔诸庙，春秋俎豆，以风茂人，未果，祀恭人于节孝祠。埮乃改置于仪门之左，使人皆得而观感。铭曰：

罗公有母，比于王陵。嗟我士女，永以为型。

赞[②]

麦瑞赞

兵备副使　余珊

任久斯专，仁渐必世。瑞麦呈奇，爰感上帝。知德者鲜，知我者希。百代之下，聊写斯心。

叠溪茂州游击　蒋存礼

发身贤科，历任茂郡。德洽斯民，物占瑞应。上宠下悦，昔耀今新。事功难遇，感在吾人。

国朝　张德地

维皇布恺，嘉祥荐至。攒槊生芒，含颖吐穗。上应斗枢，下齐政治。降康自天，来牟式瑞。祈实于民，荐鲔饬毖。亿万斯年，大有垂志。

---

① 原无小标题，今据各卷体例及内容补。

② 原无小标题，据各卷体例及内容补。

论[①]

山川形胜述

明　彭韶

蜀之地，南特[②]蛮獠，西抗吐[③]蕃，上络东井[④]。岷嶓镇其域，汶江出其徼。以褒斜为前门，灵关为后户；峨眉为城廓，南中为苑囿。缘以剑阁，阻以石门，面越负秦，地大且要，诚天府之国也。杨[⑤]子云《益州箴》曰：岩岩岷山，古曰梁州。华曰[⑥]西极，黑水南流。秦作无道，三方溃叛。义兵征暴，遂国于汉。拓开疆宇，恢梁之野。列为十二，比美虞夏。牧臣司梁，是职是图。经营盛衰，敢告士夫。《集记》云：禹别九州，八曰华阳、黑水为梁州，岷嶓既艺，沱潜既道，蔡蒙旅平。又曰：岷山导江，东别为沱。《汉・地里[⑦]志》言：蜀郡湔氐道，《禹贡》岷山，在西徼外，江水所出，东南至江都入海，过郡凡，行七千七百六十里[⑧]。按：岷山在茂州直西北最后，番曰列鹅村，其村有岷山。山之右有岭，曰铁豹，则分水之上源也。水二派：其一由西南，入尖囊大渡河；其一正南，入溢洛村，至石纽，过汶川，则禹之所导江也。铁豹一名羊膞，盖夷语不同耳。任豫《益州记》言：江出羊膞岭，经甘松至灌千余里，是也。大抵蜀之山近江源者，通谓之岷山。峰连冈属，千里不绝，今俗谓青城为岷山者，以此。《续记》云：凡曰岷嶓，该众山言也；凡曰沱潜，该众水言也。盖蜀山之居左者皆曰岷，居右者皆曰嶓。水出于岷者皆谓之江，出于嶓者皆谓之汉。或谓之漾，或谓之沔。出于江而别流，别而复合，概谓之沱；出于汉而别流，别而复合，概谓之潜。古今论岷嶓沱潜者，众矣。然参差不齐，莫得其真者。盖由不知蜀山之居左者，皆得为岷；蜀山之居右者，皆得为嶓。而独指茂州之汶山为岷山，金牛之嶓蒙为嶓，隘矣。

禹穴辨

国朝　李蕃　通江人

蕃二十而南游江淮，上会稽，探禹穴，窥九疑。子长之《自叙》，所谓足迹半天下也，后人不察，止以意为，断若曰：上会稽而探禹穴云尔。如《吴越春秋》谓："宛委山有一穴，探不见底，谓之禹穴。"《括地志》谓："山中指宛委山又有一穴，探不见底，谓之禹穴。史迁云上会稽探禹穴，即此穴也。"而《五帝纪》张晏谓："禹巡狩至会稽而崩，因葬焉，上有孔。"明间云：禹入此穴，皆误读《史记》，而禹穴遂误在会稽矣。今

① 原无小标题，今据各卷体例及内容补。
② 特：民国《松潘县志》作"抚"。
③ 吐：当为"土"。
④ 上络东井：民国《松潘县志》作"上络东井，下锁巫山"。
⑤ 杨：当为"扬"。
⑥ 曰：乾隆《保县志》、民国《松潘县志》作"阳"。
⑦ 里：当为"理"。
⑧ 过郡凡，行七千七百六十里：《汉书・地理志》作"过郡七，行二千六百六十里"。

详考诸书如左：《易林》："大禹生石夷之野。"《正义》："禹，名文命，字密，身长九尺二寸，西夷之人也。"《帝王纪》："禹以六月六日生于石纽，身长九尺二寸，西夷之人也。"《蜀王本纪》："禹本汶山郡广柔县人也，生于石纽。"《括地志》："茂州汶川县石纽山，在县西七十三里。"《华阳国志》："大禹生于石纽，今夷人共营，其地方百里，不敢居牧，至今犹不敢放六畜。"《东汉书》："戴良，字淑鸾，汝南人，尝自比若仲尼，长东鲁，大禹生西羌。"《水经注》："禹生于蜀之广柔县石纽村。"《一统志》[①]："禹穴，在石泉治之北，大禹生此。"《外书》(升庵著)："广柔，隋改汶川，今之石泉县也。石纽村，今之石鼓山也。其山朝暮有五色霞，又有大禹采药亭，在大业山。其地药气触人，往往不可到。禹穴者，禹藏书之所也。"按，《正义》："禹至衡山，梦见绣谷，男子自称元夷苍水使者，却倚覆釜之山东，顾谓禹曰：欲得我山神之书者，斋于黄帝之岳岩石之下。三月季庚乃登宛委之山，发石得金玉字，以知水泉之脉，及治水功成，乃藏书于所生之地焉。"按，《广舆记》："会稽之穴，石如臼。"可知非藏书之所也。

雪山九峰（临江三面全形势论）

蒋复隽

山川形势之说，由来尚矣。古人立国所恃，固不在此。然景员表镇，亳邑河渭，萦绕终南，负邙面洛，襟山带水，良有以也。况雪山九顶，实茂郡具瞻，尤为治乱之不可或忽者哉。自蚕丛未辟，而汶山嘉胜犹非汉有。迨唐蒙驰檄，乃并白马、冉駹而郡县之，而雪山始得与峨眉、岷、嶓共标灵异。考之《州志》：雪山脉发岷岭，延袤数百里，蜿蜒起伏，至茂之东南，而九峰壁立玉嶂，插空积雪，历盛暑不消，故樵苏足迹罕升。其崇椒者，古人所谓峰高凌华岳，雪古自尧年，洵非诬也。而江水则自北来，磐流山麓，白涌碧翻。大江以西，吐蕃实居之。嗟乎，此固天之所以限华彝，而蜀道之难，亦于是焉极矣。然世方治也，则为峙为流，固足供奇秀之观；世或乱也，则为砺为带，亦足壮维藩之势。是雪山九峰之奠丽于茂者，顾不重欤？若举全州之势论之，南则有雁门、七星之雄也，北则有长宁、穆肃之隘也，东则有水瓮、石板之固也，西则有长江天堑之险也。纵土瘠民贫，不及全胜十分之三，而牧围四塞，为成都后户，不较外地形势为更重也乎？虽然有形之形势，必用以无形之形势，而形势乃为可凭，不然者，抚循无术，人心异心，徒称雄而据防，徒负高而阻深。彼昔人拥崤函之胜，挟洞庭之险者，卒未闻至今存也，此何以故乎？有任牧之责者，其亦可以深长思矣。

① 《一统志》：原作"《一统治》"，今改。

传[1]

国　朝

烈女子传

监军道　程翔凤

古今烈女子，史不绝书，大抵佳人薄命，所从来远矣。余曩岁游苏门，悉烈女子徐氏事，每嘉其以一女子从容定乱，缚妫贼为婴儿，执夫仇于谈笑。烈女子中，当为铁中铮铮。癸巳秋，余浪游茂城，父老述明将杜汉良妻妾死节事，大略与徐符。嗟乎，何物汉良，此报于二三女子也？孙翊妻徐氏有奇色，贼妫览杀翊，悉取其嫔妾，复逼徐氏。徐氏使人绍览曰："晦日设祭，除服乃可。"览许之，徐氏乃与旧将孙高、傅婴计定，至晦日，命高、婴辈潜伏户外，使人报览，曰："服除矣。"览遂之，伏兵杀览，徐氏持览首祭翊墓以死，至今虎邛艳称之。今汉良妻赵氏，妾曹氏、次某氏、次张氏，汉良为乱兵所杀，一时逼从逆辈，凶横不减妫览，其弟泗良甘心委弃，无复如高婴之可倚矣。赵氏乃密告诸妾曰："张氏有子，未可以死，尔二人能从吾死，以报良人于地下否？"二人唯唯。遂计绐凶横者，期以展期除服，乃可为乱，一如徐氏语。是日相聚欢饮，神色不移，其弟与诸仆莫知所为也。计凶横者将临，赵氏先以长绳约丈余系其妾曹氏、次某氏，仍以善抚遗孤为张氏，诰诫谆谆，乃手持二氏所余之绳，自缢以死。呜呼，烈矣。徐氏之烈，能报夫之仇于生前，而能免群凶之见辱。赵氏之死，能存夫之嗣于死后，而更全诸妾之芳名，可与托孤，可与定乱，可与杀身成仁。奇男子中，有死于十五年前、十五年后者，古今难之。孰知尚有从容赴义于一日之间，全名全嗣，如二三女子也哉。从容赴义，乃在二三女子也，是可传也。呜呼，使二三女子而具须眉也，其维挽风教为何如？惟具须眉而不能为二三女子也。此二三女子，其关系风教，又何如？呜呼，真可传也。

胡氏贞节传

车　书

河西胡氏者，武庠耿韬明之德配也。未字之先事父母，以孝闻；长适韬明，尽礼于舅姑，典中馈勤，纺织相夫，营产无倦容，终温且惠，既静而专。胡有焉韬明入泮，二年而没。胡氏年芳二十二，仅于[2]一子耀。矢志守贞，态丸画狄，俾至成人。既壮，亦游武泮。父子采芹，先后媲美，咸谓贞德之报。事闻当事，于乾隆二十八年，题请建坊。呜呼，胡氏之得邀褒锡也，有自来矣。未字知礼，既嫁尽养，殚妇职于夫未亡之前，笃霜节于夫既殁之后，而且安贫励志，抚遗孤以成名，慰所夫于地下，数十年苦操如一日，可谓贞矣。寿增七十余，德超曹孙，英年倾秀，春秋两祀，姓氏留芳，耿门节

① 原无小标题，今据各卷体例及内容补。

② 于：当为"余"。

妇之称为不朽矣。予故乐为之传。

记①

石纽大禹庙记（附见）

宋　计有功

《华阳国志》云：石纽，古汶山郡也。崇伯得有辛氏女，治水行天下而生禹于石纽之刳儿坪。夷人营其地方，百里不敢居牧，有遇逃其野中，不敢追，云畏神禹，藏三年为人所得，则共原之，云神禹灵祐之。山下有村曰石纽村，有禹穴，刻禹穴二字于崖石，方广二丈，世传李太白书，盖不独会稽有禹穴也。稽诸人事，理或宜然。宋眉州知州计有功作《大禹记》，曰：

圣法天，以身任道；天作圣，以地发祥。舜生于诸冯，文王生于岐周，生虽异地而治同功。乃知上天为生民挺生此神圣，有开必先，非偶然者。《崧高》《长发》，流播雅颂。推原本始，盖示万世以不可忘也。况方册所载，有可考者，禹功自汶。《河图·括地象》曰：岷山之精，上为井络，帝以会昌，神以建福。太史公《本纪》② 谓：岷为汶，岷山导江，岷嶓既艺。天生圣人，发祥于此，而万世之功亦起于此，其可忘哉？然而自汶山西，山钳江碕，巫铃庙绝，萧鼓鱼菽，犹为俚人之社。汶以东至于石泉，虽缙绅未尝言之，尝求其故。大抵山川琼邈，代远时移，郡邑名号，废置离合。而石纽故处，莫适主名。秦汉而下，为国曰冉駹，为道曰绵虒，为邑曰广柔，一也。汉灵帝析而郡之，曰汶川；后周又析而邑之，曰汶川；唐贞观八年又析而县之，曰石泉。唐以前，石泉之名未立。谯周、陈寿、黄③甫谧皆指石纽为汶山之地。周曰：禹生于汶山广柔之石纽，其地为刳儿坪。寿曰：禹生汶山石纽，夷人不敢牧其地。自石泉名立，其后唐《地理志》、国朝《职方书》、先儒《舆地记》皆以石纽归石泉。虽莫辨其故，然汶山之山曰铁豹，江水出焉；汶川之山曰玉垒，湔水出焉；石泉山曰石纽，大禹生焉。合之则一，离之则散，处于三邑之近，无可疑者。石泉始隶于茂，宋熙宁割隶于绵，政和抚戎，又升而军之。礼乐文物，日浸月长，谓为石纽夷地，置而弗论。太守赵公元勋，世以笑谈坐镇，披牒考古，将作庙祀禹。而疑论未释，郡士计有功、版曹尹商彦，多闻博雅，绎究数千年，灿如目击，庙议遂决。卜郡左四百武许，北倚层峰，江自西来，雷奔箭注，发汇于庙下，如反本念德；奋泗翔舞，迤逦绕出，如朝宗得途。庙以门计一十有八，形丽势胜，神明拥会，涓刚落成，乃烹乃奏，芬芳璀璨，礼荐乐撤，缙绅耆老，手忭情激，溯九叙之歌，叹明德之远。贤哉禹功，于是乎大。乃以图以书，以学官李繁暨尹君之文，属记于有功。或曰：士有一方，尽一节。论封庙食，千里襁负，无有誓命，如加明刑，禹功绝德，谁不蒙享。而空山古屋，感慨前作，岂固忘之耶？曰一方一节，

① 原无小标题，今据各卷体例及内容补。

② 《本纪》：原作“《本记》”，今改。

③ 黄：当为“皇”。

有施有报。禹之功，无往不在，故无名。禹无心于万世，万世由焉而不知，所以为绝德也。夫使人之灵畏祸于尸祝之间，则何以为禹。然惟功大德盛，故称神禹。末世乃取臆胸析，钩钤王计，河伯示图，苍水授简，第怪幻而神之。至其祠祀，则巫记胼胝之步，鸟耕山阴之冢。汉析开母之石，晋享黄熊之厉。由是观之，熏蒿托于汶王（汶川之民祠禹为汶王）。石纽置而弗论，无足怪者。传曰：反本修古，不忘其所由生。越之人曰“吾禹之会稽”，楚之人曰“吾禹之宛委”，思其人，宝其地。使蜀之人不曰“吾禹之石纽”？是不知天降神，地发祥，人允赖也。公一举三善皆得，且遐方邃古而惓惓然，其在今日尟矣。报上之心为何如哉？宜请于庙，崇载祀典，以陟伟绩于灵源，耿辉光于遐裔，惟禹之神，弥天地，布六合。于是为反本之祀。系之诗曰：

有汶惟山，帝生帝禹。汶水发源，降神之所。
帝指其处，以启神功。厥土既敷，四海会同。
蠢蠢群生，茫茫万古。岂享其利，而忘其故。
石纽山名，石泉之墟。近在耳目，犹迷厥初。
禹色山融，禹声江注。长发其祥，地灵人聚。
地秘其灵，朝烟夕霏。粤岁三千，公其发之。
乃涓乃卜，乃庙乃祀。报本反始，此方斯址。
大江西来，如揖如顾。直路朝宗，洋洋东去。
惟公承宣，德感化行。咨询民瘼，究民之生。
民生于禹，禹生于此。庙则咫尺，心兮远矣。
公推是心，以仁昌时。以抚民夷，神人是依。
前乎数千年，其愧于斯。后乎亿千年，其作于斯。

南门记

张延宾

崇高莫大于君，亲严莫大于父。君有覆帱，父有训育。逮于蛮貊，生如禽兽，性感不俟教解也。而肖形之内，戾气间存，触瑟生灾，梦牛成患，何代不有？可胜言哉？贼豗焚门，亦由是也。族灭门覆，为愚者鉴。诚所以书，其所由来。其余则词，存于左右壁矣。兴元元年记。

西岷保障图记

周洪谟

蜀为坤维大都会。三面邻蛮僰蕃羌，南则夜、郎靡莫，西南则邛、筰都，西北则冉駹。冉駹有六夷七氐九羌，即威、茂二州之地也。又其西乃为松潘，之西北为吐蕃[①]，东南杂氐羌。种落既繁，险扼弥固。群夷据岩嶂，以为邛笼碉礫，善制坚甲劲弩，走[②]岩壁捷如猿猱。凡蜀民之转输松潘者，常掠于道。其为蜀患，从来久矣。然而松潘之所

① 之西北为吐蕃：民国《松潘县志》作“松潘之西北为吐蕃”。

② 走：民国《松潘县志》作“行”。

以深入而垒者[①]，盖以据群夷之奥室而杜其门户。故群夷之不敢觊觎成都者，以有松潘也[②]。四川都司指挥使周公贵往岁奉勅，往备其地，方蛮酋董布等出没，公累能御之[③]，而夷党劫夺军饷，公又能亲督矢石，捣歼其众。公闻于朝，遣使赏劳，由都指挥同知而进今秩[④]。士君子有绘图献之者，题曰“西岷保障”，盖以嘉公之功，而系之曰“西岷”，以松潘在岷之西也。虽然，蜀徼之要害者，莫若松潘[⑤]。松既靖，则全蜀靖矣。是西岷之所以保障者，岂非全蜀之保障也哉？继自今，尚其益，殚乃[⑥]心，益远乃筹，使吾蜀永倚公为长城可也。公有勇略，善抚士卒，自藩宪大夫及闾巷士庶，皆称其贤。公之先君子有功太宗朝，积官如公今职。宣德间，公荫补成都后卫。正统间，征麓川养有功[⑦]，故擢官都司。公不惟克树忠烈，又可谓克绍先美矣。公以图来，属为记，故书以归之。

平羌碑記

宣德　侍讲　朱赓

太史公称西南夷君长，冉駹、白马最大，皆氐类云。太祖高皇帝定松茂边，俾护我徼土，亦岁赉缯帛，颁靡县官钱。恩德宠鸿如此，奈何作孽亢天，狎为尘警。狡酋国师喇嘛暨湾仲占柯等，固枭黠百倍他奴，则时绐合大小姓諸丑歃血逞狂，伏弩矢洞穴中，掠行旅，喳我道路，转饷践更之卒，日涂膏脑。至剞卤者，肠绕牛角，纵使遄奔寸裂，人身惨毒，至不忍言。盖大中承宣城徐公伏钺来，临亟猝嗟，扼腕而叹也。夫皇帝缵万年大历，英圣神武，洪稜所暨，薄海外万千里，裸壤雕题，氈裘编发之雄，靡不溯风仰流，詟慑请命。撮兹小虏，曾不足我一突骑横投鞭弭，而敢蜮舍虿螫我，强彊圉如此乎？乃部使者南昌陈公，与公义烈悬合，急符下叙马酋播，平茶鍥雄诸土司，调取所部，署骁师健儿。旋檄行省，右丞新淦朱君孟震主治饷，观察使者唐山王君凤竹、虔州谢君诏并监军二君，固业领他道。公为时请之，上专令勅将军李君应祥、朱君文达，既传，发麾下，忽以他故夺符节去。公式其必辨，亦亟为请留之，上一授阃外诸，惟公是俞，不复从中覆，却又特出故将军郭君咸来佐军事。郭君往殄闽楼平湖贼，南中人称飞将军。顷且困文法，上意实惟公肯使过，善用人，故再遣将军来，而公兵将既集，直足横贯虏中，冲击西南矣。则以丙戌二月既望，誓师永康，因云：“虏久豢于我，而驿骚我，寇在门庭，义不能朝食，汝等其戮力往。”又曰：“国有上赏惟尔功，而奸我旗鼓者，僇无赦。”则又度虏在目中，技固易穷，必且奔命，汝等其勿伤杀降，盖义所激切，靡不一当百者。三月丙申一战铁炉沟，磔占柯阵前，擒国师喇嘛暨湾仲绰儿拓等三十余人，一屠其众，无脱者。军声大振。且数酋首事若边实他寨观望，既就槛车，虏气尽销

① 然而松潘之所以深入而垒者：民国《松潘县志》作“然而松潘竟能深入而坚其壁垒者”。
② 以有松潘也：民国《松潘县志》作“以有松潘在也”。
③ 公累能御之：民国《松潘县志》作“公屡御之”。
④ 秩：民国《松潘县志》作“职”。
⑤ 虽然，蜀徼之要害者，莫若松潘：民国《松潘县志》作“虽然，蜀边要害，固莫若松潘”。
⑥ 乃：民国《松潘县志》作“厥”。
⑦ 征麓川养有功：民国《松潘县志》作“征麓川孟养有功”。

阻，不足破竹矣。戊申克丢骨、阿牛、阿用、卜洞、玉琢等寨。壬子克阿孝、龙溪、鹿卜，乙卯焚没舌。丁巳克蜈蚣土官茹儿，东路沟俱歼之。游击边之垣于茹儿所获其祖轮髑髅，轮以卫指挥于嘉靖己丑守北定关遇害，虏以万户贵人，漆其首为饮器。今六十年复归葬于孙，亦异数哉！宜边人尽为诩之且快也。四月戊辰，再拔恶闹窑沟，却虏隐披靡，多遁去。鹅公领次崖等所兵狗之诸虏，自投死崖下殆尽。河以东，平独大小粟谷，奔匿深箐中，岩穴狭扼，无从就捕。而河西思答地等，阻兵搦战，如为嵎负虎视我者。时河方涨，流悍急甚。二君固与将军策曰：虏难我以一水，抑又谓粟谷能羁我不即西耶？而急图飞渡，先其不意，已即回戈东指，右剪左屠，粟谷不足乘矣。乃夜挥善游者，纷引编筏百数十运，趣诸军渡殆尽。天甫曙，思答地既褫魄授首，北西坡、西革、乾沟、树底等寨，靡不尽荡者，则四月辛卯一旦暮间也。粟谷以我有事，西备果懈，五月壬寅子夜，郭将军以三千练卒掩之，便略牛尾，俘馘无噍类。盖势既席卷河东，西间一划风电矣。而残虏鼠奔阴墺者，纷纷匍匐军前，喁喁待命，愿终此生为白人，不复敢再耗我。故常赏赉二君，固廉羌儿俗以埋奴为大誓，令各缚而能启衅窥犯我者来，不且何所信欤？虏蟾蜍唯命，争执其渠率者以献，将军开壁门受之，数其罪，分令甲士，曳而坑之诸物，妻奴争饲食为诀，哭声彻境上。虏尽啮指，不敢仰视，严矣哉。兹其事惮人，从古昔所未睹见也。盖埋者二十三人，比生擒贼师三十余人，首虏一千七十，窜逐枕藉，死者不论。焚碉房一千七百有奇，夺获马牛器仗无算，而蠲省岁赏赉费缯金若干。凯闻，上大嘉说，诏晋公少司马、提御史中丞节，如故荫一子，以大学生监军总戎而下，各叙晋有差。夫昔虏獗宣庙，都护陈怀、蒋贵提平蛮将印，率兵十万余，间关洮、岷泱、莽中，始达其地。以国初威席，胜且尔再獗世庙，则将军何卿自牙校习其地，垂白首行间，甫戡定数十年。今所集调若募兵仅三万师，期争不三月而唾咳凯还，万金制胜。如此岂不称丕烈千祀？司马长卿谓世有非常之人，则有非常之事；有非常之事，则有非常之功，有味哉。为公今日言也，余为诏之铭曰：

系蜀西徼，厥性氐羌。最称大者，白马冉駹。
荒犷桀骜，剽居各方。黄龙杯水，既决我疆。
左担西来，爰介大防。汉谷饿湿，唐议归降。
既罢转戍，亦谢来王。维我皇祖，靡不覆载。
一徇其地，收之无外。置彼大湟，而族而寨。
规我边陲，以障以塞。湛恩汪秽，时不犒赉。
奈何靡怀，酿为蜂虿。王者有征，而弗尔贷。
伟哉宣城，允文允武。仗钺自天，威振南服。
载惟王谢，芝兰龙虎。并当樽俎，而参帷幄。
况故将军，公旨推毂。谤书为箧，刑书为赎。
国士深恩，孰其能负。讦谟金石，先声雷霆。
一誓于斯，万旅奋兵。戈回白日，气薄寒云。
群丑毕戮，渠凶悉擒。两河迅扫，三城辑宁。
角奔请命，喙息乞盟。埋奴区脱，古昔未闻。
既献彼捷，亦有我赀。陆离洗甲，谈笑班师。

京观山立。露布飚驰。锡爵泰阶，勒勋鼎彝。
孰其不詟，而弄潢池。风诸四裔，播之九夷。
于万斯年，威灵于兹。

都察院左副都御史寇公安边政绩记

陈　敏

西蜀去京师万里，而松、茂、威、叠，又去蜀千里之外，与吐蕃诸夷接壤。啸聚为患，自古则然。山川险阻，攒峰叠嶂，上摩霄汉。积雪经暑不消，峭壁巉岩数万仞。水石相激，怒吼如雷。驿道由灌口循江而入，路穷绝则悬索以度，或凿石贯木为栈阁，行者一失足则沦于不测。盖天下至险之区，从未有如此之奇且绝者也。我太祖高皇帝龙飞天位，抚驭华夷，设兵卫以镇守，八十余年烽燧无警。宣德初，边将乏控制之策，失番夷心，因而攻掠城堡，绝粮道。全蜀震惊，几成燎原势。飞章驰报于朝，命总戎率兵讨之，既平复叛。正统丙寅，仍负梗化，三司及守臣奏请出王师。皇上隆天地之量，不即加诛。命都察院左副司都御史寇公往彼经略。公素负才器，廉明刚正，谋略深远。首至，定约束，严号令。然后召渠酋寨长来前，婉转劝谕，宣布我朝廷威德，开导以利害祸福。于是诸番感畏俯首面内，罔敢违越。先时城堡皆土筑，低薄，守无固志，番夷得以肆侮。公命营高垒，筑崇墉，巡守稽查，畴敢犯我山谷？道路既通，粮储充足，军威大振。西戎诸番为之落胆敛迹，各率其类款军门，贡牲口马匹铁甲，誓不敢叛，边境肃然。不劳一兵，不折一矢，视昔之带甲数万而不能少挫其气者，诚霄壤矣。松城之南，旧有土城，前总兵尝屯兵戍守，往往为夷所窥伺。至是皆厚筑以石，经久益坚，前此城无活水，兵围弥月，而困久之人渴则饮马溺，多死者。乃祝天得雨，争持布帛衣衾，沾濡以济，几不可解。公遣指挥杨徽等通渠，暗引山泉入城，潴为广池，昔无涓滴之润，今可以置水磨灌溉千畦，滋养百物，其利诚溥矣。若其地之最险者，莫若灌之蚕丛、牛溪，汶川之五凤石、鸡头关、白鱼落、磨刀溪，茂之五盘山、七盘沟之属，羊肠曲折，上如升天，下如临海。羌番出没，商贾之捆载以输者，必鱼贯而后进，或为所驱虏，军民患之。公亲督众凿石穿径，填江塞涧，不半载，功完。千里之险，一旦变为康庄，人得以安驱，徐行往来而无恙者，皆荷公之良也。威贼董敏，数年恃险弗靖，公遣镇守都指挥高广授以方略，率精骑五百，直抵其巢。兵不血刃，一鼓而擒获之。已而羌众阻饥，鼓噪喧哗，舆情骚动。公偕参政陈敏抚谕之无食者，捐己俸以赈济，皆悔祸，复业，边方安堵。人受其福，善政伟续[①]，洋溢边徼，军民感戴，祝颂公德无虚。大参陈公，共公之寅，契公之教，始终筹划，闻德公久矣。因次第其事为记，俾归削苍崖，大书以镌其上，俾后之继公者，知公之德政，盖如此云。

晓钟事迹记

明景泰年　崔鳌伯　训导

天生哲人，岂偶于哉？盖有关乎气化之隆而宏昭代之业，阳嘘阴吸而云龙风虎之

① 续：当为绩。

会，不谋而合。故有一代统治之君，必有一代辅治之臣，明良相遇，以成文明之盛焉。恭惟朝列大夫云间陈侯敏，早年以明体达用之学，屡跻朊仕。永乐壬寅来守是邦，殆三十年矣。首兴学校以励风俗，布德威以安民心，边境肃然，所以朝廷无西顾之忧，草野享和平之福。宣德庚戌夏，羌民报麦穗五岐产于田野，侯曰吉征也。恭采上进，钦蒙宣宗章皇帝御制《满庭芳》词，绘图榜示天下。由是观之，岂非天地委和气，以明君臣之德乎？昔张堪守渔阳，惟有麦秀两歧，垂名竹帛。今陈侯守茂，麦有五岐之兆，洵足光前裕后，阅万古而不磨矣。寻复奉勅升府同知，掌本州事，兼赏彩缎钞锭，列在优等。正统四年，松潘吐蕃恣其犬羊之性，猖獗为患，长宁一带桥梁焚毁殆尽，事闻于朝，上命都督徐甫率师往征其罪，既至，以无桥，故驻师于州。侯奋忠诚，密谕羌民刻日制篾绳四十有奇，板五百余片，星夜运至桥所，侯设法布搭，五鼓桥成。平旦，军士径过无虞，吐蕃倏见有桥咸惊讶，以为神助，各鸟兽散，而军威直抵松潘，卒能歼厥渠魁以成大功，皆侯之力也。以故当道者保奏，节奉敕谕，褒嘉升授四川布政司右参议，仍掌茂州，绥柔远夷，赞理军务。吁！人徒见膺不次之擢，而不知侯有莫大之功；人徒见享钟鼎之禄，而不知侯有卓异之政。猗欤休哉！先是，茂郡有鼓无钟，侯慨然鸠铜万斤，僦工特铸，钟既成，未称侯意。正统己巳，复率部属采木若干，于治平禅寺创建高楼，饰以雕藻，悬钟于上，扣之鲸音嘹亮，铿轰百里，一时往来军民，不胜踊跃欢忭，斯钟与岐伯之钟同媲美矣。由是茂州卫指挥使刘公雄等谋于卫守杨公豫、卫士胡瑾、耆民王绍等，谓朝列大夫先后奇勋伟绩，弗可胜数。曩时，治下编氓已建生祠肖像于学官之旁，今大夫创建晓钟高楼以警聋聩，诚盛事也。请斫石记美，以贺圣朝得人之用，以表侯忠贯白日，以著侯建功立业，可乎？众皆曰善。遂介儒士刘宗武来成都，请余记。夫天生良弼必有大抱负，有大抱负必有大设施，以之经邦而济世，树奇勋于圣代，立伟烈于明时，非细故也。且侯适生皇明盛时，不负付托之重，克尽臣子之职，超轶千古之良臣万万矣。自今伊始，茂州官僚、士庶、军民睹是晓钟之巨，必仰侯山斗之大德。闻是晓钟之鸣，必念侯瑯锵之令誉。他日朝廷有大制作，将昭德象功公，以鸣太平之盛。微侯，其谁与归？复系之以诗曰：

龙飞九五，六合同春。民安物阜，圣圣相承。
无为而化，仁恩浦施。霑被彝夏，穆穆布列。
悉皆皋夔，卫翼家国。盘石之如，惟厥陈侯。
灼知治体，掌镇四州。政平讼理，羌彝归服。
皇宠褒旌，宪宪令德。孰与齐称，大铸蒲牢。
声振霄汉，悠久无疆。令人仰叹。

晓钟碑阴记

马 骧

钦惟天启皇明，绍开景运，列圣相承，治至丕隆。三光五岳之气复完，而一代之人才出焉。盖上天眷命而生圣人，所以为神人之宗主也；山岳降神而出贤臣，所以为社稷之藩屏也。夫贤人君子际遇明时，必能股肱王室，利泽生民，不徒托之空谈，而皆见诸行事，此晓钟事迹之碑所由作也。藩司朝列大夫陈公，刚明正大，克笃忠贞，蕴王佐之才，济经世之学。永乐壬寅升守于茂，抚和戎落，百废具[①]兴，政教兼举，事功超卓，于兹三十年矣。曩因吐蕃为寇，天戈西指。公谕蜀羌，出奇计，赞元戎，而平定之。凯旋奏功，钦承上命，升守藩方。仍奉纶音，掌四州军务，抚一带彝民。良由公之丹忱白日，志节秋霜，所以膺九重倚托之重也。茂之挥使刘公雄、千户侯周公武等，魏守杨公豫，咸曰："数年以来，氐羌归顺，边境肃清，吾属荷朝廷之爵，戎卫无事，军民乐业，皆公忠勤之惠也。其丰功伟绩当刻之于石，以垂永久。"于是询谋佥同。卫士胡瑾、耆民王绍等，因大参昔造铜钟警严旦夕，及今重建钟楼，已臻完美。各捐俸资，琢树淬砥，记钟之成，大书事实，俾后来者知配鼓之钟，非大参不能成；抚彝之功，非大参不能著。宜乎大参生际文明之运，珪璋王度，黼黻皇猷，卓然为当世名臣。文章政事，皆炳炳琅琅，流芳于书简之中，蜚声于千载之后，岂不为邦家之光也哉？金台伯洋崔先生备述事迹始末于碑，骧不敏，庸举其概，复书碑阴而刊诸公姓名于下，以识岁月云。明景泰十有二年春王月上浣之吉，蜀府仪卫司记。

重修宗渠桥记

正德间　新都状元　杨慎

茂州城南十余里，有溪曰宗渠。其源出于雪山，奋翕湍迅，夏涨而冬浅，罔可徒涉，其孔道又灌威、松、叠悬车束马之要领。永乐中，州大夫丁公埏埴陶甓为桥，往来如熅，道岁久而醇，或楮以木格，覆之壤蒉，工省而利市，竟致砀坍。议欲葺之是地也，里曰：宗渠傍近有村曰石鼓，二地之民犷悍交嚣，避役而争，争弗已，乃鬪閧，弗止，乃讼。嘉靖甲寅，宪司云峰来。公下车，阅其控辞，以授于州大夫钱纯让，公退而进民于庭，灼知两造之情，灼见相诿之弊。程民力，度壤土，则出于宗渠者什一，估于石鼓者什三。庀材庀餁，取砺取锻，其赋以是为差，民既悦，以忘劳。子来趋事，以木非可久，易以坚石，复虑材用之乏，首捐俸十金以先之，其余出于罚锾者，次第足焉。又虑力役之缺，乃移檄卫司，取诸戎伍并手偕作，上其议于云峰公。公曰：斯议也，情法当矣，擘画晰矣，必行无恶泽。盖经始于甲寅良月初冬，而落成于开岁春孟。君子曰：蜀之边隅，松茂为首，上稽天文，《星经》有之曰：天经九星，横亘河中。天下有道，津梁攸通。又曰：江星动，人涉水。呜呼，通津梁而兆有道，人涉水而动江星，桥梁之所关亦大矣。《括地图》谓：翼针、蚕陵、冉駹、筰都悬橦度索，竹笼硐庐，独守之固，匪材弗居。勿云斯桥之微，有裨于王政，不止一事而已。云峰公倡之于上，而州大夫成之于下，克以妥民而平政，兹可无述乎？益庵钱君旧知云南昆明，昆明，滇之第一剧邑，以考最，屡经荐于宪司而不次擢于铨衡，持斯以临茂郡，固其轻车熟路也。慎尝耳而目之矣，非无试之誉也，因记而并著之。

临渊亭记

正德年　威州牧　范渊

文山郡，蜀西之要地也。南去七十里，有堡曰雁门，下连威汶，又其襟喉之要也。

---

① 具：当为"俱"。

官军戍守外，必择智勇将官一员为之提督，以专责成。正德年，镇巡推擢本郡御所武略将军朱公来典斯任。公智勇天成，尤读书好礼，精晓边务。下车，叹曰：保障边庭可苟焉哉？必城池兵戎之壮丽也。堡之荒废皆彻而新之。中有小亭，亭前有沼，活水通流翠岩，四面幽然。鸢飞鱼跃之境，昔人以为憩息游观之所。公曰：居是任者，上系朝廷之忧戚，下系生灵之存亡，安居虑危，吾分内事，游观何暇计焉？遂名其亭曰“临渊”，正诗人临渊薄之谓。于憩息之际，其有惧心乎？兵法云：勿谓彼之不攻，惟惧我之不备，其心惴惴焉。恐吾城之不高深也，兵甲之不坚利也，士马之未练习也，人心之未和顺也。以攻何由而取，以战何由而克，以守何由而固。凡此皆在吾之一身，俨然上帝之临、鬼神之鉴，敢不战战兢兢，存此心于安乐无事之时乎？尚欲记之不忘也。予闻其言而善之，噫！孔子至圣也，亦曰必也临事而惧，好谋而成，非宋公其谁与？大哉！公之用心也。天下之事，未有不成于忧患而败于怠荒。后之继公而莅斯任者，能以公之心为心，必无纵观游，躭杯杓，流连废事矣。则生灵获安全之福，朝廷无西顾之忧，又皆出于公之贻益之多也。公名琏，宗器其字，春秋尚富，功名固不止此。他日铭彝鼎，画麒麟，莫不由是而阶之。予其望之，故从而记之云。

新建江渎祠记

副使　余珊

江神有祠，肇自上古。古者帝王烟祀柴望，及于山川，以视诸侯。大夫以下，莫得而与。然不知礼以义起，凡神有大惠利于民，而民怀之报神赐焉，则亦无不可祀之礼。茂滨大江，西接岷山，虽非发源之所，而其流至茂而始见，况禹导之而托迹，李冰凿之以开基，利在万世，有不可泯者。我明更定祀典，祀江于蜀，无乃羊存之意，而于茂讫无祠，则终亦罔功，无以安神之灵，造民之福矣。予按茂之明年，将谋以葺而不获其地。一日步城东岗，顾瞻雪岭，俯眺茂濕，南望太乙，北望雁门，中间星峦弈布，如起如揖，如箕如立。高者庳者，高高而庳庳者，咸来就聚，界水而止。而长江一带，混混西来，环抱东逝，喷之而霏玉，激之而轰雷，俱有鳌吸鲸腾之威，龙翔凤翥之势，予甚异之。乃卜堪舆，值辰戌之动，负地户，向天门。载稽天官，上应东井，南河距其南，北河倚其北，水府水位，积水苍耀渎宿，殆天旋地作，以为江神之居矣。问其主者何，茂民赵氏子，龙神之故地也。呜呼，异哉。江神为龙，吾莫得而见矣。至其主以龙神名，孰主张是谓非冥数也乎？于是度演武亭之东之隙地，计亩以易，择日鸠工，征材于山，不以勤吏民，爰营寝堂一，以奉江神。其崇二十有一尺，广二十二尺有奇，东西列两掖室各三，楹堂稍前为中厅，以备奠拜。杀一檐，广如之。隆厅左右为碑亭，二亭之中，除地为池，可四丈许，结石桥以渡，别为沟塍。循东西垣下引溪流，潺潺入地，池上嵌石龙首，呀然张颔吐泉沫，有声琮琤，题之曰“龙窟”。门楣周蔽，缭以崇垣，涂以丹垩，靡不焕然。始于甲申之十月，告成于十有二月。是日也，余率僚属相与落成之，天清气朗，万物咸畅，观者堵墙，神人胥悦矣。参戎李昇、游戎蒋公存礼，揖而前曰：此百年之创见，不可湮没，请为辞以记。予应之曰：今之为祠，公知乎哉？非矫诬以惑世也。夫人鬼不明则礼乐不兴，礼乐不兴则祀祭不正，妖诞之说甚，而民不可得而治矣。彼羌何为哉？淫神黩礼，巫史乱经，诅祝棼棼，口血未干。比之华泰，尤不可以不讲者。且夫江流见于茂，惠利周于蜀，本祀典之所当祭者也。泰在山之东，华在陕以北，非境内之所当祀者也。今夫茂，渴饮江水，若弗睹其形；卧听江流，若弗闻其声；置以弗祀，何无香火之情？顾于泰华之神，金碧其宫，衮冕其像，正南面而生祀以王者之礼，甚至配以后妃，络以金翠鼓吹，其从婆娑不已。鸣呼，舍其所近而求其所远，忽其所易见而诬其所不可知，其茫昧媟亵不经之甚矣。不有君子辞而辟之，后将何极？吾为此惧。先正人心，息邪说，崇祯祀，去淫祠，以导民于先王之礼乐，俾无忘于鬼神之功德，庶几潜消默夺，用夏变夷，此余之心也。为吾民者，其尚听之哉。

嘉靖三年青龙在申冬十有一月至日立

茂州东岳庙记

张　田

东岳天下之至神也，帝号曰“天齐仁圣”，天下之徽称也，罄郡邑皆有之。惟茂州建于城东，距州十五里许，基联三溪口，创自大元至正间，庙貌狭陋，不足以栖神，且值兵燹，艰于祀献。迨洪武三十一年，指挥吴礼乃撤旧而新之。至嘉靖纪元，静州土官法保虽尝助修殿宇石工，然制度小成，弗称瞻仰。嘉靖甲午，致政指挥蒋成弟蒋武不吝千金，抡材集工，修举废墜，肖神像于正殿，竖廊房于两庑，第见规模渐备，焕然一新，登眺之下，威灵赫赫，非复向之荒陋矣。又虑乏人以尸祀之，复捐赀治民地数亩，属僧惠元司焚献，俾暮鼓晨钟，朝侑夕享，而事神之心，弥久而弥笃也。事竣，征余文以纪，余尝与国史玉垒王公、参戎西峰周公、游戎鹤池余公偕游于斯，目击盛事，奚可默乎？乃曰：人者所以奉乎神也，神者所以佑乎人也，神人一心，幽冥一理，惟神血食，方上而阴翊邦家，下而奠安边鄙，御灾捍患，有功于世昭昭矣。今之居兹土者，岁时朔望毋失祭享之礼，神得不佑之哉？《易》曰：鬼神祸淫而福谦。《书》曰：克飨在诚。《诗》曰：维岳降神，生甫及申。武等诚于事神，重修祠以祀之，如此则神之吊矣。福禄攸钟，昔日之生甫、申，以为有周之祥者，将生贤子孙以为蒋氏光也，可胜言哉？因指挥蒋启之请，姑述其概，命工勒坚珉，以垂永久，以为厥美云耳。

修省告文碑记

副使　朱纨

维嘉靖十五年岁丙申闰腊月某日，兵备副使官朱纨谨以牲醴之仪，致昭告于本境山川之神。兹者天降明威，坤维失常，若激而鸣，若撼而震。其鸣也，若有所怒；其震也，若有所恐。或日一至，或日再至，人心惶惶，天意叵测。惟此岷山盘踞千里，镇奠一方，盖不知几千年矣。今春一震，建昌陆沉，茂边流血，固知变不虚生，其应如响，乃今大作，显祸不远。惟职奉职无状，乖气致戾，虽获罪己，无所逃而祷神，或在所许。敢以职所自知，为神明白之：职公实忘私，别无欺慝，惟除弊过切，疾恶过深，惟求行事，惟知自信，嫌疑不避，偏听生奸，举措因之失宜，刑罚或有不中。又才力有限，思虑不周，壅滞遗忘，起人猜议。或防闲不至，群小不缉，众目分明，一人独暗，此职之罪也。若通同匪人，侵盗财物，颠倒是非，陷害良善，偷安怠政，以私蔑公，则职所无也。日月照临，鬼神窥伺，赫赫明明，职将谁欺？若夫军卫有司，大小官属，不职不齐，贤否不一，心之不同，有如其面，自非圣人，悔过迁善，神或听之。至于一方之人，有民有彝，亿万其命，蚩蚩蠢蠢，彼实无辜。今特淬励群心，洁牲诣祷，伏愿天恩大赦，特许从新，转此祸机，置之安静和平之地。若职罪大恶极，欺天罔人，职愿早承酷罚，以纾天意，以赎一方之命，以昭天道之公。若各官怙终不悛，怠政奸贪，欺公玩法，亦愿显及其身，以警群工。勿滥及无辜，以伤好生之德。职不胜恐惧激切之至，谨告。

题宪朱公《修省文》后

翰林　王元正

山人读朱宪使修省之文，乃致叹曰："山伯川宗，对越无愧，其公之诚乎；词严义正，神明攸歆，其公之文乎。"我圣天子敕天之德，意自兹宣布于上下四旁，其公之职乎？文僚武属，自兹罔不洗虑以供乃事，而三城奠安，其公之风乎？《书》曰：惟先王克谨天戒，臣人克有常宪。公无忝于斯矣。州守王君则谓变不虚生，维坤明示，盟自中出，维公精诚，镌诸贞珉。俾我诸有位咸有惕惧，可乎？遂伐石刻之。山人曰：《诗》不云乎："靖供尔位，正直是与。神之听之，式谷以汝。"公暨诸公有位，咸膺祉于将来，其有永乎？刻石之日，玉垒山人遂拜书此。

重修延洪观记

嘉靖己酉　州庠　苏继文

大督府柏村何公膺上命镇西蜀也，诸所规画措置，弗惟其私惟其公，弗惟其迩惟其远。凡可绥边辑民，靡不既厥心，其昭事神明益虔以敕。夙兴必沐浴冠带，跽而焚香以拜天，有事必告；所过坛庙，无大小必降舆谒之；征伐有功，必隆仪敬谢之；卒有死王事者，必亲临哭之，祭以牲。其精白之诚，真可以感天地动鬼神而昭灵贶也。故自结发从戎而功爵交崇，以有今日，识者神之。尝行部至茂，谒延洪观，睹荒废，为侧[1]然。阅梁榜，为洪武二十九年丙子中秋建。则喟然太息曰："国初琳宇垂坏，至此极耶？"会有白草之急，未遑为之所。嘉靖戊申，兵备道小东马公、参戎梅覃邱公方莅郡，共图康济。适公平戎振旅来，于是观道士杨太和以状闻，佥下其议于家。君覆云："此元坛之旧墟，边陬之胜概也。宇为公，法得修。"拟上，咸是之。无何，马以忧去。代者少鹤陈公，尤极意造民福者。游戎晓泉史公悉加其事，议以克合都督公，既如松示曰："夫匠可役于官，财用勿烦于募。"遂以松卫旗校苏章奴监其工，而舍人马鹏程督之，家君则总其事而精理之。梁栋取诸临翼，而是斫是迁；椽木取之近郊，而爰伐爰轮。灰瓦勤关塞之作，馈饷出义者之粟，金碧捐幕府之禄，而随用随足，率协弗怠。岁己酉夏五月庚辰始其事，己丑彻其旧而改作之，秋八月庚子事乃竣。祠宇以间计，正殿三门如之，东西庑、六道舍亦如之。殿崇为尺三十有五，广袤三十有八。视旧制可包罗外，后有玉

[1] 侧：疑当为"恻"。

皇楼，创岁未久，材则良，制则称，用是仍其旧而稍葺治之，以咸[1]厥新。缭以垣，涂以朱，扁以“无极”。与楼若门，各大竖其额，皆都督公笔也。观其城南，距郡治三十步许，前此者不足瞻，今则巍乎岷之麓，焕乎江之滨，摩云汉之孤骞，映烟霞而轩举。而城市增辉，羌彝严惮，又自兹始矣。呜呼休哉！梅覃公既赞厥成，复谓继文不可以无记。窃惟我圣神稽古图治，于天下郡县，既立官府以治之，学校以教之，卫所以守之矣。而复有僧道司之设，何哉？盖明有纪纲，幽有鬼神，所以淑民劝俗，而潜心默起。其好善恶恶之心者，莫此为切。《易》曰：“圣人以神道设教。”此之谓也。嗟乎，此观之修，岂一家一人之私祝哉？盖名以“延洪”，实于可大可久之义，兼而有之。自今以往，其将奠天朝之西极，肃彝夏之大防，于有永乎。其将引长我国家之命脉乎，恢宏我圣上中兴之治化乎。此昔人命名之精，今日重修之意，所望之佐，极烛灵之远大者，故并及之。家君为谁，茂州卫镇抚时也。

重修儒学记

嘉靖癸丑

按《地舆图》，蜀省最西；而成都之茂州，又蜀之西郡，盖边徼也，越茂则吐蕃矣。是故民多戍守而来，戍吐蕃者寡，无定籍，无事业。自宣德间建学以来，民始知文事，间有以乡荐者，然终鲜甲第。由是士无远志，有司无优典，堂斋蓁芜，庙貌不葺，圣人之道若有问于遐方，人莫之恤。嘉靖庚戌宪副鹿厓胡公鳌以兵备驻节于兹，谒文庙，恻然。若无以日宁，犹恤诸生之厄于边鄙，不能自振也。继而循名迹，稽故实，得石纽村为神禹故里，属古汶山郡，即茂州也。乃叹曰：大禹，圣人也，肇迹于兹。山川不改，灵秀固在，诸生可自诿乎？岂在上者作之未力与？于是激顽振弱，指迷正讹，给饷授业，靡不殚厥心。已乃出金若干，易地于邻，选材于山，鸠工于民。请于巡抚都御史喻公时清、参戎缪公文龙，皆以得为首务，宪副胡公即檄州守王生贤撤而新之，为文庙先师殿、次两庑、次戟门、棂星门，咸备如制。殿后为明伦堂，博文、约礼二斋，左为启圣祠，右为乡贤祠。嘉靖初，副使某公列祠汉将军姜公维、唐节度使李公德裕、宋御史赵公抃而下，曰“名宦祠”。今亦迁而进之宫墙，翼启圣祠而祠焉。堂之后为敬一亭，为尊经阁。致斋有所，书器有库，教官有衙，规制大备往。公又定之方中，相其阴隲，旧西向稍转而北之，前迎文峰，后枕驼山，左银锭，又[2]相公，四面环拱，宾主对待，浑然天成。王守状巅末，肖之图册，谒于成都，请为之记。予曰：美哉！尽学之制也。昔明氏据蜀，实都重庆，今之学即伪之国学，故规制严整，雕画绮丽，甲于一省，茂之新学大略似之，固士之所由兴也。夫圣人之道，非有形模可指摘而执持之也，夫亦在人之心而已，人心溺于时习，陋于睹记，视圣人之道，始而怠、中而忽、终而遂忘之，不有警觉，其何以醒？此瞻视之美、提撕之术，固教事之指南也，契之教至矣。匡直辅翼之后，又从而振德之意，正如此公之华其构，委曲其教，始得于观瞻者，幡然悟惕。然感圣人之道，由是一新，君子谓圣人后世之功。至于科第之兴，则又其余事也。时何总

① 咸：疑当为“成”。
② 又：疑当为“右”。

戎乡捐材助修，王守生贾督工，综理缜密，克协公意，监督则成都通判王养民、李恒敷、川东府通判钦微，阅工则指挥李嵩、经历明文、镇抚苏时、判官林贵，分役则义民王廷汉、刘朝缙、高贵、杜高诸民，皆与有劳焉。系之辞曰：

圣人之道，太和元气。流行四时，无远弗暨。稽古茂郡，曰惟汶山。禹实生之，岂曰无贤。有美斯构，飞翚雕宇。位乾巽间，龙翔凤舞。崒崔文峰，卓卓前峙。如肃冠裳，宾主抗丽。道通万世，其运维新。沐浴沾被，伊后之人。脱颖遐风，斯于国中。有弗若训，视之贞勒。

州署题名记

嘉靖三十四年　钱纯让

维皇御纪三十又三，甲寅冬十月三日，余自昆明长拜命兹茂。越明年，乙卯丙辰一祀，时三原云峰来翁，黔南岑南万翁，宪度整肃，群属励精。悒兹茂，古羌维地，志三边者收录亦尽，乃郡牧无纪。余因而叹曰：今之视昔犹后之视今，及今不纪，后将泯泯矣。乃访诸耆旧、缙绅暨国子生文嘉谟、庠弟子员苏继文，守自蔡公文昭而下得二十六人，判自林公贵而上得十九人，幕九人，倅仅三人，成化十三年裁之。员剩民劳，供亿存恤之恩渥也。勒诸贞石，著其履历、事迹、乡贯于下，未悉者缺之以俟。呜呼，不有先觉，孰开我人？余何幸而得瞻拜诸君子姓氏于今日耶？今何忌而弗寿诸君子姓氏于后日耶？乃敢僭而扬言曰：君子之仕也，岂必以名胜为贵乎？古之任者在位无赫赫声，惟去后人思之，名之不足贵也如此夫。乃今题名者，不几于循名乎？是不然。谏院碑而刻名之制始，侯王表而题名之义立。况善恶存乎人，循否存乎政，久暂存乎思，题名者所以阐幽也，是乌容已乎？尝慨夫名纵为宽，名略为简，则废弛而民受其弊；尽察名智，任威名严，则蹈厉而民受其害。诸君子有一于是乎？余有一于是乎？畦謏名恭，尾琐名敬，则失己而阿人；色取名廉，矫激名洁，则罔人而欺世。诸君子有一于是乎？余有一于是乎？若夫急催暴敛，剥下奉上，如此而为赋役之名乎？深文以逞，良恶不白，如此而为刑狱之名乎？昏晨酣晏，废弛王事，如此而为饮食之名乎？侵夺民利，以润私储，乃货财之名也；盛栋姬侍，以娱声色，乃帷幙之名也。诸君子有一于是乎？余有一于是乎？尝考石者，世也。题名于石，自今伊始，贤不肖，世世不朽，其可畏夫！其可惧夫！稽之古，曹玮知秦州七年，羌人詟服。边境之事，玮处之悉得其宜，李及代之，惟不矜其聪明，不变其待事，以败玮之成绩。此重厚谨守，独受知于王旦而不见知于众人，无惑也。今之茂，蜀之西徼；茂之氓，狻狢蚩蠢。诸君子已有成绩，不扰之于前矣。余敢不守规模，以负诸君子，以欺此心，以贼吾民，继今君子，请以为何如？

重建钟鼓楼记

编修　李仙根

茂郡乃西蜀雄边也，汉武帝时，司马相如通道西彝而州城始建焉。东楼则名东胜，以望锦屏；南楼则名南明，以揖玉垒；西楼则名西平，以控吐蕃；北楼则名北定，以枕羌底[1]。又于郡城之中建钟鼓楼一座，吞岷山，衔汶水，望云物，察祲祥，巍然耸峙，真边徼之壮观也。迨至明末，赵逆围茂四城，各楼尽为焦土，惟兹钟鼓一楼尚存。然而瓦坠壁颓，榱折楹朽，所不毁者，仅基址与栋梁数木而已。恭遇威茂宪副郭公分莅兹土，政通人和，百废俱兴，一日望斯楼而悼叹曰："此茂郡胜概也，从此弗葺，将与四城楼并湮矣。"公遂毅然自捐俸金以重修之，命州牧黄公鸠工庀材，州尉殷臣鼎督理监视。是役也，兴工于康熙四年九月十一日，告成于次年三月十五日。呜呼，自公莅任以来，边风静而刁斗不闻，教铎鸣而弦歌罔辍，登楼远眺，神清气爽，是钟鼓式灵，昔日见于镐京者，今复睹于茂边也。予乐观厥成，欣然记之，以垂此盛举于不朽云。

修学署记

州贡　王鼎鑽

国家化民成俗，兴贤才，莫重于教。然教以人为重，而人文以地为重。此湖州教授经义治事，称盛一时，度越后世。诚以官无旷职，习有专肄，学术端而肄业精也。孰谓茂僻在边徼，遂可视师生之谋席为缓图哉？慨自兵燹以后，泮宫鞠为茂草，释菜之地，荆棘生焉，安问学署之有无乎？即其后守斯土者，钦奉朝廷明诏建宫立学，尚且因天下初平，刻难备举，而学署又且缓焉者矣。乃于今上登极之二年，简擢前知河南项城县事古谯父师黄公讳陛来守兹土。下车之日，即以作兴文教为己任。适睹士子凋残，因忾然叹曰："汶山，神禹乡邦也，教之不兴，可乎？"又矍然曰："养之无地而欲教之遽兴，又乌可乎？"于是先为之广招徕、劝垦荒、清讼狱、省徭役，书誓于堂，以肃箴儆，廉隅自饬，以禁私取。二三年间，俗易风移，民怀乐土。公乃乘乐利之余，培补圣宫，修葺墙庑，朔望读法，岁时课士。一时人文蔚起，开数十年未发之科，而任生赞化丙午举于乡，皆公作育之所致也。但其时秉铎员，每切忧之。四年内，上宪委广文先生吴讳瑞龙来学署职，衙舍已无，寄居佛寺，父师黄公甚悼焉。乃曰："官无其人，是缺职也；教鲜其地，是废业也。况组宇非造士之地，禅房岂吾道所栖？而且尼山之金玉，奚得参以恒河之鼓钟也耶？"爰于学宫明伦堂后创立学舍。又念民力艰难，仍自捐俸金，易买竹木，催募工匠，委吏目□公高科董其事。公仰称上德，殚厥辛勤，监房三间，筑垣周匝，引流为池，辟地为圃，不逾月而功竣。呜呼，司铎得所，子矜之肄业专矣。俾介胄之士，环门视听，咸钦冠裳楚楚，礼乐彬彬矣。斯举也，其裨于风教者，岂浅鲜也哉？使继公者，体公志而缵承之，其绵教泽于来兹者，又岂浅鲜也哉？于是乎记。

招抚黑虎七族生番碑记

蒋复隽

吾茂设在万山，为巴西极塞。考之志乘，三代前犹为氐羌有也。迨汉武，再辟蚕丛，南通夜郎，置汶山郡。乃驱氐羌而西，以大江为限焉。历代以来，恃其山菁险阻，屡肆猖獗。而茂之黑虎生番，跳梁尤甚，出没官道，掠虏我人民，虔刘我[2]畜，岁无虚

[1] 底：当为"氐"。

[2] 原衍一"我"字，今删。

日。守土者议剿议抚，讫无成功，终明世未有能揖服者。本朝御极，中外一统，距今五十八载矣。番蛮始知悚息敛手，然犹负隅崇山，观望弗臣也。康熙四十年，抚宪贝公、提镇岳公、周公以盛德宏材，揆文奋武，振兴于上；又得方伯高公勤宣德意，观察金公雅志怀柔其下；弭缝边衅，文德远招，则有太守张公、刺史赵公群贤相助为理。故分命四出，未几，而南蛮之部落内附矣；未几，而潘州之酋长来归矣；未几，而黑虎之七族输诚矣；猗与盛哉！今春我刺史赵公复举檄，会同城营张公、守府李公深入黑虎巢穴，无大小咸畏怀听命，仍令每年量输麦粮以示羁縻。夫黑虎素号顽梗，非可制以威力，今抚提诸未控一弦，未烦一兵，不浃月而思驯之。方诸古韦、李二公筹边振旅，殆又过之矣。非圣天子天威遐畅，文武大臣经方伟略，讵易得者哉。吾见自今以后，汉番一体，边隅永宁。上不负朝廷封疆之寄，下可纾赤子烽燧之忧，是恶可无记耶？爰勒坚珉，以传不朽，后有继者，亦可知抚绥之有本矣。

列岫堂记

蒋复隽

天地有自然之奇，不因其人则不出；山川多群萃之秀，不逢其时则不灵。故构新堂于永州，建竹楼于西署，是皆人与时会有所尔也。吾茂僻在西极，群山环拱，雪峰耸其南，雁门位其北，巨人橐驰列其东，笔架相公峙其西。叠翠嵌崟，层峦矗嵂，如螺如黛，如幛如屏，盖一郡巨观也。历代循良兹土者，未易更仆，然皆鞅掌薄书，未有摅奇发奥，开拓心胸，为吏治光者。明成化中，刺史郑公徽来守是邦，三载政成，百废具[①]兴，见治右地形高敞，规模壮阔，始见[②]堂而新之。檐牙惊起，八窗洞豁。公余远瞩，觉千峰森列，爽入襟怀，爰额嘉名“列岫”云。夫公之创此堂也，岂真为眺览娱燕会已哉？盖将有以观其大也。当夫春和景明，万汇舒畅，岚光凝碧，烟萝远映，抚斯堂也，公其有共乐春台之思乎；景入清和，熏风时至，崿当轩[③]，奇云肆出，抚斯堂也，公其有鸣琴解愠之思乎。至若商律司晨，流火吹豳，则见列岫而思预农；朔风戒严，霜林积雪，则见列岫而思励冰操。若此者，公之所思，不一而足，堂之所系，诚非浅鲜也。夫不知其人，观其所作所思，公之为人可识矣。曾几何时而昔之岿然翼然者，今止于断碣残础中，遇之而所谓人与时会者竟寂寂，焉能不感慨系之乎？夫堂迹依然也，列岫无恙也，有嗣公之志者，踵而新之，则兹堂不且与九峰诸山，永奠不朽也哉？

张参戎德政纪略

教谕（时年八十）　程究

公讳自成，字长辅，山西岢岚州镇西卫人。髫年即有大志，甫壮，适值吴逆弄兵潢池，遂慨然曰：“大丈夫立功异域，垂名竹帛，正今日也。”缘是唾手从戎，毅然以恢复为己任。在当时进退居止，亦无不与同列伍，然而气宇之轩昂，胸襟之磊落，识者已卜

① 具：道光《茂州志》作“俱”。
② 见：道光《茂州志》作“建”。
③ 崿当轩：道光《茂州志》作“翠崿当轩”。

其为侍伍之汾阳、部曲之武穆矣。而蜀既复，叙功最优，当事者拔公为怀远将军，任遵义协左营左司事。兖，播人也，因得接公丰采，知公之为人，大抵平恕而严明，威武而典雅。未几，受建昌镇宁越卫守府。遥闻其众部伍，信赏罚，恤商贾，靖边界，口碑载道，靡不以古之颇、牧比，因擢为提标右营游府。是时，国家无[①]，公惟轻裘缓带，日与贤士大夫游，雅歌投壶而外，熟弓矢，讲图而已，身家两字绝不挂齿。及打箭炉蛮跳梁，我公奋不顾身，复为功首，随升威茂营独守参戎。克[②]谬叨司铎，匏系兹土，则见公之威德，果非人所不及也。如茂州西山黑虎九寨、威州、龙山一十八种，皆不知王化之生番也，每因私忿时相雠杀，公悯其愚而谕以刑罚，赍以粟帛，靡不稽首崩角，以乞内附。经曰"则修文德以来之"，惟公有焉。而威亦在其中矣。自古蜀道称难，威茂乃蜀道之尤难者。我公马渡悬崖，身临断壑，喟然曰："是岂所以通商贾，济往来乎？非我之责而谁耶？"于是捐俸募工，建桥修路，迄今数载以来，经行无恐，商旅辐辏，咸号其路曰"张公道"。较之以乘舆济人者，孰多焉？若夫修理衙署，尽出自囊中；拱把栋梁，随获之水；上天培大德，何以感召之如是欤？在川中，额赋有限，兵饷恒俟外省协济，每致支放愆期，士马不能腾饱。自我公莅任以来，有则倾囊而出，无则转贷各钱，不拘多寡，接济一时，断不令戍卒有饥寒之苦。虽赔利而不责利，此尤为人之所难为，而公行之坦如也，谓非与士卒同甘苦者能之乎？至于礼贤下士，培植儒林，诚不失古名将风。兖司铎，不言恐涉私也。今公荣升陕西西安城守协镇，三军攀辕而无计，百姓掩口而难言，绅衿之能文者，咸为歌诗，以述其功德。兖年及耋，不揣荒疏，谬执笔以纪公之实迹，究不能尽百之一二。他日公端镇一方，节制全省，建奇勋于阃外，铸芳名于鼎钟，后之立说者，庶有感于斯文。是为纪。

谢参戎修路碑记

学正　杨溥

茂州上松潘大道，原自镇西桥循江进直抵长宁，转东达堡，延袤六十里，当黑虎诸番路。迨经兵火，长宁桥废，取河东小径行，虽免两桥一峭之阳，而山路崎岖，俱在悬崖峭壁中，居人每惮修理，人畜之坠崖堕渊者，不可胜纪。即时下修理之令，不过爬疏寻尺以应故事，而险阻十未辟一，往来者苦之。岁庚申，谢公以总兵管威茂参府事，目击心伤，毅然以为己任。裹粮出舍，不避雨，鸠工大修，自北门出口起，凿石架木，去险从夷，直至长宁一带。再前数里名两河口，路临江岸北定墩，又为大小历日诸番恶薮，或隔河发矢投石，劫掳行人，即列兵送哨，难保无虞，实一方要害也。公于半山中另辟一路，可以眺瞻，可以避患，直修至石大关而止。功竣，公始反，绅士民商佥曰："是役也，不劳民力，不费公帑，建从前未有之功，贻斯民无穷之利，宜勒石垂永久。"乃记之，凡以告后之人，勿惮目前之劳而损久计，勿偷一己之安而坠前功。每岁巡行，董率修补之，庶乎如砥之功，常在边隅矣。

---

① "无"后当缺漏一字，或为"事"。

② 克：据上下文意，疑当为"兖"。下文有"兖司铎……"，正作"兖"。

雪堂记

国朝　刘绍邠

雪堂，陈君衡北退息之所也。古者循吏泽比甘霖，雪亦润物，令行严肃，舍比[①]取此，将安归？陈君曰："是堂三楹，面对高峰，上有四时不释之冰；虽当盛暑，北风一起，六花飘飖，朝夕见之，故有取焉。"公笑应曰："若以景，则一水一花皆足见志。莺粟烂于隅，流泉鸣其除，胡舍诸君之聪明？冰雪净君之清操，啮雪似之。遇物而会心，即境而言情，则其命斯名也固宜。"

重修圣像碑亭记

州　贡　王　椿

康熙癸巳地变，震及文庙，两庑倾圮，黉宫欹侧，庙左故有圣像碑，亦露处一隅。盖茂草可伤者，几三十余年矣。前任刘公讳墧乃募材鸠役重修之，于是阶除门坎堂室，各复其旧，焕然改观矣。而圣像碑则犹四周石垣，仅避风雨，未及议修也。居无几，任公调任去，工中辍越八载，乃得我侯陈。公讳克绳，字衡北，盖浙之湖州府归安人，己酉荐贤书，丁巳成进士，遂简授茂属之保县。在任数年，上宪嘉其廉能，擢升本州刺史。下车谒庙，瞻拜圣像碑，见其隘陋，喟然叹曰：此岂足以妥神灵栖圣貌乎？遂不待众助，自捐囊中俸二百金，鬻材觅工，鼎建碑亭一座。于是鸟革翚飞、檐鸦高啄矣。今之岿然竖，杰然新者，即是也。工既成，遂勒石而为之记。后之君子观斯亭，拜斯像，读斯记，必叹我侯之大有德于茂郡者。此不过其一斑，然一[②]足以见其一斑也。

重修钟鼓楼碑记

州牧　丁映奎

夫钟鼓楼胡为作也？或曰宣幽导滞，苏民疾也；或曰振聋警聩，觉人心也。是则然矣，而予以为此天下楼之所同，而茂则有进。茂何进乎？昔者文翁为蜀守，开石室教民从学，蜀中学者比于齐鲁。李卫公节度西川，建筹边楼，图蜀形势，由是吐蕃不敢入寇。此二公者，一以文德著，一以武功显，千载下俎豆辉煌，尚矣。今考州乘，明嘉靖中巡抚许廷光增修外城，设楼于城中，额曰"万里天威"，与筹边之制将毋同。又曰：钟鼓式灵，若与石室无殊焉。然后叹古人之制作，别其精思，非若形家者言培补一方风气已也。尝试登楼而望，则见九峰顶诸山，如拱如揖，屏藩之固也；长江奔流，如骤如驰，天堑之险也；城堡关津，如蟠如距，制胜之地也；诗书弦诵，如讵如吟，文明之区也。有筹边之实而无其名，有兴学之功而泯其迹，固宜斯楼之建与岷山之峙，同有千古矣。昔人有见于此，故许公创于前，何公葺于后，至我朝而郭公修之，张公又从而新，皆所以裁成天地之道，辅相天地之宜以左右民，与文、李二公异用而同功者也，岂不伟哉？志乞予言为志，予特表其大者，若流连光景，览者自得之，无庸赘。

---

① 比：疑当为"彼"。

② 一：疑当为"亦"。

重修文庙棂星门记

署州牧　王乔华

按：茂郡旧无学，永乐八年卫士沈连奏，奉建于指挥徐凯宅。宣德三年，州守陈公敏以山川坛地吉，移于南郊，移学于其地，迁改为乙辛之向，实所以上应井鬼。维时文运初开，人心奋励，悦学于圣门者日众也。于是科目之发，在茂亦然，非昔之旧也。迨我皇上龙飞之初，文治精华，而翰林玉垒王公谪戍于斯，翰林监察御史敬所曹公左迁于斯，皆一代人文也。士获造就，人沐甄陶，勃焉若火之始然，泉之始达。说者谓神禹乡邦，古虽无学，学既建，茂其得禹之灵乎？又曰岷山之秀，汶水之奇，学之基地已得乎山水之胜。而选建上吉，取向乙辛，又跨乎秀奇之胜，茂之科目将绵绵不绝乎？无何，后之恢文宇者，失向址之贞而地理之不应，遂夺乎天造之发祥，而今昔改观矣。胡公鹿崖慨其地有余而宇不足，弗堪崇祀，遂檄通府王公养民、郡守王公生贤，详允抚按动支，前抚院南涧杨公拟备修学校帑金，因而崇其庙貌，庀材鸠工，仍以采办属之。都督何公乃命卫镇抚苏时、经历明文、千户蒋承恩督其役，移旧向为巽乾，鼎新更立，廓而大之，规模非不宏整矣。独乙辛贵重乃误于巽乾之一更。自是文运少塞，仕途多舛。茂士危疑，每怀靡及。盖动举无其资，作兴鲜其人也。否极而亨，其将有待乎？辛酉秋，余奉抚台近山罗公委署茂事。黉训罗子民先偕诸士咸以是告，且稽理之说证之，曰：宇轻一羽，门重一斤，自古风水之关系，差谬者极微，而征应者甚巨也。顾公改其门，以复厥旧。顾余力浅薄，抑何能为？乃还以告于兵宪华山陈公，遂捐发赎金十两，余复捐俸薪以助。经营伊始，方期聿观厥成，而公去矣，几成欠事。居无何，乃复谋于参戎李公蔓溪，李曰：举之而未就，欲终而未能，虚仁者之心也。余独无是念乎？遂继陈公择吉建修，率作兴事，乃命千户霍采役群力，入土门之箐，而遂得大木。中有异材，变态莫测。未得同众，既采异常。飞身三里，竖立如生。入土六尺，修长数丈，古干婆娑，空岭难出。其轻如飘，平洋易力；其重如山，众拽弗动。其鸣如雷，遣祭起行。赴会如助，既不为人所拽，又不为人所弃。作奇昭瑞，显神灵之迹，若有待而为之若此。岂曰好异？盖梁栋异材也。出类不群，其行其止，世重世奇，自爱之道，固如此。六月廿八日，维时季夏，改巽乾为乙辛，以复旧向。而此木也，因得之异，置棂星门左腾柱，兆茂士他日飞腾也。时霍子采、廪生支子万铨、胥子鸿渐、周子诏、贾子绍扬共督其工，司助金赏劳之务，不数月而告成。巍然森峨之势，炳然文明之象。群疑大释，见者快而奇之，咸谓昔之向左，遭际有数，今之复古，庆会有时。聚前此之落冥，以观此时之振兴，消长乘除，醒然可悟矣。夫今日之奕新，人心之属望久。协士气之奋扬益倍，则他日茂士济济，世重世奇，为社稷栋梁之寄，殆可逆睹也，岂独科目蝉联而已哉？役成而感之深，于是乎记。

兵备陈公去思碑

嘉靖四十二年　州进士　周逊

古昔有宋，韩范经略西方，读其传，见其晋意。边方甚急，以今在川陈公者验之，益信当年军中之谣非诬也。公嘉靖辛酉奉命西来，兵宪于威茂，一时中外畏而爱之。无何谢政去，中外群思而慕之，岂一无所感而然乎？君子曰："公来雪山，重畏而爱者，喜其来也；公去雪山，轻思而慕者，怀其去也。"是可以观政矣。公少负奇气，宦辙所向夙著声称。其整饬威茂，如肃己慎防，驭彝抚众，厘奸剔蠹之类，要皆筹边之常务，无容侈谈。独其中彰彰较著，足以杜诸番窥伺之谋，而潜消其干纪之志者，似未可寻常治状目之也。先是番率众据险，梗我粮运，扼吭拊背之忧急矣，公改辟运道，自新堡以达实大关，使番不得据两河口、张口石之险，其事以为卓异。至如土舍坤继成擅杀羌落，煽乱干纪之罪大矣。公乃声罪追擒，竟致元恶授首，余党帖服，而丑番闻之，皆望风宵遁，其威振为何如？尝闻樵苏后爨，师不宿饱，兵家之所深忌。公维运道改辟，则边饷流通，仓庾可实，贻千百转轮之利，而以饱待饥在我矣。凶首不恭，敢于称乱明王之所，必诛而勿赦者，公能殄服之，番亦窜息焉，是又足以摄奸雄之胆而夺之气，寿生灵之命脉多矣。即此两事，已有再造西土。重以寒边瘼戍甘苦上达，优恤之心仁矣。除戎振旅，以备不虞，冲锋之心预矣；条悉军令，以戒诸路，节制之典严矣。公之门墙，御侮有人，筹画有士，是又文事武备之兼资矣。故至堡垒修训，练明士卒，勇锐中外，晏然大倍于昔，以肇安疆圉于不替者，伊谁之力耶？无惑乎西土之人，颂公之功不衰，而思公之心不置也。呜呼！甘棠荫在，人思召伯。筹边楼在，人思文饶。今之思公于既去之后者，不亦如昔人之思召伯、文饶也乎？是诚可以观政矣。故公虽去任，事功满在边陲，矧公弟柳营之业方新，鸿渐之程未艾，嗣是益振其响，以绍公之烈。行见元方、季方辉映先后，永无疆之思者，亦永无疆之闻。而千古高明，又当与千秋雪岭同不朽矣。

参将署题名记

嘉靖间　州举人　陈朝仪

题名碑者何？题其名也。题其名者何？因名以究其实也。凡公署皆有之，何茂州参府独少此乎哉？岂诸公之知未逮也？抑或时未暇也？乃今梅覃邛公镇茂之三年，夷民怀服，边鄙不耸。聿新重门，以状府卫；并树二坊，以走貔武。厥功既就，石砻坚珉，为题名记焉。属予文以记，予乃懼然言曰：茂之为地，六夷、七氐、九羌杂处，昔人谓为全蜀屏障。成化初，朝廷简命大将协守，以宣威，以广化，厥任重且大矣。历兹任者，其勇其才，其南其北，其久其暂，累累如贯珠，兹石弗立可乎哉？兹石立，则诸公之名可由而知；既[①]公之名既知，则诸公之实可由而究。或以劝，或以惩，或以风励乎后人。其所关也，顾不大哉？甚矣！梅覃公之知，远乎诸公，而发诸公未发之蕴矣。公有文武才貌，甚魁伟。惟其所养者素，所禀者厚，故其所建立者，自中乎人心，自殊乎俦见，有如是矣。此非予一人之私言也，两台公不云乎：书穷黄石之编，相具班超之异，又以武艺则熟闲，才猷则通达。斯言也，昭于荐剡久矣。且予读《诗》至《缁衣》之篇，郑桓公、武公相继为周司徒，善于其职，为人所称诵。迄今又孰不曰：好贤如《缁衣》。矧公乃祖有竹翁先任于斯，乃翁景山协守于斯，而公又继之。父子祖孙，忠贞并著，先后媲美，较之桓武，殆过远矣。尤兹石之所当大书者，而兹石可少乎哉？言既，

---

① 既：疑为衍文。

梅覃公辞逊久之，曰：予何敢当是也？予何敢当是也？予恐岁时易于驹隙而事业堙于简牍，诸公名实或赖兹石不就泯没焉耳。仪闻斯言，益服公之宏量，益重公之尚友，遂欣欣然操笔而记之。

重修城隍祠碑记

州举人　陈朝仪

茂城隍庙建置既久，敝圮孔甚。岁癸丑，宪副来，公命卫史田侯重新之。侯敷命乡耆高桂柱、桂芳募众施、鸠郡力，而正堂、旅楹胥成矣，庙大门、仪门则未备也，无以肃神道。丁巳，群倅三山许公以监督摄州篆，每岁望谒神时，用怅然。复檄其事于宪副岑南万公，谋诸参戎濶滨刘公、游戎萸溪李公，乃命卫史晻庵李侯、千夫长霍君笔山、王君乔泉增建之。越戊午，栋隆相向，金碧俨如，而庙之大观备矣。一日，乡耆高桂执疏恳仪言以记之，仪曰：国家之设城隍庙，通天下皆有之，盖非若他淫祠可比。因事起义，凡以为保障斯民计也。矧吾茂为蜀重镇，若军若民，内外翕萃，犹必有赖于神之保障者，俾庙之制敝圮而不足称，简陋而不足观，则神明胡以依哉？神无以依，则胡以保障我军民也哉？噫！此诸明公之不容不急急也。夫体国家保障之义者，忠也；不务淫祠而急正祀者，贞也；重建无已而制必求备且美者，诚也。夫忠，德之基也；贞，德之干也；诚，德之豫也；一事举而众善该焉，不可以观有道矣乎？是役也，前都督茈源李公、前太守益庵钱公，皆勤于始事者也，不可不书，其它若施主诸力役，则具碑阴。

段公祖功德碑记

万历间　州牧　毛登瀛

大丈夫建功树德在一时易，在万世难。成人之所能成者易，成人之所不能成者难。茂设西陲，番夷出没，天下常廑忧焉，故十里建堡以藏兵也。而长安者密迩黑虎，城以丁未秋山崩水溢圮，有窥伺心。茂守相传若徐、若祖二君，俱有迁移于鹅耳议，无奈地广于番，驽骜竟莫之何。段大夫以滇南直指之裔，腹珠玑，胸兵甲，少掇巍科，历游燕楚。任龙泉令，荡平杨酋，勋著所常先声四暨，则已寒羌夷之胆矣。庚戌之秋，奉命擢茂，甫下车，慨然以巩固边疆为己任。亲诣长安，集韩胡番牌，震以威，怀以恩；千方化诲，捐俸金，给粮筹，而番始肃然惧，欣然感，憬然悟。畴昔梗化之非，相率稽首，译曰神君哉。各出献其地。而堡基始定，且知人善任，得勤劬。如茂卫曹万户侯董其事，大夫度工程材，乞费于上，不敷，又出俸以济之，不惮险阻，朝夕税驾，课其勤惰，以赏督之，而赏胜于督。军兵趋事，不期年堡工告成，而规制视昔。如状形胜，甲于诸路。消番夷不轨之谋，贻疆场盘石之安。夫非成人之所难成，而万世永赖者耶？若乃汪度冲襟无人我相，捐金迁学而文运回，发缯劝农而田野治，开市积以通贸易，成桥梁以便往来，饥寒疾病视若由己，而豫积储勤赈贷，普施药饵，民熙熙然，含哺鼓腹，登春台，跻寿域矣。莅任二载，百废兴，诸蠹剔，盖本之以慈祥恺悌之心，运之以精明振刷之猷。祥风遐被，协气旁流，三十一寨历代不臣之酋欢呼罗拜，而中丞乔公嘉乃茂绩，甘霖应祷，麦秀五歧，夫非冥符显祝耶？昔大夫在龙泉，瑞竹灵芝、芭华如斗之祥，炳炳于志，其格天者素也。然㧑谦不有自视欲如也。搢绅韦弁，黄童白叟，咸爱戴，立祠塑像，立之贞石，以志不朽，亦特纪概耳，何足以悉公之懿烁也？是举也，其协力则有成都右卫彭万户侯、茂卫张千户侯。

鼎建儒学碑记

万历四十一年　龚懋贤

秦宓曰：禹生于石纽，隶汶山郡。今茂州是，州为成都屏藩，介在西戎，尠文事。永乐初，卫人沈连上封事，始建学在外城而湫隘。十有三年，何总戎因其地启之，然风气未佳，州人士欲迁之久矣。万历庚戌秋，州守段宜标始瞻学宫阙状，进博士弟子员，谋营治之内城闲署，仓枋之间爽垲，可宫。占曰：黑龙吐光，使阴复阳，荣猎载圣，以师以昌，请于两台。当道曰：俞守奉行惟谨，捐赀二百五十金，为多士先审曲面势，选材鸠工，平值募力。闾阎若不知也，复出金百余，易民房七，以拓泮基。经始于辛亥夏四月，越岁而成。为殿五楹，庑东西各六楹，戟门、棂星门黝垩丹漆，举以法从，祀先贤位次，精确如制。殿后起一台，高丈有尺，台上起尊经阁，左为启圣祠，乡贤、名宦各一楹。祠前町疃建一亭，右为明伦堂，斋东西各三楹。其余神厨、登库、师舍，视往昔大备，且宅中面阳，左岷右江，表以茂沥，碣以九峰。是役也，神人协相，黉序一新。适督学魏公考试进补，倍于往岁，科甲将自至。州守征文于予，予惟国家储才，非以梯荣，期士希贤、希圣而已。圣贤之学，心学也。大禹圣人，直以精一之心，接尧舜统。万世而下，明德远矣。士生于乡，宁无仰止之思？诚感奋惜阴，以道德为地，忠信为基，廉耻为垣墙，六经为户牖，心圣人之心，谓禹至今在，可也。豪杰之士，无禹犹兴，况近圣人之居者乎？时佐理则州判毛登瀛，协计则训导段蔚然、曾继圣，督工则指挥王士爵、周维翰，分役则义者杨逵、蒋胤、袁桂芳等与有劳焉，并勒之贞石。是为记。

威茂道卢公修路碑记

万历间　内江县进士　龚懋贤

威茂处蜀西徼，为成都门户重镇也。其地自成都百里，即临高阻深，缘羊肠一线而入。盖松茂诸镇，驿站所必历，转输所必轻，如人咽喉然，所从出入呼吸，不可断矣。惟是山乱水恶，砂碛硗确，易于堙塞，辙修辙废，行人苦之。兵备使者龙岩卢公以淮海才名，今天子以内符来治威茂诸军事，不逾年，尽起诸戎参将而新之，首加意修诸路废者。亡何，屹然康庄，足垂永久。行者弛肩息担，军民得仰给毋缺，道路翕然诵公德，啧啧碑在口角。茂州守苏公兴，不佞贤邂逅汉上，为谈前文。未几，成都黄别驾偕州守复驰书，属不佞文，将侈公事，勒贞珉以志。夫不佞成都人也，家有升斗之输，亦止以此自效，曷敢以不文为逊？谨拜首，曰：嘻，伟哉，公之此一举乎！谁谓修路，顾边政之细务而已乎？拔柞棫，兖行道，喙昆彝，姬公太王以肇基八百载之祚，盖内夏外夷。天有峻防，固不能不设重关叠险，使尺寸不能逾，安夏攘夷。国有庙算，亦必扼拊吭背；疏通血脉，以潜制其命。勿论古帝王，即叔季若金牛通秦，栈云兴汉，楼船下粤，流马翊刘，谁得置凿山通道以为猥琐不足务者？而我公早见及此矣。不然者，鹤猿愁度，孝子回车，自古谈蜀道，盖登天难之。矧是夷夏咽喉，关诸郡邑营堡，数百万军民待命之要路，而其险又百倍他处，又乌可细故视也？大都士君子服官任职，避事易，举事难，举事易，任事难，今见避事者比比矣，举事者十不一二也，任事者百不一二也。何则？彼方速化，彼方蘧庐以视此一官。假令任事必任劳、必任怨，劳则累身，怨则损名，能置身名于事外者，又千不一二也。而公独慨然任兹役，其于身名一念可想矣。虽然，由今而还，路彝崄巇，军有宿饱，行者歌于途，居者颂于室，公名固日藉甚，而况阴施阳报，理必有然。有是阴隲于军民，是将握笎籥，登枢衡，列鼎图麟，辉前荫后，而以身食百年贵寿康宁之报则。虽公无意身名，身名固在也，讵不伟哉？不佞谨再拜，为公申贺，曰：神禹，茂产也，永赖万世，功自茂始。李德裕，唐名将也，一筑楼筹维州，显名至今日。今之茂，由禹之迹也；公之路，亦裕之楼也。谓公之功不在禹下也，非乎？而至语公于德裕，疑又不翅伯仲间矣。诸大夫诚欲借手不佞，以揄扬公哉，聊报万一。

重修江渎祠碑记

贡生　文嘉谟

岷山，茂之镇山也。山之连峰名巨人，一江渎灵源出焉。江之敷润灵长远矣，而岷山其源也。《禹贡》曰：“岷山之阳，至于衡山，过九江，至于敷浅源。”《博物志》云：“江出岷山。”郭璞《水赋》云：“岷精沦耀于东井。”足征矣。茂俗尚神，群庙备举，而江渎阙焉。嘉靖甲申，宪大夫桐城余公奉命来茂，毅然有化民成俗之志，谓江神有功民物，茂控岷山，而独此无庙，无以妥神灵，报功德，正妖淫也。卜地城东驼山之麓，鸠工饬材，门殿池桥垣植，厥惟孔备。复拟春秋祭如山川礼，其说在余公记中。是后，茂民始知神之功德，庙之修，非妖非淫，而祭之当重矣。岁久庙圮，莫克举祀。隆庆壬申，郡大夫张公奉命来知茂州事，祭之日，恻然于怀，及读余公记，其志有合，亟欲新之，以民未信也。越三年，政平民和，内熙外顺，乃作而兴，曰：“庙其可兴乎，不复兴则骏奔莫举，而余公化民成俗之意，且将湮没，予之咎也，何敢徐徐以俟后之人哉。”爰采木于山，陶瓦于冶，取工匠力役于兵卒，官帑民庐，一无所费。妥其率作，于在城里。民张富以、董之富趋事惟谨。工始于甲戌十月丁亥，迄于十二月己未。落成之日，嘉谟往观之，见其盖茸涂筑焕然，视昔有加，而殿前为厦，扁曰“万世永赖”，仰神功也。张富请嘉谟以记其事，因记曰：礼以义起，事为民建，庙以报神功，义也；崇祯以化俗，为民也。昔孟子拒异端于战国，韩愈推其功不在禹下。是庙也，余公创始以正民风于前，张公复新以维其意于后，谓两大夫非圣人之徒不可也。虽然，神者，伸也，伸造化之无于有也。得其道，庙，固神；不庙，亦神。失其道，虽崇宫峻宇，神岂居之？故周室《公乡》《楚茨》《大田》之祭，先儒谓致力于民者尽，然后致力于神者详，否则，兴作之事，谄渎之具也，于风教何补耶？继官而因以继其功者一，公有今德，绎思之可也。张大夫，楚江陵人，名化美，字德孚，实庵其别号云。

宁江报功祠记

万历己酉　蒋英才

宁江旧为韩胡，去茂城仅数十里许。虽弹丸一区，而经络松茂，抵邻黑虎一切虎狼之穴，烽火时惊，最险塞云。先是，堡治滨江之浒，亦越有余年，屹为保障。亡何，岁当丁未庚戌之秋，一日流风蒸雷，长虹扬霄，漂沙走石，怪各以为神物焉。不一瞬而湍涛瀹湍，江水逆流；又未几，而渟泓荡湃，汇为大泽，堡人皇皇，持急以告。维时参戎陈公首闻之，愕然曰："吾当宁此一方民。"遂戴星命驾，诣山川而祈祷之，诸所以濡手足、焦毛发，调停措置，靡不殚厥心焉。仿禹故事，首先疏凿，由是水方东下而堡不为沼矣。越季冬癸丑，惠徽兵宪邢公莅茂，乃始决意改建，简指挥曹守爵董其事，百户阮进副之，不半月而功告成焉。迩来乡人恒相谓曰："吾民之获此宁宇也，陈公之功不可忘矣；吾民之所由以获此宁宇也，陈公之功其可忘乎?"相与构木为祠，范金为象，更乞言以志不朽。余曰："甚盛哉，不稽虞廷之勋乎？当泽水横流，有功疏通者，有宅四隩者，功施至今烂焉。"此宁江也，当水势洊逆之秋，不为之疏凿，是无堡矣；当江流底定之后，不为之改建，是无民矣。功并崇而恩并著，矧崇德报功，古今人同一心者。故观河而颂明德，游校而仰思文，所以俎豆而尸祝之者，与天壤俱不敝，则今日报功祠之建，其亦颂明德而仰斯文之意，与夫地平天成大业也。物阜民安，大德也；安内攘外，大威也。一举而加惠边防，摅怀宵旰，功岂浅浅？乌知数祀而后，指宁江而溯其某也疏凿，某也改建，则二公之功，不万年为烈哉？今拜手，复为之记，曰：奠居安民，邢公之功，不在禹下；疏江导河，陈公之功，亦不在禹下。应得并祀之，以垂永赖乡人。咸唯唯，曰：书之矣，敬勒诸石。

游戎陈公疏河功迹记

万历三十七年　州廪生　姜山定

茂边北路离州二四卜里许，堡曰"长安""韩胡"者，实松叠襟喉。长宁要隘，且与黑虎、巴猪、三沟、五寨、叠石为巢之区甚迩，盖称扼塞云。岁万历丁未秋九月朔之夜，会置隆、冯夷君交作，以故山石崩塌，河水涨流，四溢旁涌，韩胡就圮而长安殆岌岌乎有累卵状，识者咸惧堡之不保矣。维时兵宪青齐邢公、州大夫滇南徐公及州佐夷陵罗公先后莅郡，皆一时名流，同心康济者。闻斯水患，悉赫愕靡宁，用是洁牲酾酒临江而祭，不啻为一方拯溺计也。乃我游戎陈公仗天子兵符，拥麾翼上镇西羌，得侦逻其间，睹水患潜湲，慨然以疏河为己任，遂下令鸠集四路军卒，自次年戊申正月十六日始其事，而各官如把守指挥曹守、周维翰等，罔弗奔命惟谨，乃去其壅塞，疏沦有加，尤开旁河以泄其势，不期月，河患乃息。水由故道，长安之几危而复安者，纤毫皆公功哉。故掌堡百夫长李光荐受患独切，首事独先，思公之泽浩荡汪洋，不能名状。把守一带官旗，佥谋欲勒坚珉，以传不朽，乃问记于定。定曰：天下之事，不难其人，难其任。若游戎陈公者，盖毅然独任者哉，公之加意于边患最切矣。昔神禹大圣疏河之迹，万世永赖，实昉于茂。以公今日因势利导，功不在禹下，固宜堡戎同舌贤之，当路荐剡之，知公异日勒燕图麟，流声海宇，谓不从此茂衍无疆矣乎？则夫守爵，洎诸掌堡苏永年、部封李光荐等乐斯平成。为是举也，非有私于公也，亦道其实也，定安靳一辞为哉？至若公勋猷政绩之详，载在口碑，啧啧道路者，更仆未易悉数。兹于疏河一端，嘉公丕迹之可纪者有如此，以备观风者采焉。庸是作《疏河记》，俾传永久云。

兵备任公重凿七星关偏桥碑记

崇祯间　胡世安

松茂设在西极，为全蜀藩屏，自灌口而入，巉岩鸟道，凌高阻深。外有宦旅之往来，粮糈之转输；内而关隘之星列，军兵之屯聚。以数百万之生灵，惟赖此羊肠一线之路以流通气脉，真有瞬息而不能间隔者。缘以沙岭石麓，一遇山圮水汛，湮塞不时，修废相继，行与居均受病焉。兵宪任公奉命来治松维，洞察江土之情形，垂悯钱谷之虚耗，凡堕指裂肤之惨，呼庚号癸之声，耳而目之，不啻痛痒在身，一味以清净和平者应之，而松赖以安。于时两台廖公、刘公咸钦公品望，籍镇茂边。公肫诚恺悌，亦以调剂。松者，轻重布之。墐邪窦，绝侵隙，均支放，平狱讼，约以裕下，急欲救此一方民。不逾半载，羌汉怀服。顷因盛夏，江涨水溢，南之七星堡偏桥崩坠百十余丈，粮运不通，米价腾涌。公恻然念之，捐俸赀二十余金，委把总指挥霍瑀、百户邹应章董其事，多方经营，鸠工开凿，屹若康庄，堪垂远久。公属下文武将吏驰役征言于史安氏，欲勒贞珉，以志不朽。史安氏辞之，不获。窃闻之大禹随山刊木，功奏平成，周太王荒辟岐山，有彝之行，后世金牛启运，栈云肇兴。我太祖高皇帝定鼎初年，命开国名臣子丁公玉往平西羌，计划通险，厥绩尤著。公莅镇之初，首重是役。伟哉！公之建竖，洵与圣哲先后同符。兹者三边康奠，万宅春温，行者跃于途，居者歌于室，猗于休哉！异日晋秉枢衡，勋弥天壤，公之德自足不朽，何借区区表章？此不过就修路一事，聊志万一云尔。公讳中凤，号鹤伯，陕西长安辛未进士。是岁夏五月，任参戎魏公讳之琦，福建莆田辛未武进士，履任后督理亦如之。夫仁人用心不谋而合，自此军民宿饱，边图宁谧，圣天子无西顾矣。史安氏谨次第其说，而为之记。

重修钟鼓楼记

崇祯十二年　吏部尚书　绵竹县人　刘宇亮

今夫文章事功有二乎，著之为日星，走之为风雷，变之为龙虎，勒之为旌常，信文章为经国大业不朽盛事，匪诬也。昔人谓书生践戎马之场，虽非本色，自饶佳致，岂定论哉？兵宪何公典蜀学政，政以再科试，闻蜀从未有再科试者，再科试自兹始，此一奇也；学政资俸逾年，例擢守巡，督理储粮等，以纾其劳，未有学政而典兵者，学政而典兵，又自公始，此一奇也。则天子之属意公，公之才望从可知矣。松茂固用武之地，公自叱驭而西，外夷咸格心内向，稽颡恐后，此虽先王之钟鼓式其灵乎，然亦公文教之丕孚也。外扰可幸无争，而公亟亟于内政之修，自松达灌，百废俱兴，可谓无坠不举。茂之钟鼓楼建设多年，颓敝实甚，居民出入无禁，几成平壤，公曰：“此郡中一巨观也，将草莽夷之，惜哉。”于是立出清俸，凡鸠工庀材，有资于楼者，无爱。议改道而左旋，乃旧址宛然在焉，此一奇也。为门三楹，谨筦籥也，稍数武起一方台，名曰天台，始斜梯而达于楼。楼之右又建一厨，便宾客也，自楼而上，悉丹垩而更新之。登斯楼也，鸟革翚飞，与诸山之黛螺并映；檐牙阿彩，偕岷江之雪浪齐飞。凭栏而心神怡旷，对境而花鸟皆春。固不独履其巅，作振衣想也，诚奇观哉。然惟公之奇才奇抱，以成兹奇构，是以其奇可传也。或有诘予者，曰：“予谓公之盛德大业，不朽盛事，文章事功者将在是乎?”余曰:“子不见夫考钟击鼓者乎?大叩大鸣,小叩小鸣,是惟人耳。今以公典文,文效典兵,兵效旦晚。以之君帷幄调鼎鼐,有不胥天下而楼视之,将诸奇毕集也乎?”兹役告成,参戎王公暨其属茂卫王军征余记其事,故漫及之如此。

序[①]

张参戎德政序

周文英

威茂两郡,旧为绵虒、冉駹地。南连灌口,关全蜀之咽喉;北抵蚕陵,当甘松之冲要;东接龙州,有阴平之险;西控诸羌,为夷夏之交。而编髻燋齿、文身裸袒之属,又多杂处于两郡之间。抚内番而制外夷,务在得其用以为扞蔽,非若他汛之专事守御而已。张君长辅,生燕赵古多豪杰之邦,束发请缨,即有乘长风破万里浪之志。爰历戎行,屡建奇绩,其以参戎分镇兹土也。武以立威,仁以示信。不独缮治兵甲,辑和军民,抑且柔远能迩,罔不宾服。以军容暇整,德化遐敷,刁斗无烦而边庭安堵。此予节松疆时,所极加奖许者,欲籍光荐剡,以上慰圣天子拊髀之思。适予,以予告,未果,然中怀之蕴结,不知几经反侧矣。今上懋赏贤劳,擢置张家口副戎,尚未之任,特旨升授西安协镇,予深庆国家有长城之倚,且喜鸿才之终收大用。况于其行也,两郡士民衢歌巷舞著为篇什,或歌一节,或颂全义,虽体裁不一,要以形容君之壮猷伟略,则不啻钟鼓将之,黼衮崇之。予考君家金吾将军,江淮草木尽知威名,魏国公一时倚重,有铁山之号,行见采风陈谣,得之闾左者,达于彤廷,铭彝鼎而垂金石,又何难媲美前徽,宁仅声被下里也哉?

张参戎德政诗集序

许　丹

从来向义之士必无好名之心,然名义所关,亦非可以泛论者。忆丁丑岁,成都被火,势将燎原,提帅岳公督众往扑之,俄见一伟丈夫,辟易千人,飞登詹楹间,摧枯拉朽,祝融为之息焰。问而知为张君,于时方守宁越,造谒军门,于利害固无涉也,而正气所激,奋不顾身。岳公既识其勇,复加以义,会有诏选,补标下右营游击将军,即以张君对,制曰:可。由此张君稍得舒其骥足,究于绝尘之迹,羁而弗展。未几,西炉顽梗,选将用兵,君领右军之为,言匪至德要道也,本事之绪余耳。游者,玩物适情在有意无意之间,而匪端以为家也,可知游艺矣。而曰:“芸宪不过谓隐居以求志尔,而诗又言志之具也,故以四字名其编则可知。”蒋君之于是集也,命名“谦寓意远”而不以骚人家,数了吾度内事云尔矣。然我受是编而读之,豪如太白而不淫,雄如子美而多变,兴酣则气舞,意至则颖脱,才人固无乎不可也。彼端一家者,踽踽踌踌,及凡不如游戏神通者之疏荡肆达也,则又蒋君借名于游艺之妙用也,是为序。

---

① 原无小标题,今按各卷体例及内容补。

蒋选青芸宪《游艺集》序

进士　朱肇桢

文章之难，今古同病，历考作家，左史尚矣。粤若唐宋八大家，洎有明诸大家，各擅一代作手，未免不醇不备之恨。夫以人之一生，聚精会神于此一事，且不能必此事之可传，即传之而未必尽满人意，况其偷闲弋猎游戏神通之技乎？然而今之自名其家者众也，而诗赋尤甚。或因时比兴，或感遇赋怀；或应制庙廊，寄情山水；或世涂摇曳，假作竿头；或泉石隐沦，借资闻见。浑厚者曰：桃工部，蜻伶者曰：祖青莲。家有千里骥而不珍，子建所为兴慨欤。丙戌春王之望，余归自五原，案头见诗稿一册，检之则岷山选青蒋君之作也。蒋君为蜀名宿，庚午荐于乡，属余同谱，去冬膺命来守崇邑，又分牧比邻也。民社既肩，新硎欲试。他时幼学壮行之实效，必有伟乎不群、播诸谣诵者，讵以章句空文了骚人数已哉？且窥蒋君之意，原不以此自矜也。故颜其编曰“游艺”。艺直超新路，攻夺哪咱顶，先指贼巢，其摧枯拉朽，亦如扑息炎焰，时及炉中事定，当轴以威茂要地倚重于君，特疏保题，得如所请，自是而千里霜蹄，将超五百矣。君驭两郡，于兹六年，威詟诸番，恩宣各部。戎政修明之暇，犹能虚怀延纳，折节读书，两地人士咸拟之为祭遵，为于頔。今日纶音宠播，迁镇京畿，郡人留之不得，遂以卧辙攀辕之意，发为诗歌。倘非张君威惠素孚，何能观感若此。余以衣褐士浪游衮绣丛中，知张君事甚悉，因喜其骥足之渐展也，遂为数语以引之。盖君以义得名，自是名以义著耳。若夫勋德事功，又当铭勒旗常，昭宣金石，岂仅威茂人士之歌咏哉？

杂　文[①]

祭王垒王舜卿文（元正）

明　新都人　杨慎

古语有之：“同病相怜，同忧相救。”嗟君我之行踪，何斯言之相副。忆嘉靖之甲申，当金商之卒候，昧一鸣以斥伏，同三进而及霤，嗤蒙梏之未脱，冒瞽言之难奏，纷巧簧之易如，惭面甲之益厚。违天颜于咫尺，褫龙章于阙右。落孤影于清浔，下承明于紫宙。予孑孑以无倚，子茕茕而在疚。联舸艚于潞水，竭唫呓而相叩。赴严督以难征，怅非狂而东走。交呻吟于蓬席，忘饘粥于昏昼。苦吊影于魍魉，甘生涯于鼪鼬。君违秦而巴僝，我去蜀而滇僽。哽题绅以分袂，各扶伤而携幼。限天隅之一柱，望月弦而几彀。捧戎檄以予归，喜少城之君逅。讶垂白之如新，命重碧以话旧。歌嘐喻以无解，语聊浪而失读。听南音于西林，主北道于草阜。发孤笑于群忧，伸眉颦于面皱。吟江鸿之夜度，赋鬼车之晨雊。杂欢悲于须臾，类栩梦之一宿。泪甲鼋以吾行，牂兹会之难又。望北风而开襟，怪嗣音之不复。竟庚子之日斜，忽辰巳之相凑。丧资斧于旅巢，慨河清于人寿。感徒系于匏瓜，恻不食于井甃。涕却留而已零，杯欲奠而先覆。呜呼！盈万物

① 原无小标题，今按各卷体例及内容补。

于两间，恒接构而心斗。何淑觋之罕临，而良辰之希遘。巾柴车以碧纷，幪驽骀以朱就。既贫尼而富虒，且芝焚而菼茂。岂黔嬴之混施，兼造物之垢瞀。屈《天问》其焉陈，柳《天对》兮焉咎。惟瑆美之莫藏，树令名其不仆。匊芳馨于皎日，等尘劫于刻漏。慰夫君兮九原，庶斯语之不谬。声已吞兮何言，魂归来兮兹侑！

月课文

州牧　李斯佺

蜀地素称文薮，川西尤号多才。文山名郡，不乏奇英；岷山为江，岂无俊彦。故郑公之乡于今称美，桓氏之赐稽古为荣。本州历山寡陋，荒鄙滥竽，猥不知文，愚偏好古，直有怜才若渴之心，惟敦惜士如金之念，欲思丕振文风，匪朝伊夕矣。特以盛衰气数，乃兵革之叠罗，爰致劫火余灰，复荐饥之相踵，人疲奔命，士弃书香，是以庠序寥寥，斯文荒废。莅任以来，虽有月课之举，乃属发题具文，只因兵农丛脞，无暇岫功。今幸边烽已息，鞅掌少清，拟于每月朔望后一日，二六之期，传集荒衙，拈题校艺。务尽一日之长，爰定千秋之汲。得锦江波液濯，吐锦绣于胸中。试看文郡英华，分布文心于笔底。如逢长日完课，尚有余工，分韵一章，聊见诸生怀抱。或诗或赋，随景随时，既岫桂杏之功，复擅玉堂之体。与其居诸浪掷，何如章句搜寻。人杰出自地灵，将相宁有种乎？期文光之射斗，将天宝而物华，再有二三俊秀，倚马宏才，共兹佳会，奋发相图，幸惟不我遐弃也。猗与！论文雅集，无负春日之融和；尊酒问奇，嘉聚良朋之永夕。群贤毕至，疑侠疑仙；名教优游，乐山乐水。非曰寄情于花鸟，实云发兴乎文章。从此众美之偕来，当寸长而必录，多士其惠然而至？不敏惟刮目以俟，如有书名不到，罚依金谷酒数。谨书寸衷，爰以文告。

祭岐山文　代州牧张作

州贡　陈芝

维山有英，维地有灵，非英非灵，一人之病痹而不仁。然所谓英灵者，禀天地之正气，佐盛朝之化理，而或动近乎妖，独呈其异，此岂其性也哉？某中州乡士，奉圣天子命为茂州牧，自接任来，惟期上为朝廷效忠，下为人民兴利除害，兢兢业业，不遑宁处，尽职守也。兹以钟鼓楼为一方之镇，欲因前人之美，踵重建之有资，材木采之岐山。闻乡民有言：山神最灵，凡欲伐斯木者，斧斤未及，硬雨先施，伤禾损物，人莫敢撄。予曰：嘻，此非山之灵也，妖气之所致也。今夫天有日月星辰，风云雷雨之行令，而雹不与焉。雹，阴气也，灾象也，妖异之属也。古非不有如卵如杯、如升如斗，然皆不见于盛明之时，而历来蟒蟾蛇蝎之属，皆能成气作雹，亦皆遇正人君子而灭。故夫云则从龙，风则从虎，而雹则从妖，雹之为怪，昭昭也。方今圣天子在上，阳德方亨，二气均而四序调，祥和所感，景星庆云呈其象，和风甘雨普其施，山川效灵，草木现瑞，诸非正属，绝迹藏形，雹也胡为乎来哉？非其实也，可也。不然，亦何以免于圣王之世乎？况守以勤民培风之故而为此，既非私谋，或属不经，取材不多，后不轻举。大者去而小者日成，并无害于生理，所宜勿吝者也。而天地有用之材，自宜为天地有用之器，何必令其偃蹇蓬蒿，致与劳薪为伍哉？倘山神果灵，能为天子效顺，能修鬼神正行，不惜以百十株之木，听会首之采取，将来钟鼓楼建一日，即神功在一日，钟鼓楼存千百世，即神功在千百世，州之人士不亦传诵盛德于无穷乎？如或命人以礼而来，神不自主，一听妖邪鬼魅用事，则是山神无灵而怪异窃灵也。是欲以邪胜正而与守官为敌也，守其能以自已乎？必将以守之所能为者，而代天以行罚也。守将通之营僚，率官兵与本衙壮士，举枪炮火器，从事以伐。魑魅魍魉之不用命者，将何恃以不恐乎？守为圣天子治阳驱邪，辅正以尽臣忠，神亦当为太平世，治阴剔除弊奸，以昭神职。幽明虽隔，报效则同。尚其享兹簿祭，而协心以助成功，共垂不朽，敢告。

培修镇西桥河岸引

中江训导　蒋维嵩

吾茂镇西桥创自上古，由来旧矣。迨康熙四十一年，三韩赵公莅任兹土，修废举坠，复于河中磊为鱼嘴，上建小亭。后刺史陆公颜其额曰“练光”，西曰“百丈飞虹”，登其上者，见上下天光，一碧万顷，宛然岳阳楼大观也。雍正戊申夏，江水泛涨，鱼嘴顿没于波涛，仅存石块累累，不能作中流砥柱矣。然犹幸两岸存，而转柱与簪木尚有凭依。每年添换索板，可行无阻。乃于乾隆癸巳，秋雨绵延，河西岸从中崩倒，桥索与板半漂水中，当时隔岸相呼，有咫尺天涯之感。薪蒭腾贵，贸易寥落，居民患之。幸逢州尉李公士琦，兖省名族，来佐茂郡，痌瘝乃身，遂鸠工庀材，竖二柱于岸西，又竖四柱于鱼嘴之址，以成斯桥，往来称便。继又虑春夏之交，雪消水涨，柱焉能久？不如仍增高西岸与东岸等，庶获一劳永逸也。夫李公既存斯善念倡于前，我诸人岂容不随之于后哉？惟是工程浩大，独力难支，伏愿仁人长者共破悭囊，同襄义举，不惟体赵公、李公之善心，且修桥积善，亦吾侪分内事也。是为引。

求诚坊跋

署州牧　滕兆棨

余守土岷江，壬午之夏，代篆文山。其地汉番杂处，操治者不无泾渭视之。余谓无论汉番，均属赤子。保赤者惟当求之以诚，窃有志焉，而未之能也。因列前箴，而跋斯语于后。

崇俭约

李斯佺

盖惟风宜尚朴，守贵秉廉。牧此边荒贫瘠之地，当此兵燹旱歉之时，人穷已甚，财尽难堪。倘复过分崇奢，何以律身示约？凡有过访寅寮，以及停骖贵客，信宿为欢，清谈破寂，罗惟五簋，酿止一尊。送迎惟有新诗，迸绝馈赆通候。但须寸启，严革赠遗，年年有节，敢劳过问。荒衙岁岁有晨，亦竟忘怀华诞，省此无益之费，以坚矢节之操。至若士民处世，亦应古俭为心。庆吊率真，不必美于观听；礼仪无缺，何须虚弄闲文。神会慎勿倡先，市债断休；措贷官粮早办，闲戏急除。建讼必伤财，切莫恃强凌弱；好高多失实，幸勿结社邀盟。戒杀明好生之心，省糜作施贫之用。从此尽人事，以挽天行。还期守矩度，共维陋习。倘高贤或以为迂，惟不敏，独行其是，云尔。

（道光）茂州志

（清）杨迦怿　刘辅廷　等　纂修

道光十一年刻本

提　要

（道光）《茂州志》，清杨迦怿、刘辅廷等纂修。

杨迦怿，直隶新城人，拔贡，道光三年（1823）任茂州知州。刘辅廷，安徽旌德人，任茂州吏目多年。前任知州刘德铨意欲增修邑志，因丁忧而辍，其志书交与迦怿，嘱其完成未竟之愿。至道光十年春，迦怿方与刘辅廷等共举修志之事，越明年，初编修成，复因事离任赴省，委托辅廷继续修纂，全志于道光十年冬完成并付梓。

是志以乾隆丁志为本，“仍者十七，增者十三”。全志四卷，含“舆地志”“建置志”“祠祀志”“食货志”“职官志”“武备志”“选举志”“人物志”八门，计五十二目。

（道光）《茂州志》，是茂县现存清代唯一的一部修订方志和续志。

目 录

卷　首

序

《茂州志》序

余守永州之四年，奉命迁蜀西观察使。于州牧中得识杨君未禅，与之语，心仪其为人。既而杨君以《茂州志》稿示余，且属为序，余受而卒业。见夫“星野”“山川”“城郭”“土田”“人物”“食货”“艺文”之类，莫不州次部居，了如指掌，而武功、边备之精详，尤为得要。盖茂界氐羌，固成都之蕃翰也。茂州之缓急，成都之安危系焉。故历代边防，以兹地为最重。然自汉唐以来，羌、戎、吐蕃迭为边患，雪山无数十年无兵马。及我朝神武远威，椎髻狰面之俦，靡不皈命投诚，而茂州以用武之地，得百余年不被兵革。迄今文物衣冠之美，骎骎乎与列郡比隆。盖所以控制抚绥之者，其得失悬殊，斯番民之向化亦异也！是志于古今备边之策一一网罗而胪列之，俾览者一寓目而知其得失，其为后事之师，岂浅鲜哉？州向无专志，前牧丁君映奎草创一稿，其中尚多漏略。州长吏刘君辅廷莅官日久，勤于纂录，杨君因以此事属之，补其阙、芟其繁、正其夸饰攀附者，然后是书之体例，衷诸古而不谬。杨君博雅好古，操守尤清洁。茂州地瘠政简，官廨且陋，故前牧率侨寓省墉。杨君冰蘖，自甘擢牧斯州，即挈琴鹤而往居焉。至则课民以耕桑，导民以弦诵。而又以其抚字之余，与刘君辑成斯志。岁道光辛卯，杨君展觐入都，邵君小桥明府兼权兹篆，重加校阅，与绅士醵金付梓。古所谓以文行饰吏治者，诸君殆无愧矣。余守永州时，尝与宗中翰绩辰纂成郡志。永州古彝地，其疆索与茂州同，土之瘠又同，余亦以为政多暇之故，得有所撰述。今观斯志，既叹用意之得其要领，而又喜杨、刘二君之知所从事，邵君之克底于成也！乃不辞而为之序。

道光十一年岁次辛卯仲冬月，四川成绵龙茂道桐城李宗傳撰

杨序一[①]

州郡有志，昉自班与范之地理、郡国书。凡山川、户口、财赋、学校，政令之得失、风尚之贞淫胥登之，以备掌故焉。蜀之茂州，冉駹故墟也。星分井络，地控松潘，汶水南流，岷山西镇。汉末始隶版图，置汶山郡。唐宋时吐蕃与氐羌数扰圉，物恒不得其所，防秋未已，薄伐频兴。宋熙宁间筑土城，居民甫藉以靖，寖有华风，而学校之立，在有明宣德三年。维时礼教渐兴，人材日出，然亦只在城、陇东、蓬族、石鼓四里耳。余均陷羌习，桀骜如故，分置土司羁縻之。迨我朝定鼎后，湛恩汪涉，群生沾濡，洋溢方外。凡土司所辖之族，投诚恐后，罔不归流，里之所增，遂以二十有六计。盖自是声名文物之盛，罔问汉夷矣。迄今百数十年来，人物挺生，循良荐字，凡忠孝节义之属，因革损益之宜，与夫杰士骚人，览汶岷诸胜，发为歌啸者，皆什伯于昔，藉弗辑而志之以垂诸永久，亦守土者之諐[②]也！癸未岁，余来牧是州，索州志乘，得一抄本，乃乾隆五十九年署州牧丁君映奎采辑者，其体制未协，其叙事亦间有讹舛，不足以为信史。时以纂修为己任，频年以来，历署他郡，未得悉心校雠。庚寅春，簿书之暇，征文考献，即旧志而厘正之。未几，适有宁远之役，因嘱少丞恕斋竟其事。辛卯仲夏旋省，恕斋以全帙寄余。余详加参考，订为全书。庶几朝廷之化，草野之风，皆藉是以显，而牧斯土者因兹考镜得失，盖思所以懋其绩而保其淳矣。则是载也，又岂止历代建置、沿革之能详，山川、田赋、学校之备举，孝子顺孙、贞女节妇与夫文人吟咏之细大不捐哉？异日，輶轩过永康，予将执是编以献。

新城杨迦怿撰

① 杨迦怿序文有二篇，内容大致相同而文字稍异，或当为初稿、定稿之别。原志仅写作“序”，今于序前冠以姓氏，序后补加序号，加以区别。故此序改为“杨序一”，后序改为“杨序二”。

② 諐：同“愆”。

杨序二

州郡有志，昉自班、范地理、郡国书。凡山川、户口、财赋、学校以及政令之得失、风俗之贞淫胥登之，俾后之人有所考镜焉。蜀之茂州，冉駹故墟也。星分井络，地控松潘，汶水南流，岷山西镇。汉末始隶版图，置汶山郡。唐吐蕃与氐羌数扰边圉，物恒不得其所。宋熙宁间筑土城，居民赖之，寖有华风，而学校立于明宣德二①年，维时礼教渐兴，人材日出，然亦只在城、陇东、蓬族、石鼓四里耳。余均仍羌习，桀骜如故，分置土司羁縻之。我朝湛恩汪涉，洋溢方外，土司所辖，投诚恐后，计里之所增，二十有六。盖自是声名文物之盛，比于中土矣。岁癸未，迦怿来牧是州，念旧志创自有明兵备道副使薛公南岐，康熙间李君斯佺奉檄修之，乾隆五十九年知州丁君映奎复加采辑，顾薛志既不可得，李君、丁君之志皆未成书。余承乏有年，乐其风俗淳朴，而吏民亦安。予之拙也，退食多暇，征文考献，取旧志而厘正之。适有假守宁远之役，因嘱少丞刘辅廷恕斋竟其事。订讹补缺，大都仍者十七，增者十三。后之牧斯土者，考其得失贞淫，益思懋其绩而保其淳，请以是书为乘韦之先。又岂仅建置、沿革之粗详，山川、田赋、学校之备举，孝子顺孙、贞女节妇与夫文人吟咏之具载已哉？异日，輶轩过永康，予将持是编质之。

北新城杨迦怿撰

---

① 二：前序作“三”。

《重修直隶茂州志》序

茂州，旧称冉駹国地。自唐贞观七年改置茂州，代有沿革，其在蜀，特边境一隅耳。然而花岩西峙，沱水东流，树灌口之屏藩，扼羌番之要道，形势亦觉伟然。余于庚寅秋奉委代篆兹土，甫下车即索观州志。有抄本存州署库，取而读之，其叙事采访，或详或略，亦滥亦杂，体制多失其宜，未为信史也。嗣是，少丞刘恕斋出所纂辑稿本示余，盖积十年之搜讨，悉心改窜，视旧本大为增删。如叙建置则历朝之沿革实可稽，略艺文而名人之歌咏亦入选。他如典礼关乎学校而仪制必详，武功特著边防而封域无混，番民各归管束，土司不得列官师，政绩非可滥誉，官家不尽入名宦。其体严，其词正，而考据旁参，必归核实，诚善本也。尤宜亟付剞劂，以传播斯郡，而恕斋若歉然未遑。余窃谓作史莫难于志，今既裒辑成帙，撮其要领以纪其事实，不惮分门别类而纲举目张，斯亦足以昭一方之掌故，而岂徒广彼都人士之耳目耶？夫《周官》职方氏掌天下之图，辨邦国都鄙及万民之治，以赞冢宰。而太史輶轩，犹以时采风下里，而观治忽焉。则修志固官斯土者之职任，使非有志，又何以知山川道里之险易，蔀屋之多寡，官吏之贤否哉！茂州久隶版图，国朝重熙累洽，沐浴圣化者几二百年，其人民较前为倍增，其风俗较前为倍厚，意必尤有特然兴起者，以应山川灵秀所钟，而为此间之文献，则更修明而表章[①]之。是此志亦堪为后作者之嚆矢，而非等于稗官野史之无稽也。余虽暂护斯篆，亦守土者，不能辞其责，相与校雠参考而订为全书，以备采风者之周知而无佚焉！

道光十一年岁在辛卯孟秋月，署直隶茂州知射洪县事，昆池梦亭方学周撰

---

① 章：古同“彰”。

邵　序[1]

皇上御极之八年，余始至蜀。夫蜀，西南一大都会也。其山川物土之奥衍，束发时读太冲赋尝慕之。顾其间建制、沿革、人物、风俗，非志不详。需次蓉城，公余无事，尝取《通志》而阅之。《通志》成于嘉庆二十二年，距今十余载，大纲细目，标举无遗。仰见我朝声教四讫，蚕丛鱼凫之乡，其文教之盛有如斯也！然《通志》体例，曰简曰该，挈领振衣，非即领以为衣也；纲举目张，非废目以为纲也。故言志者，必自州邑始。考茂州本古冉駹国，汉始置汶山郡，唐宋以来，吐蕃、氐羌屡肆侵扰，守此土者以讲武修防为要务，未暇讲及文教也。明宣德时始立学校，然羌民尚未驯扰，分置土司以羁縻之。自我朝天威遐詟，文德诞敷，羌民倾心向化，改野夷而列编氓。且疆域辽阔，纵横各二百余里，岷山西镇，汶水南流，浸浸乎为成都之屏翰矣。顾其志，自明迄今，虽屡经修葺，尚无雕本。州长吏刘君辅廷，嗜古积学士，在茂历有年所。闲曹冷署，日以翰简为事。刺史杨君未禅，因以钧台刘君所收前库中抄本授之，令其纂修。刘君惴惴焉，惟文献失传之是惧，爰采辑旧闻。询于众，勿敢以臆见参也；稽于册，勿敢以无据入也；讨论于州之搢绅贤士，勿敢以私智矜也。删繁补缺，裒成四卷，将谋付梓。而杨君以引见入都，镇承乏汶川兼护州牧，得与刘君聚首。获见其所著志书，翻阅之下，服其考据详赡，不诊不支，不冗不啬，诚征信之书也！急与州之诸贤士其醵金而付之梓，并呈请观察李孝曾先生序之。夫以年历数百，事经数君，未成未雕之书，一旦寿之梨枣，流传闾阎，上以彰天朝治化之隆，下以纪岩疆文物之盛，诚快事也。因略志其颠末，以为茂士幸，是为序。

道光十一年岁在重光单阏辜月，兼护州篆署汶川县，杭州邵镇撰

① 原作“序”，今于序前冠以姓氏，改为“邵序”。

刘　序[1]

志者，史之余也。一有不实，不足以垂训，故无论郡邑之繁简，事迹之多寡，必以考核精详，据实直书，为立志之要旨。无取乎繁冗，繁冗则惧其杂矣；无贵乎摭拾，摭拾则失其真矣。茂志元宋以前无可考，至明兵备副使南岐薛公始纂《威茂通志》，旧本今已无存。

国朝康熙二十五年，知州济南李君讳斯佺者，奉檄纂修。乾隆五十九年，署州牧丁君映奎复加采辑，志成旋去，不及付梓。嘉庆己卯，长白多祝山先生以中江令来署州篆，下车之始，索志乘于库中，得一抄本，即丁君所修志也。残阙颇甚，复于户书李本深家得全书，倩人缮之，存于署。后州牧钧台刘君意欲增辑，以付剞劂，未果，以忧归。其书授之今刺史未禅杨君，君翻阅再四，尝谓廷曰：“茂志大纲虽举，细目多淆，于志之体裁未协，宜另为校订，始可刊刻。”庚寅春，以抄本付廷，命之曰：“子在茂十余年，风土人情，山川险阻，阅历久矣，又况寒城冷署，寂处无聊，曷弗置此书于苦雨残灯之下，作消遣之具，可乎?”廷闻之，瞿然曰：“史与志相出入，今日之志即异日之史所由采也，敢冒昧以从事乎?”不获辞，取旧志而反复诵读之，于是叹李、丁二君之博采旁搜，考古证今，煞费苦心矣。而分门别类，间有淆杂，又益钦我刺史之评论尤具卓识也。遂于晦明风雨之余，详加校对，或考之史传，或征之碑碣，或参之所已闻，或证之所及见。删其繁而去其滥，补其缺而正其讹。然皆各有据依，非敢妄参己见。缮成而进之，以俟主修者裁定焉!

州吏目刘辅廷谨序

[1] 原志仅作“序”，今于序前冠以姓氏，改为“刘序”。

原　序[①]

茂志[②]，宋、元以前无可考。至明，秋崖朱君[③]始延玉垒王君[④]创《威茂通志》，南岐薛公因而成之。后明季之变，流寇攻城，版已付灰烬中矣。国朝康熙二十五年知州李斯佺奉檄纂修，未经授梓[⑤]，百余年来散佚殆尽，士大夫家间有存者，不过十之二三而已。夫蜀中郡邑纪载颇详，而茂独无有，亦一方阙典也。甲寅春，我观察承公按临斯地，谓：茂为益州屏翰，松叠襟喉，较内郡为尤重，古今之筹划、山川之险易、城堡关隘之严固、人物风土之淳漓，胥于志焉是寄，及今不修，后将何所考鉴哉？奎闻命之余，乃嘱诸同寅暨各绅士[⑥]，搜购遗编于茂，得前《李志》写本数卷，大都一时草创，犹为未成之书。爰是研虑殚精、广诹博采，或稽之他书所载，或征之断碣所遗，或参之故老所传与闻见所及。略者详之，讹者正之。大纲既举，众目斯张。要惟援古证今，不敢妄附胸臆，以补州志之阙而已，谨述其概如此。

乾隆五十九年孟夏月，署知州丁映奎撰

① 原序：乾隆《茂州志》丁映奎序。

② 志：乾隆《茂州志》写作“州”。结合茂州的建置沿革，宋代前便有“茂州”之名，再联系上下文意，“州”当为“志”误写。

③ 君：乾隆《茂州志》作“公”。

④ 君：乾隆《茂州志》作“公”。

⑤ 未经授梓：乾隆《茂州志》作“惜未经授梓”。

⑥ 绅士：乾隆《茂州志》作“儒学绅士”。

凡 例

一、各志首列“星野”，昉于《周礼》九州分野之说，此盖统九州而分之，非于九州之中，又分一州一邑也。考《大清一统志》，四川分野除夔、绥二府，酉阳、石柱、懋功三厅州，翼轸分野外，余皆井鬼分野，鹑首之次，可见一度乃主一省之星，《通志》载之详矣。兹不特列一门，孟子曰：夫仁政，必自经界始。自古王者画井分疆，为建国首务，宜以“疆域”为先。

一、旧志分为十门，今并为八门，条目淆杂者改正之。

一、旧志各门皆有小序，此后代志乘积习也。今皆删去，间有参以己见而确有可据者，附证各门之后。

一、旧志无“沿革表”，今特增入，庶展卷而知历代因革之由。

一、旧志“学校”“祠庙”“典礼”多所缺略，今皆补入。

一、旧志“边防”与“武功”无所区别，兹择历代将臣运筹防堵之策载入“边防”，至奉命征讨，其劳绩卓著者，则列于“武功”目中。

一、旧志“边防”多杂松维之事，兹详加考核，有关乎茂者录之，余俱删去。

一、旧志土司列入“官师”，殊失体裁。查土司各辖其地，管束番民，无使侵扰，羁縻之意也，今改入“武备”门中。

一、旧志“流寓”“仙释”列入“古迹”门，取义未协，目所载流寓数人，均系贬谪，并非寄寓，今改为“谪宦”，附于“政绩”之末；至仙释，则入于“人物”门中。

一、旧志列“名宦”一门，无论曾否入祠，皆称名宦。名器不可假，岂可私誉耶?兹不标“名宦”之目，总曰“政绩考”，其曾经奉旨入祠者，于本传下注明，余则载其善政而已。

一、列女有贞孝、节烈之分，旧志无所区别，兹特为之分晰焉。

一、“艺文”起自班固，止载书目，后世滥收诗文杂作，殊失体裁。兹摘其有关于山川风土、劝惩足式者，分附各条之下，或载于“杂记”之中，余概不录。

修辑职名

总　修

四川茂州直隶州知州　杨迦怿
署茂州事射洪县知县　方学周
兼护茂州事署汶川县知县新补犍为县知县　邵　镇
署茂州直隶州事候补知州　张嗣居

参　阅

四川茂州直隶州儒学学正　聂元樟

编　辑

四川茂州直隶州吏目　刘辅廷

分　辑

四川泸州直隶州纳溪县教谕　何清荫

采　访

廪膳生　刘炳阳
廪膳生　何槼之

校　对

廪膳生　任德邻
廪膳生　王绍贤

舆地志[①]

疆　域

茂州在省西徼，至省四百里。东西距一百八十里，南北距二百三十里。东至石泉县一百里，西至岳希土司番界八十里，南至汶川县界七十里，北至松潘界一百六十里。东南至绵竹县界二百六十里，又东南至安县界二百十里，西南至理番界九十里，东北至静州土司番界三十里，又东北至陇木土司番界一百里，西北至长宁土司番界九十里，又西北至梭磨土司番界二百里。

图　考

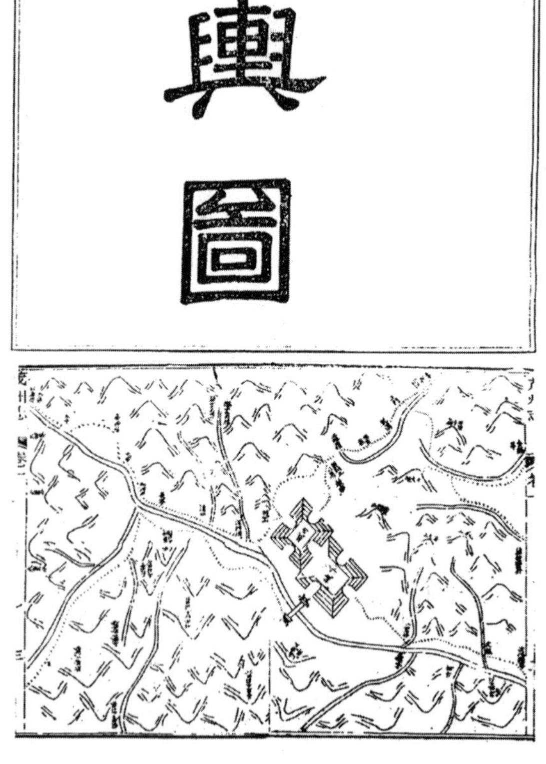

① 原志前有“卷一”等，并有“舆地志一”等，以下皆同。今据目录改。

岷山考

《禹贡》：岷山导江。《史记》作“汶山”。又《封禅书》：名山有渎山，蜀之汶山也。《汉·地理志》：岷山在湔氐道西徼外，江水所出。《蜀志》秦宓曰：蜀有汶阜之山，江出其腹。《蜀都赋》：汶山之精，上为井络。郭璞曰：岷山在广阳县。《华阳国志》：汶山，一名沃焦山，其附曰羊膊，江水所出。《隋志》：汶山在汶山郡左封县，又汶山在临洮县[①]。《括地志》：岷山在溢乐县，连绵至蜀，几二千里，皆名岷山。《寰宇记》：羊膊山在平康县。《舆地广记》：岷山在汶山县西北，俗名铁豹岭。张敬夫《西岳碑记》：在茂州列鹅村，其跗曰羊膊。《方舆胜览》：《禹贡》梁州之山四：岷、嶓、蔡、蒙，西山皆岷，北山皆嶓，南山皆蒙也。《舆程记》：有大分水岭，在卫西北二百二十里，有二派：一东南流为大江，一西南流为大渡河。或曰即古羊膊岭也。《一统志》：在茂州列鹅村，去州四十里，实威、茂、彭、灌之中。其高六十里，山有九峰，四时积雪，经暑不消，晨光射之，烂若红玉。去成都五百里，西望之若在户牖[②]，居人呼为九顶山。杜子美诗所咏《西山》即此也。《元和郡县志》：岷山即汶山，南去青城山百里，天色晴明，望见成都。山顶积雪，尝深百尺，夏月融泮，江为之溢，即陇之南首也。史注云：在陇西郡岷州溢洛南一里，连绵至蜀二千里，皆为岷山。连峰叠岫，重接险阻，不详远近。青城、天彭诸山之所环绕，其为羊膊山、为铁豹岭、为渎山、为鸿濛山，为汶岭，皆是也。

按：岷山原委，《隋志》《括地志》、史注为是。其山起自洮州，峰连冈接，由松至茂，更为巍峨。所谓列鹅村九峰者，即在州南石鼓里。绵亘至保、汶，以达于灌口之青城，皆岷山也。

大江考

江自湔氐道西徼外流入松潘北，又东南经叠溪、茂州，过保子关[③]，东合沱水，入汶川县。《禹贡》：岷山导江。荀卿曰：江出岷山，其源可以滥觞。《汉志》：湔氐道。《禹贡》岷山在西徼外，江水所出，东南至江都入海，过郡九[④]，行七千六百六十里。《益州记》：大江泉流始发羊膊岭下，缘崖散漫，小大百数，殆未滥觞。东南下百余里至白马岭，回行二十余里至龙洞，又八十里至蚕陵县，又南六十里至石镜，又六十余里而至北部。《水经注》：江水亦曰渎水，自羊膊岭下，至白马[⑤]而历天彭关，江水自此以上

---

① 临洮县：乾隆《茂州志》作“临洮郡临洮县”。

② 西望之若在户牖：乾隆《茂州志》作“人西望之若在户牖”。

③ 过保子关：乾隆《茂州志》作“由保治北过保子关索桥外”。

④ 九：乾隆《茂州志》作“七”。

⑤ 白马：乾隆《茂州志》作“白马岭”。

至微弱，所谓发源滥觞者也。①《通典》：甘松岭有江水所发之源。《寰宇记》：羊膊山下有二神湫，乃大江始发之所。范成大曰：江源自西戎中来，由岷山涧壑出，而合于都江，今世所云只自中国言耳。《水利志》：源出岷山羊膊岭，分二流：一西流为大渡河，一南流为大江。《明一统志》有：潘州河在司城西北六十里。《卫志》：松潘河源出西夷哈吗鼻浪架岭。《旧志》：潘州河源出西夷鼻浪架岭，分二派：一派西南流，合灶沟②；一派东南流，历东寨至尖橐，合滴漏水，水出滴漏山。山岭水亦分二派：一派西南流，出灶沟，入西番界；一派东流经恶落村，至尖囊与浪架水合，流入黄胜关下，又四十里至虹桥关北，合漳腊河，其河源出生番弓家岭。其山岭水亦分二派：一派东流入上羊峒生番界，一派西南流至漳腊境，又南流四十里至漳腊城西南合玻璃泉，又十里至虹桥关北③，又南流二十八里入松潘城④，出城西南而南折，又东南流一百八十里合众山溪水，过平番入叠溪，至茂⑤。又《江源记》：江源发于陕西临洮之木塔山，水自山顶分东西流：东流者即岷江也，由甘松岭⑥八百里至漳腊，其水渐大，由磨刀湾达松潘⑦，以至下水关入红花屯达叠溪，至两河口⑧，黑水从南合之，经茂州南，至于威西，至汶川转银岭，合草坡河，至蚕崖东，至灌口⑨。（彭韶《山川形胜述》：蜀之地，南持蛮獠，西抗吐蕃，上络东井，岷嶓镇其域，汶江出其徼。以褒斜为前门，灵关为后户，峨眉为城廓，南中为苑囿。缘以剑阁，阻以石门，面越负秦，地大且要，诚天府之国也。杨⑩子云《益州箴》曰：岩岩岷山，古曰梁州。华阳⑪西极，黑水南流。秦作无道，三方溃叛。义兵征暴，遂国于汉。拓开疆宇，收梁之野。列为十二，比美虞夏。牧臣司梁，是职是图。经营盛衰，敢告士夫。《集记》云：禹别九州，八曰华阳、黑水为梁州，岷嶓既艺，沱潜既道，蔡蒙旅平。又曰：岷山导江，东别为沱。《汉・地理志》言：蜀郡湔氐道，《禹贡》岷山，在西徼外，江水所出，东南至江都入海，过郡九⑫，行七千六百六十里。按：岷山在茂州直西北最后，番列鹅村⑬，其村有岷山，山之右有岭，曰铁豹，则分水之上源也。水二派，其一由西南，入尖囊大渡河；其一正南，入溢洛村，至石纽，过汶川，则禹之所导江也。铁豹一名羊膊，盖夷语不同耳。任豫《益州记》言：江出羊膊岭，经甘松至灌，千余里是也。大抵蜀之山近江源者，通谓之岷山。峰连冈接，千里不绝，今俗谓青城为岷者，以此。《续记》云：凡曰岷嶓，兼⑭众山言也；凡曰沱潜，该众水言也。盖蜀山之居左者皆曰岷，居右者皆曰嶓。水出于岷者皆谓之江，出于嶓者皆谓之汉。或谓之漾，或谓之沔。出于江而别流，别而复合，概谓之沱；出于汉而别流，别而复合，概谓之潜。古今论岷嶓沱潜者，众矣。然参差不齐，莫得其真者。盖由不知蜀山之居

---

① “滥觞者也”至“《通典》”句有脱文，乾隆《茂州志》有“江水自阙东至汶关，而历氐道县北，又经龙涸至蚕陵白部。《元和志》有：江源镇，在汶川县西北三十里”39字。

② 合灶沟：乾隆《茂州志》作“合出灶沟”。

③ 又十里至虹桥关北：乾隆《茂州志》作“又十里至虹桥关北与州河合流”。

④ 又南流二十八里入松潘城：乾隆《茂州志》作“又南流二十八里至松潘城东入城”。

⑤ “叠溪，至茂”句：乾隆《茂州志》作“叠溪营界”。

⑥ 由甘松岭：乾隆《茂州志》作“由草地甘松岭”。

⑦ 由磨刀湾达松潘：乾隆《茂州志》作“漳腊由磨刀湾达于松潘”。

⑧ 两河口：乾隆《茂州志》作“穆肃堡”。

⑨ 从“至灌口”以下文字，与乾隆《茂州志》完全不同。

⑩ 杨：当为“扬”。

⑪ 阳：乾隆《茂州志》作“曰”。

⑫ 九：《汉书・地理志》作“七”。

⑬ 番列鹅村：乾隆《茂州志》作“番曰列鹅村”。

⑭ 兼：乾隆《茂州志》作“该”。

左者，皆得为岷；蜀山之居右者，皆得为嶓。而独指茂州之汶山为岷山，金牛之嶓蒙为嶓，隘矣。）

沿革表附

茂州，古冉駹国地。秦分梁为蜀郡，别冉駹湔氐道。汉元鼎六年以其地置汶山郡，治汶江县；地节元年省属蜀郡为北部都尉。后汉为汶江道，永初三年为广汉蜀国都尉，延光三年复为郡。晋移郡治于绵虒界，改汶江，置广阳属之。东晋后废。萧齐复置北部都尉。梁普通三年置绳州，北部郡仍置广阳县为治。后周保定四年改绳州曰汶州。隋开皇初郡废，改汶州曰蜀州，寻改为会州，置总管府；仁寿元年改县曰汶山；大业初府罢，复为汶山郡。唐武德元年复为会州，置总管府，四年改为南会州，七年改置都督府；贞观八年始改曰茂州，置石泉县属之；天宝元年改通化郡；乾元元年复曰茂州，属剑南道。五代属蜀。宋仍茂州通化郡，属成都府；熙宁间以石泉改隶绵州。元至元九年属吐蕃宣慰司。明洪武十七年仍置茂州，兼置茂州卫，以州治汶山县省入焉。国朝因之，雍正五年改为直隶州，属松茂道，领汶川、保县二县。嘉庆七年裁保县，以其地并入杂谷厅。今领县一：汶川。（国朝因之。雍正五年改为直隶州。）

附

	表					
	两汉	三国汉	晋	宋齐梁	西魏周	隋
直隶茂州	汉元鼎六年置汶山郡，地节初罢，为蜀郡北部都尉。	汶山郡，先主复以北部置部。	徙郡治汶山县。	绳州北部郡，齐复置北部都尉，梁置州郡。	汶山北部郡，周保定中改置州。	汶山郡，初废郡改蜀州，寻改会州。大业初改为汶山郡。
	汶江县，汉初为郡治，寻属蜀郡	汶江县，郡治。	广阳县，改汶江县置，属汶山郡。东晋后废。	广阳县，梁复置为州郡治。	广阳县，州郡治。	汶山县，仁寿初更名，郡治。

表[①]

表				
唐	五代	宋	元	明
茂州通化郡，武德初复曰会州，寻改南会州。贞观八年置石泉县属之，后有改蜀剑南道。	茂州，后蜀。	茂州通化郡，属成都路。熙宁间以石泉县改属绵州。	茂州，至元中属吐蕃宣慰司。	茂州，属成都府。
汶山县，州治。 羁縻真州，天宝五载置昭德郡，乾元初改领昭德、招远、鸡川三县，广德后入蕃。 羁縻乾州，大历二年置，领昭武、宁远二县。属都督府。 羁縻涂州，武德初置，领端源、婆览二县。贞观初置领端源、临涂、悉邻三县。属都督府。 羁縻炎州，贞观中置西封州，旋改，领大封、慕仙、义川三县。属都督府。 羁縻征州，贞观中置，领文征、俄耳、文进三县。属都督府。 羁縻向州，贞观中置，领具左、向贰二县，属都督府。 羁縻冉州，贞观中置，领冉山、磨山、玉溪、金水四县，属都督府。 羁縻穹州，贞观中置西博州，旋改。领小川，征当、壁川、当博、恭耳五县，属都督府。 羁縻笮州，贞观中置西恭州，旋改，领遂都、亭观、比思三县，属都督府。 又永徽初置蓬鲁等三十二州。	汶山县。	汶山县，政和六年改建延宁军，寻废。	汶山县。	初省入州。

① 附表：原志无，今按目录补入。

形　势

控制吐蕃，捍蔽内郡。（《图经序》）

逼近羌戎，环带山险，成都肩髀之地。（《旧图经》）

关峙七星，锁羌氐之门户；堡雄大定，张松叠之屏蕃。（《旧志》）

牦牛屏峙，汶川碧环，排栅接前，雪峰拥后。（叠溪营）

山　川

岷山：州南四十[①]里列鹅村。山有九峰，四时积雪，一名雪山，俗呼九顶山。昔人谓此为佛居，有狮子，偶或见之。相传炎暑雪尽，则人多疫疾。

州举人蒋复隽《雪山形势论》：

山川形势之说，由来尚矣。古人立国所恃，固不在此。然景员表镇，亳邑河渭，萦绕终南，负邙面洛，襟山带水，良有以也。况雪山九顶，实茂郡具瞻，尤为治乱之不可忽者哉。自蚕丛未辟，而汶山嘉胜犹非汉有。迨唐蒙驰檄，乃并白马、冉駹而郡县之，而雪山始得与峨眉、岷、嶓共标灵异。考之《州志》：雪山脉发岷岭，延袤数百里，蜿蜒起伏，至茂之东南，而九峰壁立玉嶂，插空积雪，历盛暑不消，故樵苏足迹罕升。其崇椒者，古人所谓“峰高凌华岳，雪古自尧年”，洵非诬也。而江水则自北来，磐流山麓，白涌碧翻。大江以西，吐蕃实居之。嗟乎，此固天之所以限华夷，而蜀道之难，亦于是焉极矣。然世方治也，则为峙为流，固足供奇秀之观；世或乱也，则为砺为带，亦足壮维藩之势。是雪山九峰之奠丽于茂者，顾不重欤？若举全州之势论之，南则有雁门、七星之雄，北则有长宁、穆肃之隘也，东则有水瓮、石板之固，西则有龙坪[②]天堑之险也。纵土瘠民贫，不及全胜十分之三，而牧圉四塞，为成都后户，不较外地形势为更重也乎？虽然有形之形势，必用以无形之形势，而形势乃为可凭；不然者，抚循无术，人怀[③]异心，徒称雄而据险[④]，徒负高而阻深。彼昔人拥崤函之胜，挟洞庭之险者，卒未闻至今存也，此何以故乎？有司牧之责者，亦可以深长思矣。

唐杜甫《西山》诗：

夷界荒山顶，蕃州积雪边。
筑城依白帝，转粟上青天。
蜀将分旗鼓，羌兵助井泉。
西南背和好，杀气日相缠。

---

① 四十：乾隆《茂州志》作“一”。
② 龙坪：乾隆《茂州志》作“长江”。
③ 怀：乾隆《茂州志》作“心”。
④ 险：乾隆《茂州志》作“防”。

辛苦三城戍，长防万里秋。
烟尘侵火井，雨雪闭松州。
风动将军幕，天寒使者裘。
漫山贼营垒，回首得无忧。

子弟将深入，关城未解围。
蚕崖铁马瘦，灌口米船稀。
辩士安边策，元戎决胜威。
今朝乌鹊喜，欲报凯歌归。

明周洪谟《雪山天下高》诗：

巨灵擘斫昆仑山，移来坤维参井间。
内作金城障三蜀，外列硐硤居百蛮。
自昔蚕丛始开国，千崖万谷积寒雪。
疑有五城十二楼，玉色玲珑界天白。
光联银汉霏素虹，六月大暑飘寒风。
俯见五岳在平地，遥窥三岛皆冥濛。
此去石纽无几许，昔钟灵秀生大禹。
当时自此导江流，至今名传千万古。

朱廷立诗：

谁将和氏玉，妆却蜀山尖。
野戍三城北①，边庭六月寒②。
天开云母障，日照水晶帘。
柱笏收看处，公余兴未厌。

有峰夸九顶，无雪不千秋。
便觉通霄汉，还将问斗牛。
泉飞云忽起，彩散日初浮。
最喜当窗近，时时得坐游。

薛曾诗：

岷岭高寒井络边，千年积雪宛依然。
层楼直接三城戍，悬度西连万里天。
琪树笼晴光夺目，银潢垂练午生烟。
玉京咫尺琼楼在，应有飚车载列仙。

① 北：乾隆《茂州志》作“白”。
② 寒：乾隆《茂州志》作“严”。

相公山：州北五里。（《方舆胜览》谓：州主山。）

五味山：州东十八里，出五味子，故名。

巨人山：州东[①]三里。一名老人山，其形如人，雪后须眉毕现。《寰宇记》：唐元宗幸蜀，以石人背立，勑令鞭之一百。《方舆胜览》：山有黑龙湫，环绕一百二十里。《旧志》又名太乙峰，与雪山相连。前有龙洞，山顶有龙池数湫，山后有径可达州东大坝、天池及彭县等处。皆攀萝附葛而行。署州牧朱梓诗：

南极何年降老人，寿同山岳像弥真。
眼空佛祖三千界，睡过陈抟八百春。
云冷衣裳凭补缀，雪添须鬓见精神。
长生自得无言诀，九子峰高可结邻。

署州牧丁映奎诗：

雪山自古高天下，谁信山中有巨人。
受气长空原不偶，成形大地更无论。
风云只合供消遣，冰霰何从耗本真。
千载绳州同仰止，巍巍坐镇奠斯民。

鳌峰：忠义门外。旧有奎阁，明末流寇赵荣贵于山顶施炮，峰动有声，炮不能举，贼众摇首，因名摇头山。

笔架山：州西。群峰排列，如笔架然。

屏风山：州南。状如屏障。

盘台山：州东南。山顶平衍，如盘如台。又名银锭山，州之水口山也。堪舆家谓山势略低，宜建浮屠于此。

乞习山：州西南。唐贞观十七年，裴行方讨羌番西至乞习，即此。

龙泉山：州东南。泉水清洁，龙潜其中。

虎头崖：州东南。明嘉靖间，总兵何卿征五寨时，夺此险要，克平诸番。

茂湿山：州北十二里。林木茂密，尝有岚气。唐贞观中，韦皋出湿山破吐蕃，即此。《元和志》作“茂滋”。

陇东山：州东北十八里。《宋史》：州北有陇东道，通绵州。即此。

马蹄山：州东三十里。石上有马蹄迹。

牛心山：州东四十里。山顶常有云气。

马鞍山：州东。形似马鞍，峰峦甚奇。

橐驰山：州东北。

锦屏山：州东七十里。

凤凰山：州东五十里。古木阴森，上有老君祠，祷晴雨，无不应者。

上地岭：州东十五里。向系夹道，夏则积水泞泥，冬则冻冰崚嶒。嘉庆二十四年，

---

① 东：乾隆《茂州志》作“南”。

吏目刘辅廷督工复修，始无雨雪之阻。

寿星山：州东陇木土司界。上有池。

鸡宗山：州南四十里。宋熙宁九年，杨文绪为患，知州范百常告急，朝廷遣王中正领兵旁出鸡宗山援之。

奇山：在州东南一百九十里。

茜岭：在州东南二百二十里。

走马岭：州东南二百里。

胡子岭：州东南一百里。向有小径通安、绵，背负者不能行。嘉庆二十四年，吏目刘辅廷亲履其地，督工开凿，上下一百余里，商贾皆出于其途矣。刘辅廷《修路记》：昔我往矣，攀荆披棘。今我来思，骑马乘舆。造物无权，山川易旼。惟宪之惠，惟民之力。奉宪使民，克赞厥成。

雪峰山：叠溪城东六里。高耸凌云。

牦牛山：叠溪城东三十里。

石镜山：叠溪城东南。《水经注》：蚕陵县南六十里。《隋志》：翼针县有石镜山。《元和志》：在翼水县东南山侧，有石圆径二尺，明澈如镜。

排栅山：叠溪城南十五里。明洪武十一年，大兵至此，立栅屯驻，因名。

寿星山：叠溪城西十里。形类老人。

七顷山：叠溪城西。《元和志》：卫山县有七顷山，一名落日山，山岩峻阻，平地惟有七顷。

雪山：叠溪城北。峰峦突兀，山下有泉，可资灌溉。

大雪山：叠溪城西。《元和志》：大雪山一名蓬娑山，在柘县西百里。按：旧志载杜甫和严武诗一首，以蓬婆为叠溪大雪山。考《新唐书·严挺之传》：子武，字季鹰，为剑南节度，破吐蕃七万众于当狗城。查当狗城在裁保县，有雪山又名蓬婆山。据此，则保县之蓬婆无疑。前志采杜诗载入，其殆“婆”与“娑”之误耶?

肃番山：叠溪城西北。《元和志》：在石臼县北十里，下有肃番寨。

飞凤山：叠溪城北三里。形如凤翼凌空。

蚕陵山：叠溪城北五里。《通典》：蚕陵县有蚕陵山。

柏岭：叠溪城西北。《元和志》：在柘县北八十里，至白崖驿与吐蕃接壤。

汶江：源出岷山，由徼外甘松岭入松潘，至长宁合黑水，经城西南，过保、汶，达于灌口。

黑水：州西。自梭磨土司番界东流至长宁入江，即古翼水也。按《地里[①]志》：“黑水出犍为郡南广县汾关山。唐樊绰云：西夷之水南流入于南海者四：曰区江，曰西珥河，曰丽水，曰弥渃江。其曰丽水者，即古之黑水。《禹贡》注：雍梁二州西边，皆以黑水为界，是黑水自雍之西而直出梁之东南。据此，则此黑水与犍为之黑水皆支流也。

三溪：州东北五里。源出茂湿山，合大小二沟水入江，又引入城，居民取汲。《明一统志》：有五福泉。盖引三溪水，贮城内两井，故名五福也。

---

① 里：当为“理”。

白水：州南师巴桥下。源出龙泉山，水极清冷。

南龙溪：州南。《方舆胜览》：州有龙溪水，引入城内孝光寺，以两池潴之，居民汲饮。源出巨人山龙湫。

石密溪：州东十九里。

马蹄溪：州东三十里。源出马蹄山。

刀溪沟：州东三十五里。

神溪沟：州东四十五里。源出陇木土司番界磨拔山。

干沟：州东五十里。

都料溪：州东六十里。

石槽沟：州东七十里。

土门小溪：州东七十里。

土门河：州东七十里。

野鸡池：州东。源出桃坪。

药沟：州西五里。源出岳希土司界。

窄溪：州西三十里。

刁浓沟：州西四十里。

松溪：州西五十里。源出黑虎寨，又名黑虎寨河。

龙坪：州西九十里。北流入黑水河。

二岔河：州西一百四十里。南流入黑水河。

荞面沟：州南五里。源出九顶山。

麻窝沟：州南。源出巨人山。

宗渠：州南十五里。源出九顶山。

石鼓沟：州南三十里。源出九顶山。

白水沟：州南四十里。

独角龙门溪：州南四十五里。

文镇小河：州南六十里。源出九顶山。

壳壳沟：州西南十五里。源出岳希土司界。

棉族沟：州西南四十五里。

牟托沟：州西南六十里。源出牟托土司界。

高川：州东南一百四十里。源出胡子岭。

两河口：州东南一百六十里。高川、黄厂沟两水至此合，入太平场河。

石钟滩：太平场下五里。

倒须沟：太平场下十里。

黑滩子：州东南一百八十里。

大坝河：州东南二百里。源出大火地。

龙王庙沟：州东南二百十里。

鱼洞口：州东南二百三十里。溪边有洞，每岁春水泛涨时，鱼从洞出，巨细甚多，洞内不知所止。

梅子沟：州东南二百四十里。

楠木沟：州东南二百五十里。

核桃沟：州北二十里。源出陇木土司界。

沟口溪：州北四十里。

深沟浅沟：州北五十五里。

穆肃堡溪：州北七十里。

饮马沟：叠溪城东，源出雪山顶，悬崖而下。

王津泉：叠溪城南。砌以石枧，绿坡接引，直抵城下，民取汲焉。

七里溪：叠溪城西七里。源出松坪崖下。

黑水溪：叠溪城西北。自梭磨土司番界，经松坪入江。

杨柳沟：叠溪城北三十里。按：州水流入外邑者四：一西北诸水，自长宁合江，会西南溪涧之水，经保、汶以达灌口；一州东诸水，至桃坪过铁索桥，会陇木土司界黑水口之水，由坝底堡而出者，归于石泉；一东南胡子岭、黄厂沟诸水，至倒须沟与黑滩子之水会，而归于安县；又一东南大火地诸水，至高川会楠木沟之水，出卸军门，入绵竹。

天池：州东南二百四十里图杆坡上。四面山势平衍，中有池宽约百余亩，土人绕池而居，池内生菱角鲫鱼，池边柳树森列，水色清碧，恍若镜湖。

天涌池：叠溪城内。明正统间寇深开凿。

雪花井：吏目署后。脉通汶江。泉水喷出，宛如雪花。久涸。

马公井：城内大街。明正德间，蛮寇为患，断绝水路，佥事马昊凿，今涸。

苏镇抚井：州东土门。镇抚苏时凿，今涸。太史王元正有碑。见“金石”目。

黑龙池：州东北麦耳寨山后陇木司界。大旱祈祷，雨雹立至。土人祷雨，必带皮衣皮冠而去。

龙池：土地岭雷祖庙左。

瀑布：州东胡子岭。缘崖而下，长百余丈，其声泠泠。

废盐井：南门瓮城内。相传井脉与石泉诸盐井相通，昔人开此井，石泉诸井皆涸。商诉于州，官为封闭，以铁铸之，至今铁铸之形犹在。

风俗

其人诚朴，其俗勤俭，其士知自爱。

婚丧祭礼，宁俭毋奢，犹为近古。

地瘠民贫，风淳讼息。

好弓马，以勇悍相尚。

以上汉风。

其地有六夷、七羌、九氐，各有部落，其长颇知书而法制严重。（《后汉书·冉駹夷传》）

毡裘杂揉。（王咨《防边五事》）

俗耐饥寒。（《图经》）

冬多冰雪，盛夏凝冻不释。故夷人冬则避寒入蜀佣赁，夏则反落，岁以为常。蜀人谓之作五百石子。（《华阳国志》）

古冉駹二国，羌氐之遗。其地多寒，宜麦宜黍宜畜牧。其人冬入各郡邑为佣，曰下坝；春尽乃返，曰归巢。其居垒石为之，状似浮图，曰邛笼，曰碉楼。其服饰，男毡帽，女编发，以布缠头，冬夏皆衣毪，妇女能自织。嫁娶论财，牛马估值折算。岁时不拜贺，惟于五月端午贴符换联，备酒食，互相请饮如新年。占卜以羊毛作索，陈各物于地，用青稞洒之，曰打索卦。或取羊膊以薪炙之验纹路，占一年吉凶，曰炙羊膊；或炙牛膊，以验汗气，占一二日之事。有疾不用医药，烧羊膊验症，炙薪于背腹上，以羊皮缚之，能去诸病。死则火焚，谓之火葬，各寨有火地一区。以上夷昔①。

按：近来番夷归州日久，饮食服物，冠婚丧祭，渐与汉民等矣。

古迹

汶川故城：今州治。汉置汶江县为汶山郡，后省，属蜀郡，为北部都尉。晋移郡于绵虒界，改汶江，置广阳县属之。东晋后废。萧齐复置北部都尉。梁复置广阳县，为北部都尉治。隋改曰汶山，复为汶山郡治。唐为茂州治。宋因之，明省县入州。

广阳废县：州西北五百五十里。晋置，寻废。

废真州：州西。唐天宝五年置昭德郡，乾元元年改真州，领昭德、昭远、鸡川三县。《旧唐志》作：真州治真符县，分临翼郡之昭德、鸡川两县。又昭德县显庆元年置，曰识臼，属悉州，天宝元年改名。又鸡川县，天宝二年割翼水县置。《宋志》：茂州领寿宁寨，本羁縻真州。政和六年建寿宁军，在大阜江外，八年废寨，宣和三年又废为堡。

废乾州：州西。《旧唐志》：大历三年开西山置，为正堂，领昭武、宁远二县。

以上二州俱羁縻，属茂州。

废涂州：武德元年，临涂羌归附置。领端源、婆览二县，贞观二年俱省入茂州，五年又置，领端源、临涂、悉怜三县。

废炎州：贞观五年生羌归附置，曰西封州。八年改名，领太封、慕仙、义川三县。

废征州：贞观五年西羌首领董嗣真归附置，领文征、俄耳、文进三县。

废向州：贞观五年西羌归化置，领贝左、向贰二县。

废冉州：本徼外敛才羌地，贞观五年置西冉州，九年去“西”字，领冉山、磨山、玉溪、金水四县。

废穹州：贞观五年生羌归附置西博州，八年改名，领小川、征当、璧川、当博、恭耳五县。

废笮州：贞观七年白狗羌降附，置西恭州，八年改名，领遂都、亭观、比思三县。

以上七州俱羁縻，属都督府。

① 昔：疑当为“习”。

蚕陵废县：汉置，属蜀郡。晋分属汶山郡。东晋后废。《元和志》：汉元鼎中开，梁太清萧纪于旧县置铁州，寻废。

章怀太子蚕陵故城：在翼水县西。《旧唐志》：在卫山县。《明一统志》：在所城北三里，周改为翼针县。

废翼州：营西。《隋志》：翼针县，周置，又置翼针郡，开皇初废，属汶山郡。唐置翼州。《元和志》：本汉蚕陵县地，周天和九年平蚕陵羌，于七顷山下置，隋大业三年改置利山镇。《旧唐志》：武德元年于左封县置翼州，以翼针县属之。《旧志》：七顷城，贞观十七年移治七星溪，咸亨二年移州治，天宝初改县曰卫山，又改州曰临翼郡，乾德初复曰翼州。《新唐志》：广德后，翼、当、悉、静四州并为行州，是也。

翼针废县：周置，曰龙水县，并置清江郡。开皇初郡废，改县曰清江。十八年又改曰翼水，属汶山郡。唐属翼州。《元和志》：本汉蚕陵县地。《明一统志》：在城南十里。

峨和废县：营北。唐置，属翼州。《元和志》：本汉蚕陵县地，天宝十一年置，以县有峨和山为名。

废当州：营西北。《隋志》：有通轨县，周置。并置覃州及覃州、荣乡二郡。开皇初郡废，四年州废，属汶山郡。唐改置当州。《旧唐志》：州初治利川镇，仪凤二年移治逢旧桥，天宝初改江源郡，乾元初复曰当州。《寰宇记》：广德后为行州。《吐蕃传》：大历五年后茂州羁縻当州。

利和废县：营西。唐置，属当州。周天和元年于此置广平县，寻废。显庆三年于广平旧城置。又有谷利县，文明元年开生羌地置。又有平康县，显庆中因古平康县置，在平原水西，属翼州，寻废。垂拱元年复置，属当州。

废悉州：营西。周置广平县，又置翼州及广平、左封二郡。开皇初郡废，仁寿初改县曰左封，大业初州废，属汶山郡。唐置悉州，显庆元年分当州置于悉唐川，其首领刺史治识旧县。天和元年于此置广平县，开皇十八年改名，天宝中又于县置守，领归诚县。本生羌地。

废静州：营西南。唐置。《元和志》：本蚕陵县地，天授元年置，治悉唐县，领静居、清道二县，皆显庆元年与悉州同置。咸亨元年移州治左封，又自翼针移翼州来治，并置都督府。仪凤二年州还治翼针，以县置南和州。天授元年改曰静州，天宝初曰静州郡，乾元初复曰静州。

废柘州：营西。仪凤元年置，以山多柘木为名。又置柘县，前上元二年置，又领桥珠县，与州同置。《旧唐志》：天宝初曰蓬山郡，乾元初复曰柘州。

废恭州：营西南。唐置。开元二十四年，分静州部落于柘州置，治和集县，旧广平县属静州。天宝元年改领博恭县，又领烈山县。《旧唐志》：天宝初改恭化郡，乾元初复曰恭州。

废鸡栖州：《寰宇记》：在悉州东南一百里。《一统志》：在茂州东北一百七十里。有三路：一通茂州、一通龙州、一通绵州，皆吐蕃险要地。今隶石泉。

以上俱属叠溪营。

合江城：州北六十里。一名合江镇，唐时筑。

安戎城：州西南。唐仪凤二年益州长史李孝逸筑，以绝吐蕃通蛮之道，至德初改曰平戎城。

舍棠城：州北二里。明嘉靖间兵备胡鳌筑，与州城犄角。

逻城：州北五里。明嘉靖中副使朱纨筑，以捍小姓五寨，号为金城，又名万里城。

龙涸城：叠溪营北。《元和志》：龙涸故城在卫山县北，俗名防浑城，城北旧是吐谷浑所居。

北岸城：叠溪营西南。唐贞元中，韦皋破吐蕃论莽热，兵屯北岸，西山诸羌皆降。《新唐志》：翼州有北岸、护都、祚鼎三城。

雪峰堂：治内。又有妙算、遥雪二堂，今圮。

练光亭：镇西桥中嘴，旧名“观澜”。后，王咨取杜子美“川[①]虹饮练光”句，易之。《舆地纪胜》王咨记云：大江自徼外东绕郡城西北，极目可百里许，每日出未下，朝霭横空，夜色敛昏，素月流天，一望水光，杳霭无际，江流其间，若万丈长虹夭矫其上而吞吐之也。

岷山楼：阜康门外，今圮。蒋复隽诗：

再上春山续旧游，春山高处倚层楼。
远烟带雨迷丹嶂，芳杜浮沙暗绿洲。
醉听小蛮歌白苧，狂如太白傲沧洲。
独嗟尘世劳劳者，长学杞人卒未休。

神禹故里坊：阜康门外。

列岫堂：治北。明成化知州郑徽建。蒋复隽记：

天地有自然之奇，不因其人则不出；山川多群萃之秀，不逢其时则不灵。故构新堂于永州，建竹楼于西署，是皆人与时会有所取尔也。吾茂僻在西极，群山环拱，雪峰耸其南，渭[②]门位其北，巨人槖驰列于东，屏风笔架峙其西[③]。叠翠嵌崟，层峦矗嵂，如螺如黛，如幛如屏，盖一郡巨观也。历代循良莅兹土者，未易更仆数，然皆鞅掌簿书，未有摅奇发奥，开拓心胸，为吏治光者。明成化中，郑公徽来守是邦，三载政成，百废俱兴，见治右地形高敞，规模壮阔，始建堂而新之，檐牙惊起，八窗洞达[④]。公余远瞩，觉千峰森列，爽入襟怀，爰额嘉名“列岫”云。夫公之创此堂也，岂真为供眺览娱燕会已哉，盖将有以观其大也。当夫春和景明，万汇舒畅，岚光凝碧，烟萝远映，抚斯堂也，其有共乐春台之思乎？景入清和，熏风时至，翠崿当轩，奇云四出，抚斯堂也，其有鸣琴解愠之思乎[⑤]？至若商律司晨，流火吹豳，则见列岫而思预农桑；朔风戒严，霜林积雪，则见列岫而思励冰操。若此者，公之所思不一而足，堂之所系诚非浅鲜也。夫不知其人，观其所作所思，公之为人可识矣。曾几何时而昔之岿然、翼然者，止于断

① 川：乾隆《茂州志》作“州”。
② 渭：乾隆《茂州志》作“雁”。
③ 屏风笔架峙其西：乾隆《茂州志》作“笔架相公峙其西”。
④ 达：乾隆《茂州志》作“豁”。
⑤ 其有鸣琴解愠之思乎：乾隆《茂州志》作“公其有鸣琴解愠之思乎”。

碣残础中遇之，而所谓人与时会者仅[1]寂寂，焉能不感慨系之乎？夫堂址依然也，列岫无恙也，有嗣公之志者，踵而新之，则兹堂不且与九峰诸山，永奠不朽也哉？

玉津楼：叠溪南门外。

祈雨台：叠溪城南。

玉垒洞：叠溪城北。洞内通明，可容数十人，明时无名氏题曰“玲珑仙室”。又一联云：万山一平地：片石两洞天。总兵托云诗：

山中野鹤飞何处？石窟犹存宝帐图。
古代战场指点在，汉关要害杳然无。
腰镰稚子横牛背，唱晚归樵觅酒炉。
共说总戎云鸟阵，夜深鬼语不相呼。

天马石：大定堡北里许。有石卧江，形似马，紫黑色中有纹如系金线，江水涨发至此，纡折而流。相传昔年有客以千金售之，土人不受，谓有关风脉也。

金枪崖：叠溪城北。相传明丁玉平羌后，置枪于崖上，崖甚高，有番民结梯视之，见大蟒盘踞，后遂无敢上者。

瑞芝石：叠溪城外。西汉时芝生石上，刻有“瑞芝石”三字。

叠溪教场南有大石高三丈余，广数丈。顶平如掌，镌“石佛”，二旁刻“大唐贞观六年翼州知州立”，又一行书：“大元开国忠顺上万户刘文远引兵至此”。此又一洞泐“石洞临秋”四字，相传张三丰憩息于此，留题而去。

钟鼓楼：内城正街。明嘉靖中，巡抚许廷光建。国朝康熙四年兵备郭之培葺，乾隆五十六年知州张愈聚重修。

凤仪楼：阜康门上。道光九年吏目刘辅廷劝捐监建。

陵墓附

周后稷墓：佐禹治水，殁于黑水。《山海经》：“后稷之葬，山水环之，在氐国。又《西海内经》：西南黑水之间，有广都之野，后稷葬焉。”按：氐国，今威茂叠溪地。土人相传：梭磨土司芦花界内有土阜一区，四面皆生黑刺，人不能进，中有大石碑，上刻“后稷墓”三字，未知确否，录之以待考。

唐杨夫人墓：在叠溪营属番界。相传将军李广妻葬于此，今不知确在何处。

明知州陈敏墓：外城清波门内。敏任茂三十年，夫妻殁于茂，州人为之合葬焉。署州牧丁映奎记：

癸丑嘉平，予代庖汶山，越甲寅春三月，薄务稍暇，嘱同事诸公，访求州乘，得悉明牧陈公事。公讳敏，字志学，甘肃华亭人。永乐中知州篆，历官垂三十年。当正统初，吐蕃为边患，公与都督徐甫协力剿平，论功升布政司右参议，仍摄州事。以茂地广

① 仅：乾隆《茂州志》作“竟”。

而荒，劝民开垦，引泉为池，以资灌溉。一时野无旷土，麦穗五歧。宣宗制《满庭芳》词赐之。其它迁学校，葺城堡，以及山川、道路、津梁、祠宇之属，罔不殚精研虑，整饬无遗。夫妻并卒于官，州人感其恩德，合葬南明门外，祀公于名宦祠。呜呼！如公者真无愧古循吏矣。距今三百余载，陵谷迁变，而墓几为人有。我朝崇德报功，凡前贤祠墓，岁命有司修省。今公墓在近城，特以岁久湮没，废为丘墟，非守土者之责而谁也？爰诹日遣工修理，封土筑垣，禁樵牧不得入，并于墓前置亭，为文纪其事，以妥公灵，以洽舆望，且以告之来者。

又诗：

有身殉百姓，无地慰双魂。
考古名斯在，镌碑墓幸存。
千秋宜俎豆，一献愧鸡豚。
为语都人士，毋忘三十恩。

黄映暄诗：

宦况由来三十秋，两番升擢被民留。
循良自昔推贤牧，父老而今识故侯。
善政应传岷岭外，悲歌恰似岘山头。
韶光四百人何在，只有荒茔土一丘。

姜仑诗：

贤劳甘致百年身，赢得清风汶水滨。
墓道及今多蔓草，永心犹自照吾民。

金石附

唐回车院碑。《碑目考》：唐刺史盖巨源撰，大中十三年立。

唐刺史题梁。《碑目考》：黄唐梁记有“宝历元年，刺史窦季余；大中三年，刺史刘成师；咸通三年，刺史盖巨源撰”。

张延赏修城记。《碑目考》：按，董守愚《两路记》载：唐大历十四年吐蕃事，兴元元年张延赏重修，其后别驾修建城宇堡壁雉堞。记曰：

崇高莫大于君，亲严莫大于父，君有覆帱，父有训育。逮于蛮貊，生如禽兽，性不俟教解也。而肖形之内，戾气间存，触瑟生灾，梦牛成患，何代不有？可胜言哉！贼朏焚门，亦犹是也。族灭门覆，为愚者鉴诫，所以书其所由来。其余，则词存于左右壁矣。兴元元年记。

治平寺碑。《碑目考》：寺旧在城外，缘叛羌董阿丹焚，元丰初移入城。

西山记。《碑目考》：宋绍圣中，茂守曹垣撰。

更生阁记。《碑目考》：政和丁酉，倅贰跨鳌先生李新，目击静州之变，记载其事甚详。

图经。郡守史宪序。

孔子石刻像。在文庙左。

朱子石刻像。在文昌宫右。

三元宫有三官神像，铁身，高一丈，明万历间铸。

苏镇抚井碑。在土门。明太史王元正撰并书，字法遒劲。《井铭》：

土门，东路要地也。势阻亢险，土乏罅闰。积岁求井不可得。号旅取汲于褫水。上下坂峻，往来苦之。且东迩□□板舍诸番白者罗打□□□□之□百□十余寨以无井故，每肆侮我。我虽徒于□底以图斯须□渴死。都督何公卿荩臣有忧之□□□□□□将民望实提督斯堡，尝曰：军可以勇□□□□□□□可以请结，城可以为守□一日无背则渴□□□□□□三日无井则死□甚恐乃克□□□□□□□□□□□□朝夕之勤岁戊戌春乃凿于□□之□□□□成十日告得井形若箕□□□四□□□□□□□□□□生乐无死忧以□以□□□□□□□□□□□□兴神明之惊，效犬马之□□□□□□□□□□□□之喜，甚乃仰而□□□□□□解刀□□□□□□予尝闻诸古矣。乃□□□□□□得之□□□□□□□缓急之几异□□□之□□□越三年□□□□□山人携文友郑□□□□□□□夷乡友□□□□□□尚弼咏尚为□□朝仪□卿属友诏汝□□□□□为山人题为□□□□□□□□□光□进而□曰□□□幸矣铭弗留客耶？山人乃为铭曰：惟天一尘地洩□夷发源夔□□□□□□永靡竭皆鼠尽狼□□□□忠广勇同□□。

生明车儿筒。古炮也。在州署内。明洪武十一年铸。

石缸。贞烈祠内。州牧李光墺铭：

乾隆十四年，予从军大金川凯旋，十一月会茂牧陈公克绳擢雅州司马，将入觐，委予署州事。谒庙毕，顾瞻宫墙内忠义节孝祠，名位寥如。入署，有白石方缸置于宅左，视之，系明洪治九年二月十一日造，上镌“明贞烈罗恭人段氏因贼破州城死之”，他字皆漫灭不能识审。是则署旧有缸而为恭人段氏死所也。茂无文献，所传异词。惟传罗公铭鼎系云南人，明崇祯末任茂州牧，值流贼赵荣贵破城，被执去。段闻之，慨然曰：“吾母子身受国恩，今城已破，尚忍偷活人世耶？”遂投缸而死。前牧书其事于石缸以表之，宜即此物也。呜呼，若兹烈迹委于荒衙，百余年来，其不灭尽者，亦有神呵焉？此司马陈公将上其事，使袝诸庙，春秋俎豆，以风茂人，未果，祀恭人于节孝祠。墺乃改置于仪门之左，使人皆得而观感。铭曰：罗公有母，比于王陵，嗟我士女，永以为型。

建置志

城 池

汉唐以来无城郭。宋熙宁间，知州范百常始筑土城。元因之。明洪武初，佥事楚华重修，易以砖石，门四：东胜、南明、西平、北定，又引三溪水入城，以资汲饮。成化中，巡抚张瓒添筑外城。弘治六年，参将房骥于内城东北二面凿濠，阔三丈，深丈余。巡抚谢士元易外城以石，高一丈六尺，周五里，计九百丈。增东、西、南三门：东忠义、西清波、南阜康。嘉靖间，巡抚许廷光复环瓮城建四角楼，置巡警铺二十四。崇祯末，遭流寇赵荣贵之乱，内外城俱陷。国朝康熙六年修筑内城，五十五年巡抚年羹尧委保宁通判王廷钰监修，高二丈七尺，周四里，计七百二十丈，垛口一千零三十九，门四，名仍旧，俱有楼，最为坚固。今外城三门洞尚存。

叠溪城：唐贞观时筑。明洪武十一年，御史大夫丁玉讨复故地，命指挥童胜复筑，高一丈，围三百九十丈，门四。成化间重修。

公 署

都察院旧署：北门内。明宣德间建，今废。

兵备道署：旧在外城北。明洪武中建，崇祯末毁。国朝顺治初迁建于内城东南隅，雍正八年重修。平定金川后兵备道改驻省城，数十年风雨飘零，渐次坍塌。

知州署：内城西南隅。明洪武二十四年，知州于敏即土知州杨者七旧宅改建。万历中，知州张化美重修，大堂下植三槐树。国朝康熙四年，知州黄陛重建。二十五年，知州李斯佺建三堂、书室，仓库在仪门内，监狱在大堂西。

吏目署：州仪门西隅。明时建。国朝乾隆十一年，吏目宋峻德重修。嘉庆二十五年，吏目刘辅廷补葺。

儒学署：详“学校”。

卫旧署：内城东隅。明洪武初建，经历署在大堂东，中、前、左、右四所在仪门外，今为千总署。

都司署：州署后。本明参将署。国朝乾隆二年，移威茂协驻此。十七年，改都司署，五十五年，都司张万魁重修。

千总署：即旧卫署。内有贮兵米仓一所。

演武厅：东门外一里。

军器局：都司署内。

东汛把总署：在桃坪。

西汛把总署：在镇西桥。

南汛外委署：在七星关。

北汛外委署；在长宁堡。

僧会司：住灵祐宫。

栖流所：在阜康门内。

叠溪游击署：城东北角。明初建。

守备署：城内正街。明初建。

千总署：城西隅。

演武厅：城北三里。

兵米仓军器局：在守备署内。

学　校

学宫：南明门外。明永乐八年，州人沈连上封事，请设学，知州刘坚即指挥徐凯宅为之。宣德三年，知州陈敏始建学于此。嘉靖中，兵备胡鳌、知州王生贤重修。隆庆间，署知州王乔华增建棂星门。万历庚戌，知州段宜标改迁于内城。崇祯八年，副使史赞舜复迁今处。明末毁。国朝顺治十六年，署知州赵廷祯重建。康熙六年，知州黄陛建学舍四楹。乾隆元年，知州刘墧添建崇圣祠。嘉庆二十年，学正聂元樟重修明伦堂及学署。道光三年，署知州李绍祖、知州杨迦怿先后劝捐，委吏目刘辅廷督工，改修正殿、崇圣祠、东西庑，名宦、乡贤各祠并泮池、宫墙。木石坚固，规模宏敞，洵从古未有也。总督戴三锡记：

昌黎有言：自天子至郡邑守长通得祀而遍天下者，惟社稷与孔子为然。故今自太学及府州县学，莫不建庙，奉至圣先师唯谨。盖典礼为立教之本，是以学必有庙，而庙之制则有三门、六戟、殿列、两庑，薄海内外，莫有异焉。我国家敦崇礼教，超越往古，百数十年来，虽荒陬僻壤，皆知释奠，习乡射之礼。俎豆筐篚、笙镛琴瑟之仪，人道德而家礼义。士之游于学者，罔不致其诚敬也。茂州，古冉駹国地。雍正五年改置直隶州，其地逼近羌戎，参错堡寨，扼西域之路，当江渎之源。圣庙旧在南明门外，明万历间移建城内，旋复今处。国朝虽屡加修治而规模粗备，未肃观瞻。钱塘李绍祖、新城杨迦怿先后来知州事，顾瞻太息，乃谋而新之。首捐银一百金，州之乡士大夫咸率私钱为助。于是鸠工庀材，命吏目刘辅廷奔走将事，倾者培之，覆者植之。先茸殿宇，次东西庑，次戟门、棂星门。乏赀工绌，署牧周銮继而捐绥，缭以垣墙，涂以丹雘，竹木瓦甓之高厚坚实，较旧制改观。噫！可谓贤矣！道光丁亥孟夏，工甫迄。适余奉命巡阅过此，士民以余曾任兹土，欲兴是役而时有未逮，欢然相告，请为之记。夫学者，效也，所以效学之所为，俾之明善复性，由小成以底于大成也。今庙宇既焕然一新矣，入是学者果能顾名思义，砥砺廉隅，如诗所云："济济多士，克广德心"者，举贤刺史正本清源之意，推而广之，曰：相与藏修息游，涵养性情，文艺优而器识备，彬彬焉，雍雍焉，与邹鲁同风，岂不懿哉！捐输姓氏，例书碑阴，是为序。

学额：原设学正、训导二员，额取学十二名，武生六名。廪、增各三十名。乾隆三十年，裁学四名，廪、增各十名，拨归眉、资、绵等州。乾隆六十年，复裁学二名，廪、增各三名，拨归秀山县。嘉庆七年，裁训导一缺，归绥定府。现额学，岁科、文生各六名，武生六名。贡缺原系三年两贡，道光七年裁去廪生一名，增生一名，改为三年一贡。今廪、增各十六名，廪饩每名岁支银三两二钱，遇闰每名增银二钱六分六厘零。雍正八年，松茂道郑其储详奉题准，嗣后茂州羌民一体应试。

社学：明知州张化美立社学二：一在南明门外，一在内城，择弟子员贫而好学者，给以馆谷，俾司训课，后废。

义学：国朝康熙二十四年，知州李斯佺置于治平、灵祐二寺，嗣以未筹馆谷，行之不久。嘉庆二十二年，代办州事王升元于儒学署左建九峰义学一所，正房五间。二十四年，知州刘德铨将所置义仓旱地并岳希土司坤琏所捐河西荒地，经吏目刘辅廷开垦，除种桑树外，所获岁租，一并禀请归入义学。道光七年，署州周銮奉檄劝设义学，筹捐钱五百钏，发铺户生息，设义学四处：一启蒙，城内治平寺；一兴文，州东干沟；一储英，州南石鼓；一养中，州北舍棠。每岁各馆金钱二十钏，行之年余，州民以义学无实济，情愿设立书院，遂将五百钏生息之项，并前置旱地、河西地租统归书院。

书院：本系九峰义学。道光七年，署州周銮劝捐，委吏目刘辅廷即义学之前添建讲堂并厢房十余间，墙垣俱备，改曰九峰书院。迁桥墩地大小九块：授种共三石零五升，岁收麦租七石六斗二升五合。河西开垦地一块：内种桑树六千余株，余地佃耕种，每年认纳租钱十二钏。此地开荒之初议，租似觉太轻，嗣后应酌量加增。现存生息钱一千六百九十八千零。道署空地四块：岁收租钱。

附：乡饮酒礼

每岁正月十五日、十月初一日，于儒学行乡饮酒礼。前一日，执事者于明伦堂依图陈设坐次，司正率执事者习礼。至日黎明，宰牲具馔。主席及僚属、司正先诣学，遣人速宾僎。比至，执事者报曰：宾至。主席率僚属出迎于庠门外，揖，入，主东宾西，三揖三让，升堂，东西相向立，赞唱：两拜，宾坐。执事者又报：僎至。主席率僚属出，揖让、升堂、拜坐如前仪。宾、僎、介既就位，执事者唱：司正扬觞。引司正由西阶升堂中，北向立，以下皆立。唱：揖。司正揖，宾僎以下皆揖。执事者以觯酌酒授司正。司正举酒曰：恭惟朝廷，率由旧章，敦崇礼教；举行乡饮，非为饮食。凡我长幼，各相劝勉：为臣尽忠，为子尽孝；长幼有序，兄友弟恭；内睦亲族，外和乡里；无或废坠，以忝所生！读毕，执事者唱：司正饮酒。饮毕，以觯授执事。执事者唱：揖。司正揖，宾僎以下皆揖。司正复位，宾僎以下皆坐。唱：读律令。执事者举律令案于堂中，读者诣案前北面立，宾僎以下皆立，行揖礼。读曰：《大诰》，乡饮酒礼，序长幼，崇贤良，别奸顽。其坐席间，年高德邵者居上，高年淳笃者并之，以次序齿而列。其有违条犯法者，不许干与良善之席，违者罪以违制。敢有喧哗失礼者、扬觯者，以礼责之！读毕，复位。唱：供馔案。执事举馔案至宾前，次僎、次介、次主各以次举，讫。唱：献宾。主起席北面立，执事者酌酒以授主，主授爵诣宾位，置于席，稍退。赞唱：两拜。宾答拜，讫。复献介，礼亦如之。毕，主复位。赞唱：宾酬酒。宾起席，介从之，执事者酌酒授宾，宾受爵诣主前，置于席，再拜讫，各就位坐。执事者分左右立，介、三宾、众宾以下，以次斟酒于席，讫。赞唱：饮酒。或三行，或五行，供汤。又唱：斟酒，饮酒，供汤。三巡毕。唱：撤馔。讫。唱：宾、僎以下皆行礼。僎、主、僚属居东，宾、介、三宾、众宾居西，赞唱：两拜。讫。唱：送宾。以次下堂，分东西行，仍三揖，出庠门而退。

凡乡饮酒礼，主：知府、知州、知县。如无正官，佐贰官代之，位于东南。大宾，以致仕官为之，位于西北；僎，择年高有德之人，位于东北；介，以次长，位于西南；三宾，以宾之次者为之，位于宾、主、介、僎之后。除宾、僎外，众宾序齿列坐，其僚属则序爵。司正，以教职为之，扬觯以罚。赞礼者，以老成生员为之。

诗歌：工歌《鹿鸣》《四牡》《皇皇者华》；笙《南陔》《白华》《华黍》；歌《鱼丽》，笙《由庚》；歌《南有嘉鱼》，笙《崇丘》；歌《南山有台》，笙《由仪》。于是合乐歌《关雎》《鹊巢》《葛覃》《采蘩》等诗。

乡饮酒图

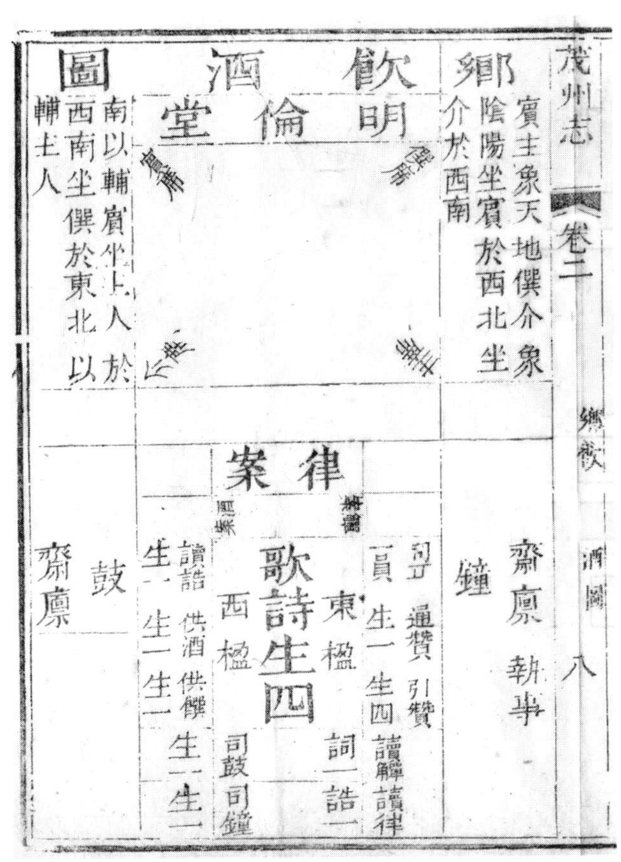

关隘

月峰墩：州东五里。明正德十五年筑。

夹山墩：州东十里。明嘉靖二十七年筑。

土地岭堡：州东十五里。明洪武初建，嘉靖十一年增筑边墙。

镇远堡：州东二十里。明初建。

关子堡：州东三十里。明洪武初建。

神溪堡：州东四十里。明成化十五年建。

永宁墩：州东五十五里。明嘉靖十三年筑。

土门堡：州东七十里。明初建，嘉靖间拓修。

镇安堡：州东七十五里。明弘治八年建。正德初，诸蛮大叛，墩兵不守，蛮由小路出掠安邑，复设，以绝其路。

蒿坪硐：州东八十里。系旧蒿坪村，去大路颇远，明嘉靖三年，青片、白草诸番为患，筑硐防之。

桃坪堡：州东九十里。明成化间建。

月耳门：州东南二百五里。与安县连界。

卸军门：州东南二百五十五里。与绵竹县连界。

北定墩：州南。明嘉靖十六年筑。

四顾墩：州南。明正德六年，河西番蒲卓为患，筑墩，以扼其隘口。

七星关：即望星关，州南四十里。唐乾符二年高骈镇西川，戍望星关，即此。山有大孔一，小孔七，如七星伴月。关南栈道临江倚崖，古称绝险。嘉靖十七年副使张问之凿修，题曰“七星天险”。崇祯初，副使任中凤复修。

明副使薛曾诗：

昔闻三蜀险，今到七星关。
马渡银河上，车横霄汉间。
旗光元武动，剑气斗杓寒。
貔虎当门立，皇威镇百蛮。

州牧陈克绳诗：

岷山自天走益门，千峰万峰向东奔。
势如天马西北来，腾空万匹入中原。
江流忽折峰势曲，金羁控[①]住相踞蹲。
中有严关据绝壁，倚崖傍壑列戍关。
屯边流泉分股出，七星回旋抱天根。
飞泉直向夹江去，雷砰电击撼鲸鲲。

① 控：乾隆《茂州志》作“鞚”。

城郭岌岌空且矗，旌旗猎猎云头翻。
洵哉天险非人力，剑阁峥嵘何足论。
我驱瘦马日将暮，潇潇书剑向孤村。
时清久罢三城戍，蚕崖新月破黄昏。
忆昔前军列河北，夜半思擒吐谷浑。
战垒秋风吹白骨，天阴月黑哭征魂。
人世几回伤兴废，此关自古壮乾坤。
君不见，隗嚣当日据陇西，函谷东风一丸泥。

鸡宗关：州南四十二里。壁立寨下。

文镇堡：州南六十三里。在今文镇南，明时建。

石榴关：州北五里。

镇戎堡：州西十里。明嘉靖十三年建。中有井，苏济凿。

椒园堡：州西二十里。明嘉靖十三年建。

长安堡：州西三十里。明成化十五年建。前以椒园去韩湖太远，议于两堡中添设，委百户徐宽董其事。鹅儿番民恐占其地，密以银瓶赂宽，遂筑于山坡。地形受敌，嘉靖间诸番攻堡几陷，克平后仍于堡南即番地改筑。

都御史杨守礼诗：

提兵深入虎狼群，夷夏争传此地分。
拜舞羌蛮来峻岭，笑谈今古到斜曛。
秋风野草红沾血，白日荒山愁带云。
镌石有名王太史，将军千载有奇勋。

山下索桥山上楼，柝声一夜不曾休。
当年未许维州议，今日还劳圣主忧。
塞草连云嘶战马，碉房临水系耕牛。
书生莫负筹边策，回首西风两鬓秋。

宁江堡：州西四十里。旧名韩湖，明洪武十年建。

松溪堡：州西五十里。明洪武初建。

长宁堡：州北六十里。明洪武建。

副使胡凤《题两河口》：

云卷旌旗，风生剑戟。犯之者焦，触之者碎。
王者无敌，天道好生。氐羌来享，万年太平。
仁昭义立，春生秋杀。恩以济威，夷不滑夏。
莫高匪山，莫深匪江。华夷统会，天地包荒。

按：昔上松大路，由清波门过索桥沿江直上，至长宁过飞虹桥，归北大道。后飞虹桥圮，改由河东石榴关直行。今长宁以下塘铺，均设河东。

穆肃堡：州北七十里。明洪武初建。中有井，指挥顾学凿。

实大关：州北八十里。洪武初设。

新子堡：又名大定，州北九十里。明景泰间建。兵备胡凤题：

白石凿凿，周道如砥。我陵我阿，昆夷駾矣。
云山为剑，风树为旗。用张我武，永靖边夷。

马路堡：州北一百里。明成化十五年建。

小关子堡：州北一百十里。明洪武中建。

新桥堡：州北一百三十里。明洪武间建。

普安堡：州北一百四十里。明宣德间建。

大平堡：州北一百五十里。明成化间建。

永镇堡：州北一百六十里。明洪武间建。

按：茂自汉迄明，羌民屡肆扰掠。我朝定鼎以来，恩威遐播，声教覃敷。昔日跳梁丑类，皆倾心向化，纳款输粮。百数十年，安土乐业，习礼知书，与齐民等。是以四路墩堡关镇仅存基址者十之二三，坍塌而废者十之七八，设险守固之说，其后焉者矣。孔子曰：柔远人则四方归之。孟子曰：域民不以封疆之界，固国不以山溪之险。信夫！

桥　梁

镇西桥：清波门外。以篾索浮板为之，即挑桥也。明正统中，都御史寇深谋砌以石，材具而江广莫可达。会岐山崩，江流塞终日，深急命下石并工砌中嘴，水至，中嘴已高丈余，桥遂成。嘉靖中圮，参将盛愈谦重修。定以一岁小修，三岁大修。所需绳木，七里之民供具焉。

通天桥：旧名镇远，南明门外。引三溪水经其下，额曰“五福泉”。

夹山墩双桥：州东八里，均嘉庆二十四年建。

师巴桥：阜康门内。明嘉靖间僧海江建。番人呼和尚为师巴，故名。国朝知州娄星重修。

大石桥：州东十里。康熙初年参将张自成建，嘉庆间重修。

毛香坪石桥：州东二十里。道光四年建。

马蹄溪石桥：州东二十七里。道光八年建。

明角底桥：州东四十里。乾隆年间建。

神溪桥：州东四十五里。乾隆十年，知州陈克绳命贡生王椿、陇木土司何嘉[①]监建。四十年圮，嘉子清远重修。

都料桥：州东六十里。乾隆初建，后圮。道光三年里民王绍武呈请复建，吏目刘辅廷亲往履勘，以旧址河面太阔，移上流二十余丈，山脚稳固，砌石架木，上盖瓦亭，名孝义桥。

① 该段文字与乾隆《茂州志》稍异，乾隆《茂州志》作“国朝乾隆十年，知州陈克绳始议建桥，优贡王椿、陇木长官司何璸等成之，覆以瓦亭。四十年，桥圮，璸孙嘉重建，有碑记”。

土门小桥：州东七十里。嘉庆二十五年建。

万年桥：州东七十里。过河即胡子岭，通安绵捷径。向无桥，架木以渡。嘉庆二十五年吏目刘辅廷劝捐监建，计长八丈余，上盖瓦亭，最为坚稳。

石槽沟桥：州东七十里。嘉庆二十五年建。

蒿坪桥：州东八十里。

黄公坪石桥：州东一百里。

油洞口桥：州东一百二十里。嘉庆二十五年，吏目刘辅廷劝捐建。

高桥：州东南二百里。天池、梅子沟运煤出绵竹要路，山水陡涌，石桥屡被冲圮，今以大木为梁，行人时有临深之惧。

倒须沟木桥：州东南一百八十里。通安县路。

宗渠桥：州南十五里。明嘉靖三十五年，知州钱纯让建。新都杨慎记：

茂州城南十余里，有溪曰宗渠。其源出于雪山，囷圝[①]湍迅，夏涨而冬浅，罔可徒涉，其孔道又灌、威、松、叠悬车束马之要领。永乐中，州大夫丁公埏埴陶甓为桥，往来如馗，道岁久而醉，或楮以木格，覆之壤蒉，工省而利薄[②]，竟致碕坍。议欲葺之是地也，里曰："宗渠傍近有村曰石鼓，二地之民犷悍交罵，避役而争，争弗已，乃鬪鬩，弗止，乃讼。"嘉靖甲寅，宪司云峰来，公下车，阅其控辞，以授于州大夫钱纯让，公退而进民于庭，灼知两造之情，灼见相诿之弊。程民力，度壤土，出于宗渠者什一，估于石鼓者什三，庀材庀锋，取砺取锻，其赋以是为差，民既悦，以忘劳。予来趋事，以木非可久，易以坚石，虑材用之乏，首捐俸十金以先之，其余出于罚锾者，次第足焉。又虑力役之缺，乃移檄卫司，取诸戎伍并手偕作，上其议于云峰公，公曰：斯议也，情法当矣，擘画晰矣，必行无留滞[③]。盖经始于甲寅良月初冬，而落成于开岁春孟。君子曰：蜀之边隅，松茂为首。上稽天文，《星经》有之曰：天泉[④]九星，横亘河中，天下有道，津梁攸通。又曰：江星动，人涉水。呜呼！通津梁而兆有道，人涉水而动江星，桥梁之所关亦大矣。《括地图》谓：翼针、蚕陵、冉駹、筰都悬橦度索，竹笼硐庐，独守之固，匪村弗居。勿云斯桥之微，其有裨于王政，不止一事而已。云峰公倡之于上，而州大夫成之于下，克以妥民而平政，兹可无述乎？益庵钱君旧仕[⑤]云南昆明，滇之第一剧邑，以考最，屡经荐于宪司而不擢于铨衡，持斯以临茂郡，固其轻车熟路也。慎尝耳而目之矣，非无试之誉也，因记而并著之。

石鼓索桥：州南三十里。两岸立柱，以竹索横截江上，断木为筒，状如覆瓦，名曰扑筒。渡者以扑筒衔索，用麻绳系腰，悬于筒下，仰面沿索溜去。有两索，一东高西下，一西高东下，以便往来。自高溜去，其势甚速。西、南、北三路用此者甚多，不具载。《括地图》云"悬橦度索"，即此。

---

① 困圝：乾隆《茂州志》作"奋谲"。

② 薄：乾隆《茂州志》作"市"。按，"薄"疑为作"溥"之讹。溥，广也。

③ 留滞：乾隆《茂州志》作"恶泽"。

④ 泉：乾隆《茂州志》作"经"。

⑤ 仕：乾隆《茂州志》作"知"。

扶凤桥：州南石鼓。乾隆年间建。

石鼓偏桥：州南，即古秦汉栈道制也。缘崖凿孔，斜插木于中，作桥形，铺木覆土，置栏护之。

七星偏桥：州南七星关下。临江倚崖，古称绝险。明兵备任中凤凿。今系十寨民，分段岁修。

白水桥：州南三十七里。

文镇桥：州南六十里，向系十寨认修。山水涨发，一岁数易，民以为劳。道光三年署知州李绍祖委吏目刘辅廷劝捐修，易以石，上盖瓦亭，十寨居民始免岁修之苦。

长安桥：州西三十里。乾隆年间建。

万顺桥：州西四十里，乾隆五十五年建。

竹木坎桥：州西五十里。

沙坝挑桥：州西七十里。道光二年，长宁土司苏朝相劝捐修建。

龙坪桥：州西七十五里。乾隆间建，道光十年重修。

杜家坪挑桥：州西九十里。

白溪寨挑桥：州西一百三十里。道光十年建。

彩虹桥：州东三里。嘉庆二十三年建。

兴隆桥：州北二十里。乾隆四十年，段万儒建。

沟口桥：州北四十里。明知州刘坚建。

飞虹桥：州北长宁堡。明嘉靖兵备胡凤建。今圮。

穆肃堡挑桥：州北七十里。

实大关桥：州北八十里。明知州刘坚建。国朝道光七年，吏目刘辅廷劝捐重修。

又挑桥：通巴猪寨路。

大定桥：州北九十里。

叠溪大桥：州北四十里，通松坪各寨路。道光七年重修。

杨柳沟桥：州北一百五十里。

里　甲

原额在城、陇东、篷族、石鼓四里，后增陇木、静州、岳希三里。国朝乾隆五十一年，茂州营属踏花等十八寨，恳请输赋承役，编为新民里。五十三年，大定土千户属连环等寨，请照新民里之例，一体纳粮应差，编为广民里。以上九里为汉民。

原额沟口、岐山等寨羌民八里。国朝康熙四十二年增入三齐、无主生番三十六寨，分为三里。乾隆十七年，杂谷土司苍旺服诛，毗连州界后番黑水十八寨部落入州，照羌民一体应役，分列二里。以上十三里均为羌民。又道光六年，叠溪营属五土百户番民改土归流，编为亲民、安民、康民、齐民四里。汉羌共二十六里。

汉民九里村落：

椒园堡、水磨坝、龙洞沟、上南庄、下南庄、勒石村、白水村、白水沟内大石坝、高川、大坝，以上在城里，设保长一人。

马蹄溪、明角底、神溪堡、干沟、永正沟、神溪沟、都料口、雨灵墩、树木冈、万安寺、曹木、石曹沟、梭罗卫、路坪、士门、羊木鱼、到坐庙、黄金湾、扒溪、蒿坪、许家山、宝藏寺、麻练、桃坪、张家坪、羊盘沟、亚坪、水晶坪、马鞍山、黄公坪、牛家山、大石坝、水瓮子，以上陇东里，设保长一人。

吉鱼村、岩头、高山、壁立、安乡、凤毛坪、绵族、斗族、文镇、青坡，以上蓬族里，设保长一人。

马念坪、牙吾沟、黎园村、荞面沟、宗渠、蓝店坡、石鼓、独脚龙门、梅子沟、天池、卸军门、高桥、楠木沟、赵家湾，以上石鼓里，设保长一人。

仁村、玉亭、下关子、刀溪沟、水井湾、秤砣山、斗子山、松坪、马桑林、赤土坡，以上陇木里，设保长一人。

静州、静州山、茶山村、水茶店、毛香坪、核桃沟、上关子、中寨、漆树沟、茜岭，以上静州里，设保长一人。

水西、干沟墩、青土湾、平头村、波西村、壳壳村、勒都，以上岳希里，设保长一人。

水磨沟、踏花寨、大小牛儿、双马、沙坪、猫儿山、白布村、力角村、后沟、罗多寨、粟谷、华头村、思耳多、密思耳、勒巫、巴猪沟、野鸡坪、上下小寨、擦耳岩，以上新民里，设保长一人。

白溪寨、谢家沟、连环、六定、二垒河、牙珠、罗多寨、挖地，以上广民里，设保长一人。

羌民十三里寨落：

浑水沟、深沟、浅沟、大小力日、王家山、簇箕、余家坪、罗谢山、陈家山、杜家坪、卓沙、蓝家山，以上二里，设保长一人。

黑老挖、麦耳寨、小寨子、日飞寨，以上一里，设保长一人。

上下核桃沟、小寨、吾耳寨、得信寨、卟筒寨、堕才主，以上一里，设保长一人。

巴珠村、八什村、谷必村、大石村、红桂、得胜村，以上一里，设保长一人。

窄溪沟、乌都寨、小寨子、刁浓沟、刁林寨，以上一里，设保长一人。

大小岐山、盘龙山、沟口寨、汰浱寨、维新，以上一里，设保长一人。

儿格密、巴地吾堡、二根米，以上黑虎一里，设保长一人。

素窝、吉黑寨、把朱、七义、杀虎、恶思、赤布寨、儿达、昔卜寨、挖地、克八、出耳寨、屋力、则哈寨、不布，以上一里，系三齐寨山后。

福义寨、白布村、下八寨、上下六合、屋只、亦勿、只布、思若、上下儿布、勺勿寨，以上一里，系三齐寨河西。

咱宇村、纳耳、克咱、克地花、龙坪、富元、巴什寨，以上一里，系三齐寨河东三里，共设保长一人。

新编四里寨落：

石灰寨、葫芦寨、萝葡寨、皮袋寨、小关寨、棑栅、马路寨、高黄寨、脊鱼寨、遮花寨、白泥寨、石嘴、麦耳、杨柳寨、牛尾巴、麻达、西歪嘴、磨刀湾、突牛寨、博都，以上大姓，编为亲民里，设保长一人。

梭多、木十、结白、勒谷寨、龙池、沾河、拆立寨、拔司、小寨、鱼耳、烧炭沟、三义寨、日注湾，以上小姓，编为安民里，设保长一人。

大小和尚寨、白蜡寨、刁孤寨、八溪、乌溪、峨独寨、挖耳、水磨寨、儿额寨、火鸡寨、纯亦寨、额挖寨、麦什寨、木梳寨、牙谷寨，以上松坪，编为康民里，设保长一人。

格亦寨、瓦若寨、六耳、白亦寨、木西、昔鱼寨，以上大姓黑水。

永木、格必、色喇寨，以上小姓、黑水两处，编为齐民里，设保长一人。

州举人蒋复隽《招抚黑虎七族记》[①]：

吾茂设在万山里，为巴西极塞。考之志乘，三代前犹为氐羌有也。迨汉武，再辟蚕丛，南通夜郎，置汶山郡。乃驱氐羌而西，以大江为限焉。历代以来，恃其山箐险阻，屡肆猖獗。而茂之黑虎生番，跳梁尤甚，出没官道，掠虏我人民，虔刘我牲畜，岁无虚日。守土者议剿议抚，讫无成功，终明世未有能揖服者。皇清御极，中外一统，距今五十八载矣。番蛮始知怵息敛手，然犹负隅崇山，观望弗臣也。康熙四十年，抚宪贝公，提镇岳公、周公以盛德宏材，揆文奋武，振兴于上，又得方伯高公勤宣德意，观察金公雅志柔怀其下。弭缝边衅，文德远播，则有太守张公、刺史赵公群贤相助为理，故分命四出，未几而南蛮之部落内附矣，未几而潘州之酋长来归矣，未几而紧邻我茂之黑虎七族亦纳款输诚矣[②]，猗与盛哉！今春我刺史赵公复举檄，会同城营张公、守府李公深入黑虎巢穴，无大小咸畏怀听命，仍令每年量输麦粮以示羁縻。夫黑虎素号顽梗，非可制以威力，今抚提诸公未控一弦，未烦一兵，不浃月而思驯之。方诸古，韦、李二公筹边振旅，殆又过之矣。非圣天子天威遐畅，文武大臣经方伟略，讵易得此哉？吾见自今以后，汉番一体，边圉[③]永宁。上不负朝廷封疆之寄，下可纾赤子烽燧之忧，是恶可无记耶？爰勒坚珉，以传不朽，后有继者，亦可知抚绥之有本矣。

道光六年总督戴三锡会同将军、提督奏《为番民向化情愿改土归流恭奏折》：

奏恳圣慈，编入民籍以顺归诚而广郅治事，窃照成绵龙茂道属之大姓等寨五土百户所管番民，涵濡盛化百数十年，渐敦淳朴之风，共慕升平之世。兹于道光六年三月间，据大姓寨土百户郁廷栋、小姓寨土百户郁成龙、大黑水寨土百户郁玲、小黑水寨土百户郁启相、松坪寨土百户韩朝升等赴布政司具禀，内称：百户等所管夷众，俱情愿改土归流等情，当经藩司董淳会同臬司吉恒暨成绵龙茂道伊济源据情转详，臣戴三锡即批饬委员查办，去后，旋据委员坐补顺庆府知府金齐贤阿暨署茂州知州刘毓嫌前往该处，带同五土百户亲历所属五十八寨，遂加查询，各寨夷民等环跪吁求，佥称伊等久沐天朝声教，言语衣服悉与汉民相同，亦多读书识字之人，是以一心向化，愿作盛世良民。所有认纳稞粮等项，相距茂州较远，并请改为折色赴州完纳，更沾恩典。又据该土百户等禀称：所属夷民，本与汉民无异，又能读书识字，土司等自觉无能，难以治理，今情愿改

① 招抚黑虎七族记：乾隆《茂州志》作“招抚黑虎七族生番碑记”。

② 未几而紧邻我茂之黑虎七族亦纳款输诚矣：乾隆《茂州志》作“未几而黑虎之七族输诚矣”。

③ 圉：乾隆《茂州志》作“隅”。

土归流，只求转禀各等语。该委员等随摘传各寨夷目高元相等，同该土百户等一并来省，由该司道讯供结具详前来，臣等当传该土百户郁廷栋等，及夷目高元相等，逐细查询，供词甚为肫切，委系出于至诚。究结[①]再三，并无别故。查大姓等五土百户，共管番民五十八寨，该土百户等之先，均于国初时投诚授职，历来只领号纸，并无印信。该番民等言语衣服，悉与汉民相同，其中并多读书识字之人，今以不得同列齐民为耻，情愿改土归流，实出感奋至诚，合无仰恳恩慈，准令大姓、小姓、大黑水、小黑水、松坪五土百户所管五十八寨土地、人民，拨归附近之茂州直隶州知州管辖，编入汉甲，其新编户口、考试等事，悉与汉民一体办理。该夷民等原有认纳稞粮等项，拨供叠溪营兵米，今既改土归流，应赴茂州完纳。惟至州路径稍形跋涉，应如该番民所请，折色完银，由州解司拨营，以归画一。至该土百户郁迁栋、郁成龙、郁玲、郁启相、韩朝升等能顺众情，亦属恭顺。请照清溪县松坪土司之例，仍留土职世袭，以示优恤。所有应完折色银数同新编户口、界址、册籍及应办事宜，饬另行具详，分别题咨外，谨合词恭折具奏。道光六年七月十一日奉硃批该部议，经户、兵、礼三部议覆，均应如所议行。

场市

兴隆场：州东明角底，二、五、八期。

富顺场：州东干沟，四、七、十期。

东兴场：州东土门，三、六、九期。

复兴场：州东桃坪，二、五、八期。

太平场：州东南大石坝，一、四、七期。

铺递

明洪武初，设护林驿城内，安远驿州南，长宁驿州北，额设马匹由崇庆、新繁二州县协济。国朝裁，惟设二十三铺。

底铺城内，宗渠铺十五里，石鼓铺三十里，白水铺三十八里，凤毛坪铺五十里，文镇铺六十里，青坡铺七十里，以上南路。

石榴沟铺十里，渭门关铺二十里，长安铺三十里，宁江铺四十里，松溪铺五十里，长宁铺六十里，穆肃铺七十里，实大关铺八十里，大定铺九十里，马路铺一百里，小关铺一百十里，叠溪铺一百二十里，新桥铺一百三十里，普安铺一百四十里，太平铺一百五十里，木镇铺一百六十里，以上北路。

每铺额设铺司兵三名，共六十九名。每名岁给工食银六两，共银四百十四两。

附已裁东路五铺：毛香坪、明角底、都料口、黄金湾、桃坪。

---

① 结：当为“诘”。

祠祀志

祠　庙

社稷坛：南门外东。

神祇坛：北门外。

先农坛：东门外。

三坛均国朝雍正六年建。道光三年，吏目刘辅廷复修先农坛后正屋三楹、东西配房各三楹。

文庙、崇圣祠、名宦、乡贤、忠义、节孝各祠：并详“学校”。

武庙：忠义门外。元时建，明嘉靖间兵备奚良辅葺，国朝乾隆二十年威茂协董辅远重修并建后殿，嘉庆二十四年复修。

文昌宫：文庙西。明知州陈敏建，国朝乾隆四十八年贡生张廷祥捐买李姓宅筑修墙垣，道光五年建立后殿。

城隍庙：内城。明时建，国朝乾隆三十年住持尘参补修东西廊，道光九年里人重修抱厅、大门。又庙二：一在叠溪，一在州东大坝。土人曰：“一州三城隍”。

厉坛：北门外。

龙王庙：外城海会寺前。旧有二：一在镇西桥，一在龙洞堡。国朝乾隆二十年松茂道李本改建今处。

火神庙：外城前街。明成化时建，国朝道光四年重修。又一在都司署仪门内。

大禹庙：旧在阜康门外。明兵备李承志移建内城东北隅，明末毁。明参议任彦杰诗：

广柔石纽山，大禹发祥始。
遐[①]哉永赖功，禋祀无穷思。
巍巍崇伯子，明德无间然。
大孝焜耀照，伟略盖前愆。
帝尧忧未释，司空爰命禹。
四载奏平成，勋名高万古。

① 遐：乾隆《茂州志》作“懋”。

稽古惟大禹，荒度急生民。
后克艰厥后，臣克艰厥臣。
夏祀四百年，玉帛万方总。
至哉精一传，百世道之统。
岩岩祠庙新，肃肃瞻拜忻。
仰止端严貌，想见执中心。

江渎祠：州东二里。明嘉靖三年副使余珊建，有记：

江神有祠，肇自上古。古者帝王烟祀柴望及于山川，以视诸侯。大夫以下，莫得而与。然不知礼以义起，凡神有大惠利于民，而民怀之报神赐焉，则亦无不可祀之礼。茂渎[①]大江，西控岷山，虽非发源之所，而其流至茂而始见。况禹导之而托迹，李冰凿之以开基，利在万世，有不可泯者。我明更定祀典，祀江于蜀，无乃羊存之意，而于茂独[②]无祀，则终亦罔功，无以安神之灵，造民之福矣。予按茂之明年，将谋以葺而不获其地。一日步城东岗，顾瞻雪岭，俯眺茂濕，南望太乙，北望渭[③]门，中间星峦弈布，如起如揖，如箕如笠[④]。高者庳者，高高而庳庳者，咸来就聚，界水而止。而长江一带，混混西来，环抱东逝，喷之而霏玉，激之而轰雷，俱有鳌吸鲸腾之威，龙翔凤翥之势，予甚异之。乃卜堪舆，值辰戌之冲，负地户，向天门。载稽天官，上应东井，南河距其南，北河倚其北，水府水位，积水苍，耀渎宿，殆天旋地作，以为江神之居矣。问其主者何？茂民赵氏子，龙神之故地也。呜呼，异哉！江神为龙，吾莫得而见矣。至其主以龙神名，孰主张是谓非冥数也乎？于是度演武亭之东之隙地，计亩以易，择日鸠工，征材于山，不以勤吏民，爰营寝堂一，以奉江神。其崇二十有一尺，广三[⑤]十二尺有奇，东西列两掖室各三，楹堂稍前为中厅，以备奠拜。杀一檐，广如之。隆厅左右为碑亭，二亭之中，除地为池，可四丈许，结石桥以渡，别为沟塍。循东西垣下引溪水[⑥]，潺潺入池[⑦]，池上嵌石龙首，呀然张额吐泉沫，有声琮琤，题之曰“龙窟”。门楣周蔽，缭以崇垣、以丹垩，靡不焕然。始于甲申之十月，告成于十有二月。是日也，余率僚[⑧]属相与落成之，天清气朗，万物咸畅，观者堵墙，神人胥悦矣。参戎李公昇[⑨]、游戎蒋公存礼，揖而前曰：“此百年之创见，不可湮没，请为词[⑩]以记。”予应之曰：“今之为词[⑪]，公知乎哉，非矫诬以惑世也。”夫人鬼不明则礼乐不兴，礼乐不兴则祭祀

① 渎：乾隆《茂州志》作“滨”。
② 独：乾隆《茂州志》作“迄”。
③ 渭：乾隆《茂州志》作“雁”。
④ 笠：乾隆《茂州志》作“立”。
⑤ 三：乾隆《茂州志》作“二”。
⑥ 水：乾隆《茂州志》作“流”。
⑦ 池：乾隆《茂州志》作“地”。
⑧ 僚：乾隆《茂州志》作“寮”。
⑨ 李公昇：乾隆《茂州志》作“李昇”。
⑩ 词：乾隆《茂州志》作“辞”。
⑪ 词：乾隆《茂州志》作“祠”。

不正，妖诞之说甚而民不可得而治矣。彼羌何为哉？淫祀[①]黩礼，巫史乱经，诅祝棼棼，口血未干，比之华泰，尤不可以不讲者。且夫江流见于茂，惠利周于蜀，本祀典之所当祭者也。泰在山之东，华在陕以北，非境内之所当祀者也。今夫茂，渴饮江水，若弗睹其形；卧听江流，若弗闻其声；置以弗祀，何无香火之情？顾于泰华之神，金碧其宫，衮冕其像，正南面而坐[②]祀以王者之礼，甚至配以后妃，络以金翠鼓吹，其从婆娑不已。呜呼，舍其所近而求其所远，忽其所易见而诬其所不可知，其茫昧媟亵不经之甚矣。不有君子辟而辟之，后将何极？吾为此惧。先正人心，息邪说，崇祯祀，去淫祠，以导民于先王之礼乐，俾无忘于鬼神之功德，庶几潜消默夺，用夏变夷，此余之心也。为吾民者，其尚听之哉。

三皇庙：州东五里。

东岳庙：州东三里。元时建，明嘉靖甲午蒋成、蒋武重修。国朝嘉庆二十三年复修，更为廓大。

小东岳庙：忠义门外鳌山麓。明时建。

西岳庙：镇西桥西。元至正时建，国朝道光十年重修。

衙神庙：州仪门内。嘉庆二十二年重修。

川主庙：阜康门内。明洪武间建。

陈侯祠：阜康门内。明万历丁丑，监收通判王升为知州陈敏建。

朱公祠：长宁堡内。为明副使朱纨建。

何公祠：长安堡内。为明总兵何卿建。

薛公祠：南明门外。为明兵备道薛曾建。

陈公祠：宁江堡内。为明参将陈良建。

贞烈祠：州仪门内。乾隆十四年，署知州李光堧为明兵备佥事罗铭鼎之母段氏建。廪生张儒仁诗：

斑衣正好奏鸾笙，讵料当年寇入城。
鼠辈何人千古臭，琴堂有母一身轻。
魂游赤[③]水波为泣，血染寒缸石欲鸣。
凭吊于今怀往迹，坤仪长共月华明。

雷祖庙：州东土地岭上。嘉庆二十四年，吏目刘辅廷建。

寺观附

治平寺：内城大街。宋治平间建。

报恩寺：南门内。宋元祐间建。

---

① 祀：乾隆《茂州志》作“神”。
② 坐：乾隆《茂州志》作“生”。
③ 赤：乾隆《茂州志》作“尺”。

灵祐宫：外城。明嘉靖间总兵何卿建，国朝道光十年重修。

平正祠：外城师巴桥南。明时建。

三圣庙：在舍棠。明时建。

海会寺：阜康门内。明洪武间建，国朝乾隆四十年、嘉庆二十三年屡修。

无极殿：治平寺前，上有玉清楼。明游击李葵建。

三元宫：阜康门内。明万历四十一年重修。

观音堂：忠义门外鳌山麓。明时赵启后建。

灵官殿：外城。明时建，国朝乾隆四十年晏对策捐地重修。

升平寺：阜康门内。

晏公祠：镇西桥西。

延洪观：州南。元至正间建。

明水庵：州东。明洪武间建。

圣寿寺：州东四十五里。宋元祐间建。

万安寺：州东五十五里。宋元祐中建。

三圣宫：州东干沟。

三教祠：州东土门。宋时建。韩昵题一联云：天地人由我做成一个；儒释道是谁分作三家?

宝藏寺：州东七十里。明时建。

龙泉寺：州东九十里。元时建，寺侧有泉，龙潜其中。

龙颜寺：州东桃坪。又普庆寺，俱明时建。

普安寺：州东六十里。元泰定间建。

奇山庙：州东南大坝。明时建。

普贤寺：州南。明永乐间建。

药师寺：州南。明时建。

回龙寺：州南十五里。明时建。

景元寺：州北。唐时建。

土主庙：州北长宁。唐时建。

川主楼：州南宗渠。

欧阳观：州东南一百八十里。国朝乾隆中建。

秦晋香院：内城鼓楼南。乾隆初建。

陕西馆：内城鼓楼南。乾隆二十五年建。

江西馆：外城。乾隆四十年建。

南华宫：外城。

莲华庵：外城。

马王庙：东门外教场。乾隆四十二年茂营官兵建。

湖广馆：外城。又一在州东土门。

广东馆：州东土门。道光四年建。

山西新馆：外城。道光八年建。

典　礼

社稷坛：国朝修坛制，累石为之，纵横各二丈五尺，高二尺一寸，陛各三级，缭以周垣。北向，石主二：一埋坛南正中，一卧于地。长二尺五寸，径一尺。神牌二，以木为之，曰州社之神、州稷之神，临祭设于坛。岁春秋仲月上戊日致祭。

祭品：二案，各帛一（黑色）、簠簋各二、羊豕各一、铏一、笾豆各四、白瓷爵三、尊一。

仪注：前期三日斋戒，前期二日签祝版，前期一日补服上香。监视宰牲并瘗毛血，设献官幕次。至日黎明，各官朝服，行礼，前后各三跪九叩。三献，不受福胙，不谢福胙。望瘗，执事者以祝焚于坎中，以土实坎。

祝文：

维神奠安九土，粒食万邦。分五色以表封圻，育三农而播稼穑。恭承守土，肃展明禋；时届仲春秋，敬修祀典。庶凡凡[①]松柏，巩磐石于无疆；芃芃[②]黍苗，佐神仓于不匮。尚飨。

神祇坛：旧名山川坛。嘉庆十三年奉部文更正，制木主三：中曰风云雷雨之神，左曰本境山川之神，右曰本境城隍之神。坛制、祭日、祭品、仪注均与社稷坛同。惟帛用白色，献礼分中、左、右三位，望瘗改为望燎，不以土实坎。

祝文：

惟神赞襄天泽，福佑苍黎。佐灵化以流形，生成永赖；乘气机而鼓荡，温肃攸宜。磅礴高深，长保安贞之吉；凭依巩固，实资捍御之功。幸民俗之殷盈，仰神明之庇护。恭修岁祀，正值良辰。敬洁豆笾，祗陈牲帛。尚飨！

先农坛：雍正四年，奉诏各直省、各府、州、县、卫行耕耤礼。雍正五年，奉特旨颁行籍田坛位规制。坛在东郊，以官地四亩九分为耤田，田后建立坛位，高二尺一寸，纵横各二丈五尺，神牌高二尺四寸，宽六寸，座高五寸，广九寸五分，红牌金字填写。每年遵部颁亥日致祭，祭毕行耕籍礼。

祭品：帛（青色）、羊豕（各一）、铏（一）、笾豆（各四）、簠簋（各二）、爵（三）。

仪注：前二日斋戒；前一日省牲、扫坛、设幕、检视耕器；至期，各官朝服行礼，前后三跪九叩，不饮福，受胙与社稷坛同，惟献帛爵，不升坛。

初献　时丰之章

先农神哉，耒耜教民。田祖灵哉，稼穑是亲。功德深厚，天地同仁。肃将币帛，肇举明禋。厥初生民，莫汇莫辨。神锡之庥，嘉种乃诞。执兹醴斋，农功益见。玉瓒椒醑，肃雍举奠。

---

① 凡凡：嘉庆《汶志记略》作“芃芃”。

② 芃芃：乾隆《茂州志》作“翼翼”。

亚献　咸丰之章

上原下隰，百谷盈止。粒我生民，秀良兴起。乐舞具备，吹豳称兕。再跻以献，肴香酒旨。

终献　大丰之章

糜芑秬秠，维神所贻。以神飨神，日予将之。秉耒三推，东作永宜。五风十雨，率土何私。

撤馔　屡丰之章

于皇农事，自古为烈。莫敢不承，今兹忻悦。笾豆既丰，簠簋云洁。神视井疆，执事告撤。

送神　报丰之章

麻麦芃芃，秔稻连阡。纵横万里，皆神所瞻。人歌鼓腹，史载有年。岁有常典，茀禄绵延。

望燎　庆丰之章

玉版苍帛，来监来歆。敬之重之，藏于厚深。典礼由古，予行自今。乐之利之，国以永宁。

祝　文

维神肇兴稼穑，粒我蒸民。颂思文之德，克配彼天；念率育之功，陈常时夏。兹当东作，咸服先畴。洪惟九五之尊，岁举三推之典。共膺守土，敢忘劳民；谨奉彝章，聿修祀事。惟愿五风十雨，嘉祥恒沐于神庥；庶几九穗双歧，上瑞频书于大有。尚飨。

耕耤礼：祭日午时，各官俱换蟒袍补服，印官秉耒，佐贰执青箱播种。耆老一人牵牛，农夫二人扶犁，九推九返，农夫终亩。耕毕，各官更朝服，望阙行三跪九叩礼。

农具赤色，牛（黑色），种箱（青色），子种（宜麦），农夫免役。

文庙：国朝顺治二年，定谥大成至圣文宣先师孔子。十四年改谥至圣先师孔子，通行各学。康熙二十三年，御书“万世师表”匾额，颁立文庙。雍正元年，御书“生民未有”匾额，颁立文庙。乾隆三年，定孔子神位，居中正南面。御书“与天地参”匾额，颁立文庙。嘉庆七年御书“圣集大成”匾额，颁立文庙。道光三年，御书“圣协时中”匾额，颁立文庙。

岁春秋仲月上丁释奠。

大成殿正位：至圣先师孔子。

四配（明嘉靖九年厘正祀典）：

复圣颜子。

宗圣曾子。

述圣子思。

亚圣孟子。

十二哲：

先贤闵子。

先贤冉子。

先贤端木子。

先贤仲子。

先贤卜子。

先贤有子。以上东六位。

先贤冉子。

先贤宰予。

先贤冉子。

先贤言子。

先贤颛孙子。

先贤朱子。以上西六位。

东庑先贤三十九位：

先贤蘧子瑗、先贤澹台子灭明，先贤原子宪，先贤南宫子适，先贤商子瞿，先贤漆雕子开，先贤司马子耕，先贤梁子鳣，先贤冉子儒，先贤伯子虔，先贤冉子季，先贤漆雕子徒父，先贤漆雕子哆，先贤公西子赤，先贤任子不齐，先贤公良子儒，先贤公肩子定，先贤鄡子单，先贤罕父子黑，先贤荣子祈，先贤左人子郢，先贤郑子国，先贤原子亢，先贤廉子洁，先贤叔仲子会，先贤公孙子舆如，先贤邽子巽，先贤陈子亢，先贤琴子牢，先贤步叔子乘，先贤秦子非，先贤颜子哙，先贤颜子何，先贤县子亶，先贤乐正子克，先贤万章子，先贤周子敦颐，先贤程子颢，先贤邵子雍。

西庑先贤三十九位：

先贤林子放、先贤宓子不齐，先贤公冶子长，先贤公晳子哀，先贤高子柴，先贤樊子须，先贤商子泽，先贤巫马子施，先贤颜子辛，先贤曹子恤，先贤公孙子龙，先贤秦子商，先贤颜子高，先贤壤驷子赤，先贤石作子蜀，先贤公夏子首，先贤后子处，先贤奚容子箴，先贤颜子祖，先贤句井子疆，先贤秦子祖，先贤县子成，先贤公祖子句兹，先贤燕子伋，先贤乐子欬，先贤狄子黑，先贤孔子忠，先贤公西子箴，先贤颜子之仆，先贤施子之常，先贤申子枨，先贤左丘子明，先贤秦子冉，先贤牧子皮，先贤公都子，先贤公孙子丑，先贤张子载，先贤程子颐，先贤谷梁子赤。

东庑先儒二十四位：

先儒公羊氏高，先儒伏氏胜，先儒董氏仲舒，先儒后氏苍，先儒杜氏子春，先儒诸葛氏亮，先儒王氏通，先儒范氏仲淹，先儒欧阳氏修，先儒杨氏时，先儒罗氏从彦，先儒李氏侗，先儒吕氏祖谦，先儒蔡氏沈，先儒陈氏淳，先儒魏氏了翁，先儒王氏柏，先儒赵氏复，先儒许氏谦，先儒吴氏澄，先儒胡氏居仁，先儒王氏守仁，先儒罗氏钦顺，先儒汤氏斌。

西庑先儒二十四位：

先儒高堂生，先儒孔氏安国，先儒毛氏苌，先儒郑氏元，先儒范氏宁，先儒韩氏愈，先儒胡氏瑗，先儒司马氏光，先儒尹氏焞，先儒胡氏安国，先儒张氏栻，先儒陆氏九渊，先儒黄氏幹，先儒真氏德秀，先儒何氏基，先儒陈氏澔，先儒金氏履祥，先儒许氏衡，先儒薛氏瑄，先儒陈氏献章，先儒蔡氏清，先儒吕氏坤，先儒刘氏宗周，先儒陆氏龙其。

崇圣祠：雍正元年，奉旨启圣祠更名崇圣祠，恭设五代王爵木主。肇圣王木金父公位，正中；裕圣王祈父公位，东一室；诒圣王防叔公位，西一室；昌圣王伯夏公位，东二室；启圣王叔梁公位，西二室。

配位：颜氏、曾氏、孔氏、孟氏。

东庑：周辅成、程珦、蔡元定。

西庑：张迪、朱松。

大成殿正位祭品：帛（白色，长二丈八尺）、牛（一）、羊（一）、豕（一）、登（一）、铏（一）、笾豆（各八）、爵（三）、炉（一）、镫（二）、尊（一）、祝版（一）、疏布幕、勺具。

四配：各位帛（各一）、羊（各一）、豕（各一）、铏（各二）、簠（各二）、簋（各一）、笾（各六）、豆（各六）、爵（各三）、炉（各一）、镫（各二）、尊（东西各一）。

十二哲：东西帛（各一）、羊（各一）、豕（各一）、铏（各一）、簠（各一）、簋（各一）、笾（各四）、豆（各四）、爵（各二）、炉（各一）、镫（各二）、尊（各一）。

东西庑：二位共一案，各位爵（一）、每案簠簋（各一）、笾豆（各四）、东西羊（各三）、豕（各三）、尊（各三），统设香案（二），每案帛（一）、爵（三）、炉（一）、镫（二）。

乐器：麾旙（二首）、金钟十六口（即古编钟）、玉磬十六口（即古编磬）、大鼓一面（即古应鼓）、搏拊鼓二座（即古鼗鼓）、柷一座、敔一座、琴六张、瑟四张、排箫二架（即古凤箫）、笙六攒、箫六只、笛六只、埙二个、篪二管。

乐舞：旌节（二首）、羽籥（三十六副）。

佾舞数：唐乐用宫悬，舞用六佾。明初用六佾，成化十三年增为八佾，嘉靖九年仍为六佾。（佾舞生三十六人，乐工五十二人。）国朝因之。

钦定文庙乐谱：春夹钟（清商）立宫、倍应钟清（变宫）主调；秋南吕（清徵）立宫、倍仲吕（清角）主调。

迎神　昭平之章

大哉孔子，先觉先知。与天地参，万世之师。祥征麟绂，韵答金丝。日月既揭，乾坤清夷。

初献　宜平之章

子怀明德，玉振金声。生民未有，展也大成。俎豆千古，春秋上丁。清酒既载，其香始升。

亚献　秩平之章

式礼莫愆，升堂再献。响协鼗镛，诚孚垒瓶。肃肃雍雍，誉髦斯彦。礼陶乐淑，相观而善。

终献　叙平之章

自古在昔，先民有作。皮弁祭菜，于论思乐。惟天牖民，惟圣时若。彝伦攸序，至今木铎。

撤馔　懿平之章

先师有言，祭则受福。四海黉宫，畴敢不肃。礼成告撤，毋疏毋渎。乐所由生，中原有菽。

送神　德平之章

凫峄峨峨，洙泗洋洋。景行行止，流泽无疆。聿修祀事，祀事孔明。化我蒸民，育我胶庠。

初献　作宁平舞

觉我生民，陶铸前圣。巍巍泰山，实予景行。礼备乐和，豆笾惟静。既述六经，爰斠三正。

亚献　作安平舞

至哉圣师，天授明德。木铎万世，式是群辟。清酒维醑，言观秉翟。太和常流，英才斯植。

终献　作景平舞

猗欤素王，示予物轨。瞻之在前，神其宁止。酌彼金垒，惟清且旨。登献既终，弗遐有喜。

仪注：纠仪官一员，礼生三十八名。

前期二日各署设斋戒牌，致斋二日，前二日执事官补服至牺牲所省牲，前一日执事者举祝案送致斋所，承祭官祝毕，送至前后殿安设，一跪三叩头，退，执事官补服上香，监视宰牲并供毛血。

正祭日主祭分献，陪祭各官朝服入两旁门，序立。（通赞唱）签祝版。（引赞唱）升堂。（引各官从东阶上）序爵序事，请祝（请祝版至），签名（各官书名），下堂（从西阶下）。（通赞唱）启户。（各门大开。）乐舞生就位，执事者各司其事，主祭官就位，分献官就位，陪祭官就位（文东武西）。瘗毛血。（司毛血生将毛血捧从中门出，埋于西北隅坎内。）启牲馔盖，举迎神乐，奏昭平之章。乐作，（引赞唱）诣西北隅迎神。（引众官至。）神降，复位。（通赞唱）参神。（鸣赞唱）跪，叩首。（行三跪九叩礼。）兴，平身。（众官俱立。）乐止。（通赞唱）行初献礼。乐奏宣平之章。乐作，诣盥洗所浴手净巾，诣酒尊所，司爵者举羃，酌酒，升堂。（导承祭官由东阶上，入殿门左。）诣至圣先师孔子神位前，跪（行一跪一叩礼），兴，奠帛。（捧帛生以帛拱举立献案上。）献爵。（执爵生以爵跪进，承祭官接爵，拱举，立献正中。）跪，叩首，兴。（引赞唱）诣读祝位，跪。（鸣赞唱）众官皆跪。（引赞唱）读祝文。（读祝生至祝案前，一跪三叩，捧祝版立于案左。）跪读祝。（读毕，捧祝版至正位前，跪安帛匣内，三叩首退。）乐作，（引赞唱）叩、兴。（承祭官及各官行三叩礼。）（引赞唱）行分献礼。诣复圣颜子神位前，跪、叩、兴。（行一跪一叩礼。）奠帛、献爵如前仪。跪、叩首（行一跪一叩礼），兴。（引赞唱）诣宗圣曾子神位前，跪，奠帛献爵如前仪；诣述圣子思子神位前，跪，如前仪；诣亚圣孟子神位前，跪，如前仪。（其十二哲两庑，分献官奠帛献爵，亦照承祭官行礼，毕。）（引赞唱）复位。（承祭官从西门出西阶下，分献官各复位立。）乐止。（通赞唱）行亚献礼。举亚献乐，奏秩平之章。乐作，（引赞唱）升堂。（如初仪。）（引赞唱）复位。（各复位立。）乐止。（通赞唱）行终献礼。举终献乐，奏叙平之章。乐作，（引赞唱）升堂。（如亚献仪。）复位。（各复位立。）乐作，（通赞唱）饮福受胙。（通赞唱）诣饮福受胙位。（承祭官至殿内立，捧酒胙，二人取正中一爵，羊左一膊，自正位案前，拱举，至福胙位右旁，跪接福胙，二人左旁跪。）（引赞唱）跪饮福酒。（承祭官受爵，拱举，授接爵执事。）受胙。（承祭官受胙，拱举，授，接胙，执事由中门出正阶，送献官署。）叩，兴。（承祭官三叩首。）兴，复位。（通赞唱）谢神。（鸣赞唱）兴，跪。（承祭各官俱行三跪九叩礼。）（通赞唱）撤馔。举撤馔乐，奏懿平之章。乐作。（牲馔稍为移动。）乐止。（通赞唱）辞神。举送神乐，奏德平之章。乐作。（鸣赞唱）跪，兴。（承祭各官俱行三跪九叩礼。）乐止，（通赞唱）送神。（引赞唱）诣送神所。（众官俱至戟门。）众官打躬，（通赞唱）捧祝帛馔，各恭诣燎前。捧祝帛生至各位前一跪三叩，捧起。祝在前，帛次之。捧馔生跪，不叩，捧起。各送至燎所正位，帛爵俱由中门出。承祭官退至两旁，候祝帛馔过，仍复位，立。（通赞唱）望瘗。举望瘗乐。（与送神同。）乐作，（引赞唱）诣望瘗位。举柴焚祝帛（祝帛焚半），复位，乐止。（通赞唱）合户。（鸣赞唱）礼毕，散班。

祝　文

惟先师德隆千圣，道冠百王。揭日月以常行，自生民所未有。属文教昌明之会，正礼和乐节之时。辟雍钟鼓，咸恪荐于馨香；泮水胶庠，益致严于笾豆。兹当仲春（秋），祗率彝章，肃展微忱，聿彰祀典。以复圣颜子、宗圣曾子、述圣子思子、亚圣孟子配。尚飨！雍正二年颁。

崇圣祠：正位祭品五案，每案帛一、羊一、豕一、和羹二、簠二、簋二、笾八、豆八、炉一、镫二、尊一、祝版。

配位四案：东西帛各一、羊豕各一、簠簋各一、笾豆各四、爵各三。

两庑两案：东西帛各一、羊豕各一、簠簋各一、笾豆各四、爵各一。

仪注：或先期致祭，或遣官同时祭，朝服，三跪九叩，三献，无饮福受胙。

祝　文

惟王奕叶钟祥，光开圣绪。盛德之后，积久弥昌。凡声教所覃敷，皆循源而溯本，宜肃明禋之典，用申守土之忱。兹届仲春（秋），聿修祀事，以先贤颜氏、曾氏、孔氏、孟孙氏配，尚飨。

名宦、乡贤、忠义、节孝四祠，遣官分祭。祭品：帛一、羊各一、豕各一、笾各四、豆各四、尊一、爵三。

仪注：公服诣祠，致祭，读祝，望燎，行三叩礼，如仪。

名宦祝文

卓哉群公，懋修厥职。泽被生民，功垂社稷。谨以牲醴，用申常祭。尚飨。

乡贤祝文

于维群公，孕秀兹邦。懿德卓行，奕世流芳。谨以牲醴，用申常祭。尚飨。

忠义祝文

维灵禀赋贞纯，躬行笃实。忠诚奋发，贯金石而不渝；义闻宣昭，表乡闾而共式。祇事懋彝伦之叙，性挚莪蒿；克恭念天显之亲，情殷棣萼。楷模咸推夫懿德，纶恩特阐其幽光。祠宇维隆，岁时式祀。用陈尊簋，来格几筵。尚飨。

节孝祝文

维灵纯心皎洁，令德柔嘉。矢志完贞，全闺中之亮节；竭诚致敬，彰阃内之芳型。茹冰蘖而弥坚，清操自励；奉盘匜而匪懈，笃孝传徽。丝纶特沛乎殊恩，祠宇昭垂于令典。祇修岁祀，式荐尊醪。尚飨。

武庙：雍正三年，诏加尊帝号为“忠义神武关圣大帝”。乾隆五年，颁定祭品、仪注；九年，颁定祭文；十年，诏加尊号“灵佑”。嘉庆十九年，诏加尊号“仁勇”。道光七年，诏加尊号“显赫”。岁春秋仲月上辛致祭。

祭品：帛一、尊一、爵三、牛一、羊一、豕一、登一、铏一、簠簋各二、笾豆各十、炉一、镫二。

仪注：迎神三献，送神与文庙同，无乐舞。

祝　文

维帝浩气凌霄，丹心贯日。扶正统而彰信义，威震九州；完大节以笃忠贞，名高三国。神明如在，遍祠宇于寰区；灵应丕昭，荐馨香于历代。屡征异迹，显佑群生。恭值嘉辰，遵行祀典。筵陈笾豆，几奠牲醪。尚飨。

后殿：雍正五年，诏勅封三代公爵，建祠庙后，如崇圣祠。曾祖光昭公，祖裕昌公，父成忠公。

祭品三案：每案帛各一、羊各一、豕各一、铏各一、簠各一、簋各一、笾各八、豆各八、尊各一、爵各三、炉各一、镫各二。

仪注：同日先祭，行二跪六叩礼，余同前殿。

祝　文

维公世泽贻庥，灵源积庆。德能昌后，笃生神武之英；善则归亲，宜享尊崇之报。列上公之封爵，锡命攸隆；合三世以肇禋，典章明备。恭逢诹吉，祗事荐馨。尚飨。

文昌宫：嘉庆六年，诏列入祀典，岁春秋仲月致祭。春二月三日，秋诹吉日。祭品、仪注均如祭武庙之礼。

祝　文

维神迹著西垣，枢环北极。六匡丽曜，协昌运之光华；累代垂灵，为人文之主宰。扶正久彰夫感召，荐馨宜致其尊崇。兹届仲春秋，用昭时祀，尚其歆格。尚飨。

后殿：嘉庆六年，太常寺奏文昌帝君三代姓名杳无确据，徽号无凭，谨拟木主题“文昌帝君三代神位”。

祭品、仪注均如祭武庙后殿之礼。

祝　文

祭引先河之义，礼崇反本之思。矧夫世德弥光，延赏斯及。祥钟累代，炯列宿之精灵；化被千秋，纬人文之主宰。是尊后殿，用答前庥。兹值仲春秋，肃将时事。用申告洁，神其格歆。尚飨。

常雩：乾隆七年，定每岁四月十八日举行，不另立坛。即于先农坛行礼，合祀社稷、山川、先农诸神。

帛用黑白青各一具，长一丈八尺。仪注同社稷坛。

祝　文

恭膺诏命，抚育群黎。仰体彤廷，保赤之诚。劝农勤稼，俯维蔀屋。资生之本，力穑服田。令甲爰颁，肃举祈年之典；惟寅将事，用申守土之忱。黍稷惟馨，尚冀明昭之赐受；来年率育，庶俾丰裕于盖藏。尚飨。

禜祭：祭城门也。乾隆七年，定旱则雩祭祈雨，涝则禜祭祈晴。行礼与雩祭同。

祝　文

恭承诏命，临民职司守土。惟兆人之攸赖，并藉神功；冀四序之调和，群蒙福荫。必使雨旸应候，爰沾物阜而民安；庶其寒燠咸宜，共庆时和而岁稔。仰灵枢之默运，聿集嘉祥；襄元化以流形，俾无灾害。

八蜡：雍正十二年，定每岁十二月上戊日，即先农坛致祭。

先啬、司啬居正位，余六神分设左右，常时供先啬、司啬神牌于先农神牌之东西，余六神列两旁。

勾芒之祀：先立春一日，长官朝服率僚属于东郊祀勾芒之神。礼毕，迎春，归驻署仪门外。至日各官朝服，祭用牲、果、酒、醴，四拜礼毕，长官击鼓三声，执彩鞭率各官环击土牛者三，乡人各取其土，以为宜年。

迎春祝文

维神司令元春，参赞化育。祛除寒威，渐问温燠。雨顺风调，禾登麦熟。百谷顺成，群黎蒙福。今于某日，恭诣东郊，先期迎神驾，敢告。

鞭春祝文

化工造物，无私勿愆。雷动风散，雨润日暄。以时宣布，岁则有年。民维邦本，食乃民天。四时之序，春令为先。敢告尊神，发动春鞭。

龙神祠：岁春秋诹吉致祭。

祭品：帛一、羊豕各一、果实五盘、尊一、爵三。

仪注：各官补服蟒袍，行二跪六叩礼，迎神读祝，三献送神，望燎。

祝　文

惟神德洋寰海，泽润苍生；允襄水土之平，经流顺轨；广济泉源之用，膏雨及时。绩奏安润，占大川之利涉；功资育物，欣庶类之蕃昌。仰藉神庥，宜隆报享。谨遵祀典，式协良辰。敬布几筵，肃陈牲币。尚享。

火神庙：岁以季夏吉日致祭。

祭品、仪注与龙神祠同。

祝　文

维神德著离宫，光昭午位。广阳亨之运，象启文明；彰荧理之能，功参化育。土以生而水以济，丙丁之大用常昭；府既修而事既和，虞夏之九功惟叙。丽兹万物，实赖化成。乂我生民，成资利用。仰邀神贶，虔答鸿庥。爰遵祀事之仪，式协春秋祗尝之典。肃陈牲币，敬布几筵。尚飨。

昭忠祠：岁春秋仲月诹吉致祭。

祭品：帛一、羊豕各一、果盘五、尊一、爵一。

仪注：各官补服，行一跪三叩礼。

贤良祠：岁春秋仲月诹吉祭。祭品、仪注与龙神祠同。

厉坛：顺治年间定，雍正三年添设饭米。每岁清明、中元、十月朔祭。先期一日，牒本州岛城隍，焚牒文。祭日，迎城隍行神于坛，上书本境无祀孤魂牌位，立于坛下左右。城隍位及左右位各羊一、豕一，并设饭羹。

仪注：前一日，祭官诣城隍庙焚牒文，行一跪三叩礼。至期，补服于城隍神位前，行礼，前后一跪三叩，中间三献爵，读告文。礼毕，以告文同纸焚之。

告文

遵依礼部札，为祭祀本境无祀鬼神等众事，钦奉圣旨：

普天之下，后土之上。无不有人，无不有鬼。人鬼之道，幽冥虽殊，其理则一。故天下之广，兆民之众，必立君以主之。君总其大，又设官分职，为府州县，以各长之。又于每百户设一里长，以统领之。上下之职，纲纪不紊，此治人之法如此。天子祭天地神祇及天下山川，王国及府州县祭境内山川及祀典神祇，庶民祭其先祖及里社、土谷之神，上下之礼有等，此治神之道如此。尚念冥冥之中，无祀鬼神。昔为先民，未知何故而殁。其间有遭兵刃而损伤者，有死于水火盗贼者，有被人取财而逼死者，有被人强夺妻妾而忿死者，有遭刑祸而负屈死者，有天灾流行而疫死者，有为猛兽毒虫所害死者，有为饿冻而死者，有为战斗而殒身者，有因危急而自缢者，有因墙屋倾颓而压死者，有远行征旅死未归籍者，有死后无子孙者。此等鬼魂，或终于前代，或殁于近世，或兵戈扰攘，流移他乡；或人烟断绝，久缺其祭。姓氏泯没于一时，祀典无闻，而不载此等孤魂。死无所依，精魄未散，结为阴灵。或依草附木，作为妖怪。悲号于星月之下，呻吟于风雨之时。凡遇人间令节，心思阳世。魂杳杳以无归，身堕沉沦；意悬悬而望祭，兴言及此。怜其惨凄，故勅天下有司，依时享祭。在京都有泰厉之祭，在王国有国厉之祭，在府州有郡厉之祭，在各县有邑厉之祭，在一里又各有乡厉之祭。期于神依人而血食，人敬神而知礼。仍令本处城隍，以主此祭。钦奉如此，今某等不敢有违，设坛于城西，以某月某日设备牲醴羹饭，专祭合境内无祀鬼神等众。灵其不昧，来享此祭。尚飨。

文庙及山川社稷各坛祭祀银十六两。

武庙祭祀银十六两。

文武庙续增祭祀银二十四两。

山川、社稷各坛酌增祭祀银八两，内拨二两祭厉坛。

文昌宫新增祭祀银十四两。

昭忠祠祭祀银六两。

食货志

户　口

旧管万成祖等一万六千四百零八户，男四万九千六百五十七丁，妇四万九千三百六十三口。新收八百十一户，男三千一百五十八丁，妇二千八百十四口。新收五土百户，归流番民一千零七十七户，男三千四百四十一丁，妇二千九百八十三口。共男妇十一万一千四百十六丁口。

田　赋

《全书》：种粮自顺治八年奉文清查，至雍正七年征输止。原载山地估种一千六百四十八石五斗二升二合七勺。每种一石，载粮五斗，麦荞各半。麦每石征银四钱，荞每石征银二钱。每粮四斗一升二合二勺四抄六撮九圭三粒三粟九末。载丁一丁，每丁征银一钱二分。原载麦荞粮八百二十四石二斗六升一合三勺五抄，载丁一千九百九十九丁四分三厘五毫九丝七忽，原征丁粮银四百八十七两一钱九分七厘五丝六忽四微。又静、岳、陇三土司各寨认纳征银二十四两三钱六分一丝九忽，例不载丁。于雍正七年丈量，丁粮合并积算，按种征银。至嘉庆九年止，除耤田四亩九分不征丁粮外，查原载及垦输山地，估种共一千八百五十石七斗七升二合七勺，每种一石，征丁粮银二钱九分五厘五毫四丝三忽八微三尘五纤。现征丁粮银五百四十六两八钱六分六厘四毫六丝五忽七微六尘九沙八渺。遇闰月加征，每两征银一分七厘五毫八丝二忽三微七尘九纤一沙二渺。

又黑虎七族、墨斗等寨认纳荞麦，折净仓斗米十四石八斗一升一合五勺五抄二撮；三齐等寨认纳麦粮，折净仓斗米四十石；黑水下寨认纳麦粮，折净仓斗米三十五石六斗九升七合六勺。（三处麦粮征收后，给发茂州营兵米。）又叠溪五土百户番民改土归流，稞粮改为折色。大姓各寨原纳稞粮八石五斗六升，折仓斗米六石四斗八升七合五抄，每仓斗米折银一钱六分四厘，应折银十两零六钱三分。大姓青片四寨原纳稞粮三十石，向例纳布三十匹，每布一匹折银一两二钱三分，应照三数折银三十六两九钱；认纳黄蜡三十斤，每斤折银一钱二分，应折银三两六钱。小姓各寨原纳稞粮五石，折仓斗米三石七斗五升，应折银六两一钱五分。小姓青片一寨认纳稞粮二十石，向例纳布二十匹，每布一匹折银一两二钱三分，应照原数折银二十四两六钱；认纳黄蜡二十斤，折银二两四钱。松坪各寨原纳稞粮六石，折仓斗米四石九斗八升七合五抄，应折银八两一钱七分九厘。大姓黑水各寨向未纳粮，今认粮折仓斗米二石八斗六升八合七勺五抄，应折银四两七钱零四厘七毫五丝。小姓黑水各寨向未纳粮，今认粮折仓斗米一石八斗七升五合，应折银三两零七分五厘。（五处共折色银一百两零二钱三分八厘七毫五丝，照数征收解交司库，拨归叠溪营兵米。）

税　课

现征盐税银一百二十二两八钱五分二厘四毫。雍正八年钦奉事案内计口授盐，认销绵州陆引三百三十八张；《盐务章程》案内认销射洪县改折陆引一百十三张；共引四百五十一张，每张征税银二钱七分二厘四毫，共征税银一百二十二两八钱五分二厘四毫。盐税归于地丁，汉羌一体，照粮均摊。

现征茶课税银四百七十二两二钱二分七厘。雍正八年钦奉案内按引榷课，认销名山县边引三十张。本州行销边引七百六十一张，共引七百九十一张。每张榷课银一钱二分五厘，共榷课银九十八两八钱七分五厘；每张征税银四钱七分二厘，共征税银三百七十二两三钱五分二厘。向来行松引茶，由州截角，随茶到松呈缴，嗣因道路险阻，遗失引张甚多，详准截引。后由州另给照票，沿途关隘呈验，其正引交商，自行带松。州北五里石榴关，委吏目稽查所过茶包，月报盐道衙门，设有循环号簿。

现征磨一百十三座，每座榷课银二钱四分，共征课银二十七两二钱四分。

现征牙行银十一两。

田房税契尽征尽解。

仓　储

常平仓额贮仓斗麦五千七百零八石五斗二升四合九勺，仓斗荞一千零三十六石二斗九升四合七勺。

社仓额贮仓斗麦一千三百八十六石一斗五升一合九勺，仓斗荞二百四十一石四斗一升九合二勺。

共贮仓斗麦荞八千三百七十二石三斗九升零七勺。

物　产

土地刚卤，稻谷不生。惟州东黄公坪水田十余亩可种谷，余则宜麦（大小二种），宜荞（苦甜二种）、宜青稞（可作酒）、宜黍（一曰糜）、芋麦一种（又名包谷）。近来三十年间，始有菜蔬之属，茵陈、圆根、蕾蒿、空筒、羊肚菌为美品。花则牡丹红白紫三种，高五六尺者。多芍药、兰蕙。果则梨（胥家为最）、杏（仁甜可食）、樱桃、木瓜。药则羌活、独活、大黄、贝母极多。大母药（雪山上生一干二花，女科圣药，服之宜子）、冬虫夏草（性暖，固精补髓）。其禽，锦鸡、鹌鹑、鹰、天星鸡、土画眉。其兽，野牛、山羊、野猪、熊、狐、獐、兔，狼与豹则间有之。鳞介，止细鳞、石巴子（又名王爪丁）二者而已。至于沿河可淘者，麸金；扫土可熬者，毛硝。官不为禁，养贫民也。

职官志

文　秩

汉立汶山郡，设刺史。厥后郡名屡易，官阶不一，可考者十不一二。明洪武初，以土人为知州，旋改用流官，设知州、同知、通判及吏目、仓大使、驿丞等官。国朝顺治九年，除奉裁外，设知州一员，吏目一员，儒学二员，阴阳、医学各一员，属成都府。雍正五年，改为直隶州。嘉庆七年，裁去训导一员。

宋以前可考者。

后　汉

姚　超：郫人。

严季后。

蜀　汉（汶山太守）

何　祗：郫人。

陈　震：南阳人。

王　嗣：资中人。

晋（汶山刺史）

杨　邠：武阳人。

李　赐：武阳人，密子。

霍　固：为赵厥所杀。

兰　维：涪陵人。

陈　图：为李雄所杀。

萧承之：兰陵人。

隋

梁　远：开皇三年，汶山总管。

姜须达：开皇八年，会州总管。

崔仲方：开皇十四年，会州总管。

董　纯：成纪人，大业中，汶山太守。

唐

裴行方：解人，行军总管。

张士贵：陕州人，贞观末，总管。
崔　盰：永泰初，刺史。
李　相：赵人，参军。

五　代

张　造：长社人，龙纪初，刺史。
王宗瑶：景福初，刺史。
毛文锡：天福间，由司徒贬州司马。
张　格：王衍嗣位，贬州刺史。
幸寅逊：乾祐间，录事参军。
高彦俦：广顺中，刺史。

宋

范百常：熙宁间，知州事。
史　学：丹棱人，哲宗时，知茂州营田。
桂　堂：彭山人。知州事。

知　州

明代可考者，同知、通判、吏目、仓大使。驿丞等官，均无可考。
叶贯道。
蔡文韶。
于　敏。
孙　芝。以上洪武中任。

吴　伟：汉中人。
刘　坚：汉州进士。
陈　敏：甘肃人。以上永乐中任。

沈　颐：景泰中任。
丁　韶。
郑　徽。
吕　琼：浙江归安人。
张　祥：武陵人。
邓　清；以上成化中任。

于　濬。
崔　荣。
张　濬：澄城举人。以上弘治中任。

张克龘：平乐人。
汪凤韶：泰安州人。以上正德中任。

封　宪：泰安州人。
邵　履：贵溪举人。
杨　露：余姚举人。
张　绪：举人。
吴　潮：举人。
张　汉：江阴举人。
王　域：直隶清河举人。
高　腾：鄌州人。
严克洽：兴国州举人。
黎舜卿：江西崇仁举人。
王生贤：卢陵人。
钱纯让：江西新喻举人。
陆汤臣：浙江嘉兴举人。
陈仕：湖南崇阳举人。
姜　符：举人。
段宜标：云南举人。
林　贵。
蓝士龙。
张士泰，浙江人。
王　寅。以上嘉靖中任。

张化美：江南江宁举人。
廖世同；以上隆庆中任。
赵友仁：云南建水举人。
萧文璧：陕西建安举人。
白比珩：陕西绥德贡生。
薛应麟：山西河泽举人。
魏　让。
杨　豫。以上万历中任。

岑昌运：广东人。
吴崇德：浙江人。以上天启中任。

张邦栋：湖广澧州贡生。
霍子伟：广东南海举人。
杨先宾：昆明举人。
罗铭鼎：昆明举人。以上崇祯中任。

查殉节诸臣：罗铭鼎任威茂佥事，流寇赵荣贵破城，被执，骂贼而死。《云南通志》：摄四川按察司篆。《旧志》以为州牧，恐误。

通　判

可考者二人。

王　渊：江西人。

王　升。

国　朝

顺　治

赵廷正：十四年任。

康　熙

刘德行：元年任。

黄　陛：江南亳州拔贡，二年任。

张文德：陕西文县人。

迟　照：辽东进士，十年任。

徐之凯：浙江归安进士，二十年任。

李斯佺：山东济南荫生，二十三年任，纂修《州志》。

卞永吉：正白旗人，二十九年任。

范时鸣：镶黄旗监生，三十年任。

王始禹：陕西贡生，三十四年任。

张廷桂：陕西韩城监生，三十六年任。

赵国器：正蓝旗官生，四十年任。

宋征烈：奉天进士，四十九年任。

孟以忱：正红旗人，五十四年任。

边鸿烈：镶红旗监生，六十年任。

雍　正

朱廷梁：江西举人，四年任。五年改为直隶州。

宋虞凯：江南监生，七年任，士民德之，额曰“万家生佛”。

曹大文：浙江人，七年任。

刘　墧：河南新郑监生，十年任。

乾　隆

朱介圭：江南长洲人。

江吴鉴：江南举人。

陈克绳：浙江举人，十二年任。

黄廷铣：汉军镶红旗监生，十五年任。

九　格：满洲进士，十九年任。

张　鉴：湖北江夏监生，二十八年任。

张龄庆：神符进士，二十九年任。
陈奉兹：江西德化进士，三十六年任。
娄　星：钱塘举人，四十年任。
任　琦：会稽监生，四十六年任。
张愈聚：陕州举人，五十二年任。
吉　兴：满洲镶蓝旗监生，五十六年任。
徐麟趾：安徽颍上人，六十年任。

嘉　庆

曹庠业：江西新建拔贡，三年任。
王用仪：江西庐陵拔贡，四年任。
谢惟良：浙江会稽监生，十二年任。
张若咏：浙江人。
叶文馥：陕西长安举人，十八年任。
戴三锡：顺天大兴进士，二十四年任。
刘德铨：湖北黄陂进士，二十四年任。

道　光

杨迦怿：直隶新城拔贡，二年任。

儒　学

国朝顺治九年设。

顺　治

杨　溥：广元举人。

康　熙

何达先：涪州举人。
李　璋：华阳廪贡。
苟桑林：威远举人。
何　书：华阳岁贡。
陶国相：叙永岁贡。

雍　正

胡　琼：简州岁贡。
贾思谟：铜梁举人。

乾　隆

武锡龄：新津廪贡。
马儒修：德阳廪贡。
车士兴：会理举人。
陈其介：巴县廪贡。
刘中孚：阆中举人。

冯湛思：庆符岁贡。
罗宗元：新都举人。
车　书：长寿举人。
何尔聪：叙永岁贡。

嘉　庆

程际亨：温江举人，元年任。
郭道藩：仁寿举人，四年任。
聂元樟：定远举人，十九年任。

吏　目

明代均无可考。国朝顺治以前无可考。

康　熙

殷鼎臣。
姚奕蔡。
常克长：天津人。
涂崇煌。

乾　隆

宋竣德：甘肃陇西人，七年任。
陆　寅：江苏人，三十三年任。
刘昌蔚：广西举人。
纽大坤：顺天大兴人，三十五年任。
王攸训：河南人，三十七年任。
李士祺：山东历城人，三十八年任。
蔡文彬：江南太湖人，四十年任。
徐之琅：浙江仁和人，四十一年任。
王曰璘：湖南湘潭人，四十二年任。
顾大柽：江苏吴县人，四十六年任。
葛坚寿：顺天大兴人，五十七年任。

嘉　庆

邱　宣：福建上杭人，五年任。
高　岩：镶黄旗汉军，十年任。
杨　璧：湖北孝咸人，十五年任。
任　灿：顺天大兴人，十七年任。
刘辅廷：安徽旌德附贡，嘉庆十六年恭应召试二等，二十二年任。

武秩

旧设威茂营参将。

明代可考者

魏之奇；宣德时任。
朱　文：直隶人。
刘　芳：成都中卫人。
孙　镐：直隶人。
傅　泰：湖广人。
王绳尧。以上成化间任。

沈　运：重庆卫人。
邱　林：成都后卫人。
邹　伦：卫人。
韩　雄：泸州卫人。
卫　启：重庆卫人。
房　骥：直隶人。
李　英：成都人。
朱　廷：宁川卫人。
周　英：山西人。以上弘治间任。

马　隆：陕西人。
单　嵩：直隶人，用民夫修教场，激变。
李　荫：重庆卫人。
芮　锡：直隶人。以上正德间任。

李　昂：成都卫人。
邱　岌：成都后卫人。
沙　金：陕西榆林卫人，廉平不苛，雅有儒风。
周继勋：陕西延安卫人。
李　爵：重庆卫人。
杜　钦：松潘卫人。
邱　鲁：成都后卫人。
田继礼：雅州所人。
王　贤：贵州普定卫人。
刘　韬：叙南卫人。
李尧章：叙南卫人，以上嘉靖间任。

盛愈谦：陕西临潼卫人。

兵备副使薛曾颂《平羌奏绩》五律十首：

一曰《仁义兴师》：

燕罢征旗动，师扬列骑骎。
蛟龙翻远水，罴虎出茂林。
剑指云为净，风行草不禁。
将军何所似，汉壁一淮阴。

二曰《奇正步武》：

仁义虽无敌，兵机本自渊。
旌旗云鸟变，奇正鬼神元。
东出封三窟，西驰下九天。
豺狼数已尽，无处可潜延。

三曰《前锋摧伏》：

贲鼓鸣汶水，前锋摇马原。
□魑虽伏险，雷电自飞魂。
剑试濡腥血，旗扬挂硕顆。
山崩风雨骤，神算蹑轩辕。

四曰《马岭围营》：

地入三川险，兵团八阵云①。
亚夫眠细柳，充国扼金城。
虎豹当山立，豺狼无路生。
夜铃声远去，穷窟起啼猩。

五曰《捣巢残类》：

雷电空中下，貔貅云顶驰。
巢高和卵覆，穴邃并雏夷。
火艺神人愤，烟浮草木萎。
秦宫三月焱，此更惬人私。

六曰《献馘纪功》：

公志惟为国，勋成寂若空。
平吴应识濬，大树始知冯。
兵法严攸馘，诗人颂献功。
清朝嘉郭李，懋赏属英雄。

① 云：乾隆《茂州志》作“营”。

七曰《克险除魁》：

穷寇负岩窟，神威易驾酋。
昂庄探虎穴，谈笑斩蚩尤。
倚剑天山缺，断螭亦水流。
何殊李飞将，独系单于头。

八曰《洞门报捷》：

虎帐筹尊俎，龙骧入崄崎。
风尘闲寂寂，露布拽迟迟。
淝水原无敌，谢安固有基。
百年滋蔓寇，此日已于夷。

九曰《玉垒受降》：

草恶固宜剪，鸟穷亦可怜。
依人甘绁鞴，归命奠生全。
款塞心弥切[①]，叩关情已坚。
乾坤同覆载，忍弃唐虞天。

十曰《茂林燕喜》：

奏凯诚为乐，完师乐更殊。
香花飞锦幕，好鸟侑冰壶。
士卒歌《杕杜》，将军咏《出车》。
鸱枭今已化，边境永无虞。

张　熖：河南南阳卫人。
陈　良：陕西固原卫人。以上隆庆间任。

傅　昆：江南金吾左卫人。
刘用光：浙江台州卫人。
朱文达：浙江义乌人。
边之垣：松潘卫人。
刘守圭：浙江宁波卫人。
王庆吉：江南锦衣卫人。以上万历间任。

国　朝

康熙二十二年以前无可考。
梁汝贵：山东人，二十年[②]任。

---

① 切：乾隆《茂州志》作“赤”。
② 二十年：乾隆《茂州志》作“二十二年”。

金　得：福建人，二十五年任。

胡　俊：福建人，三十年任。

穆廷栻：福建人，三十五年任。

张自成：山西岢岚人，四十一年任。建桥修路，军民德之。松潘总兵周文英序：

威茂两郡，旧为绵虒冉駹地。南连灌口，关全蜀之咽喉；北抵蚕陵，当甘松之冲要；东接龙州，有阴平之险；西控诸羌，为夷夏之交。而编髫燋齿、文身裸袒之属，又多杂处于两郡之间。抚内番而制外夷，务在得其用以为扞蔽，非若他汛之专事守御而已。张君长辅，生燕赵，古多豪杰之邦。束发请缨，即有乘长风破万里浪之志。爰历戎行，屡建奇绩，其以参戎分镇此[1]土也。武以立威，仁以示信。不独缮治兵甲，辑和军民，抑且柔远能迩，罔不宾服。是以军容暇整，德化遐敷，刁斗无闻而边庭安堵，此予节松疆时，所极加奖许者，欲籍光荐剡，以上慰圣天子拊髀之思。适余以予告，未果。然中怀之蕴结，不知几经反侧矣。今上懋赏贤劳，擢置张家口副戎，尚未之任，特旨升授西安协镇，予深庆国家有长城之倚，且喜鸿才之终收大用。况于其行也，两郡士民衢歌巷舞者为篇什，或歌一节，或颂全义，虽体裁不一，要以形容君之壮猷伟略，则不啻钟鼓将之，黼衮崇之。予考君家金吾将军，江淮草木尽知威名，魏国公一时倚重，有铁山之号，行见采风，陈谣得之闾左者，达于彤廷。铭彝鼎而垂金石，又何难媲美前徽，宁仅声被下里也哉？

王允吉：四川人，四十七年任。

赵　琏：陕西人，五十二年任。

马良臣：陕西人，五十七年任。

张成龙：陕西人，六十一年任。

雍　正

张元佐：四川武举，元年任。

周起凤：陕西人，二年任。

杨德美：贵州人，三年任。

吴进宝：陕西人，六年任。

乾　隆

岳钟璜：成都侍卫，二年任。是年裁。

原设威茂营中军守备

明代无可考。

国　朝

康熙二十二年以前无可考。

郎　培：直隶人，二十二年任。

李日韬：江西人，三十六年任。

---

① 此：乾隆《茂州志》作“兹”。

李逢春：陕西人，四十四年任。

贾天锡：山西人，五十年任。

马纪师：陕西人，五十七年任。

高攀桂：四川人，六十一年任。

雍　正

贺　喜：陕西人，二年任。

文永德：贵州人，四年任。

郭　镇：四川人，六年任。乾隆二年裁。

茂州营都司

乾隆二年裁参将，改设。

诺尔贝：镶白旗人，十九年任。

张　云：广东人，二十四年任。

寿禹幹：浙江进士，二十九年任。

邢天培：山西清源进士，三十四年征金川阵亡，其子邦彦以身当刃，救护不及，亦殁。

纳奇善：满洲正黄旗人，二十八年任。

张万魁：崇庆州人，四十一年任。

刘世勋：建昌人，四十四年任。

额尔恒额：镶黄旗人，四十九年任。

李永福：直隶荫生，五十四年任。

伯　明：镶红旗人，六十年任。

嘉　庆

游栋云：巫山人，二年任。

冶正思：成都人，三年任。

王国辅：郫县人，六年任。

刘　顺：成都人，七年任。

珠隆阿：满洲人，十五年任。

姚成虎：浙江金华人，十八年任。

王文衡：汉军举人，二十年任。

道　光

雷捷凯：湖北进士，三年任。

姜熙儒：绵州荫生，四年任。

唐　瑯：成都人，十年任。

叠溪营游击

明代无可考。国朝康熙十九年以前无可考。

姜逢彩：镶红旗人，十九年任。

邵　进：浙江人，二十二年任。

吴　杲：陕西人，三十二年任。
王　玉：陕西人，四十年任。
马良灿：河南人，四十二年任。
卓昇云：陕西人，五十四年任。
胡　灏：四川人，五十六年任。
郭寿域：山西人，五十九年任。

雍　正

常力行：山东人，元年任。
乾隆三十二年以前无可考。
实　德：正黄旗人，三十二年任。
曹永言：浙江人，三十七年任。
诸神保：正红旗人，三十九年任。
杨洪义：贵州人，四十三年任。
黄　琨：广元举人，五十四年任。
刘国纲：广元人，五十六年任。
罗定国：浙江人，五十八年任。

嘉　庆

王得胜：成都人，六年任。
汤占先：华阳人，八年任。
造　喜：满洲人，十五年任。
曹兴邦：巴县人，十七年任。
张万林：华阳人，二十年任。
马君瑞：二十三年任。

道　光

西林保：满洲人，三年任。
王连元：成都府人，十年任。

叠溪营守备

明代无可考。国朝康熙十九年以前无可考。
栗大本：陕西人，二十年任。
祝　苞：直隶人，二十七年任。
汪　蛟：江南人，四十年任。
任大成：四川人，四十二年任。
李国柱：四川人，四十八年任。
陈　英：四川人，五十五年任。
徐　宾：直隶人，五十六年任。
杨玉先：龙安人，六十一年任。

雍　正

颜清如：陕西人，二年任。
邓国芳：云南人，四年任
段起贤：陕西人，六年任。
乾隆三十二年以前无可考。
沙应龙：甘肃皋兰人，二十二年任。
王相国：雅安人，三十七年任。
游启荣：华阳人，四十二年任。
李　茂：广元人，四十七年任。
曹文通：广元人，五十年任。
马登朝：成都人，五十二年任。
富　住：镶黄旗人，五十六年任。
何元卿：永宁人，五十七年任。
李应贵：成都人，六十年任。

嘉　庆

张廷楷：成都人，元年任。
刘秉扬：广东人，三年任。
毕文憆：山东人，六年任。
黄廷相：松潘人，七年任。
冉玉龙：贵州人，九年任。
虎振翼：懋功人，十年任。

道　光

赵文斌：元年任。
罗应升：东乡人，十年任。

卫　所

明指挥等官可考者。
童　胜：指挥使，筑叠溪城。
顾　学：指挥使，凿穆肃堡，升。
吴　礼：指挥使，修东岳庙。
曹　宗：以功升都指挥佥事。
马　骢：历任佥事参将。
朱　政：指挥使，战殁。
张　勋：有才略，善谋断，士人语曰：茂州有事问张曹。谓勋与敏也。
熊　果：指挥使。
苏　坤：指挥使。

吴　宏：指挥佥事。

邹　庆：都指挥掌印。

苏　时：指挥佥事。

田茂盛：指挥佥事。

蒋　成：指挥使。

蒋　启：指挥使。

谢　林：指挥使，勇力过人。

霍　采：千户，以功升指挥佥事。

庞　昇：千户。

梁　昱：千户。

何　英：千户。

李　高：百户。

张　纲：千户。

曹　敏：千户。

李　果：百户。

胡　澄：百户。

贺才衡：百户。

潘　元：总旗。

蒋　忠：总旗。

徐　宽：百户。

政　绩

郡邑志乘列“政绩”一目，原以官斯土者之政勤绩懋，不容泯灭，景前徽即以励后哲也。旧志兼载晋、唐以来重臣硕辅，盖因其曾经莅止一时，抚绥平定之功，亦未可一日忘，意旨甚深远矣。至今茂人犹能道之，故不敢妄为删汰，览者勿哂为夹杂！

晋

萧承之：《南齐书·高帝本纪》：南兰陵人，皇考讳承之，字嗣伯。少有大志，才力过人。义熙中，蜀贼谯纵初平，皇考迁扬武将军，安固、汶山二郡太守。善于抚绥。

崔仲方：字不齐，博陵安平人。平陈后数载，转会州总管。时诸羌犹未宾附，诏令仲方击之，与羌三十余战，诸部悉平。

唐

郑元璹：南会州都督。贞观三年，元璹镌谕其酋，细封步赖举部降。

宋

李　琪：熙宁间以屯田员外郎出知州事，州向无城，惟植鹿角。蛮入劫掠人畜，州将[①]每取贷于民，遣人赎之。琪至，是始请筑城，疏上而琪以罢去。

范百常：熙宁间以大理寺丞出知州事。朝廷以前李琪筑城议[②]下成都钤辖审度，百常极言其利，锐意筑之，城成。详“武功”目。

史　学：丹稜人。哲宗时知监军，营田，民赖以安。

明

丁　玉：初名国，河中人。洪武十年为右都御史大夫，威茂土酋董贴里叛，以玉为平羌将军讨之，贴里降。置长宁安抚司，各长官司羁縻番民，给以银锞，为边功第一。

阴　序：江南无锡进士，任布政使司。宣德初，西戎攻围，城中老幼不及二千，几陷。序竭力拒守，内外断绝，声援不相闻，乃募善泅者赍蜡书，趣兵以救，戎乃去。

吴　伟：汉中人。永乐初知茂州，卓有政绩。

刘　坚：字成祖，濮州进士。永乐时知茂州事，公正廉直，民多德之。时茂州卫奏请立学，羌民难之。坚集众羌谕以朝廷成俗之意，于是遣子就学读书。

李　敩：字居学，直隶涿州进士。宣德初任参议。时松、叠、威、茂被西戎侵扰，都督陈怀统大军征之。栈路飞輓甚艰，敩任转运，均其劳逸，民乐应役，军储充裕。居蜀十年不携妻孥，惟一苍头。

寇　深：字文渊，唐县人。任四川巡抚、提督松潘军务。威惠并著，决策如神。沿边城堡，多所创筑。建镇西桥。

罗　绮：磁州进士。正统中巡抚四川，景泰二年总理军务。布德宣威，赏罚必信。军势大振，擒威贼王永，边人感戴。兴贤育才，文教蔚起。

陈　敏：甘肃华亭人。永乐中知茂州，遭丧去官，诸长官司番民百八十人诣阙奏言：州僻处边徼，在万山中，与松、叠诸番邻近，岁被其患，自敏莅州，抚驭有方，民得安业。今以忧去职，军民失所依，乞矜念远方，还此良牧。帝立报可。九载，军民复请留，进成都同知，仍视州事。秩满擢参议，又进右参政，视州事如前。景泰时，麦穗五歧，宣宗制《满庭芳》词赐之，后为按察司张淑所劾，罢职。任茂几及三十年，威信大行，番民胥悦。解任后，夫妻卒于茂，州人为之合葬于南明门外。通判王升即墓前建祠祀之。宣宗《满庭芳》词：

连野盈畴，一茎五穗，信是丰年真符。黄云铺处，千顷灿金珠。黎庶惊呼奔走，告方牧，驰进天衢。称嘉瑞，丕隆景运，尽说古来无。

昭乎，天助我，生民富足，国用丰余。昔两歧呈秀，安得同途。自愧微躬菲薄，荷祖宗，垂佑鸿图。齐称庆，千官万姓，歌诵满皇都。

副使余珊《瑞麦赞》：

任久斯专，仁渐必世。瑞麦呈奇，爰感上帝。知德者鲜，知我者希。百代之下，聊写斯心。

张　祥：武陵人。成化中知州事。爱民育士，建学修桥。

---

① 将：乾隆《茂州志》作“长”。

② 议：乾隆《茂州志》作“言”。

顾　珀：江南镇江人。嘉靖中任兵备副使。持宪刚明，弗尚察察，力除仓场积弊。修镇西桥，遣官军取木番界，蛮不敢动，制驭之妙，人莫能测。

宋　沧：号有台，巨鹿进士。嘉靖九年抚蜀，亲贤爱民。受命专征，东剿真州剧贼周天星等，降其众数万；西平白草等寨，勋绩伟然。以劳卒于军，州民悼之。

杨　露：余姚人。嘉靖初知茂州。清廉耿介，教士爱民。初抵任一骑一仆、书数卷，去之日不增一物。

余　珊：江南桐城进士。嘉靖初，以兵备莅茂，方正率下，除奸去恶，积弊一清，四夷恬服。修江渎祠，设汶川县学，城堡、关隘，量为添置。

韩　璒：高阳进士。嘉靖十一年任兵备副使，北路五寨攻堡绝道，威、叠不通，璒上疏请兵平之。

何　卿：字荩臣，江南合肥人。任松潘总兵时，裁去各路赏番银数万两，改修马路、长安等堡，建筑沿边营房二万余间，夹道边垣障蔽一千余里，开拓边地，卿为首称。在镇三十年，全蜀均受其惠。边民立祠祀之。

朱　纨：长洲人。嘉靖十三年任兵备副使。时北路五寨虽平，而河东三沟复叛，誓师应敌，斩其巨魁，余寇悉降。严威有断，兵政肃然。作《修省告文》：

兹者天降明威，坤维失常，若激而鸣，若撼而震。其鸣也，若有所怒；其震也，若有所恐。或日一至，或日再至，人心惶惶，天意叵测。惟此岷山盘踞千里，镇奠一方，盖不知几千年矣。今春一震，建昌陆沉，茂边流血，固知变不虚生，其应如响，乃今大作，显祸不远。惟职奉职无状，乖气致戾，虽获罪已无所逃，而祷神或在所许，敢以职所自知，为神明白之。职公实忘私，别无欺慝，惟除弊过切，疾恶过深，惟求行事，惟知自信，嫌疑不避，偏听生奸，举措因之失宜，刑罚或有不中。又才力有限，思虑不周，壅滞遗忘，起人猜议。或防闲不至，群小不缉，众目分明，一人独暗，此职之罪也。若通同匪人，侵盗财物，颠倒是非，陷害良善，偷安怠政，以私蔑公，则职所无也。日月照临，鬼神窥伺，赫赫明明，职将谁欺？若夫军卫有司，大小官属，不职不齐，贤否不一，心之不同，有如其面。自非圣人，悔过迁善，神或听之。至于一方之人，有民有彝，亿万其命，蚩蚩蠢蠢，彼实无辜。今特淬励群心，洁牲诣祷，伏愿天恩大赦，特许从新，转此祸机，置之安静和平之地。若职罪大恶极，欺天罔人，职愿早承酷罚，以纾天意，以赎一方之命，以昭天道之公。若各官怙终不悛，怠政奸贪，欺公玩法，亦愿显及其身以警群工，勿滥及无辜，以伤好生之德，职不胜恐惧激切之至。

胡东皋：余姚人。嘉靖中任兵备副使，恩威明断，控制有方。时打喇儿寨追追作乱，居民大恐，东皋不动声色殄之。革去威茂繁役，军民称便。

王　渊：江西人，嘉靖中以给事中谪判茂。治才卓著，有清操。去之日，匹马一仆，人无知者。

胡　鳌：沅陵进士。嘉靖中任兵备副使，建学修城，在任三载，边隅宁谧。

孙　汉：江阴举人。嘉靖间知茂州，时五寨蛮叛，汉守御有方，蛮不敢犯。未几，以忧去，军民如失慈父母。

钱纯让：字益庵，又字子实，江西新喻举人。嘉靖二十三年知州事，有清操。前备边银一万有奇，贮州库拨支，吏胥多侵隐。纯让始请改贮布政司库，按期分拨。修桥凿池，建儒学坊，州人德之。著有《州署题名记》载“杂记”门。

段宜标：云南举人。嘉靖中知州事，有惠政，捐廉迁学。改筑长安堡，祈祷辄应。麦穗五歧，汉羌悦服。

张化美：江南江宁人。隆庆间知州事。建署立学，麦穗五歧。招抚小姓、白若诸番，给以木牌铁刻，永受羁縻，边患遂息。

白比珩：字康德，绥德州人。万历间知州事。清心寡欲，抚字勤劳。

薛　曾：字南岐，福清进士。万历中任兵备副使。礼贤爱民，尽心边备。讨平汶川、青坡等番，筑镇西桥堤，修《威茂志》。州人立祠祀之。

尝勖州县曰：

余观古今沿革制，而知司边境者责至重也。夫州县守令，父母之任也；卫所将领，干城之寄也；学校师儒，教化之源也；三者之切于民，均也。威茂之地，九石一土矣。父母以厚其生者难，四塞皆蛮矣。干城以捍其患者难，旧风未殄矣。教化以易其俗者难，图易于难，各有司存兢兢勉勉，尽其心力以图之，犹恐弗给。若有一毫苟且行私于其间，则难者愈难而民焉赖哉！国家爵我禄我，氓庶仰我奉我，将奚为者？语曰：官无大小，称职为良，贤者当自励也。

歼黑虎寨三族恶番渠魁，诗以纪事：

黑虎穴深种类蒸，材官骑士不能膺。
多时据路磨牙爪，此日承风就鞲绁。
李广不劳没羽技，卞庄自播两获名。
边氓击壤歌虞化，率无同归干羽庭。

罗铭鼎：昆明人，任威茂佥事。崇祯十七年，流寇赵荣贵破城，被执，骂贼而死。国朝乾隆十一年，赐谥烈愍。

王　鹭：山东福山人，顺治乙未进士，任松茂道。康熙二十四年，平定巴猪诸番，相机进剿，招抚有方。

黄　陛：字摅白，江南亳州拔贡，康熙二年知州事。兴学校，葺城垣，爱民如子，有古循吏风。

张廷柱：陕西韩城监生，康熙三十六年知州事。多善政，汉羌悦服。

谪宦

蜀汉

廖　立：字公渊，武陵人，建安二十年为巴郡太守。建兴三年徙汶山郡，立躬率妻子耕织自守。及亮卒，立垂泣曰：吾终为左衽矣。遂终于徙所，妻子还蜀。

唐

张道古：临淄人。景福中举进士，进右拾遗。时播迁之后，方镇阻兵，道古上疏言

“五危二乱”七事，授施州司户参军。未几，以补阙征，由蜀赴阙。陈田之变，乃变姓名卖卜于温江。时王建据蜀，闻其名，奏为节度判官。又上建诗，序“二乱五危”七事，为同僚所嫉，送茂州安置。开国召为武部郎中，至玉垒关。谓所亲曰：吾唐室谏臣，终不能拳跽与鸡犬同食。今须召还，必须再贬于此，死之日葬吾于关东不毛之地，题曰：唐左补阙张道古墓。至蜀，果不为时所容，复贬茂，卒于路。见《蜀梼杌》。

明

宋　濂：字景濂，浦江人。洪武学士。司制作之柄，文章卓冠一时。因长孙慎坐胡惟庸党，谪茂，未至，卒于夔。知事叶以从葬之莲花山下。蜀献王夙钦濂为硕德名儒，移柩于华阳城东葬之。按：濂尚未至茂而茂人至今思之不置，可见哲士文人不必芳踪莅止，已足深入景仰之思矣。

严　安：海宁人，宋濂甥也。任户部主事。因濂之孙慎坐不法，并安家属，悉徙于茂。安子茂博学能文，州人仰之。其后子孙迁居灌口。

吕　经：字道夫，陕西宁州进士。授礼科给事中，历官巡抚。辽东兵变，执辱之。协镇守中官王纯等奏经十一罪，下狱，谪戍茂，数年释还。

曹嘉能：《李梦阳传》：梦阳有甥曹嘉能，能文章。以御史谏武宗南巡，廷杖。其负气陵铄，人常谓其似梦阳，至是以抗谏谪茂，为谒逄干庙诗以见志。

孙应乾：字体健，山东邹平人。袭会昌侯，以仇鸾事谪戍茂州卫。

王元正：陕西盩厔人。正德辛未进士，授翰林检讨，以议礼谪戍茂州卫。初号三溪，前在京系狱时，有玉垒山之梦，改号玉垒。及过，叹曰：“今何至此耶?”徘徊不去。兵备孙元即山下筑室居之。元正寄兴诗酒，举止宴如，与杨慎同修《蜀志》。

武备志

兵 制

汉地节元年置北部都尉。隋置总管。唐贞观十年设都督，置威戎军。开元二十一年，定翼州、柘州、恭州、当州各管兵五百人，悉州管兵四百人。天宝三年，置真符营（真州地名真符），设兵守险。宋皇祐二年，诏四川戍兵及二年而未得代者罢归，以土兵岁一代之。宣和四年，诏茂州石泉军旧管子弟、土番守把不谙射艺，选施黔兵善射者各五十人，分任教习，候精熟日遣回。乾道七年置威茂土丁，月给米三斗。茂州土丁半市人无月米，半为夷人佣耕，每合教，土丁悉向夷人假衣甲器械以为用，事已复归，殊为具文。明洪武十一年，置茂州卫，叠溪千户所。以五千六百人为一卫，一千二百十六人为一千户所，一百十二人为一百户所，每一百户设总旗二人、小旗十人管领。大小相维，以成队伍。国朝初为威茂营，额设参将一员，守备一员，千总二员，把总四员。额设马兵一百一十名，步战兵一百五十名，守兵三百四十名。乾隆二年改为威茂协，十七年移协维州。茂州营归维州协属，改为都司一员，领哨千总一员，把总二员，外委三员，马步战守兵四百名。四十四年裁拨三十名并归新疆，四十六年裁去名粮二十六分，删除公费十一分。五十年将鄂克什土司境内本营原设安塘守兵五名，改归懋功协驻防。嘉庆十二年裁拨战守兵六名归通巴营，十四年裁拨马兵二名、战兵三名、守兵五名，分归马边营。

一、驻扎本城都司一员。

一、驻扎本城领哨千总一员。实存马兵五十名，战兵六十七名，守兵一百九十三名。马五十四。

一、分防东路桃坪汛把总一员，带领马战守兵二十名。

一、分防西路镇西桥汛把总一员，带领马战守兵五名。

一、分防南路七星关汛外委一员，带领马战守兵十七名。

一、分防北路长宁汛外委一员，带领马战守兵二十名。

一、存城外委一员。

叠溪营：松潘镇属。

额设游击一员、守备一员、千总一员、把总二员、外委二员，马步战守兵五百名。乾隆四十四年裁拨把总一员、马步战守兵四十五名，并归新疆。四十六年裁退各粮三十四分，删除公费十四分。五十年将鄂克什土司境内本营原设安塘守兵五名，改归懋功协驻防。嘉庆十二年裁拨战兵二名归通巴营，十四年裁拨马兵二名，战兵二名，守兵六名，分归马边营。

一、驻扎城内游击一员。

一、驻扎城内中军守备一员。

一、领哨千总一员。实存马兵四十八名，战兵八十三名，守兵二百五十九名，马四十八匹。

一、分防永镇汛把总一员，带领马步战守兵三十四名。

一、分防大定汛外委一员，带领马步战守兵二十八名。

一、存城外委一员。

边　防

汉武帝元鼎六年，开冉駹夷地为汶山郡。至地节元年，夷人以立赋重，乃省并蜀，为北部都尉。

晋武帝太康中，于蜀汶山西五郡险要处置守。

唐仪凤二年，剑南道度州西筑安戎城，生羌导虏取之。开元二十六年，吐蕃大入河西，诏王昱为剑南节度使。昱以剑南军入攻安戎城，筑二小垒，左右之兵次蓬婆岭，输剑南粟饷军。吐蕃率锐来救，昱大败，小垒皆没，士卒死数万。嗣以章宥代节度剑南，章仇兼琼为益州司马，旋代宥节度。取安戎城，绝水道，会石裂泉涌，虏惊去。太和四年，李德裕为西川节度使，作筹边楼，练士卒，葺保障，积边储，威、茂诸羌咸畏惧而不敢犯。

唐末种类分散，入内属者谓之熟户，余谓生户。自推一人为州将，居茂州受处分。旧无城，唯植鹿角，蛮以昏夜入州，掠人畜贷卖，遣州将往赎，岁以为常。

宋熙宁八年，知州范百常筑城。既而蛮长诉称城侵其地，乞罢，百常不许。甫兴工，蛮数百奄至。百常率兵击斩数人，稍退。百常遣民入牙城，蛮复焚鹿角及庐舍，引梯冲攻，围困甚急，州南有鸡宗关，通永康军；东有陇东道，通绵州；皆为蛮所据。百常募人间道诣成都，又书木牌投江中告急，诏遣内侍押班王中正率陕西兵由鸡宗关来援，围解。自石泉至茂，土地肥美，西羌据有之。中正不能讨，乃请割石泉隶绵，而窒其故道。是年城成。

政和五年，有直州将郅永寿等各以地内属，诏以永寿地建寿宁军，非扼控之所，未几废。

明洪武十一年，以楚华将兵三千守御。时威茂诸蛮反复不常，遣御史大夫丁玉讨之。玉召集诸寨首领，给以银锞，俾各守土地，番民以为世宝。十二年，于南路设长宁安抚司，与岳希、蓬族、静州、陇木四长官司俱隶茂州。郁郎二长官司隶叠溪千户所，各降印信。按：今无蓬族土司，不知何年裁，或即今之牟托土司也。

永乐间，设韩湖宣慰使司，统其部落。按：今无韩湖土司，不知何年裁，或即今之竹木坎土司也。

正统九年，松潘指挥佥事王杲奏：比者黑虎等寨攻围椒园、松溪等堡，杀伤官兵，欲行擒剿，恐各寨惊疑，应谕能擒贼首者重赏之，报可。命序班祁金往谕诸寨，遂擒贼首多儿太至京，枭其首。正德二年，太监罗籥奏：茂州所辖卜南村、曲山等寨乞为白人，愿纳粮差，其俗以白为善，以黑为恶。部议番人向化，宜令入贡，给赏从之。

万历二年，刁浓、窄溪等寨愿纳款降附，知州张化美探知其情，条议具报，招抚归顺，列为编氓。

崇祯末，土司乘乱占据各寨，羌民构讼，频年不安。

国朝康熙二年，松潘副总兵何德成奉调剿上下五族，番民畏威投顺，愿隶版图，每年认粮输蜡。近茂州者，责之陇木土司管束；近石泉者，责之唐李土司管束。二十二年，以唐李土司所管之青片等寨去石泉太远，拨归叠溪营属之大小姓两土司管束。

武　功

汉元凤元年，氐人叛，遣执金吾马适建等讨平之。

蜀汉建兴九年，汶山羌叛，安南将军马忠，督张嶷讨之。

唐嗣圣时，吐蕃寇悉州，都督陈大慈破之。

长安二年，赞善率众万余人寇悉州，都督陈大慈与贼凡四战，斩首千余级，于是吐蕃遣使入朝求和。

贞元十七年，韦皋围维州，吐蕃遣大将论莽热将兵十万往救，皋设伏邀之，获论莽热，杀其卒过半，又拔峨和、鸡栖城。

宋政和七年，涂、静、时、飞等州蛮寇，杀掠千余人。以孙羲叟节制绵、茂军，中军将种友直等破之，其酋旺烈等降。

熙宁八年，吐蕃围茂州，以梓夔路钤辖王光祖领兵三千，会王中正破鸡宗关，贼据石鼓村，扼其半道。中正召诸将问计，光祖独请行，既抵石鼓，择锐兵分袭吐蕃背，出其不意，皆惊遁，围解。

明洪武中，土官杨者七叛，徐凯率兵讨平之。

永乐间，羌民黑大肆行不法，成都指挥李敬率兵进剿，直捣贼穴，擒斩之。

宣德三年，羌贼围城凡六月，番垒相望，成都军不能入。诏遣总兵张怀与参将蒋贵统军由间道讨平之。蒋贵归至黄土铺，伏羌刃伤其面，今雁门塑像有伤痕焉。

景泰二年，蛮长王永阴持两端，煽动上下五族欲拒南路，刑部侍郎罗绮设策制胜，一举殄之。

天顺末，威茂盗起，佥事汪浩密设方略，多张疑兵，擒斩巨贼赵铎，所至有功。

成化二年，巡抚夏埙奏：黑虎贼首夜合等劫攻关堡。命副使沈宗、参将宰用督兵驰往，擒斩夜合等三十六级。

十四年，都御史张瓒平松茂诸蛮，先后破寨五十有二，降寨一百有五。

正德十四年，巡抚马昊调松潘兵攻小东路诸寨，而核桃沟上下关番民遂纠白若、罗打鼓等番攻围城堡，游击张杰败绩。

嘉靖五年，乌都、勃鸽、鹅儿等五寨番纠合黑虎八百余人，攻围长安等堡，阻截南路。巡抚朱廷立奏，调汉、土官兵七千，分为六哨，命守备李葵等领哨夹攻。朝廷又敕总兵何卿节度诸军，都御史杨守礼提督军务。乌都等十一寨皆次第剿平，又屠踏花寨，于是黑虎等寨齐心纳款。九年，巡抚都御史宋沧克平直州剧贼周天星及白草等寨。十二年，北路乌都、勃鸽等寨番大肆寇掠，兵备副使韩璒上疏乞师，剿平之。又土官节贵纠合陇木十二寨，远连青片、白草等寨生熟番数千人，径攻坝底。总兵何卿御之，面中流矢。蛮以木为巨柜，庇身挖城，卿命以石臼从上击下，柜破蛮死。乘胜攻击，奔溃。

万历十四年，叠溪羌番杨柳，邀南路窑沟大小粟谷、西路思答、牛尾巴诸羌，直犯金瓶堡，大索赏赐，指挥丰承业等击破之。诸羌复合麻答（虫革）蝉寨再寇金瓶，都御史徐元太督兵征剿，白泥等寨归降。仍命诸羌愿降者，当捕其酋长来献，如白泥等寨例。乃各献其酋长阎卜利儿等数十人，生埋之道旁，曰：复反者有如此冢。又羌初发难，刻石为誓。其石一在庙子沟，一在牛尾巴。命力士椎碎投于河。诸羌亦曰："所反复不如将军令者，如此石。"

十九年威茂诸番作乱，攻破新桥，乘胜进围普安等堡。巡抚李尚思檄诸路兵奋勇追剿，诸番遁去，诸堡得以保全。

国朝康熙二十四年，巴猪等寨逆番阻道劫营，抗抚拒敌，巡抚韩士奇统汉土官兵，相机调度，剿抚并用，斩杀逆番数千余级，先后招抚十三寨，输赋纳粮。四十二年，巡抚贝何诺、提督岳昇龙招抚黑虎七族、三齐各寨、黑水下寨等番，阅其疆界，稽其户口，以杜侵冒，诸羌悦服。献图列册，认纳麦粮。

巡抚韩士奇《平定巴猪等寨逆番情形疏》：

该臣看得巴猪等寨逆番阻道劫营，抗抚拒敌情形，先经臣等一面会疏密题，一面抽调汉土官兵相机进剿。复念此等生番从古不庭，罔知汉法，先当示以兵威，继谕以招抚，使其畏威怀德，倾心向化，各安住牧，以仰体皇上好生之仁。臣是以缮写告示传牌，专委松茂道佥事王隲面领，亲往大定堡一带，责令安巡土司并通事人等，执持牌示晓谕列角、双马寨安分住牧，不许助恶，自取株连。并招抚巴猪逆番，悔悟归顺，亲到军前受抚，免其追剿。又经屡檄该道，并咨移松潘镇会同多方招抚，不得妄行杀戮，致伤生命。去后，今据该道王隲呈详，并准松潘镇臣高鼎咨称，差人化谕再三，镇道曲尽招抚，而巴猪逆番，恶留我往招人役作质。始议，数番前来投拜，愿献首恶一人，交还抢去器械，送以退兵牛羊。该镇道随准其受抚，给示领赏回寨，擒献首恶，而紧邻之卓沙、小力日、白卜等寨见巴猪已降，方赴军前受抚，各领告示赏需，令归本寨去。讫嗣见巴猪逆番，诈称首恶挖子逃走，恃险复叛，致已经受抚之卓沙等寨亦变幻而抗抚矣。因思巴猪逆番，所恃双马、列角、庙山、小寨、大小力日、卓沙、白布、撮箕等寨为之协从，必先剪其羽翼，以示兵威。遂分遣官兵攻取小寨，老窝垛、列角寨，乃逆番敢以鸟枪箭石恃险拒敌，我兵奋勇齐攻，斩杀逆番七十余名，烧死逆番数百余名。我兵屯营山顶，给发白旗招安，而白卜、卓沙、小力日、撮箕、双马、庙山、作力、合卜等寨及已破之，小寨、老窝垛、列角三寨始畏兵威，投降恐后，愿纳粮差，永不侵犯哨道。惟巴猪逆番，诈降诈叛，怙终不悛，恶贯满盈。自干天讨，随分遣抚标游击冶秉孝、提标游击穆廷栻、城守副将贺双耀、松播镇标游击李镇鼎、王世臣、瓦寺土司坦朋吉卜等，授以方略，统领官兵三股进发。而巴猪逆番约有六千余人，各执弓矢鸟枪，亦分三股前来迎敌。我兵奋勇攻击，当阵杀一千七百余名，生擒枭首，及跟追杀死、搜出正犯逆番共计一千余名，得获鸟枪、弓箭、长枪甚多，烧死番蛮二千三百余名，搜获伪印一颗、伪勅一道、沙[①]帽一顶、角带一条。当同塘报咨解在案，尚有巴猪漏刃余孽尽奔大力日寨，见我兵追至，复奔连环六定，我兵跟至六定，逆番聚众敌，我兵奋力战，阵斩七百余名，焚死三百余名，其不能入寨者，见我兵追至黑水江岸，逆番浮水过江，其渡江者，仅止百十余名，余皆落水溺死。我兵欲渡江穷追，但隔江乃系黑水生番之界，不便深入重地，是以回营。今历日、连环[②]、六定俱已投降受抚，认纳粮差。至巴猪首恶挖子，业已被火焚死，验明首级无异等因，造具有功人员，伤亡官兵，得获器械，并白卜、撮箕、小历日、卓沙、作力、合卜、小寨子、窝垛、列角、庙山、双马、大历日、大定、连环一十三寨纳粮清册，呈赍前来。臣查此一役也，数百年不归王化之生番，今一旦愿纳粮差，为我编氓，数百年不获清宁之官道，自此不烦送哨，边患永消，此皆仰我皇上天威遐震之所致也。虽所纳之粮为数无几，然借此以羁縻其野蛮之性，知有纳束而不敢作祟为害矣。至在事有功人员，相机调度，剿抚并用者，松潘镇臣高鼎松、茂道臣王隲也。其余有功人员并伤亡官兵及各寨纳粮数目等册，除送部查核，以听分别议叙恤赏，并将搜获伪印、纱帽、角带，臣即在外焚毁，止将伪勅、印送部查收销毁外，所有平定巴猪等寨逆番情形，理合题报，臣谨会同四川、陕西总督臣席尔达、四川提督臣何传合词具题。

塘 汛

夹山墩十里，毛香坪二十里，小关子三十里，神溪四十五里，土门七十里，桃坪九十里，两河口一百六十里，以上东汛。

宗渠十五里，七星关四十里，文镇六十里，雁门八十里，以上南汛。

石榴沟十里，渭门关二十里，长安三十里，宁江四十里，松溪五十里，长宁六十里，穆肃七十里，实大关八十里，以上北汛，茂州营属。

大定九十里，马路顶一百里，小关堡一百十里，叠溪一百二十里，新桥一百四十里，普安一百五十里，永镇一百六十里，以上北汛，叠溪营属。

马 厂

茂州营马厂：在巨人山后，离城四十里。

叠溪营马厂：在黄茨坪后，离营三十余里。

每岁三月营马上厂，八月收回。按，《华阳国志》：周时杜宇称帝，以汶山为畜牧。据此，茂属草场乃自古游牧之所也。

---

① 沙：乾隆《茂州志》作“纱”。

② 连环：乾隆《茂州志》作“梁黄”。

附：屯田

屯田四所，原坐汉、崇、繁、灌、郫、温、双等州县。原额、新增等项共一万八千五百二十二石一斗九升九合，除前、右二所原额粮三百五十七石九斗改附近汉州官吏俸银外，实征屯粮一万八千一百六十四石二斗九升九合。中、左二所额坐安县屯粮。万历十一年，屯田佥事王案验为议处征粮以恤屯官困累事，经抚、按批委绵州万知州、汉州胡知州查议，允以十六年为始改行安县掌印，每石以三钱五分追缴，内二钱解贮布政司库，一钱五分贮该县库，听支附近官军月粮。

国朝康熙六年裁。

土　司

静州长官司董光[①]舒，其先董整伯，唐开元间投诚授职。国朝康熙五年归诚，仍授原职，颁给印信号纸，住牧静州。其地东至大河陇木土司界四里，南至水磨沟二十里，西至州属核桃沟十里，北至州属巴珠[②]沟二十五里。管寨十二，每年认纳麦粮一十九石三斗二升。

陇木长官司何棠之，其先杨文贵，于宋时随剿罗打鼓有功授职。明洪武四年颁给印信，嘉靖间土司杨翱随总兵何卿征白草生番，著有劳绩，命改何姓。国朝顺治九年投诚，康熙二十四年颁给印信号纸，住牧陇东。其地东至石泉县番界四十里，南至州属曹木二十里，西至静州土司界四十里，北至山后界二十里。原管赤土坡十二寨，已编户入州。现管罗打鼓、河东六寨。每年认纳麦粮十三石一斗八升。又康熙二年，分给管束青片下五族十寨，每年认纳黄豆粮三十六石五斗，黄蜡三十斤，赴茂州营完纳，折充兵米。又庄地十处。

岳希长官司坤琏，其先坤蒲送，唐时归附授职。明洪武初颁给印信，天启间加授宣慰司。国朝顺治九年投诚，康熙五年颁给长官印信，乾隆三十二年始给号纸，住牧岳希。其地东至大江二里，南至牟托土司界二十五里，西至州属药沟十里，北至州属波西二里。原管波西等寨已编户入州，现管寨五，每年认纳麦粮八石九斗六升三合。

长宁安抚司苏朝栋，其先蟒答儿，明时随剿黑水三齐生番有功授职。国朝顺治九年投诚，康熙六年颁给印信号纸，仍袭安抚司职，住牧沙坝。其地东至长宁堡十里，南至水草坪土司界二十里，西至州属龙坪十里，北至实大关三十里。原管章圭等寨已编户入州，现管寨六，每年认纳麦粮十五石七斗零五合。

水草坪巡检土司苏国珖，其先蟒答儿，明时随剿黑水三齐生番有功，以长子为正安抚司，次子为副安抚司，住牧水草坪。国朝顺治九年投诚，将副安抚司印信呈缴，康熙六年颁给巡检土司印信号纸。其地东至大江五里，南至竹木坎土司界十五里，西至州属二溪沟三十里，北至沙坝界十五里。管寨三，每年认纳麦粮五石四斗一升。

---

① 光：乾隆《茂州志》作“勤”。

② 巴珠：亦作“巴猪”。

竹木坎副巡检土司孙应长，其先坤儿布，明时归附，授长官司职。国朝顺治九年投诚，康熙十九年改为副巡检土司，颁给号纸，无印信。职列阃外，住牧竹木坎。其地东至擦耳岩十五里，南至长安堡二十里，西至黑虎寨三十里，北至水草坪土司界五里。管寨四。每年认纳麦粮三斗七升。

牟托巡检土司温清近，其先燦沙，唐时归附授职。国朝顺治九年投诚，康熙六年颁给印信，二十七年复给号纸。职列阃外，住牧牟托。其地东至大河界二里，南至州属水磨沟二十四里，西至州属斗族三十里，北至岳希土司界二十五里。管寨三，每年认纳麦粮一石二斗四升。

实大关副长官司官士铨，其先官之保，明时归附授职。国朝康熙十年投诚，颁给号纸，无印信，住牧实大关。其地东至州属小牛寨五里，南至穆肃堡十里，西至大河界二里，北至大定堡十里。管寨二。

梭磨副长官司囊索加布，于国朝雍正元年投诚，颁给印信号纸，住牧梭磨。乾隆五十年，土司杨曙不能抚驭番民，杨文秀等呈恳归流，详准，编户入州，土司裁去。

大定沙坝土千户苏尚荣，其先苏忠，于国朝顺治初投诚授职，颁给号纸，无印信，住牧大定沙坝。其地东至叠溪营界十里，南至州属高黄寨十里，西至州属巴珠寨十里，北至州属小寨子十里。管寨十，每年认纳麦粮七石五斗。乾隆元年，豁免。旧属叠溪营，乾隆五十五年归州。

大姓土百户郁廷栋，原籍湖广，其先郁白吉，唐时归附，授长官司职。国朝顺治六年，郁孟贤投诚，将唐时印信呈缴。康熙四十二年，郁鸣凤始授土百户职，颁给号纸，无印信，住牧大姓寨。其地东至石泉县小鱼肚界八十里，南至州属踏花寨八十里，西至松坪土司界五十里，北至平番营属树底寨五十里。管寨二十。

小姓土百户郁成龙，其先郁从文，明时随征河西诸番有功，授郁郎长官司职，颁给印信。国朝顺治四年投诚，将明时印信呈缴。康熙三年改颁土百户号纸，无印信。住牧小姓寨。其地东至平番营属白草五十里，南至龙安营属番寨界九十里，西至州属小关子五十五里，北至牛尾巴四十五里。管寨十三。

松坪土百户韩朝升，原籍陕西，其先韩腾，明末随征河西诸番有功，授职，颁给印信号纸。国朝顺治四年投诚，将明末印信号纸呈缴。康熙四十二年颁给号纸，无印信。住牧松坪。其地东至大姓白泥寨三十里，南至梭磨土司界五十里，西至松潘中营属七布寨八十里，北至平番营属红土坡九十里。管寨十六。

大姓黑水土百户郁玲，原籍湖广，其先郁孟贤，明末随征山后诸番有功，授职，颁给号纸。国朝顺治四年投诚，将明末号纸呈缴。康熙五十四年，颁给土千户委牌。乾隆十九年，改给土百户委牌，无印信。住牧大黑水。其地东至小姓梭多寨二十里，南至州属牙猪寨五十里，西至梭磨哭坝寨四十里，北至松坪大和尚寨五十里。管寨六。

小姓黑水土百户郁启相，原籍湖广，其先郁从文，明末随征河西诸番有功，授都司职，后加参将职，颁给印信。国朝顺治四年投诚，将印信呈缴。康熙三年，颁给郁郎长官司札付。乾隆五十一年，改颁土百户委牌，无印信。住牧小黑水寨。其地东至大黑水昔鱼寨三十里，南至州属二岔河三十里，西至松坪碉孤寨四十里，北至小姓鱼耳寨三十里。

以上五土司所属番民于道光六年归州，认纳粮差，其土司仍留土职世袭。

选举志

进　士

宋

乾道壬辰

李　枢：《省志》：汶川人。

韩　昵：《旧志》：建平丙午状元。按：宋无建平年号，而《历代进士录》并无韩昵其人。《旧志》不知何所据，今姑存之。

明

正统戊辰

万　安：仕至大学士。《省志》：眉州人。相传以为寄居于此。

姜曰广：《旧志》：成化翰林，掌国史馆修撰事。《省志》尢其人。

嘉靖丙辰

周　逊：仕至云南参议。《省志》：成都人。

举　人

明

成化癸卯

万　修：安子。《省志》：眉州人。

弘治乙卯

晏子纶：任陕西乾州，改云南宾州。

嘉靖癸卯

陈朝仪：任阿迷州，升云南府同知。

万历丙子

邓硕辅：任陕西褒城县。

国　朝

康熙癸卯

傅大受：《省志》：华阳人。

康熙丙午
任赞化。
康熙甲子
晏士杰：任浙江长兴县。
康熙庚午
蒋复隽：任陕西崇信县。
康熙丁酉
陈　恺：任河南济源县。
康熙庚子
何　灿；
窦　璁。
雍正癸卯
唐升俊：任山东齐东县。
雍正壬子
蒋元宇：任江南沭阳县。
乾隆己卯
王廷英：任简州学正。
乾隆庚辰
文运鸿：任会理州学正。

武　举

国　朝

康熙戊子
余冲鹏。
董时英。
雍正丙午
武安邦。
潘文粹：任直隶丰顺营都司。
乾隆辛酉
臧　英：任公母营都司，喜读书。
乾隆丁卯
莫文艺。

列　贡

明代可考者

恩、拔、副、岁无凭区别。

李　鹏：江宁典膳。
李　鹍：马湖府教授。
何伯贵：安化县知县。
罗　蓝：景陵县丞。
朱　银：西安府知事。
胡　梁：临安教授。
严　约。
谢　表。
李　新：安庄卫训导。
赵　伦：西礼县知县。
谭　宗：云南布政司照磨。
余　相。
胡　钰。
李应春：江南国子监典簿。
范　宣：彰德通判。
邹　庚：保庆训导。
杨茂兰：同州通判。
郭　藩。
支尚文：陕西澧县训导。
蒋志清：光禄寺监寺。
严　华：叠溪所训导。
晏　谟：鸿胪寺序班。
刘　鳌：安福县主簿。
熊廷相。
陈　璋：南海卫知事。
曹子濂：泽州训导。
侯克忠：凤县主簿。
王　谕。
唐宗智：广东罗定同知。
文　节：平州吏目。
晏　才：景陵训导。
罗　衣。
曹　结：枣阳主簿。
晏　咏：商州州判，有才名。
屈绍严：江夏县丞。
文嘉谟：阳宗县知县。
贺朝用：昆明县知县。
严克和：霍丘县知县。

苏继文：凉州知州，有惠政。
何　衢：荣和县丞。
陈来仪：宁陵训导。
贾绍阳：蒲圻县知县。
胥鸿渐。
周　绍：长沙训导。
支万鉴：蜀府教授。
李东严：湖广布政司理间。
周　京：镇雄教授。
蒋　林：蒙自训导。
姜　第：重庆府教授。
支　屏：曲靖教授。
侯　郡：宝山县丞。
骆宗高：宝鸡县丞。
支一元。
梅凤腾：宁远县知县。
蒋永宗。
蒋文奎。
任之良。
晏三聘。
胡　鲲：青神训导。
王枚卜：湖南攸县知县，升山西泽州知州。
赵　揆。
方宪文。
杨于廷。
蒋英才：巢县知县。
蒋雄才：邵阳县丞。
赵之衙：平阴县知县。
张　祚：沃嘉县知县。
文醇祖：抚夷通判。
蒋体元：兴安州知州。
张尹志：兴新州知州。
唐国英：婺源县知县。
邓昌龄。
唐文炳。
周之蔚。
傅　伦：金华主簿。
王士英。

陶　铸：射洪训导。

王毓秀。

蒋士宏：绵州训导。

赵　冕：灌县训导。

刘廷弼。

孟继盛。

贾文谊。

李调元。

许　锐。

许　梅。

潘晋云。

支可久：澄江府教授。

姜山定。

陈　璪：鹤庆府通判。

王　珂：内黄主簿。

周　凤：邵阳主簿。

蒋兴周：崇祯末倡义拒贼，署威州知州事。

国　朝

副　榜

康熙辛酉

王曰拔：綦江教谕。

乾隆己酉

赵文矩。

拔　贡

唐淑虞：广德州判。

唐尚武：华阳教谕，升松潘教授，推升湖南安化县知县，有遗爱。

张崇仁。

张世荣：分发浙江，试用知县。

何清宁：高县教谕。

何清荫：清宁弟，纳溪教谕。

任遐龄。

潘登瀛。

恩　贡

唐钦明：会州卫教授。

邓遐龄。

王鼎键：大竹训导。

刘梦龄。

赵　伦。

蒋瑞麟：大邑训导。
刘秉钧。
王元明：广元教谕。
王以昇。
晏新策。
张文灿。
何清泰。
王元聘。
任恒修。

优　贡

王　椿：蒲江训导。

岁　贡

张同仁：署本州学正。
晏　诰：扬州检校。
王鼎镇：营山训导。
饶　裕：南川训导。
蒋麟士：西充训导。
文经士。
董继先：纳溪训导。
刘宜振：绥阳训导。
文应凤：长宁训导。
王永爵：苍溪训导。
傅俊超。
桂　馨。
晏荣祖：南溪训导。
任维世：阆中训导。
贾良彦。
文共旦。
罗绵文。
唐升阶。
刘国栋。
顺允文：仪陇训导。
李文发。
王　槐。
王　松。
何　鲲。
卢九畴：眉州训导。
王　楠：射洪训导。

郭丕振：三台训导。
文大纲。
文大成：峨眉训导。
何　斑：珙县训导。
张崇德：渠县训导。
蒋维嵩：中江训导。
唐赓畴：叙州府训导。
唐赓臣。
曾士贤：成都训导。
张文德：成都府训导。
王发祥。
文以黻：忠州训导。
何思聪。
良友白：汉州训导。
陈　芳。
唐时举：巴州训导。
袁应升：彭水训导。
王元俊：绵竹训导。
任天眷。
张廷瑞。
王元佐。
陈　芝：崇宁训导。
张大伦：安岳训导。
张廷祥。
潘　鼎。
张清彦：重庆府训导。
张清臣：垫江训导。
晏治策。
何中孚。
陈嘉诰。
蒋维昆。
莫汝明。
唐时佐。
王钦拔。
唐之珩。
袁廷瑞。
张大维。
黄国祥。

唐梦桂。

黄映瑄。

贾士元。

萧芝英。

唐培源。

王乔年。

孟士佺。

张楷澄。

赵　深。

李发辉。

李自荣。

例　贡

田清宇。

黄肇岐：廪生。

董元仁：附生。

掾　辟

明

袁宗义：万历中，典仪。

李　成：万历中，典仪。

文兆熊：万历中，蜀府典仪。

贾成仁：万历中，蜀府典仪。

国　朝

刘　理：江苏华亭典史。

陶文镐：安徽舒城典史。

武绳祖：候选，从九。

张天耀：候选，从九。

李正华：候选，从九，遵酌增例，捐足即选。

张仕益：候选，从九。

行　伍

国　朝

王时简：城守营守备。

王特用：青云营千总。

万民戴：威茂协右营把总。

晏　勋：陕西泸沟守备。
潘文松：提标千总。
杨丕烈：黎雅营把总。
袁　琼：泸宁营守备。
顾大训：龙安营千总。
罗　文：龙安营千总。
王　龙：龙安营千总。
杨　岱：平番营千总。
刘相臣：漳腊营千总。
刘臣良：茂州营千总。
章辅世：松潘镇标千总。
仲时唐：马边营千总。
唐时元：贵州思南营守备。
杨　虎：肃州镇守备。
何连升：绥靖营守备。
唐　华：黎雅营千总。
刘元臣：懋功营把总。
罗维甡：石泉把总。
何　珍：懋功营把总。
周士贵：南坪营把总。
潘占魁：宁远营把总。
贾师埼：茂州营把总。
杨　琎：黎雅营把总。
萧名扬：建昌营守备。
田　豹：松潘把总。
朱延生：荫生，茂州营千总加守备衔。
周　举：茂州营外委。
赵发祥：通化外委。

封　荫

国　朝

韩遇春：以曾祖世贵从征金川阵亡，承袭恩骑尉。
罗　溥：以祖武从征金川阵亡，承袭恩骑尉。
朱延生：以父国相从征金川阵亡，承袭恩骑尉，补本营千总。
董其福：以父璠从征金川阵亡，承袭恩骑尉。
董思惠：以祖璠从征金川阵亡，承袭恩骑尉。
顾上达：以祖大佺从征金川阵亡，承袭恩骑尉。

苏登科：以父应照从征教匪阵亡，承袭云骑尉。

杨进忠：以父虎从征教匪阵亡，承袭云骑尉。

袁天章：以父敏荫，二品荫生。

耆　硕

明

贾海大、何源、何洪、文鉴、陈仲凯、王纲、支清、骆璇、明棨，以上年各八十余，弘治中冠带。

赵海、孟必山、任傅先、陈思廉、彭纲、荀明、姜相、侯潢、余秉经、杜钦、董志纲、王纪、胥凤，以上年各八十余，正德中冠带。

谭鹄、景志坚、蒋仁、邓长春、晏子经、易九皋、史正、陈明甫、胡乐、赵镕，以上年各八十余，嘉靖中冠带。

邓文、王朝，以上万历中冠带。

国　朝

坤成纬、赵茂育、文运禄、梁元器、韩友连、文运昭、施云贵，以上年各七十余，嘉庆间册报老民。

傅升：石鼓村人。年九十二，忠厚勤朴，以农为业。子起凤、孙应魁武庠，曾孙光灿、光耀、光辉、光煌，元孙福寿，五世同堂。

人物志

卓　行

明

沈　连：处士。有隐德。永乐中上封事，请设学，建学立师自此始。

文　凤：贡生。性刚介孝友，任乳源令，清慎自矢，民受其福。解组归，士负笈从之。教人以躬行为本，不屑屑文艺。家居端整，虽燕处无惰容。见《通志》。

晏子纶：字仲诚，以诗中弘治乙卯乡举，任陕西乾州知州，有古循良风，后改云南宾州。致仕归，杜门不出，训诲子孙，朝夕不倦。见《蜀·人物志》。

苏　时：字民望，嘉靖间任指挥，时羌番屡出扰掠，守御州东一带，多著劳绩，凿土门井。详王元正《井铭》。

苏继文：贡生。镇抚时之子。博学能文，总兵何卿推重之。辑《松潘志》，后任凉州牧，有惠政。

文嘉谟：贡生。嘉靖中知阳宗县，每单骑游历境内，凡地脉河道，加意修补，筑沙甸堰。浚大冲、堤坝，有神君之颂。见《一统志》。

李　新：贡生。安庄训导。讲明理学，以诲诸生。捐俸赈贫，自甘澹泊。秩满，诸生乞留，后附籍永宁。见《贵州通志》。

蒋雄才：贡生。邵阳县丞。清操自励，时远卫勾补军伍，县民苦之，雄才请弛其法。见《湖南通志》。

陈朝仪：举人。知阿迷州，升云南府同知。性淳厚，政多恺悌。以忧归，无所干预，乡里高之。见《通志》。

蒋英才：拔贡。任江南巢县知县，廉明公正，巢人为立生祠，额曰“金斗神君”。

唐宗智：贡生。任广东罗定同知，有治绩，士民爱之。

王枚卜：拔贡生。由攸县令升泽州牧，悃愊无华，捐俸浚泮池，修城隍庙，诸多惠政，民立祠祀之。见《湖南通志》。

国　朝

刘宜振：贡生。淹贯经史，长于制艺，教授生徒，登贤书者多人。吴逆之乱，键户著撰，不干外事。后任绥阳训导，多所作育。知州李斯佺纂修《州志》，分辑不懈。

蒋复隽：举人。任甘肃崇信知县，多善政。长于诗赋，为人慷慨卓荦，雅有奇气。著《游艺集》。

忠　节

明

梁　昱：叠溪千户。宣德二年，番寇攻围，阻截水道，城中乏水，昱奋勇率军出城取水，后战死。

蒋　忠：叠溪总旗。正统中领军巡视永镇堡，至白石坎遇伏，起追至旄牛山与贼对垒，气益励，手刃数贼，中流矢死。

谢　林：成化中以指挥使调征松茂，分兵深入，攻破番寨甚众，人称为谢老虎。后为番夷所袭，战死。

胡　澄：叠溪百户。弘治中守御普安，番夷攻围，澄出战，追至葫芦嶮嘴，久战不怯，中流矢死。

庞　昇：叠溪千户。正德己卯从征核桃沟，战死。

何　英：叠溪千户。

张　纲：叠溪百户。

李　高：叠溪百户。

李　果：叠溪百户。

潘　元：叠溪总旗。均正德己卯从征核桃沟战死。

贺才衙：叠溪总旗。正德壬申从征流贼，追至德阳略平镇，手刃七贼而死。总制彭泽、巡抚高崇熙旌之。

罗　经：正德间羌叛，以刀加颈，胁之使从，经不为夺，时年已七十。事定叹曰：“吾犹及见此曹伏诛也。”副使吴希由建坊表之。

王　秦：家贫为卒。正德间羌叛，挟秦致状于官，秦投之江中，骂贼而死。巡抚许廷光命有司祠祀之。

焦　勋：州学生。嘉靖中五寨入寇，勋仗义先驱，手刃数贼，力尽死之。太史王元正哀之以祠。

蒋　兴：贡生。明末流寇之乱，兴周首倡义兵，节次破贼，当事嘉其能，委署威州事，一方倚重焉。

国　朝

阵亡官弁

吴士秀：松潘镇标千总，乾隆三十年从师金川。

董　藩：松潘右营千总，乾隆三十六年从师金川。攻贼于巴朗山，奋勇直前，屡歼贼众。

罗　武：叠溪营外委，乾隆三十七年从师金川。

顾大佺：叠溪营外委，乾隆三十七年从师金川。

张国臣：茂州营外委，乾隆三十九年随征金川，攻逊克尔宗。

韩世贵：重庆中营守备，乾隆四十年从师金川。

朱国相：叠溪营外委，乾隆四十年从征金川。

姜廷栻：贵州大定营都司，出师云南。

王　昆：茂州营额外外委，嘉庆元年随剿教匪。

苏应照：松潘镇标把总，嘉庆元年随剿教匪。

孝　义

明

唐宗智：贡生。居家孝友，人无间言。

文嘉谟：贡生。母邓氏割股进姑，越数日病未瘳。嘉谟跪告于母曰：母能活姑，孙独不能活祖耶？亦割股进之。抚按嘉其双孝，上疏旌表。

节　孝

明

舍人熊轼妻雷氏：指挥熊果母。轼殁，果甫九岁，雷矢志苦守，教子成名。天顺八年旌表。

吕氏媳王氏：吕父吉文无子，以女赘婿，生子仲廉承嗣。婿早殁，吕誓志不移，抚仲廉成立，娶媳王氏，仲廉寻卒。时王年二十二，事姑孝，姑媳相依。吕年八十有五，王年六十有四，皆以苦节终。天顺八年旌表。

庠生文节妻邓氏：节赴秋试，姑李氏病剧，邓割股以进，稍痊。越数日，疾复发，子嘉谟亦割股进之。抚按上疏，旌表双孝。

镇抚苏坤妻王氏：坤卒，王年三十，子济八龄。坤有少妾二，王度其不能守，悉遣去。誓志抚孤，事姑白氏，克尽孝道。孀居四十余年。

张必荣妻苟氏：于归二年，必荣卒。苟年二十一，立志守节。善事舅姑，教子有成。年九十六卒。

李有谅妻陈氏：年二十一，有谅卒，守节四十年，人无间言。

谷岳妻王氏：十九而寡，抚子成立，守节六十年。

韦伯珣妻傅氏：夫殁，傅事姑尽孝，苦节五十余年。

龚姓妻陈氏：年二十，夫殁，无子立嗣。守节历三十年，巡抚旌其门。

百户张纲妻晏氏：年三十，核桃沟之乱，纲战死。无嗣。晏守节三十余年卒。

庠生谭继妻胡氏：夫卒无嗣，孀居五十七年。

卫舍人尚（或作万）孜妻史氏：青年守节，历四十载。有司旌其门。

指挥曹宗次室周氏：年十八适宗，二十五宗卒，子佶甫八岁。周矢志柏舟，女红度日，教子成立。守节四十余年，都督何卿旌其门。

贡生蒋文奎妻侯氏：奎赴试，卒于途，侯年二十余。家贫无恃，矢志苦守，黎藿度日，教子良才、雄才成名。

国　朝

叶定国妻宋氏：年二十守节，事姑抚子，历三十余载。康熙间旌表。

庠生刘廷彦妻赵氏：幼刲股愈母疾。适廷彦，生一子，甫三岁。一日廷彦病甚，氏亦割股以进。及卒，誓死苦守，教子有成，寿臻八十。雍正二年旌表。

王璘妻刘氏：适璘二载，生子世栋。甫六月而璘亡。氏哀号截指，矢志事姑抚子。姑病割股以进，苦节终身。

梁廷栻妻韩氏；

梁廷珍妻冉氏；

蒋梯妻王氏；均乾隆年间旌表。

庠生林承恩妻叶氏：承恩性极孝，父寝疾，祈以身代。及瘳，承恩病卒，叶欲殉葬，翁姑泣止之。苦节终身，恪尽妇职。

唐景皋妻蒋氏：年二十八，景皋卒，氏柏舟矢志，教子成名。有哭夫诗十首。乾隆间旌表。

夫去长怀满腹忧，朝啼暮哭几时休。
深深望断云山路，不见行踪返故州。

清风细雨入帘来，万斛忧情何日开。
只有泉台归路近，嘱君莫去入凡胎。

更残月落倍添秋，忍对孤灵泪暗流。
君有灵兮携妾去，与君千载作冥俦。

凄凄冷冷过寒年，珠泪抛流湿枕边。
一片愁怀无处诉，昨宵梦里得相传。

忽见门前芳草青，愁思春色两相形。
幽冥肯许还魂路，再教孤儿读五经。

细雨纷纷点绿苔，年年春景向谁来。
素居不爱海棠色，只合寒梅雪里开。

栏前绿水漫悠悠，数载秋波泪共流。
总为良人归去早，终天别恨几时休。

南郊绿柳吐新枝，寒食标坟两泪垂。
化鹤何年归故国，挥毫空写断肠诗。

静夜纱窗月色清，泉飞淅沥倍愁生。
君游地下多离恨，妾处闺中更惨情。
疾首怕闻蒿里句，伤心难赋白头吟。
旧时苦读残书在，谁听咿唔呫哔声。

除夕无端倍感伤，堂前灯火自辉煌。
桃符莫遣愁思去，苏酒难消别恨长。
梦逐才郎同入穴，醒惟明月独留房。
忽闻杜宇临窗泣，遗痛千秋矢共姜。

庠生周真妻刘氏：姑杨氏久病不起，医药罔效，氏割股进之，姑病立瘳。

乐安妻冯氏：年二十八，夫卒，子大用甫三岁，艰苦备尝，抚孤成立，有古节妇风。

庠生罗宽妻蒋氏：励志冰霜，教子成名，乡里钦之。乾隆间旌表。

刘国琛妻李氏：琛早卒，氏苦守抚孤，六十余年如一日。乾隆间旌表。

武庠耿韬明妻胡氏：韬明殁，胡年二十二，仅遗一子耀。胡矢志守贞，熊丸画荻，俾克成立，壮游武泮。氏守节五十余年，寿七十余卒。乾隆二十八年旌表。

晏焕妻坤氏：守节教子，清操特立。乾隆间旌表。

何瑛妻坤氏：誓志苦守，教子有方。乾隆间旌表。

许国忠妻贾氏：初忠遘疾，贾割股愈之。再病，几不起，贾默祷，复割股以进，疾遂痊。后举一子，名列胶庠，人以为淑德所感。

冯士奇妻冯氏：士奇早卒，氏苦志守节，抚子大成成立，霜操肃然。

庠生王曰琏妻何氏：年十九于归，三十曰琏故。遗子福世，甫十岁。氏立志苦守，抚孤成立。

马兵刘如臻妻文氏：年二十六，如臻故，遗子志义，苦节抚育，冰操三十七年。

武庠王全智妻坤氏：年二十九，全智卒，子诏甫九岁，氏躬亲井臼，身勤纺绩。抚诏成立，名列胶庠。

陈全义妻张氏：矢志抚孤，女红度日。子试入武庠，氏苦节四十六年。

武庠刘钟彦妻余氏：年二十九，钟彦故，遗子佩，次子佐。氏立志苦守，二子成立。

马兵罗维经妻余氏：维经故，氏年二十八。遗二子，长贵次富。均抚成立，充茂营兵丁。嗣长子贵出师达州阵亡，次子富出师达州病故。时孙得胜甫六岁。氏日夜号泣，殚精竭虑，抚孤孙以延血脉，苦节四十八年。

廪生黄映琮妻萧氏：年十七于归，二十八岁，映琮故，子肇岐、凤岐。氏上事翁姑，养葬备至。下抚子嗣，课读维严。现年六十七岁，守节三十九年。

贡生黄映瑄继室余氏：年十七于归，二十四岁，映瑄故，遗子昌岐、蔚岐。氏治家整肃，课读严切。昌岐入文庠，蔚岐沉潜好学，里闬称之。

唐盛文妻谢氏、妾周氏：盛文故，谢年二十九，周年二十二。谢无出，抚族侄士海为子。周举一子福海。二氏合志同心，以守共矢。谢常多病，周亲奉汤药，历久不懈，守节各二十七年。

刘如淮妾梁氏：如淮妻高氏无出，娶梁氏，时年二十四，生子湘，甫一岁，如淮故。氏矢志苦守，抚孤教读，湘入文庠。氏守节三十一年卒。

顺天辅妻李氏：苦守坚贞，教子成名。守节四十四年。

节烈

明

镇抚朱政妻陈氏：灌县人。成化乙未，羌人犯边，政战殁。陈抱尸恸哭，既殡，投崖死。

李端妻夏氏：成化间，群盗入室索其夫，夏格斗，盗怒，杀之。

李茂女烈娥：许聘王廷用，未嫁。一日，茂夫妇外出，烈娥独在室，廷用突入，欲私之，烈娥以计绐出，自缢死。

李泰女节娥：于归后一日，为强暴所逼，节娥计绐之出，入室缢死。王日珍诗：

从来风化重闺门，此日同招烈女魂。
十五年来完大节，百千秋后护灵根。
残生不辱心如石，誓死难污气秉坤。
邑有贤侯题彩笔，旌扬应自渥隆恩。

杜汉良妻赵氏，妾曹氏、贾氏、张氏：袁滔武大定之变，汉良遇害。四氏逃至茂，为贼所逼。赵密约曹、贾以死报良，独张有子未可以死，遂绐贼以越日除服乃可。至期，遣张抱子潜逃，嘱以善抚遗孤。乃与曹、贾同经一室死。后张至灌过其夫遇害处，以子付夫弟泗良，投江死。

兵备道程翔凤传：

古今烈女子，史不绝书，大抵佳人薄命，所从来远矣。余曩岁游苏门，悉烈女子徐氏事，每嘉其以一女子从容定乱，缚伪[①]贼如婴儿，执夫仇于谈笑。烈女子中，当为铁中铮铮。癸巳秋，余浪游茂城，父老述明将杜汉良妻妾死节事，大略与徐符。嗟乎，何物汉良，此报于二三女子也？孙翊妻徐氏有奇色，贼妫览杀翊，悉取其嫔妾，复逼徐氏。徐氏使人绐览，曰：晦日设祭，除服乃可。览许之，徐氏乃与旧将孙高、傅婴计定，至晦日命高、婴辈潜伏户外，使人报览，曰：服除矣。览遂之，伏兵杀览，徐氏持览首祭翊墓以死。至今虎丘艳称之。今汉良妻赵氏、妾曹氏、次某氏、次张氏，汉良为乱兵所杀，一时逼从逆辈，凶横不减妫览。又其弟泗良，甘心委弃，无复如高、婴之可倚矣。赵氏乃密告诸妾曰：张氏有子，未可以死，尔二人能从吾死，以报良人于地下否？二人唯唯。遂计绐凶横者，约以展期除服乃可，为词一如徐氏语。是日相聚欢饮，神色不移，其弟与诸仆莫知所为也。计凶横者将临赵氏。先以长绳约丈余系其妾曹氏、贾氏，仍以善抚遗孤为张氏，告诫谆谆，乃手持二氏所余之绳，自经以死。呜呼，烈矣。徐氏之烈，能报夫之仇于生前，而能免群凶之见辱；赵氏之死，能存夫之嗣于死后，而更全诸妾之芳名，可与托孤，可与定乱，可与杀身成仁。奇男子中，有死于十五年前、十五年后者，古今难之。孰知尚有从容赴义于一日之间，全名全嗣，如二三女子也哉？从容赴义，乃在二三女子也，是可传也。呜呼！使二三女子而具须眉也，其维挽风教为何如？惟具须眉而不能为二三女子也。此二三女子，其关系风教，又何如？呜呼，真可传也。

州牧罗铭鼎母段氏：《一统志》：云南人。铭鼎知茂州，段氏随养。流贼赵荣贵陷城，铭鼎被执，死。段曰：吾儿能为国死难，吾复何恨！触石缸而死。国朝署州事李光墺于仪门内建祠，春秋祀之。有碑铭，详“金石”目。

① 伪：乾隆《茂州志》作“妫”。

按，《殉节诸臣录》：威茂兵备道佥事罗铭鼎值献贼犯川，拒守，城陷被执，骂贼而死。妻段氏携三子兆鹤、兆桂、兆昌俱投水死。据此，则铭鼎之妻与三子皆死，不独一母也。《旧志》止载其母而不及其妻与子，秉笔者之阙略也。一门殉节，千古美谈，故录之以补其遗。

仙　释

元

道　仙：相传丰都人。大德戊戌，栖隐九峰山。乙卯季冬，召集道友曰：吾化矣。大道坦然，皎如日月，虽由人宏，岂由人往？诸生宜遵道而行，毋自半途而废。偈曰：朴庵寄住有年，东西南北依然。里面浑无一物，只有元文数篇。今日草茅朽腐，须要改换栋椽。眼底风波太恶，不容久住山巅。选得幽居去处，和躯移上九天。端然而逝。

明

僧海江：性慈悲，不喜佛典，惟以济人利物为事。尝于州南募建石桥，往来称便。人有疾，往视辄愈。终日端坐，常如对客。州人称为真师巴（谚云和尚也）。

杂　记

后　妃：黄帝之子曰昌意，娶蜀山氏之女昌仆。按蜀山即茂州也。

夏大禹：父鲧，娶有莘氏之女，生禹于石纽乡。石纽山，或以为汶川，或以为石泉。议者纷纷，莫适主名。计有功《大禹庙记》最为明晰，查汶川故城系今州治，而石泉始隶于茂，宋熙宁间乃隶于绵，则石纽山无论在汶、在石泉，皆茂所属地。今茂之人曰：大禹生于此，亦属通论。按《华阳国志》赞云：上圣则大禹出其乡，媾姻则黄帝婚其女。指汶山郡言也。

周成王时，鸾鸟见于氐羌，故以鸾鸟献。

汉成帝元延三年正月，岷山崩，壅江三日，水竭。

唐开元中，赤雀见于翼州。

宋祥符元年，诏黎、雅、威、茂四州官，以瘴地三年一代。

绍圣元年，献瑞，一茎两穗。

绍兴四年，关师古以乏战马为请，令四川宣抚司于茂州置博马场。

明宣德六年，麦穗五歧。

嘉靖丙午，大鱼见，冬十二月地震。九月，城西支乳源宅左产芝草二本。

隆庆三年，冬十月地震有声，自北而南。三年，夏淫雨。

明时乡饮酒礼原编银九两六钱四厘。后因蜀省凋敝，典礼久废，酌用银二两。

阜控二门商税，支给官吏俸工。长宁、松溪赏番银二百四十六两，亦于税课内动支，年终报销。

国朝康熙八年夏四月，麦穗七歧。

乾隆四十八年，文廷柱妻一产三男。

计有功《大禹庙记》：

圣法天，以身任道；天作圣，以地发祥。舜生于诸冯，文王生于岐周，生虽异地而治同功。乃知上天为生民挺生此神圣，有开必先，非偶然者。《崧高》《长发》，流播雅颂。推原本始，盖示万世以不可忘也。况方册所载，有可考者，禹功自汶。《河图·括地象》曰：岷山之精，上为井络，帝以会昌，神以建福。太史公《本记[①]》谓：岷为汶，岷山导江，岷潘[②]既艺。天生圣人，发祥于此，而万世之功亦起于此，其可忘哉？然而自汶以[③]西，山钳江碕，巫铃庙绝，萧鼓魚菽，犹为俚人之社。汶以东至于石泉，虽缙绅未尝言之，尝求其故。大抵山川琼邈，代远时移，郡邑名号，废置离合。而石纽故处，莫适主名。秦汉而下，为国曰冉駹，为道曰绵虒，为邑曰广柔，一也。汉灵帝析而郡之，曰汶山；后周又析而邑之，曰汶川；唐贞观八年又析而县之，曰石泉。唐以前，石泉之名未立。谯周、陈寿、皇甫谧皆指石纽为汶山之地。周曰：禹生于汶山广柔之石纽，其地为刳儿坪。书[④]曰：禹生汶山石纽，夷人不敢牧其地。自石泉名立，其后唐《地理志》、国朝《职方书》、先儒《舆地记》皆以石纽归石泉。虽莫辨其故，然汶山之山曰铁豹，江水出焉；汶川之山曰玉垒，湔水出焉；石泉山曰石纽，大禹生焉。合之则一，离之则散，处于二[⑤]邑之近，无可疑者。石泉始隶于茂，宋熙宁割隶于绵，政和抚戎，又升而军之。礼乐文物，日浸月盛[⑥]，谓为石纽夷地，置而弗论。太守赵公元勋，时[⑦]以笑谈坐镇，披牒考古，将作庙祀禹，而疑论未释。版曹尹商彦多闻博雅[⑧]，绎究数千年，灿如目击，庙议遂决。卜郡左四百举武[⑨]，北倚层峰，江自西来，雷奔箭注，发汇于庙下，如反本念德；奋泗翔舞，迤逦绕出，如朝宗得途。庙以门计一十有八，形丽势胜，神明拥会，涓刚落成，乃烹乃奏，芬芳璀璨，礼荐乐撤，缙绅耆老，手忭情激，溯九叙之歌，叹明德之远。贤哉禹功，于是乎大。乃以图以书，以学官李繁暨尹君之文，属记于有功。或曰：士有一方，尽一节。论封庙食，千里襁负，无有詟命，如加明刑，禹功绝德，谁不蒙享？而空山古屋，感慨前作，岂固忘之耶？曰一方一节，有施有报。禹之功，无往不在，故无名。禹无心于万世，万世由焉而不知，所以为绝德也。夫使人之灵畏祸于尸祝之间，则何以为禹？惟功大德盛，故称神禹。末世乃取臆胸析，钩钤王计，河伯示图，苍水授简，第怪幻而神之。至其祠祀，则巫祝胼胝之步，鸟耕山阴之冢。汉析开母之石，晋享黄熊之厉。由是观之，焄蒿托于汶王（汶川之民祠禹为汶王），石纽置而弗论，无足怪者。传曰：反本修古，不忘其所由生。越之人曰"吾禹之会稽"，楚之人曰"吾禹之宛委"。思其人，宝其地。使蜀之人不曰"吾禹之石纽"？

① 记：当为"纪"。

② 潘：乾隆《茂州志》作"嶓"。

③ 以：乾隆《茂州志》作"山"。

④ 书：乾隆《茂州志》作"寿"。

⑤ 二：乾隆《茂州志》作"三"。

⑥ 盛：乾隆《茂州志》作"长"。

⑦ 时：乾隆《茂州志》作"世"。

⑧ 版曹尹商彦多闻博雅：乾隆《茂州志》作"郡士计有功、版曹尹商彦多闻博雅"。

⑨ 四百举武：乾隆《茂州志》作"四百武许"。

是不知天降神，地发祥，人允赖也。公一举三善皆得，且遐方邃古而惓惓然，其在今日尠矣。报上之心为何如哉？宜请于庙，崇载祀典，以陟伟绩于灵源，耿辉光于遐裔，惟禹之神，弥天地，布六合。于是为反本之祀。系之诗曰：

有汶惟山，帝生帝禹。汶水发源，降神之所。
帝指其处，以启神功。厥土既敷，四海会同。
蠢蠢群生，茫茫万古。岂享其利，而忘其故。
石纽山名，石泉之墟。近在耳目，犹迷厥初。
禹色山融，禹声江注。长发其祥，地灵长[①]聚。
地秘其灵，朝烟夕霏。粤岁三千，公其发之。
乃涓乃卜，乃庙乃祀。报本反始，此方斯址。
大江西来，如揖如顾。直路朝宗，洋洋东去。
惟公承宣，德感化行。咨询民瘼，究民之生。
民生于禹，禹生于此。庙则咫尺，心兮远矣。
公推是心，以仁昌时。以抚民夷，神人是依。
前乎数千年，其愧于斯。后乎亿千年，其作于斯。

李蕃《禹穴辨》：

蕃二十而南游江淮，上会稽，探禹穴，窥九疑。子长之自叙，所谓足迹半天下也，后人不察，止以意为，断若曰：上会稽而探禹穴云尔。如《吴越春秋》谓：宛委山有一穴，探不见底，谓之禹穴。《括地志》谓：山中指宛委山又有一穴，探不见底，谓之禹穴。史迁云上会稽探禹穴，即此穴也。而《五帝纪》张晏谓：禹巡狩至会稽而崩，因葬焉，上有孔。民[②]间云：禹入此穴，皆误读《史记》，而禹穴遂误在会稽矣。今详考诸书，如《易林》：大禹生石夷之野。《正义》：禹，名文命，字密，身长九尺二寸，西夷之人也。《帝王纪》：禹以六月六日生于石纽，身长九尺二寸，西夷之人也。《蜀王本纪》：禹本汶山郡广柔县人也，生于石纽。《括地志》：茂州汶川县石纽山，在县西七十三里。《华阳国志》：禹生于石纽，今夷人共营，其地方百里，不敢居牧，至今犹不敢放六畜。《东汉书》：戴良，字淑鸾，汝南人，尝自比仲尼，长东鲁，大禹生西羌。《水经注》：禹生于蜀之广柔县石纽乡[③]。《一统志》：禹穴，在石泉[④]治之北，大禹生此。《外书》（升庵著）：广柔，隋改汶川，今之石泉县也。石纽村，今之石鼓山也。其山朝暮二时有五色霞气[⑤]，又有大禹采药亭，在大业山。其地药气触人，往往不可到。禹穴者，禹藏书之所也。按《正义》：禹至衡山，梦见绣谷，男子自称元夷苍水使者，却倚覆釜之山，东顾谓禹曰：欲得我山神之书者，斋于黄帝之岳岩石之下。三月季庚乃登宛委之山，发石得金玉字，以知水泉之脉。及治水功成，乃藏书于所生之地焉。按《广舆记》：

① 长：乾隆《茂州志》作“人”。
② 民：乾隆《茂州志》作“明”。
③ 乡：乾隆《茂州志》作“村”。
④ 泉：乾隆《茂州志》无“泉”字。
⑤ 其山朝暮二时有五色霞气：乾隆《茂州志》作“其山朝暮有五色霞”。

会稽之穴，石如臼。可知非藏书之所也。

州牧钱纯让《州署题名记》：

惟[①]皇御纪三十又三，甲寅冬十月三日，余自昆明长拜命兹茂。越明年，乙卯丙辰一祀，时三原云峰来公[②]，黔南岑南万公[③]，宪度整肃，群属励精。悒兹茂，古羌维地，志三边者收录殆[④]尽，乃郡牧无纪。余因而叹曰：今之视昔，犹后之视今。及今不纪，后将泯泯矣。爰[⑤]访诸耆旧、缙绅暨国子生文嘉谟、庠弟子员苏继文，守自蔡公文韶[⑥]而下得二十六人，判自林公贵而上得十九人，幕九人，倅仅三人，成化十三年裁之。员剩民劳，供亿存恤之恩渥也。勒诸贞石，著其履历、事迹、乡贯于下，未悉者缺之以俟。呜呼！不有先觉，孰开我人？余何幸而得瞻拜诸君子姓氏于今日耶？今何忍[⑦]而弗寿诸君子姓氏于后日耶？乃敢僭而扬言曰：君子之仕也，岂必以名胜为贵乎？古之任者，在位无赫赫声，惟去后人思之。名之不足贵也如此夫？乃今题名者，不几于循名乎？是不然。谏院碑而刻名之制始，侯王表而题名之义立。况善恶存乎人，循否存乎政，久暂存乎思，题名者，所以闻幽也，是乌容已乎？尝慨夫名纵为宽，名略为简，则废弛而民受其弊；尽察名智，任威名严，则蹈厉而民受其害。诸君子有一于是乎？全有一于是乎？畦谀[⑧]名恭，尾琐名敬，则失己而阿人；色取名廉，矫激名洁，则罔人而欺世。诸君子有一于是乎？余有一于是乎？若夫急催暴敛，剥下奉上，如此而为赋役之名乎？深文以逞，良恶不白，如此而为刑狱之名乎？昏晨酣晏，废弛王事，如此而为饮食之名乎？侵夺民利，以润私储，乃货财之名也；盛陈[⑨]姬侍，以娱声色，乃帷幙之名也。诸君子有一于是乎？余有一于是乎？尝考石者，世也。题名于石，自今伊始，贤不肖，世世不朽。其可畏夫？其可惧夫？稽之古，曹玮知秦州七年，羌人詟服，边境之事，玮处之悉得其宜，李及代之，惟不矜其聪明，不变其行[⑩]事，以败玮之成绩。此厚重谨守，独受知于王旦而不见知于众人，无惑也。今之茂，蜀之西徼；茂之氓，狰狢蚩蠢。诸君子已有成绩，不扰之于前矣。余敢不守规模，以负诸君子，以欺此心，以贼吾民，继今君子，请以为何如？

州牧李斯佺《崇俭约》：

盖维风宜尚朴，守贵秉廉。牧此边荒贫瘠之地，当此兵燹旱歉之时，人穷已甚，财尽难堪。倘复过分崇奢，何以律身示约。凡有过访寅僚，以及停骖贵客，信宿为欢，清

---

① 惟：乾隆《茂州志》作“维”。
② 公：乾隆《茂州志》作“翁”。
③ 公：乾隆《茂州志》作“翁”。
④ 殆：乾隆《茂州志》作“亦”。
⑤ 爰：乾隆《茂州志》作“乃”。
⑥ 韶：乾隆《茂州志》作“昭”。
⑦ 忍：乾隆《茂州志》作“忌”。
⑧ 谀：乾隆《茂州志》作“諛”。
⑨ 陈：乾隆《茂州志》作“栋”。
⑩ 行：乾隆《茂州志》作“待”。

谈破寂，罗惟五簋，酿止一尊，送迎止[①]有新诗，迸绝馈赆通候。但须寸启，严革赠遗。年年有节，敢劳过问。荒衙岁岁有晨，亦竟忘怀华诞，省此无益之费，以坚矢节之操。至若士民处世，亦应古俭为心。庆吊率真，不必美于观听；礼仪无缺，何须虚弄闲文；神会慎勿倡先，市债断休措贷；官粮早办，闲戏急除。健[②]讼必伤财，切莫恃强凌弱；好高多失实，幸勿结社邀盟。戒杀明好生之心，省糜作施贫之用。从此尽人事以挽天行，还期守矩度共维陋习。倘高贤或以为迂，惟不敏独行其是云尔。

兵备孙元《秋日边诚即事》诗：

秋尽岷江水欲消，汉家兵马出嫖姚。
蛮酋莫作猖狂态，中国长城万里遥。

乌白乘秋欲渡河，防边甲士已增多。
长枪利剑应无数，行见将军奏凯歌。

八月秋风边塞高，寒威先已著征袍。
天兵十万龙沙外，羌虏何能犯节旄。

圣代恩威重抚绥，岁劳金币赐诸夷。
犬羊溪壑应无足，从此边陲莫缓师。

又《北路班军未还》二首：

雨风长日满秋山，豺虎纵横道路艰。
晓起试从桥北望，隔江征戍几人还。

朔风吹雪暗边城，多少征人怨未平。
泪堕岷江流不尽，犹遗呜咽水中声。

国朝署州牧朱梓《绳州即事》：

气候绳州迥不侔，萧然炎暑似深秋。
堂临九顶千年雪，郭绕三溪万里流。
高卧北窗惊簟冷，樽开[③]河朔畏风遒。
玉壶一片冰常在，赢得清凉傲五侯。

八　景

九顶朝霞：州南二十五里。日出之初，霞光炫彩。
三溪晚照：州北五里。溪水合流，日入之际，余晖远映。
南庄春晓：州南十里。地势平衍，草木先春，茂地居民，东作始此。
西岭雪晴：州西十里。峰峦高耸，积雪开霁，清光遥射。
石幢秋月：内城治平寺内。状类浮图，上刻佛像，秋夜月明影见。

① 止：乾隆《茂州志》作“惟”。
② 健：乾隆《茂州志》作“建”。
③ 樽开：乾隆《茂州志》作“开樽”。

汶水春波：州南六十步。水即岷江，夹岸花圃，当春敷荣，波涛潋滟。
雪花仙井：治西二十步。脉通大江，喷如涌雪。
江渎灵源：州南二十里巨人山畔。其山莹洁，有龙潜中，木叶飘入，鸳鸯衔出。

叠溪营八景
龙池晓月：池中有龙，遇晓吐烟，似月光照映。
海印晚照：日暮，常有霞光掩映。
小关烟雨：四时烟雨迷天。
排棡片云：地势平衍，云气氤氲。
马鞍积雪：其山高耸，四时积雪，历年不化。
临翼双泉：发源玉津洞。唐节度使李德裕名曰“玉津泉”，明侍郎罗绮治亭于池上。
石轮圣灯：唐将军李广置石轮寺。间出圣灯，霞光灼灼。
炭沟早春：花草先发，稞麦预熟。

吏目刘辅廷《劝种桑以养蚕论》：

盖闻天地大利，必归农桑。自神农教艺，而鲜食者得以粒食。自黄帝元妃教民育蚕，治丝茧以共衣服，而蚕事兴焉。故古者天子诸侯必有公桑蚕室，后妃躬桑以劝蚕事，历代相传，至今不废。非以其事属女工，而其利与农等哉！顾女工以治丝为本业，而养蚕以植桑为首务。今天下出丝之地不一，而江浙为盛。即如四川，锦罗纱缎，紬绢绫绵，方物之贡，匹于江浙。其不贡丝帛者，仅数府厅州耳。或曰：丝出于蚕，而蚕待饲于桑，虽欲育蚕，其如诸地之不宜于桑何？余谓不然，夫桑者箕星之精，东方自然神木，无地蔑有，其荣枯衰旺之故，特视夫培植者之善与不善耳。不然，白苧出自闽蜀，今何以传至中州；木棉产于南海，今何以遍及中土耶？且自古所称，因天时分地利者，未尝不重资乎人力，岂非天时地利皆人力之所能调剂哉？茂处万山之中，无宜禾之地。其业农者，岁收不过大小麦、荞麦、青稞而已。即玉麦一种，乃近来所产，二十年前尚未有也。州地周环数百里，求其地脉深厚、土色滋润者，不过十分之一，而欲以养一州之黎庶，无怪乎生齿日繁而穷苦日甚也。因思农桑并重，农政既限于地矣，而蚕事亦限于地乎？《农桑要旨》云：平原淤壤、土地肥虚，俱可种桑。是桑不必择地也。《士民必用》云：种桑以春风前十日为上，十月小春亦可压条。又《农桑撮要》云：十二月栽桑，加倍荣旺，胜于春栽，即谚所谓“腊月栽桑桑不知”。是桑亦不必择时也。以荒芜不耕之地，而又无需平耕耘耨耜之劳，不荒男业，止藉女工，用力少而取利厚，人奈何而不广植也哉？又况《方书》称：桑之功最神，在人资用尤众。皮与根可入药，叶与椹可制纸、可济饥，枝可为薪，一物而收无穷之用，人奈何而不广植也哉！今采种艺培养之法数则，愿合属士民如法栽植，资人之力，因天之时，分地之利，将见枝枝相接，叶叶相当，执筐者载道，治茧者盈庭，机杼之声不绝于耳，朱绿之色常炫于目。岂不盛哉？岂不快哉？

种植：五六月椹熟时，摘取收贮，勿令浥湿。二月种时，先以柴灰淹揉，次日淘净，取沉水者略晒干，择肥地畦种之，有草锄净。至来春，去冗苗，留旺者。俟指大，移栽，五步一株。

压条：初芽时，择指大枝条旺相者，就马蹄处劈下，润土内开沟深尺许，埋实。遇旱，于旁开沟灌之，取水气，忌多着水。

采桑：高者用梯摘，庶不伤枝。远出强枝，当用阔刃锋利斧，转腕回刃向上斫之，则筋脉不出而叶复茂盛。谚云：斧头自有一倍叶，此善用斧之效也。柔桑高枝不胜梯，须用高凳，下列二杌作登级，斯易摘叶，又不伤树。

培桑：凡耕桑地，不可近树。夏至后开掘，根下用粪或蚕沙培壅，来年嫩枝之叶更觉茂盛。根下埋龟甲则不蛀，生黄衣，亦以此治之。

茂州乡土志

（清）谢恩鸿 编辑

光绪末年修抄本

提　要

（光绪）《茂州乡土志》，谢恩鸿编辑。恩鸿，仅知其为茂州人，廪生，其余事迹不可考。

该志未分卷，有目录，正文分“历史”“政绩”“兵事录”“耆旧录”“人类”“氏族”“宗教”“实业”“地理”“山”“水”“道路”“物产”等十三目，二十余小目。记事至光绪三十二年（1906），成书当在此稍后。

该志于少数民族之风俗习惯，兄弟民族之交流，记述较详，诚为清代茂州之重要史料。此志上承道光《茂州志》，下补道光十一年（1831）后九十余年之史实，茂州志书自道光后无续修之举，故该志亦可视为茂州续志。

《茂州乡土志》是茂县现存唯一的一部清代乡土志。

目　录

历　史

茂州建置年代。按：茂州，自唐虞、夏、商、周至春秋战国，皆古西羌冉駹地，自秦分梁为蜀郡，别冉駹湔氐道。汉元鼎六年，以其地置汶山郡，治汶江县。地节元年省，属蜀郡，为北部都尉。后汉为汶江道，永初三年为广汉蜀国都尉，延光三年复为郡。晋移郡治于绵虒界，改汶江置广阳属之，东晋后废。萧齐复置北部都尉。梁普通三年置绳州，北部郡仍置，广阳县为治。后周保定四年改绳州曰汶州。隋开皇初郡废，改汶州曰蜀州，寻改为会州，置总管府。仁寿元年改县曰汶山，大业初府罢，复为汶山郡。唐武德元年复为会州，置总管府；四年改为南会州；七年改置都督府。贞观八年始置茂州，石泉县属之。天宝元年改通化郡，乾元元年复曰茂州，属剑南道。五代属蜀。宋仍茂州通化郡，属成都府，熙宁间以石泉改隶绵州。元至元九年属吐蕃宣尉司。明洪武十七年仍置茂州，兼置茂州卫，以州置汶山县省入焉，国朝因之。雍正五年改为直隶州，属松茂道，领汶川、保县二县。嘉庆七年裁保县，以其地并入杂谷厅。今领汶川县一。

政　绩

汉立汶山郡，设刺史，厥后郡名屡易，官阶不一，可考者十不一二。兹取晋唐以至于今，实有平定抚绥之功者录之，以备参考（自萧承之以下均入名宦祠，维蹇阁别建专祠）：

晋

萧承之：《南齐书·高帝本纪》："南兰陵人，皇考讳承之，字嗣伯。少有大志，才力过人。义熙中，蜀贼谯纵初平，皇考迁扬武将军，安固、汶山二郡太守，善于抚绥。"

崔仲方：字不齐，博陵安平人。平陈后数载，转会州总管，时诸羌犹未宾附。诏令仲方击之，与羌三十余战，诸郡悉平。

南北朝

无可考。

唐

郑元璹：南会州都督。贞观三年，元璹镌谕其酋，细封步赖举部降。

五代时

无可考。

宋

李　琪：熙宁间，以屯田员外郎出知州事。州向无城，惟植鹿角，蛮入劫掠人畜，州将每取贷于民，遣人赎之。至是始请筑城，疏上而琪以罢去。

范百常：熙宁间，以大理寺丞出知州事，朝廷以前李琪筑城议，下成都钤辖审度，百常极言其利，锐意筑之，城遂成。

史　学：丹棱人。哲宗时，知监军营田，民赖以安。

元　代

无可考。

明

丁　玉：初名国，河州人。洪武十年为右都御史大夫。威茂土酋董贴里叛，以玉为平羌将军讨之，贴里降，置长宁安抚司、各长官司，羁縻番民，给以银锞，为边功第一。

阴　序：江南无锡进士，任布政使司。宣德初，西戎攻围，城中老幼不及二千，几陷。序竭力拒守，内外断绝，声援不相闻。乃募善泅者，赍蜡书，趣兵以救，戎乃去。

吴　伟：汉中人。永乐初知茂州，卓有政绩。

刘　坚：字成祖，濮州进士。永乐知州事，公正廉直，民多德之。时茂州卫奏请立学，羌民难之，坚集众羌，谕以朝廷成俗之意，于是遣子就学读书。

李　敩：字居学，直隶涿州进士。宣德初任参议。时松、叠、威、茂被西戎侵扰。都统陈怀统大军征之，栈路飞挽正艰。敩任转运，均其劳逸，民乐应役，军储充裕。居蜀十年，不携妻孥，惟一苍头。

寇　深：字文渊，唐县人。任四川巡抚，提督松潘军务，威惠并著，决策如神，赏罚必信，沿边城堡多所创筑，建镇西桥。

罗　绮：磁州进士。正统中巡抚四川。景泰二年总理军务，布德宣威，赏罚必信，军势大振，擒威贼王永，边人感戴。兴贤育才，文教蔚起。

陈　敏：甘肃华亭人。永乐中，知州事。遭丧去官。诸长官司番百八十人诣阙奏言："州僻处边徼，在万山中，与松、叠诸番邻。近岁被其患，自敏涖州，抚驭有方，民得安业。今以忧去职，军民失所依，乞念远方，还此良牧。"帝立报"可"。九载，军民复请留，进成都同知，仍视州事。秩满擢参议，又进右参政，视州事如前。景泰时，麦穗五歧，宣宗制《满庭芳》词赐之，后为按察司张淑所劾罢职。任茂几及三十年，威信大行，番民胥悦。解任后，夫妻卒于茂州，人为之合葬于南明门外。通判王升即墓前建祠祀之。宣宗《满庭芳》词：

连野盈畴，一茎五穗，信是丰年真符。黄云铺处，千顷灿金珠。黎庶惊呼奔走，告方牧，驰进天衢。称嘉瑞，丕隆景运，尽说古来无。

昭乎，天助我，生民富足，国用丰余。昔两歧呈秀，安得同途？自愧微躬菲薄，荷祖宗，垂佑鸿图。齐称庆，千官万姓，歌满皇都。

副使余珊《瑞麦赞》：

任久斯专，仁渐必世。瑞麦呈奇，爰感上帝。
知德者鲜，知我者希。百代之下，聊写斯心。

张　祥：武陵人。成化中知州事，爱民育士，建学修桥。

顾　珀：江西镇江人。嘉靖中任兵备副使，持宪刚明，弗尚察察，力除仓场积弊。修镇西桥，遣官军取木于番界，蛮不敢动。制驭之妙，人莫能测。

宋　沧：号有台，巨鹿进士。嘉靖九年抚蜀，亲贤爱民，受命专征，东剿真州剧贼周天星等，降其众数万，西平白草等寨。勋绩伟然，以劳卒于军，州人悼之。

杨　露：余姚人。嘉靖初知州事。清廉耿介，教士爱民。初抵任，一骑一仆，书数卷。去之日，不增一物。

余　珊：江南桐城进士。嘉靖初以兵备涖茂，方正率下，除奸去恶，积弊一清，四夷咸服，修江渎祠，设汶川县学，城堡关隘，量为添置。

韩　璒：高阳进士。嘉靖十一年任兵备副使，北路五寨攻堡绝道，威、叠不通。璒上疏，请兵平之。

何　卿：字莨臣，江南合肥人。任松潘总兵时，裁去各路赏番银数万两，改修马路、长安等堡，建筑沿边，营房二万余间，夹道边垣，障蔽一千余里。开拓边地，卿为首称。在镇三十年，全蜀均受其惠，边民立祠祀之。

朱　纨：长洲人。嘉靖十三年任兵备副使时，北路五寨虽平，而河东三沟复叛，誓师应敌，斩其巨魁，余寇悉降。严威有断，兵政肃然。复以连日地震，作修省告文，祷于北坛山川风雨之神，其震遂止。《修省文》详载《州志》甚悉。

胡东皋：余姚人。嘉靖中任兵备副使，恩威明断，控制有方。时打喇儿寨追追作乱，居民大恐，东皋不动声色殄之。革去威茂繁役，军民称便。

王　渊：江西人。嘉靖中以给事中谪判茂，治才卓著，有清操。去之日，匹马一仆，人无知者。

胡　鳌：沅陵进士。嘉靖中任兵备副使，建学修城，在任三载，边隅静谧。

孙　汉：江阴举人。嘉靖知州事，时五寨蛮叛，汉守有方，蛮不敢犯。未几，以忧去，军民如失父母。

钱纯让：字益庵，又字子实，江西新喻举人。嘉靖二十三年知州事，有清操，前备边银一万有奇，存州库拨支，吏胥多侵隐。纯让始请改存布政司库，按期分拨，修桥凿池，建儒学坊，州人德之。著有《州署题名记》。载《州志》“杂记”门。

段宜标：云南举人。嘉靖中知州事，有惠政，捐廉迁学，改筑长安堡。祈祷辄应，麦穗五歧，汉羌悦服。

张化美：江南江宁人。隆庆间知州事，建署立学，麦穗五歧。招抚小姓白若诸番，给以木牌铁刻，永受羁縻，边患遂息。

白比珩：字康德，绥德州人。万历间知州事，清心寡欲，抚字勤劳。

薛　曾：字南歧，福清进士。万历中任兵备副使，礼贤爱民，尽心边备，讨平汶川青坡等番，筑镇西桥堤，修《威茂志》，州人立祠祀之。尝勖州县，有云：

余观古今沿革制，而知司边境者责至重也。夫州县守令，父母之任也；卫所将领，干城之寄也；学校师儒，教化之源也；三者之切于民，均也。威茂之地，九石一土矣，父母以厚其生者难；四塞皆蛮矣，干城以捍其患者难；旧风未殄矣，教化以易其俗者难。图易于难，各有司存兢兢勉勉，尽其心力以图之，犹恐弗给。若有一毫苟且行私于其间，则难者愈难而民焉赖哉！国家爵我禄我，氓庶仰我奉我，将奚为者？语曰：官无大小，称职为良贤者，当自励也。

又有《歼黑虎寨诗》，亦载《州志》。

罗铭鼎：昆明人。任威茂佥事，崇祯十七年流寇赵荣贵破城，被执，骂贼而死。国朝乾隆四十一年，赐谥“烈愍”。

国　朝

王　鹭：山东福山人，顺治乙未进士。任松茂道，康熙二十四年平定巴猪诸番，相机进剿，招抚有方。

黄　陛：字摅白，江南亳州拔贡。康熙二年知州事，兴学校，葺城垣，爱民如子，有古循吏风。

张廷柱：陕西韩城，监生。康熙三十六年知州事，多善政。

蹇　訚：字子和，贵州人。咸丰十一年松潘吐蕃寇边，蔓延至茂。是年七月十八日，忽夷众屯聚鳌山攻围，城急，本城营兵团勇合维州五屯追击至渭门关沟口寨，粮尽援绝，不敢前驱。夷遂盘踞小关堡一带。訚奉骆宫保札，委署茂州，督办松、茂、理夷务。訚带勇到州，先清内患，后除外侮，斩击城中流民游勇六七十人。遂偕同裕字营侯光裕，将小关堡克日取回。又得骆宫保札，一面委尽先游击吴家春带勇由龙安进剿；訚遂由茂直抵松潘，两路齐伐，大获全胜。于是放回降夷，独取酋首斩之，吐番遂平。訚在州四年，平夷之后，边境肃清。同治三年卸任去，州中士庶送者盈途，殆不啻赤子之依恋父母也。至光绪六年，复为之请建专祠。我州之人，咸相谓曰“于以报公之威德于不衰云”。

兵事录

汉元凤元年，氐人叛，遣执金吾马适建等讨平之。

蜀汉建兴，汶山羌叛，安南将军马忠督张嶷讨之。

晋武帝太康中，于蜀汶山西五郡险要处置守。

唐仪凤二年，剑南道度州西筑安戎城，生羌导虏取之。开元二十六年，吐蕃大入河西，诏王昱为剑南节度使，昱以剑南军入攻安戎城，筑二小垒，左右之兵次蓬婆岭，输剑南粟饷军。吐蕃率锐来救，昱大败，小垒皆没，士卒死数万。嗣以章宥代节度剑南，章仇兼琼为益州司马，旋代宥节度，取安戎城，绝水道，会石裂泉涌，虏惊去。太和四年，李德裕为西川节度使，作筹边楼，练士卒，葺保障，积边储，威茂诸羌咸畏惧而不敢犯。

嗣圣时，吐蕃寇悉州，都督陈大慈破之。

长安二年，赞善率众万余人寇悉州，都督陈大慈与贼凡四战，斩首千余级，于是吐蕃遣使入朝求和。

贞元七年，韦皋围维州，吐蕃遣大将论莽热将兵十万往救。皋设伏邀之，获论莽热，杀其卒过半。又拔峨和鸡栖城。

唐末，种类分散，入内、蜀者谓之熟户，余谓生户。自推一人为州将，居茂州受处分。旧无城，惟植鹿角，蛮以昏夜入州，掠人畜贷卖，遣州将往赎，岁以为常。

宋政和七年，涂静、时飞等州蛮寇杀掠千余人。以孙义叟节制绵茂军，中军将种友直等破之，其酋旺烈等降。

熙宁八年，知州范百常筑城，既而蛮长诉称城侵其地，乞罢，百常不许。甫兴工，蛮数百奄至，百常率兵击斩数人，稍退。百常遣民入牙城，蛮复焚鹿角及庐舍，引梯冲攻，围困甚急。州南有鸡宗关通永康军，东有陇东道通绵州，皆为蛮所据。百常募人间道诣成都，又书木牌投江中告急。诏遣内侍押班王中正率陕西兵由鸡宗关来援，围解。自石泉至茂，土地肥美，西羌据有之。中正不能讨，乃请割石泉隶绵，而窒其故道，是年城成。按：吐蕃围茂时，以梓夔路钤辖王光祖领兵三千会王中正破鸡宗关贼，据石鼓村扼其半道，中正诏诸将问计，光祖独请行，既抵石鼓，择锐兵分袭吐蕃，出其不意，皆惊遁，围解。

明洪武中，土官杨者七叛，徐凯率兵讨平之。

永乐间，羌民黑大肆行不法。成都指挥李敬率兵进剿，直捣贼穴，擒斩之。

宣德三年，羌贼围城凡六月，番垒相望，成都军不能入，诏遣总兵张怀与、参将蒋贵统军由间道讨平之。蒋贵归至黄土铺，伏羌刃伤其面，今雁门塑像有伤痕焉。

景泰二年，蛮长王永阴持两端，煽动上下五族，欲拒南路，刑部（侍郎）罗绮抚治松潘，设策制胜，一举殄之。

天顺末，威茂盗起，佥事汪浩密设方略，多张疑兵，擒斩巨贼赵铎，所至有功。

成化二年，巡抚夏埙奏黑虎贼首夜合等劫攻关堡，命副使沈宗、参将宰用督兵驰往，擒斩夜合等三十六级。十四年都御使张瓒平松茂诸蛮，先后破寨五十有二，降寨一百有五。

正德十四年，巡抚马昊调松潘兵攻小东路诸寨，而核桃沟上下关番民遂纠白若、罗打鼓等番攻围城堡，游击张杰败绩。

嘉靖五年，乌都、勃鸽、鹅儿等五寨番，纠合黑虎八百余人，攻围长安等堡，阻截南路。巡抚朱廷立奏，调汉土官兵七千，分为六哨，命守备李葵等领哨夹攻。朝廷又敕总兵何卿节度诸军，都御史杨守礼提督军务，乌都等十一寨皆次第剿平，又屠踏花寨，于是黑虎等寨齐心纳款。九年，巡抚都御史宋沧克平真州剧贼周天星及白草等寨。十二年，乌（都、勃）鸽等寨番大肆寇掠，兵备副使韩璒上疏乞师剿平之。又土官节贵纠合陇木十二寨，远连青片、白草等寨生熟番千人，径攻坝底。总兵何卿御之，面中流矢。蛮以木为巨柜，庇身挖城，卿命以石臼从上击下，柜破蛮死，乘胜攻击，奔溃。

万历十四年，叠溪羌番杨柳邀南路窑沟大小粟谷、西路思答、牛尾巴诸羌，直犯金瓶堡，大索赏赐，指挥丰承业等击破之。诸羌复合麻答、蟑螂寨再寇金瓶，都御史徐元太督兵征剿，白泥等寨归降。仍命诸羌愿降者，当捕其酋长来献，如白泥等寨例。乃各献酋长阎卜利儿等数十人，生埋之道旁，曰："复反者，有如此冢。"又羌初发难，刻石为誓，其石一在庙子沟，一在牛尾巴，命力士椎碎投于河。诸羌亦曰："所反覆，不如将军令者如此石。"十九年威茂诸番作乱，攻破新桥，乘胜进围普安等堡，巡抚李尚思檄诸路兵奋勇追剿，诸番遁去，诸堡得以保全。

国朝康熙二十四年，巴猪等寨逆番，阻道劫营，抗抚拒敌。巡抚韩士奇统汉土官兵相机调度，剿抚并用，斩杀逆番数千余级，先后招抚十三寨输赋纳粮。四十二年，巡抚具何诸、提督岳升龙招抚黑虎七族、黑水下寨等番，阅其疆界，稽其户口，以杜侵冒。诸羌悦服，献图列册，认纳麦粮。

咸丰十一年，松潘吐蕃寇边，蔓延至茂，攻围城急，委署茂州督办松茂理夷务蹇訚剿平之。事载《政绩录·蹇訚传》内。

耆旧录

明

沈　连：处士，有隐德。永乐中上封事，请设学。建学、立师，自此始。

支　凤：贡生。性刚介孝友，任乳源令。清慎自矢，民受其福，解组归，士负笈从之。教人以躬行为本，不屑屑文艺，家居端整，虽燕处，无惰容。见《通志》。

晏子纶：字仲诚，以诗中弘治乙卯乡举，任陕西乾州知州，有古循良风，后改云南宾州。致仕归，杜门不出，训诲子孙，朝夕不倦。见《蜀人物志》。

苏　时：字民望。嘉靖间指挥，时羌番屡出扰掠，守御州东一带，多著劳绩，凿土门井。详王元正《井铭》。

苏继文：贡生，镇抚时之子。博学能文，总兵何卿推重之。辑《松潘志》，后任凉州牧，有惠政。

文嘉谟：贡生。嘉靖中知阳宗县，每单骑游历境内，凡地脉、河道，加意修补，筑沙甸堰，浚大冲堤坝，有《神君之颂》。见《一统志》。

李　新：贡生，安庄训导。讲明理学，以诲诸生。捐俸赈贫，自甘澹泊。秩满，诸生乞留，后附籍永宁。见《贵州通志》。

蒋雄才：贡生，邵阳县丞。清操自励，时远卫勾补军伍，县民苦之，雄才请弛其法。见《湖南通志》。

陈朝仪：举人，知阿迷州，升云南府同知。性纯厚，政多恺悌。以忧归，无所干预，乡里高之。见《通志》。

蒋英才：拔贡，任江南巢县知县。廉明公正，巢人为立生祠，额曰“金斗神君”。

唐宗智：贡生，任广东罗定同知，有治绩，士民爱之。

王枚卜：拔贡生，由攸县令升泽州牧。悃愊无华，捐俸浚泮池，修城隍庙，诸多惠政，民立祠祀之。见《湖南通志》。

国　朝

刘宜振：贡生，淹贯经史，长于制艺，教授生徒，登贤书者多人。吴逆之乱，键户著撰，不干外事，后任绥阳训导，多所作育。知州李斯佺纂州志，分辑不懈。

蒋复隽：举人，任甘肃崇信知县。多善政，长于诗赋，为人慷慨卓荦，雅有奇气。著《游艺集》。

以上为旧志所有者，均入乡贤祠。

附录：道光、咸丰间贡生

《州志》自道光以来历久未修，今并载之。

拔 贡

潘登瀛、任遐龄、李春秾、莫犹人、杨起祥、张鹏翼（癸酉科拔贡生，分发陕西知县，历署紫阳、榆林、西乡、神木等县，后署洋县。因靖匪，擢以直隶州补署理孝义厅，又署理汉阴厅。至今着议知府补用，现代理榆林府）。

恩岁贡

王乔年、黄肇岐、刘炳阳、蒋时斌、何矩之、李向秾、王绍贤、武华清、胥庸、高占魁、黄玉田、张嗣旭、姚绍虞、任芝藻、何承焕、吴九江、朱衣、马化龙、王三锡、何承善、吴易畴、谢秀江、文之谟、杨必达、王培植、黄纪云、任伟。

忠节附

明

梁 昱：叠溪千户，宣德二年番寇攻围，阻截水道，城中乏水，昱奋勇率军出城取水，后战死。

蒋 忠：叠溪总旗，正统中领军巡视永镇堡至白石坎遇伏，起追至旄牛山，与贼对垒，气益励，手刃数贼，中流矢死。

谢 林：成化中以指挥使调征松茂，分兵深入，攻破番寨甚众，人称为“谢老虎”。后为番夷所袭，战死。

胡 澄：叠溪百户，弘治中守御普安番夷攻围，澄出战，追至葫芦嘴，久战不怯，中流矢死。

庞 升：叠溪千户，正德己卯从征核桃沟，战死。

何 英：叠溪千户。

张 纲：叠溪百户。

李 高：叠溪百户。

李 果：叠溪百户。

潘 元：叠溪总旗；均正德己卯年从征核桃沟，战死。

贺才衡：叠溪总旗，正德壬申从征流贼，追至德阳略平镇，手刃七贼而死，总制彭泽、巡抚高崇熙旌之。

罗 经：正德间羌叛，以刀加头，胁之使从。经不为夺，时年以七十，事定叹曰：“吾犹及见此曹伏诛也。”副使吴希由建坊表之。

王 秦：家贫为卒，正德间羌叛，致状于官，秦投之江中，骂贼而死。巡抚许廷光命有司祠祀之。

焦　勋：州学生，嘉靖中五寨入寇，勋仗义先驱，手刃数贼，力尽死之。太史王元正哀之以祠。

蒋兴周：贡生，明末流寇之乱，周首倡议兵，节次破贼，当事嘉其能，委署威州事，一方倚重焉。

国　朝

阵亡官弁

吴士秀：松潘镇标千总，乾隆三十年从师金川。

董　藩：松潘右营千总，乾隆三十六年从师金川，攻贼于巴朗山，奋勇直前，屡歼贼众。

罗武：叠溪营外委，乾隆三十七年从师金川。

顾大全：叠溪营外委，乾隆三十七年从师金川。

张国臣：茂州营外委，乾隆三十九年随征金川，攻逊克尔宗。

韩世贵：重庆中营守备，乾隆四十年从征金川。

朱相国：叠溪营外委，乾隆四十年从征金川。

姜廷栻：贵州大定营都司，出师云南。

王　崑：茂州营额外外委，嘉庆元年随剿教匪。

苏应照：松潘镇标把总，嘉庆元年随剿教匪。

苏登陛、任正恩、董长青、孙文富，均道光二十二年□波□阵亡。

李本、杨有拔、彭绍宇、潘士扬、高升、杨发洪、孟业崇、王能元、杨永福、刘志明、陈登元、刘天喜、孟良、王士元、刘升、吴占魁、任林、胥得安、张继弟，均道光二十二年出师广东、浙江，立功后病死。

罗宗元、马龙、姜玉元、文斌、夏启元、任进喜、李昆山、罗荣、郑育德，均咸丰五年出师汉阳府阵亡。

杨占春：咸丰五年出师芜湖县西门外阵亡。

吴云忠、唐孝、杨正斗、袁仕成、何宗喜、段长春、张占鳌、陈有谟、杨孝、萧定邦，均咸丰六年出师江宁城外阵亡。

黄其胜：咸丰六年，出师金坛阵亡。

窦毓芝：咸丰七年，出师云南宾居街阵亡。

苏瑞祥：咸丰七年，出师安徽青街阵亡。

胥得胜：咸丰八年，出师安徽庐州合肥县阵亡。

方玉兴、刘登选、文光照、包珍祥、陈登全、张福，均咸丰九年出师安徽汉涧阵亡。

马金元：咸丰十年，出师荣县老鸦滩阵亡。

余安邦、张松涛、龚长兴、黄建有，均咸丰十年出师无锡县阵亡。

董世泰、杨清顺、刘遇春，俱咸丰十年出师荣县豹子山阵亡。

李炳阳、黄光喜、岳登惠、叶茂林，均咸丰十年出师溧水县阵亡。

文星、李秉崇、田春喜、周文秀、陈全、唐淳义、谢金龙、坤得元、邱向元，均咸丰十年出师江南安德门阵亡。

余益能、孙永隆、马彪、杨文炳、杨文玉、孟登高、张洪盛、陈占魁、王玉成、杨连升、陈忠林、刘得升、曾青林、倪德培、周成兴、孙得明、李才元、魏长明、高得胜、蒋得胜，均咸丰十一年出师江南安德门阵亡。

唐玉恩、王松林、帅正福、袁文光、余金贵。

邓占春：咸丰十一年在崇庆州阵亡。

孙按宗：咸丰十一年在宁国府阵亡。

陈定邦：咸丰十一年在四川威远县阵亡。

文运成、坤敏惠，均咸丰十一年，由川东奉檄赴松潘，在望山关阵亡。

张永长、卞占鳌、宋正发、倪昌元、刘荣燦、李映芳、马正发、王开昌、萧兆瀛、袁仕贵，均咸丰十一年在松潘阵亡。

周飞熊：咸丰十一年在四川富顺县阵亡。

李怀仁：咸丰十一年在本境扒鹿山阵亡。

包联陞：同治元年，在安徽汉涧阵亡。

新兵：龙大顺、黄正发、任占彪、何占魁、王才、杨国陞、郑文炳、兰成发、李福星、周万才、杨登华。

练勇：任占奎、王有元、魏开顺、刘占龙、李洪顺、刘万寿、吴太平、刘占春、萧宇清、吴正邦、张永兴、萧洪发、陈玉顺、工顺、陈兴顺、史宗锡、李正林、杨信、吴秀贵、党有、萧洪顺、张超喜、张占魁、冷复荣、刘文玉、孙芝喜、李春元、叶万有、刘明德、牛林道、苏明朝、杨品超。

以上新兵、练勇俱于咸丰十一年，在本境及松潘平定关、扒鹿山、滚坝、十合桥等处阵亡。

本境人由本营兵丁，升拔都、千、把官四员：

升拔宁越都司一员，刘登元；

升拔峨左千总一员，唐天福；

升拔维左把总一员，孟应明；

升拔龙安营外委一员，李芳。

又本境人由武生考补叠溪营额外，后保补至把总一员。

升拔懋功协属绥靖营右哨二司把总：坤如鹏。

封荫附

国　朝

韩遇春：以曾祖世贵从征金川阵亡，承袭恩骑尉。

罗　溥：以祖武从征金川阵亡，承袭恩骑尉。

朱光华：以祖国相从征金川阵亡，承袭恩骑尉。

营千总

董其福：以父璠从征金川阵亡，承袭恩骑尉。

董思惠：以祖璠从征金川阵亡，承袭恩骑尉。

顾上达：以祖大佺从征金川阵亡，承袭恩骑尉。

苏登科：以父应照从征教匪阵亡，承袭云骑尉。

杨进忠：以父虎从征教匪阵亡，承袭云骑尉。

袁天章：以父敏贵，荫二品荫生。

以上历年阵亡诸官弁，均入昭忠祠。

孝义附

明

唐宗智：贡生，居家孝友，人无间言。

文嘉谟：贡生，母邓氏割股进姑，越数日，病未瘳。嘉谟跪告于母曰："母能活姑，孙独不能活祖耶！"亦割股进之，抚按嘉其双孝，上疏旌表。

节孝附

明

舍人熊轼妻雷氏：指挥熊果母。轼没，果甫九岁。雷矢志苦守，教子成名。天顺八年旌表。

吕氏媳王氏：吕父吉文无子，以女赘婿，生子仲廉承嗣。婿早没，吕誓志不移，抚仲廉成立，娶媳王氏。仲廉寻卒，时王年二十二。事姑孝，姑媳相依。吕年八十有五，王年六十有四，皆以苦节终。天顺八年旌表。

庠生文节妻邓氏：节赴秋试，姑李氏病剧，邓割股以进，稍痊。越数日，疾复发，子嘉谟亦割股进之。抚按上疏，旌表双孝。

镇抚苏坤妻王氏：坤卒，王年三十，子济八龄。坤有少妾二，王度其不能守，悉遣去。誓志抚孤，事姑白氏克尽孝道，孀居四十余年。

张必荣妻苟氏：于归二年，必荣卒，苟年二十一。立志守节，善事舅姑，教子有成，年九十六卒。

李有谅妻陈氏：年二十一，有谅卒。守节四十年，人无间言。

谷岳妻王氏：十九而寡，抚子成立，守节六十年。

韦伯珣妻傅氏：夫没，傅事姑尽孝，苦节五十余年。

龚姓妻陈氏：年二十，夫没。无子，立嗣，守节历三十年。巡抚旌其门。

百户张纲妻晏氏：年三十，核桃沟之乱，纲战死。无嗣，晏守节三十余年卒。

卫舍人尚（或作万）孜妻史氏：青年守节，历四十载，有司旌其门。

庠生谭继妻胡氏：夫卒，无嗣，孀居五十七年。

指挥曹宗次室周氏：年十八适宗，二十五宗卒，子结甫八岁。周矢志柏舟，女红度日，教子成立，守节四十余年。都督何卿旌其门。

贡生蒋文奎妻侯氏：奎赴试，卒于途，侯年二十余。家贫无恃，矢志苦守，藜藿度日，教子良才、雄才成名。

国朝

叶定国妻宋氏：年二十守节，事姑抚子，历三十余载，康熙间旌表。

庠生刘廷彦妻赵氏：幼割股愈母疾。适廷彦，生一子，甫三岁。一日，廷彦病甚，氏亦割股以进。及卒，誓死苦守，教子有成，寿臻八十，雍正二年旌表。

王璘妻刘氏：适璘二载，生子世栋。甫六月而璘亡，氏哀号，截指矢志。事姑抚子，姑病割股以进，苦节终身。

庠生林承恩妻叶氏：承恩性极孝，父寝病，祈以身代。及瘳，承恩病卒，叶欲殉葬，翁姑泣止之，苦节终身，恪尽妇职。

孟世尧妻余氏：守节四十余年，抚子成立。乾隆年间旌表。

梁廷栻妻韩氏、梁廷珍妻冉氏、蒋梯妻王氏，均乾隆年间旌表。

唐景皋妻蒋氏：年二十八，景皋卒。氏柏舟矢志，教子成名，有《哭夫诗》十首。乾隆间旌表。

附　录

哭夫诗

夫去长怀满腹忧，朝啼暮哭几时休。
深深望断云山路，不见行踪返故州。

清风细雨入帘来，万斛幽情何日开。
只有泉台归路近，嘱君莫去入凡胎。

更残月落倍添愁，忍对孤灵泪暗流。
君有灵兮携妾去，与君千载作冥俦。

凄凄冷冷过寒年，珠泪抛流湿枕边。
一片愁怀无处诉，昨宵梦里得相传。

忽见门前芳草青，愁思春色雨相形。
幽冥肯许还魂路，再教孤儿读五经。

细雨纷纷点绿苔，年年春景向谁来。
素居不爱海棠色，只合梅花雪里开。

栏前绿水漫悠悠，数载秋波泪共流。
总为良人归去早，终天别恨几时休。

南郊绿柳吐新枝，寒食标坟雨泪垂。
化鹤何年归故国，挥毫空写断肠诗。

静夜纱窗月色清，泉飞渐沥倍愁生。

君游地下多离恨，妾处闺中更惨情。

疾首怕闻万里句，伤心难赋《白头吟》。
旧时苦读残书在，谁听咿唔呫哔声。

除夕无端倍感伤，堂前灯火自辉煌。
桃符莫遣愁思去，苏酒难消别恨长。

梦逐才郎同入穴，醒惟明月独留房。
忽闻杜宇临窗泣，遗痛千秋矢共姜。

庠生周真妻刘氏：姑杨氏久病不起，医药罔效，氏割股进之，姑病立瘳。

乐安妻冯氏：年二十八，夫卒，子大用甫三岁，艰苦备尝，抚孤成立，有古节妇风。

庠生罗宽妻蒋氏：励志冰霜，教子成名，乡里钦之。乾隆年间旌表。

刘国琛妻李氏：琛早卒，氏苦守抚孤，六十余年如一日，乾隆间旌表。

武庠耿韬明妻胡氏：韬明没，胡年二十二，仅遗一子耀。胡矢志守贞，熊丸画荻，俾克成立，壮游武泮。氏节五十余年，寿七十余卒。乾隆二十八年旌表。

晏焕妻坤氏：守节教子，清操特立。乾隆间旌表。

何瑛妻坤氏：誓志苦守，教子有方。乾隆间旌表。

许国忠妻贾氏：初忠遘疾，贾割股愈之。再病，几不起，贾默祷，复割股以进，疾遂痊。后举一子名列胶庠，人以为淑德所感。

冯士奇妻冯氏：士奇早卒，氏苦志守节，抚子大成成立，霜操肃然。

庠生王曰琏妻何氏：年十九于归，三十曰琏故。遗子福世，甫十岁。氏立志苦守，抚孤成立。

马兵刘如臻妻文氏：年二十六，如臻故，遗子志义，苦节冰操三十七年。

武庠王全智妻坤氏：年二十九，全智卒，子诏甫九岁，氏躬亲井臼，身勤纺绩，诏成立，名列胶庠。

陈全义妻张氏：矢志抚孤，女红度日，子试入武庠，氏苦节四十六年。

武庠刘钟彦妻余氏：年二十九，钟彦故，遗子佩、次子佐，氏立志苦守，二子成立。

马兵罗维经妻余氏：维经故，氏年二十八，遗二子，长贵、次富，均抚成立，充茂营兵丁。嗣长子贵出师达州阵亡，次子富出师达州病故。时孙得胜甫六岁。氏日夜号泣，殚精竭虑，抚孤孙以延血脉，苦节四十八年。

廪生黄映琮妻萧氏：年十七于归，二十八岁映琮故，子肇岐、凤岐。氏上事翁姑，养葬备至，下抚子嗣，课读维严。寿至六十七岁，守节三十九年。

贡生黄映瑄继室余氏：年十七于归，二十四岁映瑄故，遗子昌岐、蔚岐，氏治家整肃，课读严切，昌岐入文庠，蔚岐沉潜好学，里闾称之。

唐盛文妻谢氏、妾周氏：盛文故，谢年二十九，周年二十二。谢无出，抚族侄士海为子。周举一子福海。二氏合志同心，以守共矢。谢常多病，周亲奉汤药，历久不懈，守节各二十七年。

刘如淮妾梁氏：如淮妻高氏无出，娶梁氏，时年二十四，生子湘，甫一岁，如淮故。氏矢志苦守，抚孤教读，湘入文庠，氏守节三十一年卒。

顺天辅妻李氏：苦守坚贞，教子成名，守节四十四年。

马兵文有德妻唐氏：十六岁于归有德，乾隆三十七年有德出师金川，三十八年阵亡。氏年二十二岁，矢志守节，上奉翁姑，下抚孤子，五世同居，寿至八十六岁卒，守节六十四年。以上皆《旧志》所载，今并录之。

又附录：道光以下曾经旌表诸节孝

文生陈锦阳妻赵氏，田玉良妻王氏，何登甲妻任氏，李福洪妻顺氏，刘有光妻李氏，唐德源妻王氏，苟清桂妻王氏，何建功妻尚氏，吴兆松妻李氏，高树森妻何氏，黄赞勋妻冯氏，刘有福妻赵氏，黄运中妻赵氏，寿节妇万蒋氏，施有福妻白氏，陈熙光妻赵氏，谢玉清妻吴氏，梁得妻陈氏，黄廷寿妻时氏，陈炳光妻夏氏，任杰妻王氏，何本之妻李氏，顺承先妻王氏，唐开典妾匡氏，吴载仁妻杨氏，唐光典妻吴氏，坤龄妻余氏，杨友义妻陈氏，李忠仁妻顺氏，文生任芝藩妻苏氏，文生任芝芬妻杜氏，马会昌妻王氏，顺秉宣妻梁氏，文生李燮元妻晏氏，增生王作玺妻李氏，廪生王成玺妻武氏，任士元妻刘氏，郭永庆妻坤氏，苏顺祥继室李氏，傅永泰妻高氏，陈光妻高氏，傅玉林妻高氏，增生郭承先妻尹氏，廪生坤廷扬继室张氏，唐运乾妻何氏，陈启暄妻王氏，何清荫妻赵氏，刘永贵妻何氏，朱均宇妻田氏，姜峻妻黄氏，张从巽妻唐氏，殷文炳妻龙氏，董安国妻文氏，文廷相妻邓氏，李本林妻王氏，王承先妻曾氏，鲍开学妻黄氏，田启宇妻刘氏，苏登阶妻胡氏，王光耀妻任氏，王登朝妻任氏，曾在云妻马氏，张祥妻冉氏，任履泰妻陈氏，韦国玺妻刘氏，李克信妻王氏，冯英妻唐氏，高仕仲妻刘氏，任士喜妻王氏，李元妻陈氏，黄汝嘉妻董氏，黄蔚岐妻李氏，高思明妻王氏，谢才妻陈氏，高攀妻马氏，殷福妻李氏，何桐之妻赵氏，李正荣妻王氏，任宗仑妻朱氏，曾道宏妻王氏，高士荣妻杨氏，张廷祥妻冉氏，萧开岐妻姜氏，唐士荣妻杨氏，苏登深妻杨氏，张嗣衡妻蒋氏，陈三多妻高氏，王绍鳌妻陈氏，高思敏妻焦氏，刘本之妻李氏，李含春妻曾氏，赵占先妻武氏，黄世忠妻任氏，张安定妻曾氏，王泰寿妻李氏，曾在友妻冯氏，唐志华妻张氏，萧得贵妻何氏，任士先妻刘氏，董长清妻坤氏，刘志礼妻潘氏，李登第妻陈氏，孟文魁妻李氏，李国琳妻曾氏，吴炳南妻杨氏，陈锡周妻余氏，黄其清妻文氏，黄世俊妻胡氏，黄世茂妻董氏，方玉龙妻唐氏，刘成课妻任氏，樊德镇妻乐氏，赵国龄妻王氏，黄覆春妻顾氏，杨有盛妻阳氏，田济川妻黄氏，李翠浓妻曾氏，萧登玺妻莫氏，王士元妻坤氏，赵元妻苏氏，杨国举妻彭氏，晏德昂妻李氏，郭永昌妻坤氏，雷建文妻聂氏，顺维秀妻文氏，贞女贾玉成女秀英，徐家骥妻潘氏，卞得仁妻何氏，文光煜妻杨氏，袁其富妻韩氏，邓芝秀妻李氏，杨其麟妻何氏，任萃荃妻田氏，韩世昌妻赵氏，唐鳌妻杨氏，孟全仁妻胡氏，王文贵妻杨氏，赵兴有妻潘氏，何正锡妻李氏，李复照妻张氏，杨有义妻陈氏，杨荣昌妻朱氏，黄牧妻史氏，林恩承妻萧氏，刘正国妻李氏，周文元妻喻氏，任遐龄妻冯氏，陈尔泰妻王氏，何大文妻李氏，朱政妻陈氏，袁廷珍妻冉氏，李端妻夏氏，陈尔举妻晏氏，刘辉妻王氏，黄昌岐妻顾氏，黄世厚妻赵氏，杨世辉妻陈氏，罗鸿举妻蒋氏，罗姓妻蒋氏，郑任氏，刘唐氏，耿杨氏。

节烈附

明

镇抚朱政妻陈氏：灌县人，成化乙未羌人犯边，政战没，陈抱尸恸哭，既殡，投崖死。

李端妻夏氏：成化间，群盗入室索其夫，夏格斗，盗怒杀之。

李茂女烈娥：许聘王廷用，未嫁，一日茂夫妇外出，烈娥独在室，廷用突入欲私之，烈娥以计绐出，自缢死。

李泰女节娥：于归后一日，为强暴所逼，节娥计绐之出，入室缢死。王曰珍诗：

从来风化重闺门，此日同招烈女魂。
十五年来完大节，百千秋后获灵根。
残生不辱心如石，誓死难污气秉坤。
邑有贤侯题彩笔，旌扬应自渥龙恩。

杜汉良妻赵氏，妾曹氏、贾氏、张氏：袁滔武大定之变，汉良遇害。四氏逃至茂，为贼所逼。赵密约曹、贾，以死报良。独张有子，未可以死。遂绐贼，以越日除服乃可，至期遣张抱子潜逃，嘱以善抚遗孤，乃与曹、贾同经一室死。后张至灌，过其夫遇害处，以子付夫弟泗良，投江死。兵备道程翔凤传：

古今烈女子史不绝书，大抵佳人薄命，所从来远矣。余曩岁游苏门，悉烈女子徐氏事，每嘉其以一女子从容定乱，缚伪贼如婴儿，报夫仇于谈笑，烈女子中当为铁铮铮。癸巳秋，余浪游茂城，父老述明将杜汉良妻妾死节事，大略与徐符。嗟乎何物！汉良得此报于二三女子也。孙翼妻徐氏，有奇色，贼妫览杀翼，悉取其嫔妾，复逼徐氏，徐氏使人绐览，曰："晦日设祭，除服乃可。"览许之，徐氏乃与旧将孙高、傅婴计定，至晦日命高、婴辈潜伏户外，使人报览，曰："服除矣。"览遂之，伏兵杀览，徐氏持览首祭翼墓以死。至今虎邱，尚艳称之。今汉良妻赵氏、妾曹氏、次贾氏、次张氏，汉良为乱兵所杀，一时逼从逆辈，凶横不减妫览。又其弟泗良，甘心委弃，无复如高、婴之可倚矣。赵氏乃密告诸妾曰："张氏有子，未可以死。你二人能从吾死，以报良人于地下否?"二人唯唯，遂计绐凶横者，约以展期除服乃可，为词一如徐氏语。是日，相聚欢饮，神色不移。其弟与诸仆莫知所为也。计凶横者将临，赵氏先以长绳约丈余系其妾曹氏、贾氏，仍以善抚遗孤为张氏，告诫谆谆，乃持二氏所余之绳自经以死。呜呼烈矣！比张氏行至灌地，虑不免于窘辱，过其夫汉良遇害处，以其子付与泗良，亦遂投之江流以死焉。呜呼！徐氏之烈，能报夫之仇于生前，而能免群凶之见辱；赵氏之死，能存夫之嗣于死后，而更全诸妾之芳名，可与托孤，可与定乱，可与杀身成仁。奇男子中有死于十五年[①]，十五年后者，古今难之。孰知尚有从容赴义于一日之间，全名全嗣，如二三女子也哉？从容赴义，乃在二三女子也，是可传也。呜呼！使二三女子而具须眉也，

① 道光《茂州志》"十五年"后有"前"字。

其维挽风教为何如？惟具须眉而不能为二三女子也，此二三女子，其关系风教又何如？呜呼！真可传也。

州牧罗铭鼎母段氏：《一统志》：云南人。铭鼎知茂州，铭鼎母段氏随养。流贼赵荣贵陷城，铭鼎被执死。段曰：吾儿能为国死难，吾复何恨。触石缸而死。

国朝署州事李光堧于仪门内建祠，春秋祀之，有碑铭，详《州志·金石目录》。

按，《殉节诸臣录》：威茂兵备道佥事罗铭鼎，值献贼犯川，拒守。城陷被执，骂贼而死。妻段氏携三子兆鹤、兆桂、兆昌，俱投水死。据此，则铭鼎之妻与三子皆死，不独一母也。《旧志》只载其母，而不及其妻与子，秉笔者之阙略也。一门殉节，千古美谈。故录之，以补其遗。

人　类

本境旧无旗户，只有汉户，外有番、有回、有土司。

汉户源流本末世系

茂州汉户旧只在城、陇东、蓬族、石鼓四里，后增陇木、静州、岳希三里。

国朝乾隆五十一年，茂州营属踏花等十八寨，恳请输赋承役，编入汉户，为新民里；五十三年大定，土千户属连环等寨请照新民之例，一体纳粮应差，编入汉户，为广民里，共汉民九里。

椒园堡、水磨坝、龙洞沟、上下南庄、勒石村、白水村、白水村沟内、大石坝、高川、大坝，以上在城里。

马蹄溪、明角底、神溪沟、神溪堡、干沟、永正沟、都料口、雨灵墩、树木岗、万安寺、曹木、石槽沟、梭罗街、路坪、土门、羊木鱼、到坐庙、黄金湾、扒溪、蒿坪、许家山、云藏寺、麻练、桃坪、张家坪、羊盘沟、亚坪、水晶坪、马鞍山、黄公坪、牛家山、水瓮子，以上陇东里。

吉鱼村、岩头、高山、壁立、安乡、凤毛坪、绵族、斗族、文镇、青坡，以上蓬族里。

马念坪、牙吾沟、梨园村、荞面沟、宗渠、蓝店坡、石鼓、独脚龙门、梅子沟、天池、卸军门、高桥、楠木沟、赵家塆，以上石鼓里。

仁村、玉亭、下关子、刀溪沟、水井湾、称驼山、斗子山、松坪、马桑林、赤土坡，以上陇木里。

静州、静州山、茶山村、水茶店、毛香坪、核桃沟、上关子、中寨、漆树沟、茜岭，以上静州里。

水西、干沟墩、青土湾、平头村、波西村、壳壳村、勒都，以上岳希里。

水磨沟、踏花寨、大小牛儿、双马、沙坪、猫儿山、白布村、力角村、后沟、罗多寨、粟谷、华头村、思耳多、密思耳、勒巫、巴猪沟、野鸡坪、上下小寨、擦耳岩，以上新民里。

白溪寨、谢家沟、连环、六定、二扮河、牙珠、罗多寨、挖地，以上广民里。

番户源流本末世系

原额只沟口、岐山等寨，羌民八里。羌即番也。

国朝康熙四十二年增入三齐无主生番三十六寨，分为三里。

乾隆十七年杂谷土司苍旺服诛，毗连州界后番黑水十八寨部落入州，照羌民一体应役，分为二里。又道光六年叠溪营属五土百户番民，改土归流，编为亲民、安民、康民、齐民四里。

番户十一里，聚居寨落：浑水沟、深沟、浅沟、大小力日、王家山、簇箕、余家坪、罗谢山、陈家山、杜家坪、卓沙、蓝家山，以上深浅二里。

黑老挖、麦耳寨、小寨子、日飞寨，以上麦耳里。

上下核桃沟、小寨、吾耳寨、得信寨、卟筒寨、堕才主，以上吾耳里。

巴珠村、八什村、谷必村、大石村、红桂、得胜村，以上巴珠里。

窄溪[①]沟、乌都寨、小寨子、刁浓沟、刁林寨，以上乌都里。

大小岐山、盘龙山、沟口寨、汰派寨、维新，以上维新里。

儿格密、巴地吾堡、二根米，以上黑虎里。

索窝、吉黑寨、把朱、七义、杀虎、恶思、赤布寨、儿达、昔卜寨、挖地、克八、出耳寨、屋力、则哈寨、不布，以上赤布里。

福义寨、白布寨、下八寨、上下六合、屋只、亦勿、只布、思若、上下儿布、勺勿寨，以上白布里。

咱宇村、纳耳、克咱、克地花、龙坪、富元、巴竹寨，以上巴竹里。

番户新编四里聚居寨落

石灰寨、葫芦寨、萝葡寨、皮袋寨、小关寨、排栅、马路寨、高黄寨、眷鱼寨、遮花寨、白泥寨、石嘴、麦耳、杨柳寨、牛尾巴、麻达、西歪嘴、磨刀湾、哭牛寨、博都，以上亲民里。

梭多、木十、洁白、勒谷寨、龙池、沾阿、折立寨、拔司、小寨、鱼耳、烧炭沟、三义寨、日注湾，以上安民里。

大小和尚寨、白蜡寨、刁孤寨、八溪寨、乌溪、峨独寨、挖耳、水磨寨、儿额寨、火鸡寨、纯一寨、额挖寨、麦什寨、木梳寨、牙谷寨，以上康民里。

格一寨、瓦若寨、六耳、白一寨、木西寨、昔鱼寨、水木寨、格必寨、色喇寨，以上齐民里。

① 底本字迹漫漶，据道光《茂州志·里甲》补。

回户源流本末世系

州境向无回户，明末间一有之。

由国初以迄今，累世渐增，约有二百余户。

回户聚居村落：外城阜康门，北路叠溪、渭门关、沟口寨，东路明角底、干沟、土门，南路石鼓、白水村、安乡。

土司源流本末世系

静州长官司董泽溥，其先董整伯，唐开元间投诚授职。国朝康熙五年归诚，仍授原职，颁给印信号纸，住牧静州。其地东至大河陇木土司界四里，南至水磨沟二十里，西至州属核桃沟十里，北至州属巴珠沟二十五里。管寨十二，每岁认纳麦粮一十九石三斗二升。

陇木长官司护理何明德，其先杨文贵于宋时随剿罗打鼓有功授职。明洪武四年颁给印信，嘉靖间土司杨翱随总兵何卿征白草生番，著有劳绩，命改何姓。国朝顺治九年投诚，康熙二十四年颁给印信号纸，住牧陇东。其地东至石泉县番界四十里，南至州属曹木二十里，西里静州土司界四十里，北至山后界二十里。原管赤土坡十二寨，已编户入州。现管罗打鼓河东六寨，每年认纳麦粮十三石一斗八升。又康熙二年分给管束青片下五族十寨，每年认纳黄豆粮三十六石五斗，黄蜡三十斤，赴茂州营完纳折充兵米。又别有庄地十处。

岳希长官司坤世泰，其先坤蒲送，唐时归附授职。明洪武颁给印信，天启间加授宣尉司。国朝顺治九年投诚，康熙五年颁给印信，乾隆三十二年始给号纸，住牧岳希。其地东至大江二里，南至牟托土司界二十五里，西至州属药沟十里，北至州属波西二里。原管波西等寨，已编户入州。现管寨五，每岁认纳麦粮八石九斗六升三合。

长宁抚司苏世昌，其先蟒答儿，明时随剿黑水、三齐生番有功授职。国朝顺治九年投诚，康熙九年颁给印信号纸，仍袭安抚司职，住牧沙坝。其地东至长宁堡十里，南至水草坪土司界二十里，西至州属龙坪十里，北至实大关三十里。原管章圭等寨，已编户入州。现管寨六，每岁认纳麦粮十五石七斗零□合。

水草坪巡检土司苏全春，其先蟒答儿，明时随剿黑水三齐生番有功，以长子为正安抚司，次子为副安抚司，住牧水草坪。国朝顺治九年投诚，将副安抚司印信呈缴。康熙六年颁给印信号纸，其地东至大江五里，南至竹木坎土司界十五里，西至州属三溪沟三十里，北至沙坝十五里。现管寨三，每岁认纳麦粮五石四斗一升。

竹木坎副巡检土司孙万龙，其先坤儿布，明时归附，授长官司职。国朝顺治九年投诚，康熙十九年改为副巡检土司，颁给号纸，无印信，列职阃外，住牧竹木坎。其地东至擦耳岩十五里，南至长安堡二十里，西至黑虎寨三十里，北至水草坪土司界五里。管寨四，每岁认纳麦粮三斗七升。

牟托巡检土司温定武，其先燦沙，唐时归附授职。国朝顺治九年投诚，康熙六年颁给印信，二十七年复给号纸，职列阃外，住牧牟托。其地东至大河界二里，南至州属水磨沟二十里，西至州属斗族三十里，北至岳希土司界二十五里。管寨三，每岁认纳麦粮一石二斗四升。

实大关副长官司官上鳌，其先官之保，明时归附授职。国朝康熙十年投诚，颁给号纸，无印信，住牧实大关。其地东至州属小牛寨五里，南至穆肃堡十里，西至大河界二里，北至大定堡十里。管寨二。

梭磨副长官司囊索加布，于国朝雍正元年投诚，颁给印信号纸，住牧梭磨。乾隆五十年土司杨曙不能抚驭番民，杨文秀等呈恳归流，详准，编户入州，土司裁去。

大定沙坝土千户苏百世，其先苏忠。于国朝顺治初投诚，授职颁给号纸，无印信，住牧大定沙坝。其地东至叠溪营界十里，南至州属高黄寨十里，西至州属巴珠寨十里，北至州属小寨子十里。管寨十，每岁认纳麦粮七石五斗。乾隆元年豁免，旧属叠溪营。乾隆五十五年归州。

附录：五土百户所属番民

自道光六年归州纳粮，其土百户仍留土职世袭。

大姓土百户郁觐国，原籍湖广，其先郁白吉，唐时归附，授长官司职。国朝顺治六年，郁孟贤投诚，将唐时印信呈缴。康熙四十二年郁鸣凤始授土百户职，颁给号纸，无印信，住牧大姓。

小姓土百户郁占明，其先郁从文，明时随征河西诸番有功，授郁郎长官司，颁给印信。国朝顺治四年投诚，将明时印信呈缴。康熙三年改颁土百户号纸，无印信，住牧小姓寨。

松坪土百户韩芝兰，原籍陕西，其先韩腾，明末随征河西诸番有功授职，颁给印信号纸。国朝顺治四年投诚，将明末印信号纸呈缴。康熙四十二年颁给号纸，无印信，住牧松坪。

大姓黑水土百户郁玲，原籍湖广，其先郁孟贤，随征山后诸番有功授职，颁给号纸。国朝顺治四年投诚，将明末号纸呈缴。康熙五十四年颁给土千户委牌，乾隆十九年改给土百户委牌，无印信，住牧大黑水。

小姓黑水土百户郁占喜，原籍湖广，其先郁从文，明末随征河西诸番有功，授都司职，后加参将职，颁给印信。国朝顺治四年投诚，将印信呈缴。康熙三年颁给郁郎长官司札付，乾隆五十一年改颁土百户委牌，无印信，住牧小黑水。

以上十五土司，梭磨裁去，大姓、小姓、松坪、大小黑水等民尽归州，许留土职世袭。此外，惟静州、陇木、岳西、长宁、水草坪、竹木坎、牟托、实大关、大定等九土司，属有番民，多寡不一，其寨落丁口，各土司均有册籍，兹不具录。

本境汉户、番户、回户现在实数

汉民一万六千八百五十六户，番民三千六百一十九户，回民二百一十二户，共二万零六百八十七户。

本境汉番回户男女丁口现在实数

汉民男五万四千六百八十二丁，女五万二千七百一十三口；番民男九千五百零八丁，女九千七百八十四口；回民男五百八十三丁，女四百七十七口；共男六万四千七百七十三丁，女六万二千九百七十四口，男女共十二万七千七百四十余丁口。

汉户风俗大略

其人诚朴，其俗勤俭，其士知自爱。婚丧祭礼，宁俭勿奢，犹为近古。地瘠民贫，风纯讼息，好弓马，以勇悍相尚。

番户风俗大略

其地有六夷、七羌、九氐，各有部落，其长颇知书而法制严重。见《后汉书·冉駹夷传》。

毡裘杂糅（王咨《防边五事》），俗耐饥寒（《图经》），冬多冰雪，盛夏凝冻不释。故夷人冬则避寒入蜀佣赁，夏则反落，岁以为常。蜀人谓之“作五百石子”（《华阳国志》）。

古冉駹二国，羌氐之遗。其地多寒，宜麦宜黍，宜畜牧。其人民旧俗，冬入各郡邑为佣，春尽乃反。其居垒石为之，状似浮图，曰卯笼，曰碉楼。其服饰，男毡帽，女编发，以布缠头。冬夏皆衣毪，妇女能自织。嫁娶论财，牛马估值折算。岁时不拜贺。惟于五月端午贴符换联，备酒食，互相请饮如新年。占卜以羊毛作索，陈各物于地，用青稞洒之，曰打索卦。或取羊膊以蕲炙之，验纹路占一年吉凶，曰炙羊膊。或炙牛膊，以验汗气，占一二日之事。有疾不用医药，烧羊膊验症，炙蕲于背腹上，以羊皮缚之，能去诸病。死则火焚，谓之火葬，各寨有火地一区。

按：番夷近时归州已久，宫室、器具、饮食、衣服皆耻仍旧。前数十年已有读书识字者，婚丧用礼者，日改月化，目染耳濡，皆渐与汉民等，而如《旧志》所云：古昔有然，今无之矣。

回户风俗大略

其人多以面食为生理，近亦有熬煮鸦片，售卖杂货成衣，与夫耕田而食者。昏丧仍依旧俗，饮食衣服大约皆同，向来风气刚劲。今则在州日久，往来交际，又自与汉民等矣。

土司番户风俗大略

本古羌氏之类，风俗与州属番民略同，但不及州属之稍知礼义耳。

氏 族

州境旧属夷疆，汉户自外来者，或以宦游寄居，或以贸易隶籍。虽经五六代、七八代之久，子孙繁衍少，只数户多，亦只二十余户而已，未有至数百户、数千口者，兹不具赘。

大姓无。

宗　教

回教人，无。

喇嘛黄教、红教人，均无。

天主教人，数十户。

实　业

士：州境惟城内及东南二路多有读书明道者，西北寥寥，约计贡、廪、增、附可二百余人。

农：州境以斗授田，不似他处以亩量田。（每授种三斗，可当他处二十亩田。）无大农业，山地颇多，平田绝少，农民一户岁只能耕耨数斗或数升。除士与工、商之外，皆为农也。约计汉民、番民可万八九千户。

工：州境内一切精细制造，多由外郡运入州境，或州境不可得，则向别处购之。余如宫室、器具、饮食、衣服等事，凡有资于工者，约计城内以及四方可二千余人，但本境人少，外郡人多，来往无定。

商：州境内旧本无商，不能如外郡之人有什百千万之资。居奇来往，其坐而谋生者不过千缗百缗下至三五十缗。就城乡日用所需之物，贱买贵卖，作一家之生计而已。约计城内（叠溪、干沟、土门、大坝、大石坝诸场）可千余家。

地　理

茂州在省城西徼，至省城四百里。

东至石泉县界一百里，西至岳希土司番界八十里，南至汶川县界七十里，北至松潘界一百六十里。

东西隅至绵竹县界三百六十里，又东南隅至安县界二百一十里，西南隅至理番界九十里，东北隅至静州土司番界三十里，又东北隅至陇木土司番界一百里，西北隅至长宁土司番界九十里，又西北隅至梭磨土司界二百里。

州治分为二十四里：考《旧志》：汉民九里，羌民十三里，又新编四里。查所载羌民十三里，按之仅十一里，故但录实数言之，编为二十四里。

汉户九里：查阅《旧志》，里中村落每多参错，或云编里之后，旧多荒地。又番人归而复叛，一经挞伐，十寨九空。以彼耕此，以此实彼，人经数易，里尚从先，遂有参差不齐之势。故其于在城何方，距城若干里，里之四界何区，俱不可定，姑为阙如。

在城里、陇东里、蓬族里、石鼓里、陇木里、静州里、岳希里、新民里、广民里。

番户十一里：里中寨落与汉户九里俱互有不齐，故只记寨名，亦不言在城何方，距城若干里与里之四界何区。深里、浅里、麦耳里、吾耳里、巴珠里、窄溪里、维新里、黑虎里，三齐寨山后一里、河西一里、河东一里。

又番户新编四里：亲民里、安民里、康民里、齐民里。

古迹

汶川故城：今州治。汉置汶江县为汶山郡，后省，属蜀郡，为北部都尉。晋移郡于绵虒界，改汶江置广阳县属之。东晋后废。萧齐复置北部都尉治。隋改曰汶山，复为汶山郡治。唐为茂州治。宋因之。明省县入州。

广阳废县：州西北五百五十五里，晋置，寻废。

废直州：州西。唐天宝五年置昭德郡，乾元元年改直州，领昭德、昭远、鸡川三县。《旧唐志》作真州，治真符县，分临翼郡之昭德、鸡川两县。又昭德县，显庆元年置，曰识旧，属悉州，天宝元年改名。又鸡川县，天宝二年割翼水县置。《宋志》茂州领寿宁寨，本羁縻真州。政和六年建寿宁军，在大皁江外。八年废为寨，又废为堡。

废乾州：州西。《旧唐志》：大历三年开西山，置为正堂，领昭武、宁远二县。以上二州俱羁縻，属茂州。

废涂州：武德元年临涂羌归附置，领端源、婆览二县。贞观二年俱省入茂州，五年又置，领端源、临涂、悉怜三县。

废炎州：贞观五年生羌归附置，曰西封州。八年改名，领大封、慕仙、义川三县。

废徵州：贞观五年西羌首领董嗣真归附置，领文徵、俄耳、文进三县。

废向州：贞观五年西羌归化置，领具左、向贰二县。

废冉州：本徼外敛才羌地。贞观五年置西冉州，九年去“西”字，领冉山、磨山、玉溪、金水四县。

废穹州：贞观五年生羌归附置西博州，八年改名，领小川、徵当、璧川、当博、恭耳五县。

废笮州：贞观七年白狗羌降附，置西恭州，八年改名，领遂都、亭观、比思三县。

蚕陵废县：汉置，属蜀郡。晋分属汶山郡。东晋后废。《元和志》：汉元鼎中开，梁太清萧纪于旧县置铁州，寻废。章怀太子蚕陵故城在翼水县西。《旧唐志》：在卫山县。《明一统志》：在所城北三里。周改为翼针县。

废翼州：营西。《隋志》：翼针县，周置，又置翼铁郡，开皇初废，属汶山郡。唐置翼州。《元和志》：本汉蚕陵县地，周天和九年平蚕陵羌于七顷山下置，隋大业三年改置利山镇。《旧唐志》：武德元年于左封县置翼州，以翼针县属之。《旧志》：七顷城，贞观十七年移治七星溪，咸亨二年移州治，天宝初改县曰卫山，又改州临翼郡，乾德初复曰翼州。《新唐志》：广德后，翼、当、悉、静四州并为行州，是也。

翼针废县：周置，曰龙水县，并置清江郡。开皇初郡废，改县曰清江，十八年又改曰翼水，属汶山郡。唐属翼州。《元和志》：本汉蚕陵县地。《明一统志》：在城南十里。

峨和废县：营北。唐置，属翼州。《元和志》：本汉蚕陵县地，天宝十一年置，以县有峨和山为名。

废当州：营西北。《隋志》：有通轨县，周置，并置覃州、荣乡二郡。开皇初郡废，四年州废，属汶山郡。唐改置当州。《旧唐志》：初治利川镇，仪凤二年移治逄旧桥，天宝初改江源郡，乾元初复曰当州。《寰宇记》：广德为行州。《吐蕃传》：大历五年后，茂州羁縻当州。

利和废县：营西。唐置，属当州。周天和元年于此置广平县，寻废。显庆三年于广平旧城，置有谷利县。文明元年开生羌地置。又有平康县，显庆中因古平康县置，在平原水西，属翼州，寻废。垂拱元年复置，属当州。

废悉州：营西。周置广平县，又置翼州及广平、左封二郡。开皇初郡废，仁寿初改县，曰左封。大业初州废，属汶山郡。唐置悉州，显庆元年分当州置于悉唐川，其首领刺史治识旧县，天和元年于此置广平县，开皇十八年改名，天宝中又于县置守，领归诚本生羌地。

废静州：营西南。唐置。《元和志》：本蚕陵县地，天授元年置，治悉唐县，领静居、清道二县，皆显庆元年与悉州同置。咸亨元年移州治左封，又自翼针移翼州来治，并置都督府。仪凤二年州还治翼针，以县置南和州。天授元年改曰静州，天宝初曰静州郡，乾元初复曰静州。

废柘州：营西。仪凤元年置，以山多柘木为名，置柘县。前上元二年置，又领桥珠县，与州同置。《旧唐志》：天宝初曰蓬山郡，乾元初复曰柘州。

废恭州：营西南。唐置，开元二十四年分静州部落于柘州置，治和集县，旧广平县属静州。天宝元年改领博恭县，又领烈山县。《旧唐志》：天宝初改恭化郡，乾元初复曰恭州。

废鸡栖州：《寰宇记》：在悉州东南一百里。《一统志》：在茂州东北一百七十里，有三路，一通茂、一通龙州、一通绵州，皆吐蕃险要地，今隶石泉。

以上俱属叠溪营。

合江城：州北六十里，一名合江镇，唐时筑。

安戎城：州西南。唐仪凤二年益州长史李孝逸筑，以绝吐番通蛮之道。至德初，改曰平戎城。

舍棠城：州北二里。明嘉靖间兵备胡鳌筑，与州城犄角。

逻城：州北五里。明嘉靖中副使朱纨筑，以捍小姓五寨，号为“金城”，又名“万里城”。

龙涸城：叠溪营北。《元和志》：龙涸故城在卫山县北，俗名防浑城，城北旧是吐谷番所居。

北岸城：叠溪营西南。唐贞元中韦皋破吐蕃论莽热，兵屯北岸，西山诸羌皆降。《新唐志》：翼州有北岸、护都、祚鼎三城。

雪峰堂：治内。又有妙算、遥雪二堂，今圮。

练光亭：镇西桥中嘴。旧名“观澜”，后王咨取杜子美“川虹饮练光”句易之。《舆地纪胜》王咨记云：

大江自徼外东绕郡城西北，极目可百里许。每日出未下，朝霭横空，夜色敛昏，素月流天，一望水光，杳霭无际，江流其间，若万丈长虹夭矫其上而吞吐之也。

岷山楼：阜康门外，今圮。蒋复隽诗：

再上春山续旧游，春山高处倚层楼。
远烟带雨迷丹嶂，芳杜浮沙暗绿洲。
醉听小蛮歌白学，狂如太白傲沧州。
独嗟尘世劳劳者，长学杞人卒未休。

神禹故里坊：阜康门外。

列岫堂：治北。明成化知州郑徽建。

玉津楼：叠溪南门外。

祈雨堂：叠溪城南。

玉垒洞：叠溪城北。洞内通明，可容数十人。明时无名氏题曰“玲珑仙室”，又一联云：万山一平地；片石雨洞天。总兵托云诗：

山中野鹤飞何处，石窟犹存宝帐图。
古代战场指点在，汉关要害杳然无。
腰镰稚子横牛背，唱晚归樵觅酒炉。
共说总戎云鸟阵，夜深鬼语不相呼。

天马石：治大定堡北里许。有石卧江，形似马，紫黑色，中有纹理，如系金线。江水涨发至此，纡折西流。相传昔年有客以千金售之，土人不受，谓有关风脉也。

金枪崖：叠溪城北。相传明丁玉平羌后置枪于崖上，崖甚高，有番民结梯视之，见大蟒盘踞，后遂无敢上者。

石洞临江：州北五十五里。咸丰间有李道者，崇庆州人也。始以石工出家，为道士。行至州境，沿江修路。曾于浅沟村近上有石岩，下临大江，旋修旋圮。道士乃劝众捐赀，佣石工数人，缒幽凿险。艰危之处，人皆畏之，李身独往，蹉足数次，落水无伤，至五六年成一石洞。负担往来□□□商轿马，无不称便。松潘镇滇南夏毓秀，为题跋赠之。

瑞芝石：叠溪城外。西汉时，芝生石上，刻有“瑞芝石”三字。

石佛石洞：叠溪较场南有大石，高三丈余，广数丈，顶平如掌，镌石佛二，旁刻“大唐贞观六年冀州知州立”，又一行书“大元开国忠顺上万户刘文远引兵至此”，又一洞泐“石洞临秋”四字，相传张三丰憩息于此，留题而去。

钟鼓楼：内城正街。明嘉靖中巡抚许廷光建。国朝康熙四年兵备郭之培葺，乾隆五十六年知州张愈重修。

凤仪楼：阜康门上。道光九年吏目刘辅廷劝捐监建。

附：陵墓

周后稷墓：佐禹治水，汲于黑水。《山海经》：后稷之葬，山水环之，在氐国。又《西海内经》：西南黑水之间有广都之野，后稷葬焉。按：氐国，今威茂叠溪地，土人相传梭磨土司芦花界焉。有土阜一区，四面皆生黑刺，人不能进，中有大石碑，上刻“后稷墓”三字。

唐杨夫人墓：在叠溪营，属番界。相传将军李广妻葬于此，今历年久远，不知确在何处。

明知州陈敏墓：外城清波门内。敏任茂三十年，夫妻没于茂州，人为之合葬焉。署州牧丁映奎记：

癸丑嘉平，予代庖汶山。越甲寅春三月，薄务稍暇，嘱同事诸公访求州乘，得悉明牧陈公事。公讳敏，字志学，甘肃华亭人。永乐中知州篆，历官垂三十年。当正统初，吐番为边患，公与都督徐甫协力剿平，论功升布政司右参议，仍摄州事。以茂地广而荒，劝民开垦，引泉为池，以资灌溉。一时野无旷土，麦穗五歧，宣宗制《满庭芳》词赐之。其他迁学校、葺城堡以及山川、道路、津梁、祠宇之属，罔不殚精研虑，整饬无遗。夫妻并卒于官，州人感其恩德，合葬南明门外，祀公于名宦祠。呜呼！如公者，真无愧古循吏矣。距今三百余载，陵谷迁变，而墓几为人有。我朝崇德报功，凡前贤祠墓，岁命有司修省。今公墓在近城，特以岁久湮没，废为丘墟，非守土者之责而谁也？爰诹日遣工修理，封土筑垣，禁樵牧不得入。并于墓前置亭，为文纪其事，以安公灵，以洽兴望，且以告之来者。

又有诗云：

有身殉百姓，无地慰双魂。
考古名斯在，镌碑墓幸存。
千秋宜俎豆，一献愧鸡豚。
为语都人士，毋忘三十恩。

黄映暄诗：

宦况由来三十秋，两番升擢被民留。
循良自昔推贤牧，父老而今识故侯。
善政应传岷岭外，悲歌恰似岘山头。
韶光四百人何在，只有荒茔土一邱。

姜仑诗：

贤劳甘致百年身，赢得清风汶水滨。
墓道及今多蔓草，冰心犹自照吾民。

金石附

三元宫有三官神像，铁身，高一丈，明万历间铸。

孔子石刻像：在文庙左。

朱子石刻像：在文昌宫右。

生明车儿筒：古炮也，在州署内，明洪武十一年铸。

城池附

汉唐以来无城郭。宋熙宁间，知州范百常始筑土城。元因之。明洪武初，佥事楚华重修，易以砖石，门四：东胜、南明、西平、北定，又引三溪水入城以资汲饮。成化中巡抚张瓒添筑外城。弘治六年，参将房骥于内城东北二面凿濠，宽三丈，深丈余。巡抚谢士元易外城以石，高一丈六尺，周五里，计九百丈，增东、西、南三门：东忠义、西清波、南阜康。嘉靖间巡抚许廷广复环瓮城，建四角楼，置巡警铺二十四。崇祯末遭流寇赵荣贵之乱，内外城俱陷。

国朝康熙六年修筑内城，五十五年巡抚年羹尧委保宁通判王廷玉监修，高二丈七尺，周四里，计七百二十丈，垛口一千零三十九，门四，名仍旧，俱有楼，最为坚固，今外城三门洞尚存。

叠溪城：唐贞观时筑。明洪武十一年御史大夫丁玉讨复故地，命指挥童胜复筑，高一丈，围三百九十丈，门四。成化间重修。

公署附

都察院旧署：北门内。明宣德间建，今废。

兵备道署：旧在外城北，明洪武中建，崇祯末毁。国朝顺治初迁建于内城东南隅，雍正八年重修，平定金川后兵备道改驻省城，数十年风雨飘零，渐次坍塌。

知州署：内城西南隅。明洪武二十四年知州于敏即土知州杨者七旧宅改建，万历中知州张化美重修大堂，下植三槐树。国朝康熙四年知州黄陛重建，二十五年知州李斯佺建三堂。书室、仓库在仪门内，监狱在大堂西。

吏目署：州仪门西隅，明时建。国朝乾隆十一年吏目宋峻德重修，嘉庆二十五年吏目刘辅廷补葺。

儒学署：南明门外学舍侧。嘉庆二年学正聂元璋重修明伦堂及学署，同治间毁，今在城内东门买杨姓宅为之。

卫旧署：内城东隅，明洪武初建。经历署在大堂东，中、前、左、右四所在仪门外，今为千总署。

都司署：州署后，本明参将署。国朝乾隆二年移威茂协驻此，十七年改都司署，五十五年都司张万魁重修。

千总署：即旧卫署，内有贮兵米仓一所。

演武厅：在东门外一里，军器局都司署内。

东汛把总署：在州东桃坪，西汛把总署在西门外镇西桥，南汛外委署，州南七星关，北汛外委署，州北长宁堡。

僧会司：南明门外灵佑宫，棲流所阜康门外。

叠溪游击署：在城东北角，明初建。

守备署：在城内正街，明初建。千总署在城西隅。

兵米仓、军器局即在守备署内。

叠溪演武厅：城北三里。

祠 庙

文庙：东门城内。先是永乐八年州人沈连上封事请设学，知州刘坚即指挥徐凯宅为之。宣德三年知州陈敏始建于南明门外。嘉靖中兵备胡鳌、知州王生贤重修。隆庆间署知州王乔年增建棂星门，万历庚戌知州段宜标改迁于内城，崇祯八年副使史赞舜复迁南明门外，明末毁。国朝顺治十六年署知州赵廷祯重建。康熙六年知州黄陛建学舍四楹，乾隆元年知州刘桥添建崇圣祠，道光三年署知州李绍祖、知州杨迦怿先后委吏目刘辅廷督工改修正殿、崇圣祠、东西庑，名宦、乡贤各祠，并泮池、宫墙，同治七年署知州傅翼深通堪舆，与学正彭光焯及阖学人等筹议，禀请各宪，将文庙、文昌宫改修内城东南隅，即道署遗址为之，立癸丁向。八年庀材，九年兴工，甫建大成殿、东西庑、戟门，署州翼升任金堂，因之停止。光绪三年汶川县知县代理知州曾景福继建崇圣祠，十三年署知州孙汝霖委教职赵树清、王锡绶等于戟门外建乡贤、名宦、斋宿、尊经阁、敬一亭、泮池、棂星门。宫墙外，圣域、贤关及节孝祠，并于文庙之左侧建崇圣祠，至十七年，经历四载有余，两庙落成，一切规模位置，较前停妥，而其形势之巍然，尤属从古未有也。

崇圣祠：在文庙左侧。

文昌宫：文庙前侧。

崇圣祠：宫后。

以上三庙均详见“文庙”类。

武庙：南明门外。光绪十三年即以旧文庙为之。

崇圣祠：武庙侧。

古关帝庙：忠义门外。元时建，明嘉靖兵备奚良辅葺。国朝乾隆二十年威茂协董辅远重修，并建后殿。嘉庆二十四年复修。光绪二十八年知州张蔚增因岁旱祈祷辄应，蔚增捐俸，委教职赵树清、王锡绶等葺修完固。

社稷坛：南门外东。

神祇坛：北门外。

先农坛：东门外。

以上三坛均国朝雍正六年建，道光三年吏目刘辅廷复修后，正星三楹，东西配房各三楹。

城隍庙：内城。明时建。国朝乾隆三十年住持尘参补修东西廊，道光九年里人重修抱厅、大门。又庙二：一在州北叠溪，一在州东大坝。谚云“一州三城隍”。

厉坛：北门外。

龙王庙：外城海会寺前。旧有二：一在镇西桥，一在龙洞堡。国朝乾隆二十年松茂道李本改建今处，光绪二十一年知州曹纲谕训导赵树清等募化捐金补葺。

火神庙：外城前街。明成化时建。国朝道光四年重修，至光绪十八年毁。又一，在内城都司署仪门内。

武侯祠：在古关帝庙左侧。

纯阳观：在内城鼓楼南。乾隆间以秦晋香院改建。

大禹庙：旧在阜康门外。明兵备李承志移建内城东北隅，明末毁。明参议任彦杰诗：

广柔石纽山，大禹发祥始。
遐哉允赖功，礼祀无穷思。
巍巍崇伯子，明德无间言。
大孝焜耀照，伟略盖前愆。
帝尧忧未释，司空爰命禹。
四载奏平成，勋名高万古。
稽古惟大禹，荒度急生民。
后克艰厥后，臣克艰厥臣。
夏祀四百年，玉帛万方总。
至哉精一传，百世道之统。
岩岩祠庙新，肃肃瞻拜忻。
仰止端岩貌，想见执中心。

江渎祠：州东二里。明嘉靖三年副使余珊建。珊作有记，详州《旧志》。

三皇庙：州东五里。

东岳庙：州东三里。元时建，明嘉靖甲午蒋成、蒋武重修，国朝嘉庆二十三年复修，更为廓大。

小东岳庙：忠义门外鳌山麓。明时建。

西岳庙：镇西桥西。元至正时建，国朝道光十年重修。

衙神庙：州仪门内。嘉庆二十年重修。

川主庙：阜康门内。明洪武间建。

陈侯祠：阜康门内。明万历丁丑监收通判王升为知州陈敏建。

朱公祠：长宁堡内。为明副使朱纨建。

何公祠：长宁堡内。为明总兵何卿建。

薛公祠：南明门外。为明兵备道薛曾建。

陈公祠：宁江堡内。为明参将陈良建。

贞烈祠：州仪门内。乾隆十四年署知州李光堜为明兵备佥事罗铭鼎之母段氏建。州廪生张儒仁诗：

斑衣正好奏鸾笙，讵料当年寇入城。
鼠辈何人千古臭，琴堂有母一身轻。
魂游赤水波为泣，血染寒缸石欲鸣。
凭吊于今怀往迹，坤仪常共月华明。

雷祖庙：州东土地岭上。嘉庆二十四年吏目刘辅廷建。

三王宫：州西二里大河坝。同治间募里人钱修之。

平正祠：外城师巴桥南。明时建。

治平寺：内城大街。宋治平间建。

报恩寺：南门内。宋元祐间建。

灵佑宫：外城。明嘉靖间总兵何卿建，国朝道光十年重修。

三圣庙：州北二里舍棠。明时建。

海会寺：阜康门内。明洪武间建。国朝乾隆四十年、嘉庆二十三年屡修。

无极殿：治平寺前。上有玉清楼，明游击李葵建。

三元宫：阜康门内。明万历四十一年重修。

观音堂：忠义门外鳌山麓。明时赵启后建。

灵官殿：外城。明时建。国朝乾隆四十年晏对策捐地重修。

升平寺：阜康门内。

晏公祠：镇西桥西。

延洪观：州南。元至正间建。

明水庵：州东。明洪武间建。

圣寿寺：州东四十五里。宋元祐间建。

万安寺：州东五十五里。宋元祐①中建。

三圣宫：州东干沟。

三教祠：州东土门。宋时建。韩昵题一联云：天地人由我做成一个；儒释道是谁分作三家？

宝藏寺：州东七十里。明时建。

龙泉寺：州东九十里。元时建。相传以为寺侧有泉，龙潜其中。

龙颜寺：州东桃坪。又普度寺，俱明时建。

普安寺：州东六十里。元泰定间建。

奇山庙：州东大坝。明时建。

普贤寺：州南。明永乐间建。

回龙寺：州南十五里。明时建。

景元寺：州北。唐时建。

土主庙：州北长宁。唐时建。

川主楼：州南宗渠。

欧阳观：州东南一百八十里。国朝乾隆中建。

秦晋香院：内城鼓楼南。乾隆初建。晋院分建外城后街，即山西馆，此改建纯阳观。

陕西馆：内城鼓楼南。乾隆二十五年建。

江西馆：外城后街。乾隆四十年建。

南华宫：外城忠义门右。

莲华庵：外城忠义门右。

---

① 元祐：底本作“天祐”，形近而讹，今改。

马王庙：东门外较场坝。乾隆四十二年茂营官兵建。

湖广馆：外城前街。又一在州东土门。

广东馆：州东土门。道光四年建。

山西新馆：外城后街。道光八年建。

昭忠祠：外城文昌宫侧。

坊　表

节孝妇晏焕妻坤氏坊表，乾隆间请旌建，今毁。

节孝妇唐景皋妻蒋氏坊表，乾隆间请旌建，今毁。

节孝妇唐盛文妻谢氏妾周氏坊表，道光八年请旌建。

节孝妇刘如（溱淮）妻文、梁氏坊表，道光十一年请旌建，一坊二节。

节孝妇陈全义妻张氏坊表，道光十一年请旌建。

节孝妇黄映琮妻萧氏坊表，道光十八年请旌建。

节孝妇王士元妻坤氏坊表，同治八年请旌建。

节孝妇赵元妻苏氏坊表，同治八年请旌建。

节寿妇万蒋氏坊表，光绪九年请旌建。

节孝妇顺维秀妻文氏坊表，同治间请旌建。

节孝妇任士元妻刘氏坊表，光绪十七年请旌建。

桥　梁

镇西桥：清波门外。以篾索浮板为之，即挑桥也。明正统中，都御史寇深谋砌以石，材具而江广，莫可达。会岐山崩，江流塞终日，深急命下石，并工砯中嘴。水至，中嘴已高丈余，桥遂成。嘉靖中圮，参将盛愈谦重修。定以一岁小修，三岁大修，所修绳木，七里之民供具焉。

通天桥：《旧志》：镇远南明门外。引三溪水经其下，额曰“五福泉”。

夹山墩双桥：州东八里。均嘉庆二十四年建。

师巴桥：阜康门内。明嘉靖间僧海江建，番人呼和尚为师巴，故名。国朝知州娄星重修。

彩虹桥：州东三里。嘉陵二十三年建。

大石桥：州东十里。康熙初年参将张自成建，嘉庆间重修。

毛香坪石桥：州东二十里。道光四年建。

马蹄溪：州东二十七里。道光四年建。

明角底桥：州东四十里。乾隆间建。

神溪桥：州东四十五里。乾隆十年知州陈克绳命贡生王椿、陇木土司何嘉监建，四十年圮，嘉子清远重修。

都料桥：州东六十里。乾隆初建，后圮。道光三年里民王绍武呈请复建，吏目刘辅廷亲往履勘，以旧址河面太阔，移上流二十余丈，山脚稳固，砯石架木，上盖瓦亭，名“孝义桥”。

土门小桥：州东七十里。嘉庆二十五年建。

万年桥：州东七十里。过河即胡子岭，通安绵捷径。向无桥，架木以渡。嘉庆二十五年，吏目刘辅廷劝捐监修，计长八丈，上盖瓦亭，最坚稳，后以山水泛溢，桥圮。

石槽沟桥：州东七十里，嘉庆二十五年建。

蒿坪桥：州东八十里。

黄公坪石桥：州东一百里。

鱼洞口桥：州东一百三十里。嘉庆二十五年吏目刘辅廷劝捐建。

高桥：州东南二百里。天池、梅子沟运煤出绵竹要路，山水陡涌，石桥屡被冲圮，今以大木为梁，行人时有临深之惧。

倒须沟木桥：州东南一百八十里。通安县路。

宗渠桥：州南十五里。明嘉靖三十五年知州钱纯让建，新都状元杨慎有记，载《茂州旧志》。

石鼓索桥：州南三十里。两岸立柱，以竹索横截江上，斫木为筒，状如覆瓦，名曰“圤筒”。渡者以圤衔索，用麻绳系腰，悬于筒下似卣，缘索溜去。有两索：一东高西下，一西高东下，以便往来。西南北三路多有之，兹不具载。《括地图》云：悬橦度索。即此。

复凤桥：州南石鼓。乾隆年间建，后圮。光绪二十六年重建。

石鼓偏桥：州南。即古秦汉栈道制也。缘崖凿孔，斜插木于中作桥形，铺木覆土，置栏护之。

七星偏桥：州南四十里七星关下。临江倚崖，古称险绝。明兵备任中凤凿，今系十寨民分段岁修。

白水桥：州南三十七里。

文镇桥：州南六十里。向系十寨认修，山水涨发，一岁数易，民以为劳。道光三年，署知州李绍祖委吏目刘辅廷劝捐修，易以石，上盖瓦亭，始免十寨居民岁修之苦。后以天雨水泛，桥圮，经久未修。光绪三十一年里人重建。

长安桥：州西三十里。乾隆年间建。

万顺桥：州西四十里。乾隆五十五年建。

竹木坎桥：州西五十里。

沙坝挑桥：州西六十五里。道光二年长宁土司苏朝相劝捐修建。

龙坪桥：州西七十五里。乾隆间建，道光十年重修。

杜家坪桥：州西九十里。

白溪寨挑桥：州西一百三十里。道光十年建。

兴隆桥：州北二十里。乾隆四十年段万儒建。

沟口桥：州北四十里。明知州刘监建。

飞虹桥：州北长宁堡。明嘉靖兵备胡凤建，今圮。

穆肃堡挑桥：州北七十里。

实大关桥：州北八十里。明知州刘坚建，国朝道光七年吏目刘辅廷劝捐重修。

又挑桥：通巴猪寨路。

大定桥：州北九十里。

叠溪大桥：州北一百二十里。通松坪各寨路，道光七年重修。

杨柳沟桥：州北一百五十里。

市　镇

兴隆场：州东四十里，二、五、八期。

富顺场：州东五十里，四、七、十期。

东兴场：州东七十里，三、六、九期。

复兴场：州东九十里，二、五、八期。

太平场：州东南隅二百里，一、四、七期。

学　堂

州南门外，前为九峰书院。光绪二十九年知州福苏礼奉宪札改书院为学堂，无款。三十年始委学正邹为琼及监生刘成鼎将书院内、外讲堂、两旁学舍，增修装饰，改为学堂。以旧大门增耳室四楹，改为二门，于二门外别建一高大宽廓大门，内学舍十余所，亦鲜明开拓，约可容学生五六十人。

三十一年，知州麟祥札派廪生黄熙中、增生黄永中为学董，增置学堂书籍、仪器、图书等件，并一切收支出入账目，延请本城拔贡生王锡绶为正教员，教职陈铭章为副教员，同教授小学堂学生，附生陈钰为管理员。

三十二年，知州李文晋又令学董黄熙中、黄永中，雇佣拆去堂外旧日墙垣，平一展扩大坝，作学生操场。仍延请本城拔贡生王锡绶为正教员，并延请成都文生孙楙枬为副教员，同教授小学堂学生，教职陈铭章为管理员，增生杨文耀为师范生教员。

城内设蒙养学堂三：一三元宫，增生梁登贤课读；一儒学署，附生孟耀先课读；一治平寺，附生任光明课读。

城外设蒙养学堂三：一平正祠，廪生张思达课读；一昭忠祠，附生黄一经课读；一关帝庙，附生彭世孝课读。

东路干沟设蒙养学堂一：廪生吴淞课读。

北路叠溪设蒙养学堂一：附生刘楙枬课读。

四月，又奉宪札，城内添设半日学堂，增生曾成善课读。

山

岷山：州南四十里列鹅村。山有九峰，四时积雪，一名雪山，俗呼九顶山。昔人谓此为佛居，有狮子，偶或见之。相传炎暑雪尽，则人多疫疾。州举人蒋复隽有《雪山形势论》，详载旧志。

相公山：州北五里。《方舆胜览》谓州主山。

五味山：州东十八里，出五味子，故名。

巨人山：州东三里。一名老人山，其形如人，雪后须眉毕见。

鳌峰：忠义门外，旧有奎阁。明末流寇赵荣贵于山顶施炮，峰动有声，炮不能举，贼众摇首，因名摇头山。

笔架山：州西。群峰排列，如笔架然。

屏峰山：州南。状如屏障。

盘台山：州东南。山顶平衍如盖，又名银锭山，州之水口山也。堪舆家谓：山势略低，宜建浮图于此。

乞习山：州西南。唐贞观十七年裴行方讨羌番西至乞习，即此。

龙泉山：州东南五里泉水沟。昔人谓有龙潜其中。

虎头崖：州东南。明嘉靖间何卿征五寨时夺此险要，克平诸番。

茂湿山：州北十二里。林木茂密，尝有岚气。唐贞观中韦皋出湿山破吐蕃，即此。《元和志》作“茂湿”。

陇东山：州东北十八里。《宋史》：州北有陇东道通绵州，即此。

马蹄山：州东三十里。石上有马蹄迹。

牛心山：州东四十里。山顶尝有云气。

马鞍山：州东。形似马鞍，峰峦甚奇。

橐駞山：州东北。

锦屏山：东乡七十里。

凤凰山：州东五十里。古木阴森，上有老君祠，祷祈晴雨，无不应者。

寿星山：州东陇木土司界。上有池。

鸡宗山：州南四十里。宋熙宁九年杨文绪为患，知州范百常急告朝廷，遣王中正领兵旁出此山援之。

茜岭：在州东南二百二十里。

走马岭：州东南二百里。

胡子岭：州东南一百里。向有小径通安绵，背负者不能行。嘉庆二十四年吏目刘辅廷亲履其地督工，开凿上下一百余里，商贾皆出于其途矣。

雪峰山：叠溪城东六里。高声凌云。

犛牛山：叠溪东三十里。

石镜山：叠溪城东南。《水经注》：蚕陵县南六十里。《隋志》：翼针县有石镜山。《元和志》：在翼水县东南，山侧有石，圆经二尺，明澈如镜。

排栅山：叠溪城南十五里。明洪武十一年大兵至此，立栅屯驻，因以为名。

寿星山：叠溪城西十里。形类老人。

七顷山：叠溪城西。《元和志》：卫山县有七顷山，山岩险阻，平地惟有七顷。

雪山：叠溪城北。峰峦突兀，山下有泉，可资灌溉。

大雪山：叠溪城西。《元和志》：大雪山，一名蓬婆山，在柘县西百里。按，旧志载杜甫《和严武》诗一首，以蓬婆为叠溪大雪山。考《新唐书·严挺之传》："子武，字季鹰，为剑南节度，破吐蕃七万众于当狗城。"在裁保县有雪山，又名蓬婆山，据此，则保县之蓬婆无疑。前志采杜诗载入叠溪，误矣。

肃番山：叠溪西北。《元和志》：在石臼县北十里，下有诸番寨。

飞凤山：叠溪城北三里，形如凤翼凌空。

蚕陵山：叠溪城北五里。《通典》：蚕陵有蚕陵山。

柏岭：叠溪城西北。《元和志》：在柘县北八十里，至北崖驿与吐蕃接壤。

水

汶江：源出岷山，由徼外甘松岭入松潘，至长宁合黑水，经城西南，过保、汶，达于灌口。

黑水：州西，自梭磨土司番界东流至长宁入江，即古翼水也。按，《地理志》：黑水出犍为郡南广县汾关山。唐樊绰云：西夷之水南流入于南海者四，曰区江、曰西珥河、曰丽水、曰瀰渃江，其曰丽水者，即古之黑水。《禹贡》注：雍、梁二州西边，皆以黑水为界，是黑水自雍之西而直出梁之东南。据此则此黑水与犍为之黑水，皆支流也。

三溪：州东北五里，源出茂湿山，合大、小二沟水入江。又引入城，居民取汲。《明一统志》有五福泉，盖引三溪水蓄城内雨井，故名五福也。

白水：州南师巴桥下，源出龙泉山，水极清冷。

南龙溪：州南。《方舆胜览》：州有龙溪水，引入城内孝光寺，以雨池潴之，居民汲饮。源出巨人山龙湫。

石密溪：州东十九里。

马蹄溪：州东三十里。源出马蹄山。

刀溪沟：州东三十五里。

神溪沟：州东四十五里。源出陇木土司界磨拔山。

干沟：州东五十里。

都料溪：州东六十里。

石槽沟：州东七十里。

土门小溪：州东七十里。

土门河：州东七十里。此河在石密溪，其水极微，行五十一里沿途增添，遂以渐大。

野鸭池：州东九十里。源出桃坪山。

药沟：州西五里。源岳希土司界。

窄溪：州西三十里。

刁浓沟：州西四十里。

松溪：州西五十里。源出黑虎山下，又名黑虎河。

龙坪河：州西九十里。北流入黑水河。

二垒河：州西一百四十里。南流入黑水河。

荞麦沟：州南五里。源出九顶山。

麻窝沟：州南。源出巨人山。

宗渠：州南十五里。源出九顶山。

石鼓沟：州南三十里。源出九顶山。

白水沟：州南四十里。

独脚龙门溪：州西四十五里。

文镇小河：州南六十里。源出九顶山。

壳壳沟：州西南十五里。源出岳希土司界。

绵族沟：州西南隅四十五里。

牟托沟：州西南六十里。源出牟托土司界。

高川：州东南一百四十里。源出胡子岭。

两河口：州东南一百六十里。高川、黄厂沟雨水至此合，入太平场河。

石钟滩：太平场下五里。

倒须沟：州东南太平场下十里。

黑滩子：州东南一百八十里。

大坝河：州东南二百里。源出大火地。

龙王庙沟：州东南二百一十里。

鱼洞口：州东南一百三十里。溪边有洞，每岁春水泛涨时，鱼从洞出，巨细甚多，洞内不知所□。

梅子沟：州东南二百四十里。

楠木沟：州东南二百五十里。

核桃沟：州北二十里。源出陇木土司界。

沟口溪：州北四十里。

深沟浅沟：州北五十五里。

穆肃堡溪：州北七十里。

饮马沟：叠溪城东。源出雪山顶，悬崖而下。

玉津泉：叠溪城南。砌以石枧，缘坡接引，直抵城下，民取汲焉。

七里溪：叠溪城西七里。源出松坪崖下。

黑水溪：叠溪城西北。自梭磨土司界，经松坪东入江。

杨柳沟：叠溪城北三十里。

按：州水有源不在本境，而委入于他境者一：

一江水，其源自湔氐道西徼外，流入松潘北，又东南经平番至平定关，出松潘界。入州境北一百六十里为永正堡，有州小北道、松坪沟小河水自西北隅来注。向南流过太平堡、过沙湾、过平浅沟、过叠溪营、过小关子、过排山营、过马路堡、过大店、过实大关、过穆肃堡，至两河口，有芦花黑水来注。又过长宁、过浅沟河坝、过沟口寨、过渭门关、过石榴关入城西北隅。仍绕城南下。过阜康门、过荞麦沟、过宗渠、过石鼓、过白水村、过独脚龙门、过凤毛坪、过文镇至青坡出州境。在本境治所之南方入汶川县界，行境内二百三十里。

源在本境而委不在本境者三：

一、州东之水，其源出土地岭石密溪，距城十九里。东流过小关子、过核桃沟，有沟内水来注，过马蹄溪有溪水来注，过马三湾有沟水来注，过明角底有刀溪沟水自北来注，过神溪堡有神溪沟水来注，过干沟，过都料溪有溪水自北来注，过土门有石槽沟水及小溪水来注，过桃坪至水瓮子出州境，在本境治所之东方，入石泉县界，行境内八十一里。

一、东南隅之水，其源出胡子岭。东流过甘漆树，过高川，水流至此入底不见，故曰高川。过鹦哥嘴、过两河口，黄厂沟水来注。过广东坝、过大石坝即太平场，至倒须沟，沟水来注。出州境，在本境治所之东南隅入安县界，行境内八十五里。

又东南隅之水，其源出巨人山后之大火地。过万隐岩、过陡梯子。过黑滩子有溪水来注，过半边街、过大坝、过茜沟、过抽筋坡、过小钢剑、过高桥梅子，沟水来注，至卸军门出州境，入绵竹县界，行境内一百五十五里。

道 路

州境自昔半属夷居，其中区宇多则二三里一村寨，或七八里一村寨；少则十余里一村寨，或二三十里一村寨。住落之远近不一，即里数之多寡不齐。又且村寨多以山水立名，如盘龙山、大小岐山、本山名也，寨不外是。杨柳沟、浑水沟，本水名也，寨亦从之。山水或以村寨得名，如章圭墨飞本寨名也，山即曰章圭墨飞之山，水即曰章圭墨飞之水，令人无从区别。东西南北四方官道，旧有里数，四隅虽无里数，行之者众，尚可咨询。若四方四隅外，一切支路，羌户所由，汉户少至，考核无凭。今依旧志，谨即四方官道有里可识故□□□言里数□□□路及支路中之村寨下山出沟，来会本路者，旧未记里，故不言里数，略举大概言之。

自本境治所出城之东方，行八里为夹山墩，界内所过有水磨坝、大沟、二沟等处。又行五里为土地岭，又七里为毛香坪。右有元根坡，下坡来会本路；左有马堰沟，出沟来会本路。又十里为关子堡，左有雷家沟来会本路。又十里为明角底即兴隆场，场后上山大寨子有陇木土司衙门，下山来会本路，沟内有刀溪沟出沟来会本路。又五里为神溪堡，上场口左沟内有神溪沟，出沟来会本路。又五里为干沟，即富顺场右渡河，有曹木鱼厅等处遇河来会本路。又十里为路坪，坪左永正沟出沟来会本路。又十里为土门（即东兴场），右大石坝逾须子岭渡河来会本路。又十里为蒿坪，又十里为桃坪，坪后山上龙颜寺等处下山来会本路。又五里为亚坪，坪右牛家山等处渡河来会本路。又五里为黄公坪，又五里至水瓮子出本境界，与石泉墩上路接。

又东南隅路自土门场偏右渡河，上行十里为羊木鱼，又十五里为黄水沟，又十里为大岩坪，又十里为观音梁子，又五里为乱石窖，又十里为上环梁子，又十里为鱼洞口，又十里为干漆树，又十里为高川，又十里为鱼箭坪，又十里为鹦哥嘴，又十里为广东坝，又五里为二郎庙，又五里为大石坝即太平场，又八里为双磨房，又九里为三到河，又七里为倒须沟，又十里至月耳门出本境界，与安县雎水关路接。

又东南隅路，由大石坝行五里为岐山庙庙门有古杉树，经二百余年，围圆一丈余尺，又二十里为大坝，又八里为王爷庙，又十里为抽筋坡，又九里为高桥，又五里为卸军门，又五里至开水桥出本境界，与绵竹汉王场路接。

自本境治所出城之南方，行十里为荞面沟，右牙吾沟来会本路。又五里为宗渠铺，后山骂竹村下山来会本路。又五里为梨园村，后山茶山村下山来会本路。又十里为石鼓铺，沟内老窝、小蒜坪出沟来会本路。又八里为白水村，沟内六角村出沟来会本路。又五里为独脚龙门，山上安乡九寨下山来会本路。又五里为凤毛坪，又十里为文镇，沟内人出沟来会本路。又十里至青坡出本境界，与汶川县雁门路接。

又西南隅路，自镇西桥渡河下行三里为大河坝，又十三里为壳壳村，沟内岳希司所属村民出沟来会本路。又行七里为勒都，山上勒都寨下山来会本路。又八里为积鱼村，又十里为绵族，又十里为斗族，又十里为牟托，牟托土司住牧在此，所属后山漆树坪逾山来会本路。又十里至芤山出本境界，与理番路接。

自本境治所出城之西方过镇西桥，上行十里为镇戎堡，又行十里为椒园堡，左沟内乌都小寨出沟来会本路。又十里为长安堡，左沟内吾耳寨出沟来会本路。又十里为宁江堡，后山刁林等寨下山来会本路。又十里为松溪堡，此处有竹木坎土司衙门，所属羌民，俱在后山橐子坝。去此十里，州属左沟内竹木坎等寨出沟来会本路。内寨与岳希土司连界，又五里为水草坪，山后罗多等寨过山来会本路。又十里为两河口，行至此处，州西芦花、黑水与松潘江水会合。又十里为沙坝，此处有长宁安抚司衙门，所属羌民，与此处隔江在北路沟口寨沟内史家山等寨、后山韦圭墨飞等寨下山来会本路。又十里为两河口，沟内三溪等十八寨出沟来会本路。水亦东流至此与黑水会合成河。又十里为喀查，山后族耳等寨过山来会本路。又五里为杜家坪桥，又十里为杨柳坪，又五里为二木瓜子，左沟内余家沟等寨出沟来会本路。又十里为挖地，又十里为兴隆坪，又十里至苦地瓜子，在沟内黑布等寨及前后两番与理番所属新旧两番连界出本境，与梭磨土司所属瓦拨梁子路接。

自本境治所出城之北方行十里为石榴关，右簇箕等村下山来会本路。又十里为渭门关，右外五寨出沟来会本路。沟内更有内五寨，系陇木及静州土司所属，州治与之连界。又十里为小沙湾，又十里为沟口寨，沟内左有盘龙山等寨，右有大小岐山等寨。至长宁安抚司，所属史家山亦在沟内，州治与之连界，皆出沟来会本路。又十里为擦耳岩，后山浑水沟下山来会本路。又五里为浅潢河坝，后山浅沟寨出沟来会本路。又五里为长宁堡，沟内碉房及深浅等寨出沟来会，左有飞虹桥，今圮。昔年北道不由石榴关上行，由西路镇戎堡至水草坪，经北桥渡江为北道。又五里为两河口，州西芦花、黑水河东流至此与松潘江水会合，故名。又十里为穆肃堡，沟内踏花三寨出沟来会本路。又十里为实大关，后山小牛等寨下山来会本路。又十里为大店堡，又十里为马路堡，又十里为排山营，又十里为小关子，又五里为叠溪营，又十里为平浅沟，又十里为沙坝，后山实惠寨下山来会本路。又十里为太平堡，又十里至永镇堡出本境，与松潘平番营属平定关路接。

又西北隅路由州西路两河口分界，偏左依芦花河上行二十里为水湾坪，后山白布等寨下山来会本路。又十里为小寨子，后山大小牛儿等寨下山来会本路。又十里为杜家坪，又十里为白溪寨，沟内连□等寨出沟来会本路。又十里为格希腊波，又十里为袜地，山上罗顶寨下山来会本路。又十里为二坌河，右白鹤寨、左三寨出沟来会本路。后山有罗多寨、又三寨，后山有大姓六寨，又由三寨渡河登山行二十里至椏猪等寨出本境，与梭磨土司属石碉楼狄鱼寨路接。

物　产

动　物

飞鸟类

鸡、鹅向外郡人购而养之，州不出也；鸭向外郡人购而养之，州亦不出；鶡、鹑、鹰、鹞、雕、飞鼠、鹏、布谷、鸠、鹄、鹊、鸦、鹭、松鸡、锦鸡、贝母鸡、天星鸡、火炭鸡、红嘴鸦，以上俱常产。野鸭、白鸥、画眉，俱特产。

制　造

无。

走兽类

马、牛、犬、豕、羊、山羊、猿、熊、獐、麂、驴、岩羊、山驴、野牛、狼，以上俱常产。

骡、兔、豹、豺、狐，以上皆特产。黄鼠，特产。

制　造

毡，羊毛为之；毪，羊毛织之；裘，羊、狐、熊、豹皮之有毛者皆可为之；氈，牛毛织以成者；麝香，番人多猎取而于市上售之；鼠尾，番人猎取卖之外郡，用以造笔，谓之西尾，但不如北尾之滑泽光润耳。

附：水族

鲤，特产；白鳝、石首，常产。

植　物

谷实类

稻，特产，其地刚卤多风，近城及西、南、北三方俱不宜。惟州东桃坪及黄公坪，土性滋润，无风，有田三十亩可种。

小麦，常产，州西北两路极佳。

南麦，山田不出，向难平田，亦无人种。近来五六年者，种之者逐次增多矣，特产。

苦荞，山田出，余不出，特产。

甜荞，山田平田皆出，常产。

青稞，特产，处处可种。

黍，山地为宜，特产。

粟，亦只山地种之，特产。

芋麦，一名包谷，州人食物，以此为大宗。

豌豆，州东多有，特产。

胡豆，番寨多种此，特产。

菜子，州东及西北番寨多种之，特产。

黄豆，常产。

黑豆，特产。

红小豆，特产。

白小豆，一名巴山子，州东有之，特产。

四季豆，常产，前数年安、绵、德阳人多来买之，每斗值钱千余，近贱。

油麦，特产。

制　造

酒，御麦造之，未有用他物者。油，菜子造之。来其，黄豆为之。豆粉，豌豆为之。细条粉，豆粉为之。洗沙，红小豆为之。

蔬菜类

白菜，常产；青菜，常产；菠菜，常产；苋菜，常产；葱，常产；韭，常产；蒜，常产；薤，常产；海椒、蒿笋，常产；葍白，特产；芹，常产；萝卜，常产；江豆，常产；黄瓜，常产；苦瓜，常产；南瓜、西瓜，特产；北瓜，常产；莲花白，常产；蘑菇，特产；山竹笋，常产。冬菜，特产；空筒蕾，常产；蕨，常产；圆根，特产；龙须，特产；羊肚菌，特产；苦菜，特产；茨竹笋，特产，州东大石坝大坝有之；魔芋，特产；藕，特产，州东天池有之；茄，常产。

制　造

蕨粉，以蕨为之。藕粉，藕为之。腌菜，白菜、黄瓜、青豆、海椒、萝卜、葍白、莲花白等菜，用盐腌而食之。干腌菜，青菜为之，冬菜尤佳，每菜成时，州人多买此用盐腌之，蒸熟晒干，作为御冬之具。醋腌菜，以醋腌之，萝卜、黄瓜、大蒜、苦菜、蕾蒿、蒜薹、葍白俱可，有腌至十余年，其味甘美，尤不坏者。

果品类

桃，常产；李，常产；杏，常产；奈，特产；胡桃，常产；葡萄，常产；樱桃，常产；梨，州小南路戊戌村所出，其味较西、北、东三方尤佳，而城中亦有鲜美者，秋冬之间摘而藏之，经久不坏；枇杷，特产；林檎，特产；枣，常产；油柿，常产；白果，特产；榛，常产；栗，特产；花红，常产；枳椇，特产；石榴，常产；柿，特产；佛手柑，特产。

制　造

杏仁，黄熟去皮，锤核取仁，甜而可食，不似他处之苦。余俱街前零星出售，无有制造者。

花卉类

牡丹，红、白、紫三种；芍药，红、白二种；兰；石竹；茶花；蜡梅；冬桂；桂花分银桂、丹桂二种；荷花，州东天池有之，城内及西、南、北三方则皆无也；玫瑰花；月季花；以上皆特产。海棠；荼蘼；迎春花；指甲花；菊，五色皆有；葵花；玉簪花；姊妹花；七里香；以上皆常产。

制　造

无。

竹木类

荆竹，细油竹，杉，柏，松，槐，柳，白杨，椿，马桑，漆树，麻柳，梨木，枣木，核桃，蚕桑，柘，以上俱常产。斑竹，慈竹，茨竹，黄杨，皂角，白果（州东多此树），女贞，橡树（州东最多），杜仲，以上俱特产。

制　造

枋板梁栋，杉木白杨等树，村寨山上沟内多有之，工人采取，可以作宫室器用。漆，远方人多来割取之。碱，以草灰熬者，谓之草硷，以杉木灰熬者，谓之青山大硷。

药材类

绵芪，大黄，羌活，花椒，以上皆大宗。独活，当归，柴胡，党参，沙参，泡参，升麻，丹皮，枸杞，木通，旋覆花，秦艽，续断，薄荷，五加皮，地骨皮，艾，益母草，以上俱常产。半夏，虫草，菖蒲，前胡，花粉，青木香，贝母，赤芍，百合，杜仲，黄精，刺五甲，猪苓，木香，乌头，故纸，大母花，何首乌，牛夕，苍耳，以上皆特产。紫苏，藿香，小茴，车前，蒲公英，以上常产。

制　造

药材之品，或用酒制、醋制、盐制、姜制、童便制，州境惟药室有之，余皆以天然者运入他境。

矿　物

金，村寨多有，如河西金龟山、干沟墩等处，采之不乏其人。然试者屡矣，卒未有以成，成巨富者。至沿江沙金，更觉肤末，每日所得，只供一二人之食费耳。惟闻北路松坪沟金矿甚旺，其色尤赤，未知果否。

银，往时有人于州东马蹄溪沟内开一银矿，名曰天官厂。又闻人云渣滓甚重，难以分出，后遂无开之者。

附：硝，州中治地产硝甚富，城内与西、北、南三方皆然，惟东路不生，三方约可产二十万斤。刮土滴水熬成者，谓之毛硝；用水淘净，复以火煎熬，盛木桶中，生如桶大之形者，谓之白硝。毛硝百斤值五六千，寨货高者值七八千，至白硝贱则百斤可值十六七千，贵则十八九千、二十余千，州人就以此聊生者多矣。

附：磺，州东产磺，前数年已有人熬之，云瓦罐易坏，后用铁罐，又以铁罐费大，亦不经，又不获利而止。

附：煤，州西路地名红岩，工人视之谓之煤苗，及开工，久不获利，弃之。东路二沟内亦云有苗，可以采取，及开矿取出，以火引之，能然而不化灰，且其石气甚重，想亦酝酿有待，必经历日月之久，始能成其形质也。

州治地所产之物、所制之品

动物制造，在本境销行者：

羊肉一项，在本境销行城内及各场，每岁约二万斤有奇。

豕肉一项，在本境销行城内及各场，每岁约二十余万斤。

牛肉一项，在本境销行城内及各场，每岁约二万余斤。

鱼肉一项，在本境销行城内及各场，每岁约五千余斤。

鸡肉一项，在本境销行城内及各场，每岁约五千余斤。

毡一项，在本境销行城内及各场，每岁约二千余张。

毪一项，在本境销行城内及各场，每岁约二千余匹。

羊皮一项，在本境销行城内及各场，每岁约二千余张。

植物制造，在本境销行者：

包谷一项，在本境销行城内及各场，每岁约二万余石。

小麦一项，在本境销行城内及各场，每岁约七八千石。

南麦一项，在本境销行城内及各场，每岁约四千石。

黍、粟、青稞，甜、苦荞五项，在本境销行城内及各场，每岁约五六千石。

菜油一项，在本境销行城内及各场，每岁约一万余斤。

豌豆一项，在本境销行城内及各场，每岁约一千余石。

胡豆一项，在本境销行城内及各场，每岁约一千余石。

蔬菜一项，在本境销行城内及各场，每岁约值一万余缗。

材木一项，在本境销行城内及各场，每岁约值六七千缗。

黑、白炭二项，在本境销行城内及各场，每岁约三万余斤。

御麦酒一项，在本境销行城内及各场，每岁约十万余斤。

动物制造运出本境者（以下皆陆运）：

麝香运出本境，在河南省销行，每岁约四五百圆。

蜂蜜运出本境，在中坝、灌邑销行，每岁约四五千斤。

牛皮运出本境，在中坝、灌邑销行，每岁约千余张。

植物制造运出本境者（以下皆陆运）：

油麦运出本境，在安县、绵竹销行，每岁约百余石。

四季豆运出本境，在安县、绵竹销行，每岁约二百余石。

茶叶运出本境，在松潘销行，每岁约一万余斤。

材木枋板运出本境，在绵竹销行，每岁约值二千余缗。

白炭运出本境，在德阳、安县、绵竹、汉州销行，每岁约十余万斤。

纸张运出本境，在绵竹销行，每岁约七八千担。

以上自茶叶起至纸张止，皆州东天池大坝等处所产者。

御麦酒运出本境，在理番销行，每岁约十万余斤。

贝母运出本境，在灌县、中坝、绵竹销行，每岁约一千余斤。

虫草运出本境，在重庆府销行，每岁五六万茎。

花椒大宗运出本境，在安县、绵竹、中坝销行，每岁约五六万斤。

大黄大宗运出本境，在中坝、灌邑销行，每岁约二三万斤。

绵芪大宗运出本境，在中坝、灌邑销行，每岁约二万余斤。

羌活大宗运出本境，在中坝、灌邑销行，每岁约三四万斤。

柴胡运出本境，在中坝、灌邑销行，每岁约五六万斤。

泡参运出本境，在中坝、灌邑销行，每岁约一万余斤。

独活运出本境，在中坝、灌邑销行，每岁约一万余斤。

木香运出本境，在中坝、灌邑销行，每岁约一万余斤。

矿物制造运出本境者：

金运出本境，在成都销行，每岁约四五十两。

硝运出本境，在绵竹、简州销行，每岁约二十万斤有奇。

硝盐运出本境，在新保关销行，每岁约三千余斤。

煤炭运出本境（州东大坝所产），在绵竹销行，每岁约二十余万斤。

蓝炭运出本境（州东大坝所产），在绵竹销行，每岁约二三十万斤。

植物制造自他境入本境者：

自安县、绵竹运入本境之米，在城内及叠溪、干沟、土门、桃坪、大石坝各场销行，每岁约二万余石。

自德阳运入本境之白糖，在城内及叠溪、干沟、土门、桃坪、大石坝各场销行，每岁约二万余斤。

自德阳运入本境之黄糖，在城内及叠溪、干沟、土门、桃坪、大石坝各场销行，每岁约三万斤。

自安县、汶川运入本境之毛茶，在城内及叠溪、干沟、土门、桃坪、大石坝各场销行，每岁约五千斤。

自绵竹运入本境之酱，在城内及叠溪、干沟、土门、桃坪、大石坝各场销行，每岁约五千斤。

自绵竹运入本境之大曲酒，在城内及叠溪、干沟、土门、桃坪、大石坝各场销行，每岁约五千斤。

自安县、石泉、绵竹运入本境之菜油，在城内及叠溪、干沟、土门、桃坪、大石坝各场销行，每岁约二十余万斤。

自崇庆州、绵州、金山铺运入本境之布，在城内及叠溪、干沟、土门、桃坪、大石坝各场销行，每岁约五万匹。

自灌邑运入本境之麻，在城内、叠溪、干沟、土门、桃坪、大石坝各场销行，每岁约数千斤。

矿物制造运入本境者：

自中坝秀水河、绵竹运入本境之铁器，在城内及叠溪、干沟、土门、桃坪、大石坝各场销行，每岁约一万余斤。

自绵竹风古井运入本境之白盐、水花盐，在城内及叠溪、干沟、土门、桃坪、大石坝各场销行，每岁约三十余万斤。

边政设计委员会 著

茂县概况资料辑要

民国二十九年铅印本

提 要

《茂县概况资料辑要》属《川康边政资料》二十九种之一，于民国二十九年（1940）刊刻，有时任成都行辕主任贺国光序。贺国光1935年任参谋团主任期间，即注意川康边事之整理，爰烦边政设计委员会甄综搜采，“都凡二十九县，详其区域，条其风俗，推表山川，胪列土官，宜名之曰某某县资料辑要，发交各部分研讨”（贺序）。贺于1939年任成都轩辕主任，“前所辑资料一书，虽未足言详赡，但大体已具梗概，堪供讲求边区政治教育者及各地军政人员之探索寻绎。”

《茂县概况资料辑要》在目录后附有地图，正文分“疆域”“沿革”“山脉”“河流”“气候”“建置”“种族”“户口”“官制”“交通”“民政”“司法”“财政”“教育”“警团”“储蓄”“垦务”“物产”“礼俗”“生活情形”“语文”“宗教”“名胜古迹”“大事记”等二十四门类，与方志体制相仿。资料主要来自实地调查材料，辅之以理番历代志乘典籍，内容充实，条例分明。茂县自光绪《茂州乡土志》之后再无续志，民国废州设县，亦无县志，故该书有填补茂县民国无志书之空白，具有极高的文献价值。

目 录

茂县地图

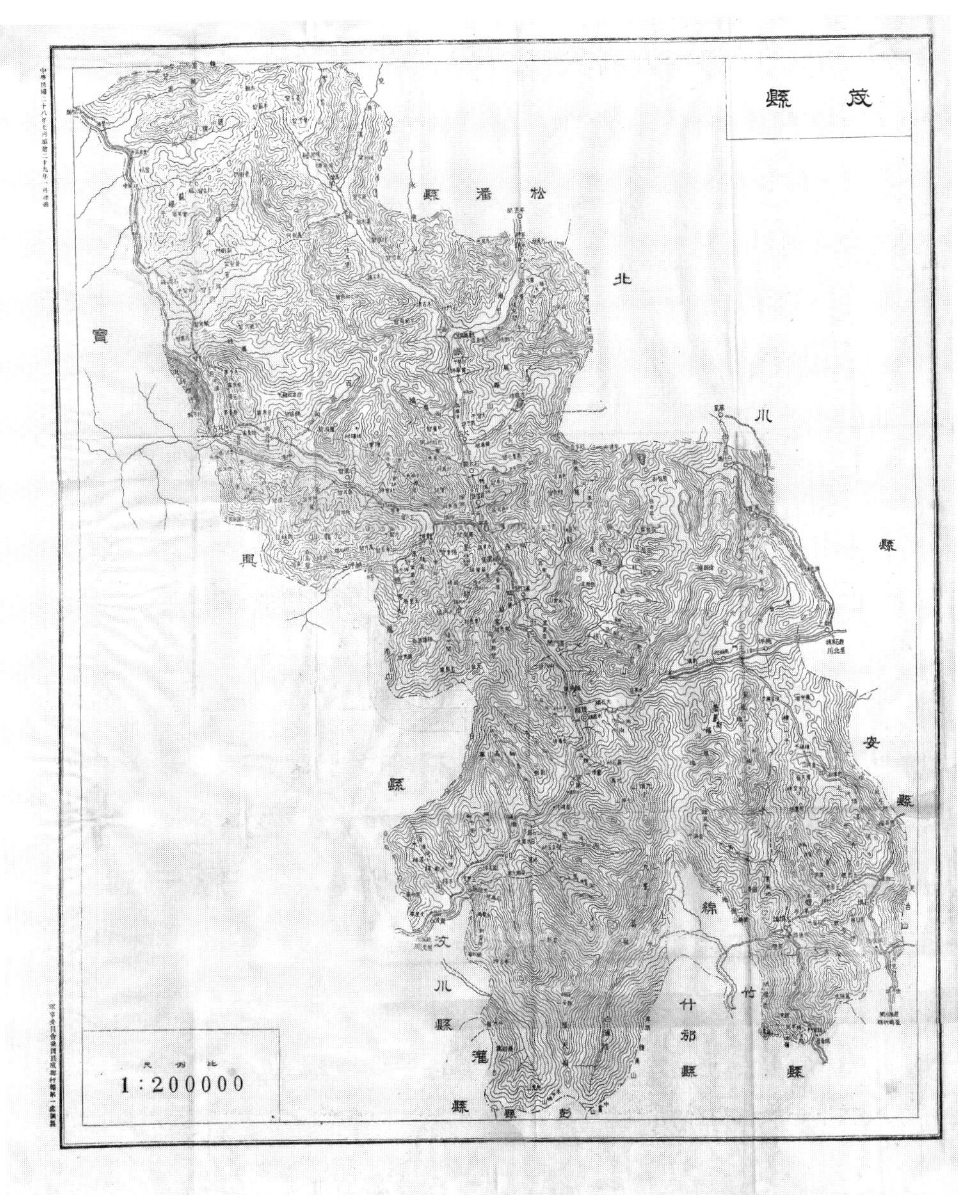

疆　域

壹. 四至

一、全县四至

《茂县志》[1]：茂县在省西徼，至省四百里，东西距一百八十里，南北距二百三十里，东至石泉县一百里，西至岳西土司界八十里，南至汶川县界七十里，北至松潘界一百六十里，东南至绵竹县界二百六十里，又东南至安县界二百一十里，西南至理番界九十里，东北至静州土司界三十里，又东北至陇木土司界一百里，西北至长宁土司界九十里，又西北至松梭土司界二百里。

二、各区四至

民二十五年十六区专员公署制《茂县概况表》：第一区东至土地岭九顶山与第二区接界，西至岷江东岸与第三区接界，南至青坡与汶川县接界，北至永镇与松潘接界，横约百里，纵约二百三十里；第二区东至岩湾接北川县界，西至土地岭接本县第一区，南至月儿门、卸军门，接安县、绵竹两县界，北至西窝后山，横约一百里，纵约二百五十里；第三区，东至岷江西岸，西至黑钵寨，南至落石塞，北至大姓六界，横约一百六十里，纵约二百五十里。

贰. 地质

民二十五年《屯政纪要》：境内石灰纪之岩层所在皆是，花岗岩尤为普遍。平谷之间，概为沙土砾土，高地不无粘土，但属偶见。又因破岩碎石，散布殆逼，致石多土寡，世称九石一土，盖以此也。至草地、平原，虽多土壤，但沮洳泥泞，腐殖过多，终岁寒湿，非排水改良，难称沃壤。

① 《茂县志》：当为“《茂州志》”。

叁. 地势

茂县教育科长顺载之《报告》：全境万山重叠，山势崎岖，以南路为甚，其可耕之地，较理番、汶川为优，因山多斜坡，至县城东部，农垦甚盛，岷江西岸，农垦亦可望发达。

肆. 县城高度

四川陆地测量局《茂县图》：茂县城之高度，以成都龙泉驿、金轮寺，五百米达起为标高计算，约一千一百米远。

沿 革

《茂州志》：茂州，古冉駹国地也。秦分梁为蜀郡，别冉駹湔氐道。汉元鼎六年，以其地置汶山郡，治汶山县；地节元年省，属蜀郡，为北部都尉。后汉分汶江道，永初三年为广汉蜀国都尉，延光三年复为郡治。晋移郡治于绵虒界，改汶江，置广阳属之。东晋后废。萧齐复置北部都尉。梁普通三年置绳州北部郡，仍置广阳县为治。后周保定四年改绳州曰汶州。隋开皇初，郡废，改汶州曰蜀州，寻改为会州，置总管府；仁寿元年，改县曰汶山；大业初府罢，复为汶山郡。唐武德元年复为会州，置总管府；四年改为南会州；七年改置都督府；贞观八年，始改曰茂州，置石泉县属之；天宝元年，改通化郡；乾元元年，复曰茂州，属剑南道。五代属蜀。宋仍为茂州通化郡，属成都府；熙宁间以石泉改隶绵州。元至元九年，属土番宣慰司。明成武[①]十七年，仍置茂州兼置茂州衙，以州治，汶山县省。清因之，雍正五年改为直隶州，属松茂道，领汶川、保县；嘉庆七年，裁保县，以其地并入杂谷厅，仅领汶川；民国二年，改为茂县。

① 成武：据道光《茂州志》所载，当为“洪武”。

山　脉

《茂州志》：境内山脉与汶川相似，因其山岭脉络同为岷江所斩划，岷山东支称鹿头山脉，在岷江东岸；岷江西支，又称邛崃山脉，在岷江西岸；均自秦岭分脉。县城南四十里之九顶山，俗呼雪山，为有名之奇峰；再南之文镇为最有名关险，临江倚崖，有一夫当关之胜，为理、汶、北道门户之枢纽也。

抚权按：文镇关不险，七星关临江倚岩，乃可云险。

河　流

壹. 境内主干河流

《茂州志》：岷江自东北入境，至叠溪汇于松坪沟；又黑水河，自西北东来，至两河口入江，同向南流；至青坡入汶川境。江流湍急，不通舟楫。

贰. 各区内河流

民国二十五年十六区专员谢培筠《茂县概况表》：第一区内仅有岷江，自北南流，为一、三两区之天然界线，礁多水陡，向来不通舟楫，溜索绳桥，为仅有之渡河工具。近年水势，自西岸移向东岸，故东岸时有没为河身之地，而西岸时有新淤之土，举显著之现状则有险滩八（十字滩、青坡滩、文镇滩、独脚龙滩、白水村滩、梨园沱滩、宗渠滩）；沙洲三（宗渠、梨园沱、苜蓿堡，均偏西岸）；急流七（一碗水、叠溪、两河口、长宁、擦耳崖、燕耳岩、永镇）。

第二区有较大之河流四：（A）土门之土门河、纳马蹄溪、刀溪沟、神溪沟、永镇沟、马桑林沟，诸水皆自西东流；（B）白什之正河、纳里水沟、白水沟，及上五村之水，自北南流，聚会于北川县属之墩上；（C）大石坝河自北南流，汇欧阳关沟水，以流入安县；（D）大坝河亦自北南流，汇茜沟、门字沟两水，以流入绵竹县。

第三区岷江自北而南，黑水自西来会于两河口，水势均湍急。岷江中急滩，以七星关、刁林沟、大河坝为最险；黑水中急滩，以龙坪、娃地为险。中产细鳞鱼、石猴鱼、杉木鱼、羌活鱼、猫鱼等。

叁. 水利

民国二十五年十六区专员谢培筠《茂县概况表》：第一区河水不能引灌田土，仅能利用附近山间沟涧，略施浸润。其无沟涧之处，惟有祈望时雨。其能略施灌溉，兼供水磨者则有：（甲）宗渠沟，明代自九顶山开引而出；（乙）文镇沟，清代道光年间开引而出；（丙）白水沟、石鼓沟、梨园沟，亦皆自九顶山流出，入于岷江。

第二区，各沟渠河流，平时可引作水磨之用，但每年山洪暴发，冲断桥梁，损坏道路，交通每多停滞。

第三区，耕地旱田为多，水利较一二两区更为远逊。

补：四川省建设厅《川西北区垦牧调查报告》

闻叠溪在清代，设有文武衙门，为茂州之门户。地震前有一百二十余户，街道整齐，商务繁盛。于二十二年七月初五日未时，天晴地动，平地起雾，夹带黑灰泥，迷漫天空，一刹那间，全村房屋人畜，尽翻入地中水下，仅有男女十四人被地震之力，冲飞过对岸山头上，次日苏醒未死。第二日天始晴，但继续地震，崖塌者十余日。以后连年亦复时为小震，最近于前日尚震一次。自二十二年大震后，两岸山崖场下，连合成坝者有二处，将水隔成上下二海子。海子以北岷江两岸之坝田及村庄尽为淹没，闻当时曾经量测海水之最深处，有一百四十四丈。及至是年八月二十日夜二更时分，下海子暴裂，水势汹涌，声浪传于数十里之外，演成空前之大水灾。成都平原内、外江十四县，因身受目睹，曾公推代表筹集经费，于是年腊月下旬，在较场坝附近一带集合民工百余人，逐渐开挖海子之堵塞处，冀免突溃危险。至二十三年三月下旬，费洋万余元，疏浚工作，见效甚少，遂停。

下海子系东北与西南向，约长二里，宽一里，在西北方有一小岛，周围皆水，风景颇佳，惟缺树木与人工布置。由下海子东北拆为一长狭之水道，长约五里，宽一里，中宽两头窄，亦有人称之为中海子者，两岸皆悬崖，东北尽头处，远视之为瀑布白花一片，近观则为屋大之磐石叠叠，盖地震时，由两岸崖塌而下坠者，东为观音崖，至今仍不时有崩坠之险。

上海子之水由磐石冲突流下，波涛浩荡，水花喷起，极美声雄壮，亦胜境也。惜两岸悬崖，无森林点缀风景，又常发生坠崖之险，知命者恒惴惴焉。

气　候

茂县教育科长顺载之《报告》：全境天气与理、汶相似，自阳历十月便入寒期，至明年四月方可暖和，夏季亦热，但因风多，仍甚凉爽。雨量丰歉不一，时多时缺，农作物间受影响，与内地相同。

附：河口之风

民国二十五年《川边季刊·松茂旅行记》：芦花黑水与岷江会合，恰恰成一个“丁”字形，两河口就位于“丁”字左边的山腰，也就是说由黑水飏过来的风，与岷江河飏来的风，就渐次会合起来了。（此风每日午前十一钟起，午后三钟止。）往来行人，走到这个地方，如果没有准备风镜，绝对不会把眼睛睁起来走路，鼻子和口，也自然的会失掉呼吸作用，就是整个人体，也说不定会失去重心，狂风摆柳似的叫人不能自主，幸此处开设了两间茅屋小店，老板虽不远远迎客，行人却要迁就它，据说这几家小店就是靠风吃饭的，由此尚可想见两河口风之大了。

建 置

壹. 县治

谢培筠《茂县概况表》：治城在第一区中点，傍岷江东岸，志载为清代年羹尧[①]监修，南北约距二里，东西不及半里。

贰. 市镇

四川陆地测量局《茂县十万分一图》：茂县全境计有十二市镇，在县城正东向者（即茂北路），有长陵浅沟、牧畜堡、石大关、大定、水沟子、叠溪、九桥、太平；在县城西南向者（即茂汶路），有大宗渠、小宗渠、石鼓、白水村、羊毛坪、文镇；在城东南向者，有横山、大坝、立石坝。在城南北向者，有松溪堡。

叁. 市镇赶集期

民二十五年十六区专员公署《茂县概况表》：

场名	集场期	备考
白什场	三、六、九	
马槽场	二、五、八	
大坝场	一、四、七	
兴隆场	二、五、八	
东兴场	三、六、九	
太平场	一、四、七	
富顺场	四、七、十	
复兴场	二、五、八	

① 年羹尧：原写作“严羹尧”，据附录《勘误表》改。

肆. 碉堡

民国二十五年十六区专员公署《茂县概况表》：第一区，现存碉堡二百八十二座，已废五座，均系去今两年防共所筑，多分布于岷江东岸各要隘地点；第二区碉堡，现存五十四座，为防共所筑，散布于茂北路及茂绵路之要隘地点；第三区，共建十余座，现多损废，其蛮式四面、六面、八面高碉，作塔状，耸峙有高至十余丈者，以乱石砌成，轮廓匀整，颇类西洋中世纪莱茵河两岸碉楼，概系私人建筑，以供瞭望，防御夷人来劫掠者。

种　族

补第十六区专员谢培筠《报告》所列如左：

茂县所属夷民，均系羌种，惟一山一沟之间，各有固定语言，是其区别耳。原有静州、岳希、陇木三长官司，石①大关副长官司，长宁安抚司，牟托、水草坪、竹木坎巡检司，大定、沙坝土千户，松坪、大姓小姓及小姓黑水等土百户，逊清一代，渐次改土归流，土官承袭，仅存故例，实际政权，均已操诸政府之手。现在惟大姓一乡，以其毗邻黑水，关系密切，尚未能切实编联保甲，推行政令。其次曲谷、龙坪、小北三乡，亦以汉化较浅，诸多政令，碍难切实推动，尤以禁烟一事，最威②棘手。

四川省建设厅《川西北垦牧调查报告·番夷现况》：

茂县，除汉、回二族外，大部皆羌民后裔，计可分为二大类：

（甲）名为土司，实则已改土归流者，有静州、岳希、陇木三长官司，实大关副长官司，长宁安抚司，水草坪、牟托二巡检司，竹木坎副巡检司，大定、沙坝二千户，松坪、大姓小姓及小姓黑水三土百户等，均于清道光间先后编户入县，仍留土职世袭，但于清末民初，大都因承袭无人，名存实亡。

（乙）名为改土归流，实则仍保持夷俗者，有白泥、鹅儿、连环、巴珠等寨，及黑虎七旗③，或于明末投诚，或于清初归顺，早已侪于编氓。惟其性质慓悍，习俗固陋，文化低落，仍未脱旧日蛮夷状态。

① 石：原作“实”，据附录《勘误表》改，下同。

② 威：当为“为”。

③ 旗：当为“族”。

户 口

壹. 户口统计

民国二十五年十六区专员公署《茂县概况表》所列如左：

第一表

乡别	户数	男丁	女口	备考
富村乡	669	1302	1329	
凤仪乡	980	1925	2013	
沟口乡	1077	2287	2628	
富顺乡	1086	2036	2544	
东兴乡	650	1189	1478	
太平乡	659	1612	1527	
清平乡	888	2373	2194	
马槽乡	222	380	473	
白什乡	285	535	603	
镇西乡	471	916	1088	
黑虎乡	381	799	897	
龙坪乡	159	231	309	
曲谷乡	313	589	529	
大北乡	290	550	623	
小姓乡	153	304	333	
乡合计	8283 户	17022 人	18568 人	

第二表

区别	户数	男丁	女口	备考
第一区	2726	5514	5970	
第二区	3790	8119	8819	

续表

区别	户数	男丁	女口	备考
第三区	1767	3389	3779	
区合计	8283 户	17022 人	18568 人	

贰. 壮丁与学龄儿童

民国二十五年十六区专员公署制《茂县概况表》所载如左：

第一表

乡别	壮丁	学龄儿童		备考
		男	女	
富村乡	524	245	138	
凤仪乡	737	362	312	
沟口乡	967	465	459	
富顺乡	763	568	615	
东兴乡	469	348	327	
太平乡	553	473	328	
清平乡	800	573	359	
马槽乡	181	102	96	
白什乡	231	141	149	
镇西乡	312	183	167	
黑虎乡	346	145	142	
龙坪乡	126	41	39	
曲谷乡	333	149	95	
小北乡	279	124	157	
大姓乡	152	100	89	
乡合计	773 人	4019 人	3472 人	

第二表

区别	壮丁	学龄儿童		备考
		男	女	
第一区	2228	1072	909	
第二区	2997	2205	1874	

续表

区别	壮丁	学龄儿童		备考
		男	女	
第三区	1548	742	689	
区合计	6773 人	4019 人	3472 人	

附：前清人口统计

《茂州志·食货志》：道光十四年调查统计男妇共十一万一千四百一十六丁口。

叁．每户人口分配

民国二十五年十六区专员公署《茂县概况表》所载如左：

第一表

乡数＼户口	1	2	4	6	8	10	12	14	16	18	20
富村乡	26	279	241	95	20	5	1	2			
凤仪乡	48	414	337	119	45	13	3				1
沟口乡	41	321	406	201	77	13	10	1	1		
富顺乡	22	425	416	160	46	7	7	1			1
东兴乡	18	252	263	93	18	4		1	1		
太平乡	20	207	239	111	50	20	6	6			
清平乡	24	232	336	170	62	34	13	5	6	2	4
马槽乡	10	98	75	32	6	1					
白什乡	23	122	76	45	14	4			1		
镇西乡	16	168	178	82	20	4	3				
黑虎乡	17	129	138	63	23	8	2	1			
龙坪乡	17	81	38	18	5						
曲谷乡	11	162	106	29	4	1					
小北乡	17	113	100	35	16	7	1	1			
大姓乡	1	65	52	24	9	2					

第二表

区数＼户口	1	2	4	6	8	10	12	14	16	18	20
第一区	115	1020	984	415	142	31	14	3	1		1
第二区	118	1336	1405	611	196	70	26	13	8	2	5
第三区	79	718	612	251	77	22	6	2			
区合计	312 户	3074 户	3001 户	1277 户	415 户	123 户	46 户	18 户	9 户	2 户	6 户

补：四川省建设厅《川西北边区垦牧调查报告》

茂县有三万五千六百丁口，而马骡不足五百匹，牛不足二千五百头，平均每人得马骡 0.0131 匹，牛 0.062 头。

第十六区专员谢培筠《报告》：

本县现存番夷部落概况表

部落名称	首领姓名	沟寨数	户数	备考
大姓乡	王郎基		60 余户	已编保甲
曲谷乡	王国栋	12 寨	150 余户	同上
龙坪乡	杨国忠　王保	36 寨	200 余户	同上
小北乡	张元庆		200 余户	同上

官　制

壹. 县府组织

民国二十四年《四川省政府公报》所列如左：

职别	员额	备考
县长	1	
秘书	1	
科长	3	
科员	7	
警佐	1	
督学	2	
技士	2	
办事员	8	
雇员	12	
政警	18	
公役	20	

民国二十五年《川边季刊·屯区鸟瞰》：茂县县政府组织，亦比于内地，在县长下设秘书及司法、建教两科，县长兼保卫团团长，其余重要之地，则设置公安局，以分县府之劳，其性质近似现在施行之区署制。

贰. 俸给与办公费

民国二十四年八月《四川省政府公报》所载如左：

科目	年度概算数	月份概算数	备考
第一款县府经费	32，556，000	2，713，000	
第一项薪饷	28，116，000	2，343，000	

续表

科目	年度概算数	月份概算数	备考
第一目俸给	3，840，000	320，000	
第一节县长俸给	3，840，000	320，000	
第二目职员薪给	20，580，000	1，715，000	
第一节秘书	1，680，000	140，000	
第二节科长	4，320，000	360，000	三员，月各支一百二十元。
第三节科员	4，140，000	345，000	分二级：一级月支五十五元，二级月支四十五元。设一级三员，二级四员。
第四节警佐	840，000	70，000	一员。
第五节督学	1，920，000	160，000	二员，月各支八十元。
第六节技士	1，920，000	160，000	二员，月各支八十元。
第七节办事员	2，880，000	240，000	八员，月各支三十元。
第八节雇员	2，880，000	240，000	十二员，月各支二十元。
第三目饷项	3，696，000	308，000	
第一节政警	1，776，000	148，000	十八名，月各支八元。内设班长二名，月各支十元。并指定一名为队长，酌给津贴，由办公费开支。
第二节公役	1，920，000	160，000	二十名，月各支八元。
第二项办公费	3，000，000	250，000	办公费实支实报，但不得超过定额。
第一目文具			
第二目邮费			
第三目消耗			
第四目购置			
第五目杂费			
第三项特别费	1，440，000	120，000	县长因公特别开支，属之。
第一目			
合计	32，556，000	2，713，000	

叁. 土司

一、土司制度

民国二十五年《屯政纪要》：土司随辖地广狭、秩位高低，有宣慰司、宣抚司、长官司、副长官司、安抚司、巡检司等。土司之次为头人，一称总管，分辖若干寨。寨有寨首，职似乡长，役一乡约供奔走。另有管山，承土司命，经收境内烧碱、割漆、挖[①]药、狩猎各项山价。又有案牖，为土司司笔札，聘任之后，须报请该管长官备案。土舍为土司族人，亦役土兵听差，俨然贵族也。

二、土司沿革

《茂州志》所载如左：

静州长官司董先舒[②]，其先于唐开元间投诚授职。清康熙五年归诚，仍授原职，颁给印信号纸，住牧静州。

陇木长官司何从之[③]，其先杨文贵，于宋时随剿有功授职。明洪武四年颁给印信，清嘉庆[④]间土司杨翊随总兵何卿[⑤]征白草生番，著有劳绩，命改何姓。顺治九年投诚，康熙二十四年颁给印信号纸，住牧陇木。

岳希长官司坤琏，其先唐时归附。明洪武初颁给印信，天启间加授宣慰司。清顺治九年投诚，康熙五年颁给长官印信，乾隆三十二年颁给号纸，住牧岳希。

长宁安抚司苏朝栋，其先剿黑水三齐生番有功授职。清顺治九年投诚，住牧沙坝。

水草坪巡检土司苏国光[⑥]，于清康熙六年颁给印信号纸，住牧水草坪。

竹木坎副巡检土司孙应长，于明时归附，清康熙十九年改为副巡检土司，颁给号纸，无印信。职列阃外，住牧竹木坎。

牟托巡检土司温清近，其先燥沙[⑦]，唐时归附。清康熙七[⑧]年颁给印信，二十七年复给号纸。职列阃外，住牧牟托。

实大关副长官司官士铨，其先明时归附授职。清康熙十年投诚，颁给号纸，无印信，住牧实大关。

梭磨副长官司囊索加布，于雍正元年投诚，颁给印信号纸，住梭磨。乾隆五年[⑨]，杨曙不能抚驭番民，杨文秀等呈恳归流，详准，编户入州，土司裁去。

大定沙坝土千户苏尚荣，其先顺治时投诚授职，颁给号纸，无印信，住牧大定沙坝。

大姓土百户郁廷栋，原籍湖广，共先郁白吉，唐时归附，授长官司职。清顺治六年，郁孟贡[⑩]投诚，将唐时印信呈缴。康熙四十二年，郁鸣凤始授土百户职，颁给号纸，无印信，住牧大姓寨。

---

① 挖：原作“拕”，据附录《勘误表》改。
② 董先舒：乾隆《茂州志》作“董勤舒”，道光《茂州志》作“董光舒”。
③ 何从之：道光《茂州志》均作“何棠之”。
④ 清嘉庆：道光《茂州志》作“嘉靖”。按，以嘉靖为是。
⑤ 卿：原作“乡”，据附录《勘误表》改。
⑥ 苏国光：道光《茂州志》作“苏国珖”。
⑦ 燥沙：道光《茂州志》作“灿沙”。
⑧ 七：道光《茂州志》作“六”。
⑨ 乾隆五年：道光《茂州志》作“五十年”。
⑩ 郁孟贡：道光《茂州志》写作“郁孟贤”。

小姓土百户郁成龙，明时随征阿亚[①]诸番有功，授郁都长官司职，颁给印信。清顺治四年投诚，将明时印信呈缴。康熙三年改颁土百户号纸，无印信。住牧小姓寨。

松坪土百户韩朝升，原籍陕西，其先明末随征河西有功，授职，颁给印信号纸。清顺治四年投诚，将明末印信号纸呈缴。康熙四十三年颁给号纸，无印信。住牧松坪。

大姓黑水土百户郁玲，原籍湖广，其先明末随征山后诸番有功，授职，颁给号纸。清顺治四年投诚，将明末号纸呈缴。康熙五十四年，颁给土千户委牌。乾隆十九年，改给土百户委牌，无印信。住牧大姓黑水。

小姓黑水土百户郁启相，原籍湖广，其先郁从文，明末随征河西诸番有功，授都司职，后加参将职，颁给印信。清顺治四年投诚，将印信呈缴。康熙三年，颁给郁都[②]长官司。乾隆五年[③]，改颁土百户委牌，无印信。住牧小姓黑水寨。

三、土司直辖地面

《茂州志》所载如左：

静州长官司：东至大河陇木土司界四里，南至水磨沟二十里，西至三十[④]属核桃沟十里，北至三十[⑤]属巴珠沟二十五里。

陇木长官司：其地东至石泉县番[⑥]界四十里，南至三十[⑦]属曹木二十里，西至静州土司界四十里，北至山后界二十里。

岳希长官司：其地东至大江二里，南至牟托土司界二十五里，西至三十[⑧]属药沟十里，北至三十[⑨]属西[⑩]二里。

长宁安抚司：东至长宁十里，南至水草坪土司界二十里，西至三十[⑪]属龙坪十里，北至实大关三十里。

水草坪巡检土司：其地东至大江五里，南至竹木坎土司界十五里，西至三十[⑫]属二溪沟三十里，北至沙坝界十五里。

竹木坎副巡检土司：其地东至擦耳岩十五里，南至长安堡二十里，西至黑虎寨三十里，北至水草坪土司界五里。

牟托巡检土司：其地东至大河界二里，南至三十[⑬]属水磨沟二十里，西至三十[⑭]属

① 阿亚：道光《茂州志》作“河西”。
② 郁都：道光《茂州志》作“郁郎”。
③ 乾隆五年：道光《茂州志》作“乾隆五十一年”。
④ 三十：道光《茂州志》作“州”。
⑤ 三十：道光《茂州志》作“州”。
⑥ 番：据附录《勘误表》为衍字，当删。
⑦ 三十：道光《茂州志》作“州”。
⑧ 三十：道光《茂州志》作“州”。
⑨ 三十：道光《茂州志》作“州”。
⑩ 西：道光《茂州志》作“波西”。
⑪ 三十：道光《茂州志》作“州”。
⑫ 三十：道光《茂州志》作“州”。
⑬ 三十：道光《茂州志》作“州”。
⑭ 三十：道光《茂州志》作“州”。

斗族三十里，北至岳希土司界二十五里。

实大关副长官司：其地东至三十[①]属小牛寨五里，南至穆肃堡十里，西至大河大定堡十里。

梭磨副长官司：现已裁去。

大定沙坝土千户：其地东至叠溪营四十里，南至三十[②]属高黄寨十里，西至州属巴珠寨十里，北至三十[③]属小寨十里。

大姓土百户：其地东至石泉县小鱼肚界八十里，南至三十[④]属踏阳寨八十里，西至松坪土司界五十里，北至平番营属树底寨五十里。

小姓土百户：其地东至平番营属白草五十里，南至龙安营属番寨界九十里，西至三十[⑤]属小关子五十五里，北至牛尾巴四十五里。

松坪土百户：其地东至大姓白泥寨三十里，南至梭磨土司界五十里，西至松潘中营属七布寨八十里，北至平番营属红土坡九十里。

大姓黑水土百户：其地东至小姓梭多寨二十里，南至三十[⑥]属牙猪寨五十里，西至梭磨哭坝寨四十里，北至松坪大和尚寨五十里。

小姓黑水土百户：其地东至大黑水共鱼寨[⑦]三十里，南至三十[⑧]属二岔河三十里，西至松坪碉孤寨四十里，北至小姓鱼耳寨三十里。

四、土司种族

民国二十五年《屯政纪要》所载如左：

名称	种族	备考
静州长官司	羌族	
岳希长官司	同	
陇木长官司	同	
长宁安抚司	同	
水草坪巡检司	同	虚名
竹木坎巡检司	同	同
牟托巡检司	同	同
实大关副长官司	同	归流
大定堡土千户	西番	同

① 三十：道光《茂州志》作“州”。
② 三十：道光《茂州志》作“州”。
③ 三十：道光《茂州志》作“州”。
④ 三十：道光《茂州志》作“州”。
⑤ 三十：道光《茂州志》作“州”。
⑥ 三十：道光《茂州志》作“州”。
⑦ 寨：原作“塞”，据附录《勘误表》改。
⑧ 三十：道光《茂州志》作“州”。

续表

名称	种族	备考
松坪土百户	同	同
大姓土百户	同	同
小姓土百户	同	同
小黑水土百户	同	同
注附	备考中所述虚名与归流，系据茂县教育科科长顺载之《报告》	

五、土司现况

民国二十四年谢培筠《川西边事辑要》所载如左：

1. 静州长官司：董承恩，住牧静州，在茂城东北二里，管寨十二，每年向茂县政府纳粮，所有静州、山茶、山材、核桃沟、上关子、中寨等处，原归其管辖。

2. 岳希长官司：坤寿昌，住牧岳希，在茂城之西三里，管寨五，每年向茂县政府纳粮，所有水西、干沟、敦坪、头村、波西村、壳壳村等处，原归其管辖。

3. 陇木长官司：何九皋，其先杨翻，于明嘉靖间，随总兵何卿征白草番有功，何姓原管之赤土坡十二寨，已编户入县，现管罗打鼓、河东各寨，仍向政府纳粮税。

4. 长宁安抚司：土妇苏余氏，住沙坝，原管地段，东至长宁堡十里，南至水草坪二十里，西至龙坪十里，北至实大关三十里，辛圭各寨亦归其管辖，现编户入县，每年向县政府纳粮。

5. 水草坪巡检土司：苏朝选，住牧水草坪，管寨三，每年向县府纳粮。

6. 竹木坎巡检土司：孙有权，住牧竹木坎，其地东至擦耳岩十里，南至长宁堡二十里，西至黑虎寨三十里，北至水草坪五里，管寨三，每年向县政府纳粮。

7. 牟托巡检土司：土妇温李氏，住牧牟托，管寨三，每年向县政府纳粮。

8. 实大关副长官司：官正岐，住牧实大关，亦每年向县政府纳粮。

9. 大定沙坝土千户：苏百川，住大定沙坝，于清乾隆年间即已归州。

10. 松坪土百户：于清道光六年，由川督戴三锡奏准归州，其土职仍准世袭，今之大小和尚寨、百蜡寨、碉孤寨、峨独寨、水磨寨、火鸡寨、纯亦寨、麦什寨、牙骨寨等，为其旧管之寨落。

11. 大姓土百户：于清道光六年归州，其土职仍准世袭，今之石灰寨、葫芦寨、高黄寨、脊鱼寨、白泥寨、牛尾巴寨、磨刀湾等，为其旧管寨落。

12. 小姓土百户：于清道光六年归州，仍留土职世袭，今之梭多寨、木石寨、勒谷寨、龙池、折立寨、小寨子、鱼耳寨、三叉寨等，为其旧管寨落。

13. 小姓黑水土百户：于清道光六年归州，仍留土职世袭，今之水木寨、格必寨、色哪寨，为其旧管寨落。

按：茂属土司，或由土司上纳粮差，或以其人民编户入县，均留土职，准其世袭。以前优遇土属，可谓曲尽其道，而各土原管寨落无多，生产有限，彼辈不知奋发，寖即式微，在国家虽有准其世袭之例，实际就无可以承袭之人，名存实亡，可为一叹。茂属土司现况如何，具如上述。即其他屯土人口，日见减少，土地日就荒芜，亦都为事实。总理遗教有曰：扶助弱小民族，使之自决自治，此当事者之责也。至于茂属之白泥、鹅儿、连环、巴猪等寨，黑虎七族、三齐各番，或于明末投诚，或于清初归顺，早已侪于编氓，惟其习俗固陋，文化未开，亦宜注意及之。

民国二十五年《屯政纪要》：茂属之各土司，已完全无一，兵民所有田土，全招佃户耕种，名义虽为土司，实际在政治上已毫无特殊力量，与其人民，仅一主佃关系而已矣。

交　通

壹. 交通概况

民国二十四年《川西边事辑览・屯区交通纪要表》：茂县东由土门地方，通于绵竹、安县、北川等处，为食用品及边茶输入之要道，行旅众多，络绎不绝，往岁松茂商品，多由土门运至安县，凡二百八十里，改由小炭船又九十里运至绵竹，再由绵竹直达重庆，嗣因时局影响，不得已改道灌县，此后局势承平，商务发达，吾料其必复原状。诚能如此，则商务重心不在灌县，而在此间矣。南至威州九十里，北至叠溪一百二十里，皆沿岷江东岸而行。到叠溪一段，山高路险，每年常有人畜坠岩之事。已由屯殖督办署于山麓另开坦途，耗款约五万元而告成。惜于民国二十二年八月二十五日叠溪地震，继以积水崩溃，新路复毁，大可惜也。

贰. 道路

一、四大干路

民国二十四年《川边季刊・屯区鸟瞰》所述如左：

甲．茂灌路

由茂县南行九十里而至威州，再南四十里而至汶川，由此而东南行一百五十里达于灌县，沿途均傍岷江东岸而行，左山右河，随山势起伏，路宽约六尺至一丈，若险窄之处，亦有宽仅一二尺者。

附：茂灌路里程

民国二十四年《川西边事缉览・屯区交通纪要表》

地名	里数	备考
茂县	15	
宗渠	15	
石鼓	8	
白水村	12	

续表

地名	里数	备考
凤毛坪	10	
文镇	16	
青坡	11	
雁门	9	
威州	11	
七盘沟	19	
白鱼落	10	
汶川县	10	
飞沙关	8	
索桥	12	
桃关	10	
澈底关	10	
银杏坪	10	
兴文坪	10	
东界脑	10	
豆芽坪	10	
映秀湾	15	
银台观	15	
龙溪镇	6	
龙洞	11	
麻柳湾	5	
白沙	8	
灌县		

乙. 茂松路

由茂县北行一百二十里至于叠溪，再一百二十里至镇江关，再一百二十里至松潘县，沿途仍溯岷江而上，山势略与茂灌路相同，而寥落过之，叠溪一带，经震灾崩陷之后，道路危险尤甚，惟镇江以北，则山势开展，路径亦略见坦荡平直也。

附：茂松路里程

民国二十四年《川西边事辑要·屯区交通纪》：

地名	里数	备考
茂县	10	
石溜①沟	10	
渭门关	20	
沟口寨	10	
擦耳岩	15	
两河口	15	
实大关	10	
大定	10	
鹿子坪	5	
马脑顶	10	
小节子	5	
叠溪	10	
平羌沟	5	
沙湾	5	
普安	10	
太平	5	
永镇关	10	
平定关	15	
靖夷堡	20	
镇坪	10	
金瓶岩	10	
平夷堡	10	
格达坝	10	
镇江关	13	
北定关	17	
归化	20	
新塘关	20	
安顺关	20	
西宁关	10	
石河桥	10	
红花屯	10	
松潘县		

① 溜：道光《茂州志》作“榴”。

丙．茂色路

由茂县西行越岷山，溯江北行八十五里至沙坝，舍岷江折而西，溯黑水河行一百一十五里至色古耳，即理番属梭磨土司之地也，于此可北通草地，西通马河坝。

附：茂色路里程表

民国二十四年《川西边事辑览·屯区交通纪》列表如左：

地名	里数	备考
茂县	10	
镇夷堡	10	
椒园堡	5	
窄溪沟	15	
刁林沟	10	
松溪堡	10	
水草坪	20	
河坝	10	
龙坪	15	
卡渣	10	
杜家坪	10	
白溪寨	5	
杨隆坪	5	
苦地瓜子	5	
神树林	10	
色古耳		

丁．茂绵路

民国二十四年《川西边事辑览·屯区交通纪》列表如左：

地名	里数	备考
茂县	10	
夹山墩	20	
小关子	20	
甘沟	20	
土门	20	
关口	20	
大岩坪	20	
横梁子	20	

续表

地名	里数	备考
彭家包	20	
高川	20	
鹦哥嘴	10	
大石坝	20	
道喜沟	10	
月耳门	20	
睢水关	10	
福星场	15	
塘房	15	
绵竹		

二、各区道路

民国二十五年十六区专员谢培筠《茂县概况表》所列如左：

甲．第一区

1. 官道：a. 松灌路茂县段，南起青坡北至永镇，约二百三十里，最高坡为五十度，叠溪一段，足履梭沙，头蔽飞石，旁临海子，一片汪洋，险狭难行，匪可言喻。现虽修改，仍嫌不便，其余下经谷底各段，每年山洪暴发，路基冲毁，商旅非坐待水退，不能通行，常须巨款始能修复完善。b. 茂绵路茂县段，起治城至土地岭，约十五里，最高坡度为六十里[①]，较为宽大可行。

2. 小道：a. 起文镇经苏村、向阳坪、安乡、白水寨、壁立五村至小宗渠，约长三十五里，最高坡度为四十五度。b. 起渭门关经麦耳寨、日利村、碛渚、至沟口寨，约八里。

乙．第二区

1. 官道：a. 茂北路，自土地岭至北川县界约一百里，路较平坦，为本区由东至西必经之大道。b. 茂绵路，自土门南行，经观音梁子，山高坡陡，雾雨濛濛，咫尺之间，不辨人物，常为匪徒出入之地，再南行经大石坝，至安县所属之睢水关，分道可达安、绵两县治城。

2. 小道：a. 起神溪经磨拔三叉河，而至本县一区细口沟，约长八十里，去年红军由此陷茂城。b. 起土门至马槽，约长六十里，去年红军由此陷土门。c. 起土门至狐子顶约长五十里，分途可达安、北两县治城，常为盗匪出没之地。d. 起鹦哥嘴至安属之金鸡茶坪，常为匪徒出没之所。e. 起大坝之茜沟，越丝瓜架梁子，经桥皮山马厂至本

① 里：当为“度”。

县治城，长约二百里，往年土匪由此陷茂城。f. 由天池经丝瓜架梁子而抵什、绵交界之红白二场，长约四十里，常为匪徒出没之地。

丙. 第三区

本区接近夷地，概无大道，汉夷来往，必由小道。其较冲要者有四：a. 自岷江西岸桥头南行至棉箎及壳壳寨等处，俗称小南路，与茂灌路隔江相望。b. 自岷江西岸桥头北行，至娃地，约一百二十里，俗称小北路，为自茂入黑水夷地所必经，与松茂路隔江相望，最高坡度为七十度。c. 起大河坝经大地、五坡、耕读、百色，可达理番县属之龙溪寨，约长一百里，最高坡度为七十度。d. 起娃地，至黑钵寨等高山各寨，长约五六十里，最高坡度为五十度，梭沙处，行旅视为畏途，由此可绕道至黑水夷地。

叁. 邮电

一、邮务

甲、邮政路线

民国二十五年《屯政纪要》：原即由灌县经汶川、威州、茂县至于松潘，由茂县通绵竹。

乙、邮所

本会张化初编《五县三屯存稿》：县中设有三等邮局一所，其余大乡镇亦设有代办所焉。

二、电务

民国二十五年《屯政纪要》：二十三年设有茂绵线，只完成茂县至土门一段之电报，二十三年秋装置无线电十五瓦特之电一部。

肆. 运输

茂县教育科科长顺载之《报告》：运输之工具，限于人肩背运及驴骡马等之驮运两种，俱能载重一百三四十斤之谱，惟人背者仅能日行三四十里，不若牲口之日行七八十里或百余里。

在牲口之中驴运较慢，然甚稳妥；马运虽快，但往往失事；骡运则以其性驯，可兼快及慢，且亦稳当，为二者之不及。

又牲口之运输限于大道，若其他小道，则非人肩背不可，此又人运之所长者。

在番地中运输（县城西区等）亦可支公差，谓之支乌拉，向头人索取，与西康情形相同，唯西区一带，不当官道要冲，故其痛苦尚不十分严重。

民　政

壹. 本县等级

民二十四年《四川省政府公报》：茂县为二等县。

贰. 区划

一、过去之区划

茂县教育科科长顺载之《报告》：本县之区划系以东、西、南、北为标准，共分五大区。每区之中，又视面积之大小，分为若干小区。兹就其区分之详情，列表如次。

<table>
<tr><th>总名</th><th>区名</th><th>区内场镇及其位置</th><th>各场之集场期</th></tr>
<tr><td>中区</td><td>中区</td><td>即县城及其附近</td><td></td></tr>
<tr><td rowspan="5">东区</td><td>东一区</td><td>干沟（富顺场）</td><td>四、七、十</td></tr>
<tr><td>东二区</td><td>土门（东兴场）及桃坪（复兴场）</td><td>土门：三、六、九
桃坪：二、五、八</td></tr>
<tr><td>东三区</td><td>大坝</td><td></td></tr>
<tr><td>东四区</td><td>大石坝（太平场）</td><td>一、四、七</td></tr>
<tr><td>东五区</td><td>马槽场及白什场</td><td></td></tr>
<tr><td>南区</td><td>南区</td><td>县城之南路</td><td></td></tr>
<tr><td rowspan="4">西区</td><td>西一区</td><td>茂县城对岸</td><td></td></tr>
<tr><td>西二区</td><td>黑猫岩</td><td></td></tr>
<tr><td>西三区</td><td>三鸡岩</td><td></td></tr>
<tr><td>西四区</td><td>黑[①]獏猡岩</td><td></td></tr>
<tr><td rowspan="4">北区</td><td>北一区</td><td>由县城北至沟口岩</td><td></td></tr>
<tr><td>北二区</td><td>由沟口寨至实大关</td><td></td></tr>
<tr><td>北三区</td><td>叠溪沙湾地</td><td></td></tr>
<tr><td>北四区</td><td>实大关对岸沙坝地</td><td></td></tr>
</table>

① 黑：原作“里”，今据《勘误表》改。

二、现在之区划

民国二十五年《重庆人民日报·茂县通讯》：自从“匪患”平息，谢专员培筠，即将茂县全境，新划为三区，编连八十三保，择地置连堡办公处十处。兹列表以明其区划。

区名	区署地址	现任区长	备考
第一区	土门	龚国兴	土门在县城之东部
第二区	文镇	杨明让	文镇在县城之南部
第三区	大定堡	吴荣琦	大定堡在县城之北部

三、乡之划分

民国二十五年十六区专员公署《茂县概况表》，所列如左：

区名	乡名	备考
第一区	富村乡	
	凤仪乡	
	沟口乡	
第二区	富顺乡	
	东兴乡	
	太平乡	
	清平乡	
	马槽乡	
	白什乡	
第三区	镇西乡	
	黑虎乡	
	龙坪乡	
	曲谷乡	
	小北乡	
	大姓乡	

司　法

壹. 司法机关

民国二十五年《屯政纪要》：由县政府兼理之。

贰. 司法规程

民国二十五年《屯政纪要》：民、刑上诉案件受法院管辖，至刑事诉讼审限规程，限期讯判，按月列表呈报屯署考核，规定婚姻、继承、经界等。

叁. 讼费

民国二十五年《屯政纪要》：凡非以财产价额计算之案件，每案只征讼费一元，财产案件二百元以下征一元，二百元以上，每五百元递加一元计算征收，贫无资力者之诉讼案件，准由其邻右证明，确切不虚，得免征讼费。

财　政

壹. 收入

一、收入总额

民国二十五年《屯政纪要》：民国二十三年，茂县财政局预算，全年粮、契、肉、杂等税收入计2100，000元。

二、赋税

民国二十五年四川财政厅《茂县调查表》，所列如左：

1. 粮税：全县粮额一千零八十石（一石即条粮一两），每两正税一元七角六仙正，附加票费一角五仙正。

2. 契税：契税约共四百余元。

3. 肉税：肉税约共五百余元。

4. 牙税：牙税约共四十余元。

民国二十五年十六区专员公署《茂县概况表》：

第一表

乡别	粮额	备考
富村乡	44，499	
凤仪乡	30，835	
沟口乡	29，452	
富顺乡	46，547	
东兴乡	25，058	
太平乡	5，180	
清平乡	4，902	
马槽乡	11，680	
白什乡	14，200	
镇西乡	24，051	

续表

乡别	粮额	备考
黑虎乡	16，659	
龙平乡①	11，600	
曲谷乡	14，572	
小北乡	1，540	
大姓乡	0，450	
乡合计	281，225（旧石）	

第二表

区别	粮额	备考
第一区	104，786	
第二区	107，567	
第三区	68，872	
区合计	281，225（旧石）	

按，“粮额”一项，据廒册为780营造石，农民以多报少，才及百分三六强之确度。

贰．支出

一、县府经费

民国二十四年八月《四川省政府公报》：茂县为二等县，“县府经费支付概算表”，月份概算数为271，300元，年度概算数为3，255，600元。

二、叠溪公安局经费

民国二十五年《屯政纪要》：二十八军屯署，二十四年度《叠溪公安局经费支付预算表》月份计15，000元，年度计180，000元。

三、管狱员经费

民国二十五年《屯政纪要》：二十八军屯署，二十四年度《茂县管狱员经费支付预算表》，每月计54元，全年计648元。

① 龙平乡：当为“龙坪乡”。

四、财政局经费

未详。

五、无线电台经费

民国二十五年《屯政纪要》：二十八军屯署，二十四年度《茂县无线电台经费支付预算表》，每月计29，000元，全年计348，000元。

附：前清税课

《茂州志》所列如左：

一、田赋：在嘉庆九年，查原载及垦输山地，估种共一千八百五十石七斗七升二合七勺，每种一石，征丁粮银二钱九分五厘五毫四丝三忽八微三尘五纤。现丁粮银五百四十六两八钱六分六厘四毫六丝五忽七微六尘九沙八渺。遇闰加征，每两征银一分七厘五毫八丝二忽三微七尘九纤一沙二渺。余外尚有里虎七族、墨斗、三齐等寨，亦各认缴粮若干。

二、税课：现征盐税银一百二十二两八钱五分二厘四毫，共引四百五十一张。盐税归于地丁，汉羌一体，照粮均摊。

三、茶课税银：雍正八年，认销名山县边引三十张，又行销边引七百六十一张，共引七百九十一张。每张榷课一钱二分五厘，共榷课银九十八两八钱七分五厘；每张征税银四钱七分二厘，共征税银三百七十三两三钱五分二厘。

四、现征磨税百十三座：每座榷课银二钱四分，共课税银二十七两二钱四分。

五、现征牙行银十一两。

六、田房税契尽征尽解。

叁. 货币

一、茂县币制之现在及过去概况

民国二十五年《川边季刊》二卷二期：茂县货币，过去市面通行者，主币概系硬洋，有龙元、川元、湖北造、粤东版等之别，继后人民多使用中山银版，辅币则有当二百之新旧铜元，与作二百用之当十、当五十、当百之小铜元，当十、当二十者，须红铜有龙者方用，至于小钱，几乎绝种。昨前两年，县中间发现四十五军之粮券，然市面无人使用，仅以抵纳粮税而已。去岁突遭“赤匪”[①] 之患，县中银币被“赤匪”掳劫一空，而人民又携带现银出外逃难，以致县城收复，市面金融枯窘，交易大感恐慌。嗣中央颁布收回硬币，使用法币明令，茂县政府与茂商人、回籍“难民”，多将一般法币，尽量携入，于是市面交易，始呈活动。后虽曾经奸商暗中散播流言，破坏法币，抬高硬币，中间曾一度酿起乡民歧视法币之风潮，然经县府严厉出示查禁，不久人民即已明白

① 赤匪：原作者站在当时国民政府的错误政治立场，故有此诬蔑不实之论，读者勿受其误导。下同。

重视法币之意义。现在茂县法币，已能推行顺利，且一般硬币生洋，流行于市面，反无人使用，然因人民畏拒使用。于是市面硬币之发现，乃日加多，盖一般保藏硬币者，闻政府已下令停止使用硬币，深虞往外县亦无人使用，于是不敢久存，纷纷向市面流通，且以硬币中既多发现伪币，又以种类纷歧，携带笨重，亦无人掉换硬币矣。

二、番地之货币代替品

张化初《五县三屯访查记》：在番民地方，尚多有古代以物易以[①]物之风。番民需用品，以茶为大宗。故茶在番地，不特为重要商品，且成为各项交品之媒介，其用有如货币。商人及旅行者到番地携带有茶，则随处可以兑换货物或换食物，此番地货币情形之大略也。

肆. 各区金融情形

民国二十五年十六区专员公署《茂县概况表》：在第一区，金融极端枯窘，借款者，虽称月息五六分，以红契作抵，亦不易觅得放款人。至第二区中，金融亦异常枯窘，借贷不易，各地虽零星借款，其利率均在月息五六分左右，亦有以粮借贷者，每于青黄不接，借粮一斗秋收则偿还二斗五升，折合价亦五分左右。又第三区借贷利率，通以六分为最高，三分为低，借款不易。

---

① 以：《勘误表》指为衍字。

教　育

壹. 一般教育概况

民国二十五年《川边季刊》二卷一期：茂县在未遭战患以前，县中有初中二所，师范校一所，平民学校十余所，公立小学二十余所，私立小学三十余所，共计五十余所，学生千余人。留省垣者二十余人，多入高中大学卒业。后在社会上服务者，亦数十人。小学以县立第一、第二、第三三校为年代最久，成绩最优者，卒业已二十余班。自遭此次“赤匪”后，青年学子，因贫未逃出被“匪”拉去者，约百余人。现在留省学生，亦以家产丧失，无法升学，虽政府有免费之优例，然大半多奔驰生活、整理田园，或经商，或回籍，或在社会服务，故全县现在数百青年儿童，因校舍焚毁，学款破产，咸断绝吟诵，完全失学，日夕流浪市井，无所事事。

民国二十五年《四川月报》九卷二期《大陆社调查表》：

县别	高初小学	学生人数	经费
茂县	26	781	3，200

民国二十五年《屯政纪要》附《沙坝边民学校全年支付预算书》：

科目	每月支付预算数	全年支付预算数	备考
第一款本校经费	170，000	2040，000	
第一项薪俸	74，000	888，000	
第一目校长	22，000	260，000	校长一员，月支如上数。
第二目教员	28，000	336，000	教员二员，月各支十四元，合支如上数。
第三目教员兼庶务	12，000	144，000	教员兼庶务一员，月支如上数。
第四目文牍兼书记	12，000	144，000	文牍兼书记一员，月支如上数。
第二项教职员伙食	30，000	360，000	校长及教员共五名，月支伙食六元，合支如上数。
第三项学生伙食津贴	54，000	648，000	学生三十名，每月支伙食津贴一元五角，合支如上数。至寒假存余之款，即移购书籍。

续表

科目	每月支付预算数	全年支付预算数	备考
第四项校役工资	14，000	168，000	校役二名，月各支工资洋五元，伙食各二员，合支如上数。
第五项杂支	7，000	84，000	
第一目油亮	3，000	36，000	
第二目笔墨纸张	2，000	24，000	
第三目茶水	1，000	12，000	
第四目零星杂支	1，000	12，000	
合计	170，000	2040，000	
说明	一、本表以元为单位。 一、本校经费全年系以十二月计算，所有教职员薪水均极微薄，故在寒暑假期仍照常支给薪水，用以津贴教职员来往旅费。 一、本表第三项所列学生伙食津贴费，在寒暑假结存之款，即移作购书籍。		

贰．学校教育

一、小学校

民国二十五年十六区专员公署《茂县概况表》：第一区：a．青坡一所，学产三百公亩，每月开支十一元；b．凤毛坪一所，学产一百五十公亩，每月开支十二元；c．别立五村中寨一所，学产三百公亩，基金十五元，每月开支十元；d．宗渠一所，学产四百五十公亩，每月开支十五元；e．治城内现有民众学校一所，短期小学校一所，学款由县财委会教育经费内支拨。

第二区：a．干沟原有初小十三所，高小一所，经费已停；b．土门原有初小二所，高小一所，经“匪”[①] 亦停；c．大石坝因“匪”未达到，现有初小十三所，每所校长兼教员一员，年薪约八十元，经费多由斗称及不动产而来，开支尚能相抵；d．大坝现有初小二所，经费亦由斗称及不动产开支，差可支持；e．马槽与白什各有小学一所，经费多由募集，与斗称供用。

第三区，未经“匪”前，沙坝庙有边民学校一所，意在引起夷民子弟来学，经“匪乱”停办，今全区无一小学，特由县府筹办小学五所，分设于各联保，以应急要之需。

二、私塾

民国二十五年十六区专员公署《茂县概况表》：第一区安乡碛有[②]私塾一所，年用一百二十元，学款由当地筹办。

---

① “匪”：此乃原作者站在国民党反动立场对红军的诬蔑之词，前文已注。

② 有：原作“渚”，今据《勘误表》改。

第二区，大坝有私塾二所，年开支约一百六十元。

叁. 社会教育

民国二十五年《屯政纪要》：一般民众，富者饱食终日，优游岁月；贫者汲汲生计，以竟残年，亟待拯救。屯署乃于民国十八年饬令各县屯成立民众阅报室，购置日报、杂志，设通俗讲演所等，以开风气，并于茂县城设立图书馆一所。（按：图书馆现已废）

警　团

民国二十五年四川保安处《茂县调查表》所载如左：

一、保安机关之组织及其概况：保安机关系设立于专员驻在地而成立，乙种大队部直辖二中队，编制完善，以一队出外担任游击，一队尚在训练期中。

二、保安经费概数及其来源：全年各项杂粮，在未经“赤匪”烧杀以前，可收得银一千余元，现在全赖保安处拨款补助。

三、保安队枪支概数：保安队所有枪械遭“匪患”后，仅余五十六支，子弹一千二百余发，其他枪弹，皆系借用，而民间枪支亦少，尚无统计。

四、枪支统计：民国二十五年十六区专员公署《茂县概况表》所列如左。

第一表

枪支 乡别	马枪	步枪	备考
富村乡			
凤仪乡			
沟口乡	1	10	
富顺乡	3	28	
东兴乡	2	5	
太平乡		1	
清平乡	4	17	
马槽乡			
白什乡			
镇西乡		1	
黑虎乡		2	
龙平乡	1		
曲谷乡		2	
小北乡		39	
大姓乡		17	
乡合计	11 支	142 支	

第二表

枪支 乡别	马枪	步枪	备考
第一区	1	10	
第二区	9	51	
第三区	1	81	
区合计	11 支	142 支	

储　蓄

民国二十五年《四川民政厅调查》：本年五月曾配发赈款一万二千元正。

民国二十五年《川边季刊》二卷一期：县境“收复”后，赈务特派员柯醒华同县长沙铁帆回县发给赈款，视“受灾”轻重情形，分四等放赈：甲等每户二十元，乙等每户十五元，丙等每户十元，丁等每户五元。

附：省赈会办理茂县灾赈经过

民国二十五年《川边季刊》二卷一期：茂县自遭“匪”陷后，民众“痛苦万分”，省赈会尤为注视，该会函省政府详述其办理赈灾经过，略称查茂县前被兵灾，本会业经配拨赈款在案，兹将拨款数目及赈济办法详述于下。计拨发茂县赈款三千二百元，令饬与行营拨给之赈款八千四百五十元，混合办理。以五千元购买麦种，三千元购买耕牛。其余三千六百五十元，即以补助居民建立房舍之用。据该县长报称，已分别购放。

垦　务

一、垦荒概况

民国二十五年十六区专员公署《茂县概况表》所载如左：

第一区：本区可垦荒地，土质尚佳，堪以农作，惟多在半山，倾斜较急，依傍岷江山谷之居民，及松灌路茂县段距离均较远，若由民间私人开垦，人力财力，两俱不足，如有外地投资集团垦殖，必能收益。其可垦区域较大者，则有：

1. 文镇，后山公生荒地约四百九十亩。
2. 安乡，后山公生荒地约七百一十亩。
3. 别立五村，后山公生荒地约一千二百亩。
4. 道财主，后山木耳梁子公生荒地约五百亩。

第二区：各地公生荒地，多风沙壤土质，估计现耕农地，不及生荒面积十分之一二，以民间人力、财力不足，实未有从事开垦之企图。

第三区：荒地散在耕读、白色、坝地、五坡、水草坪、落多寨、苏家坪、椒子坪、五陵池等地，约四千余亩，均系生荒，土质多沙质土壤。

二、荒地面积

民国二十五年十六区专员公署《茂县概况表》所载如左：

第一区荒地面积：富村乡计 10444 公亩，沟口乡计 6144 公亩，本区合计为 16588 公亩。

第二区荒地面积：富顺乡计 18290 公亩，东兴乡计 16265 公亩，太平乡计 4615 公亩，清平乡计 6430 公亩，马槽乡计 8315 公亩，白什乡计 10975 公亩，本区合计 64890 公亩。

第三区荒地面积：镇西乡计 0 亩，黑虎乡计 10800 公亩，龙坪乡计 14600 公亩，曲谷乡计 500 公亩，本区合计为 159000 公亩。又全县合计荒地为 107378 公亩。

三、致荒原因

茂县教育科科长顺载之《报告》：荒地在茂县境者并不多，岷江东岸尤少，垦种荒地，多植花椒，因其不怕干，而且种在此生地中尤佳。

荒地分官荒与私荒两种，官荒可租或售与人民，租时头数年间不纳租，待有良好收获时，始行起租。

近年以不景气，使民荒增加，在汉人做佃农或自耕农者，往往弃地他走，以所度为十分艰难生活，一年汗力收获，不能保暖衣食。考其原因，多为日用需要品，概由外间输入，政府提高税率，物价增高，而出口之花椒、烟及哨[①]碱，又复抽取高税，农民买进卖出，俱大受影响，故弃地而逃。或缩减经营田土，以期减少人工粪草租税，又政府常巧立名目，征收苛捐杂税，亦病农之主因也。在番地年来熟荒，亦逐渐增加，如沙坝以前番户居此者，有二三千户，现已陈空败之象，有每寨仅余二三户者。番民男子嗜吸鸦片，好逸恶劳，不事[②]耕种。故人口逐渐减少，人口日就荒芜。但因番民强悍，政府无力管辖，汉人惧其骚扰，亦不愿前去垦殖耕种，遂使有用之地皆抛弃也。

补：四川建设厅《西北垦牧调查报告》

由雁门至茂县土地利用百分比表

地点	方向	距离（里）	共行时间（分）	海拔高（公尺）	户数	石质	土壤	土地利用百分比						备考
								田	土	坡	山	荒	林	
雁门				1775		石灰片岩		0						
青坡	东	15	92	1280	10	同前	黄砾土	0	0	5	25	70	0	灌木亦罕有
山神庙	北60东	5	35	1305	15	同前	黄壤土	0	0	15	15	70	0	野草亦不茂
汶镇	北33东	65	41	1355	15	同前	同前	0	0	20	10	70	0	过小溪
凤毛坪	北25东	9	54	1330	12	同前	同前	0	5	10	15	70	0	有黄岭大树六株立境地
独角龙门	北60东	7	42	1330	2	同前	沙砾土	0	0	0	10	80	0	对河为斗簇
白水村	北60东	75	45	1415	40	同前	碎砾壤土	0	10	20	20	60	0	村前过一溪对岸为棉簇
石鼓	北30东	10	60	1440	16	火炭岩	同前	0	15	10	40	30	5	
大坪	北40东	45	28	1380	1	石灰岩片	褐砾土	0	20	5	15	60	0	
犁湾沱	北40东	15	9	1400	3	同前	同前	0	10	20	15	65	0	
小宗渠	北30东	5	30	1395	4	同前	同前	0	5	5	20	70	0	
大宗渠	北28东	45	28	1425	48	同前	同前	0	15	5	40	40	0	
面沟	北30东	45	28	1415	7	同前	黄砾土	0	10	10	30	50	0	山坡倾斜度60至80度
马连坪	南80东	5	32	1435	18	分化片岩	灰砾土	0	0	10	40	50	0	
茂县城	北25东	5	30	1470	280	火山灰岩	同前	0	30	20	30	20	0	
共计		90	554		471			0	120	155	325	795	5	
平均								0	8.6	11.1	23.2	56.8	0.3	

① 哨：当为“硝”。
② 事：原作“是”，今据《勘误表》改。

（1）茂县至雍正土地利用百分比表

地点	方向	距离（里）	共行时间分	海拔高（公尺）	户数	岩石	土壤	土地利用百分比						备考
								田	土	坡	山	荒	林	
茂县城				1470				0	30	20	30	20	0	
塔水墩	北5西	5	30	1470	8	片麻岩	黄砾土	0	5	5	40	50	0	
燕耳岩	北30西	4	25	1525	4	同前	同前	0	5	5	20	70	0	花椒颇盛
石榴沟	北40西	5	30	1505	5	同前	同前	0	5	0	25	70	0	有花椒坡
木关	北40西	10	60	1520	12	同前	同前	0	10	5	25	60	0	
小沙湾	北80西	10	60	1525	2	同前	黑砾土	0	0	5	10	85	0	
沟口寨	北50西	5	30	1515	10	同前	沙砾土	0	0	10	5	80	0	
花红崖	北60西	7.5	45	1525	2	片岩	灰砾土	0	0	0	20	80	0	
擦耳崖	北60西	2.5	15	1580	4	同前	黑砾土	0	0	0	10	90	0	
窝窝店	北40西	2.5	15	1595	1	同前	同前	0	0	5	0	95	0	山坡倾斜度约为百分之九十五
浅沟	北10西	7.5	45	1595	5	片麻岩	沙砾土	0	5	10	0	85	0	
长宁	北50西	3.5	5	1605	5	同前	同前	0	0	0	0	100	0	
两河口	北55西	0.8	48	1620	2	同前	同前	0	0	0	0	100	0	西为黑水河北为松潘河
苜蓿铺	正北	9	54	1630	8	同前	黑砾土	0	0	0	10	80	0	
烟灯铺	北15西	6	38	1725	3	片岩	黄砾土	0	0	0	15	80	5	
实人关	北10西	6	36	700	20	石英岩片	灰砾土	0	10	0	5	85	0	
大店	北20西	10	60	1770	12	片石页岩	同前	0	0	0	15	75	10	
鸡子坪	北10西	8	50	1860	4	同前	褐砾土	0	8	12	5	75	0	熟荒颇多
马落坡	北	3	24	2060	3	同前	同前	0	5	15	5	75	0	同前
石门坎	北10西	3	20	2060	3	同前	同前	0	5	15	0	80	0	
水沟子	北	3	18	280	24	石片灰岩	同前	0	10	5	15	70	0	
黄草坪	北10西	4	48	48	2215	二	同前	0	10	10	5	65	10	曲西境大湾
小嗣子	北20西	2	18	2345	2	青石片岩	黄沙土	0	0	0	0	95	5	山坡倾斜度约七十度
黄土梁	北5西	3	24	2225	4	同前	黄土	0	10	5	0	80	5	
较场坝	北15西	6	66	2235	28	同前	同前	0	20	5	5	65	5	有赤铁矿
五盘子	北60东	5	35	2135	1	同前	砾及磐石	0	0	0	0	90	10	
平羌沟	北50东	5	30	2140	6	分化片麻岩	砾土	0	0	10	5	75	10	
高坡上	北35东	5	30	2140	2	同前	黄土及砾土	0	0	10	5	80	5	
猴儿寨	北20东	3.5	21	2140	5	同前	同前	0	0	10	10	70	10	

续表

地点	方向	距离（里）	共行时间分	海拔高（公尺）	户数	岩石	土壤	土地利用百分比						备考
								田	土	坡	山	荒	林	
普安	北5东	6.5	39	2150	8	青石片岩	黄砾土	0	0	10	5	75	10	
水晶岩	北15东	2.5	15	2150	0	同前	同前	0	0	0	30	70	0	
一碗水	北15东	3	22	2160	2	片岩	同前	0	5	10	5	70	10	自此登陡坡
太坪	北30东	3	21	2195	26	同前	同前	0	10	10	10	60	10	
雍正	北5东	4	24	2235	5	石英岩片	褐砾土	0	5	5	0	75	5	
共计		171	101		228		34（处）	0	158	207	345	2580	110	
平均									4.7	6.1	10.1	75.9	3.2	

物　产

壹. 农产

一、主要作物

民国二十五年十六区专员公署《茂县概况表》：

第一表

作物 乡别	玉麦	小麦	青稞	马铃薯	荞麦	青大豆	黄大豆
富村乡	3985	180			33	8	231
凤仪乡	3403	135			108		85
沟口乡	4429	99	261	6207	84		31
富顺乡	2881	396	14		122	199	25
东兴乡	808	180		176	51	20	72
太平乡	2078	10					74
清平乡	4080	144				1	216
马槽乡	707	43			21	9	22
白什乡	774	48			32	7	24
镇西乡	2691	85			45		
黑虎乡	1212	2	621	3402	81		
龙平乡	633		447	17904			
曲谷乡	1205	11	1273	224567	34		
小北乡	490	91	336	53700	1	2	
大姓乡	212		408		50		
乡合计	29585 公石	1424 公石	3460 公石	307550 公斤	662 公石	246 公石	780 公石

第二表

乡别＼作物	玉麦	小麦	青稞	马铃薯	荞麦	青大豆	黄大豆
第一区	11817	414	261	6207	225	8	347
第二区	11325	821	14	1751	226	236	433
第三区	6442	189	3185	299582	211	2	
区合计	29585 公石	1424 公石	3460 公石	307550 公斤	662 公石	246 公石	780 公石

按：主要作物收获量，系指本年度而言，就全县现有耕地平均计，每公亩约收 635 公升强。

附：茂县花椒产销概况

民国二十四年《川边季刊》二卷二期《茂县通讯》：

茂县周围皆山，土质硗薄，气候酷寒，故稻米等农作物，皆不甚产。而唯一特产，则推药材。此外次于药材者，常以花椒为大宗，年产量在千五百余担以上，运销灌县、安县各地，转运川中各县，供给人民日用。近来县中一般富绅财主，靡不以其岁能收获若干担花椒以为衡，如张某、刘某、黄某、王某等。年收花椒均数十石至百余石以外，此其最著者，其他尚有年收获数担，十数担之椒户，未可胜计。栽花椒之地，概属荒山，土性燥烁，最宜种植，而茂县风大，椒树枝干坚韧，性颇耐吹，一经播种生苗后，每窝数十株，然后分栽，四五株为一行，三年以后，椒树高至二尺或五尺，即能结实。至春暮夏初之际，乃雇人工耘锄二次（半年一次，多在废历三月之时），芟去树旁之杂草，培以厚土，浇以肥料，耘工日资约一角五仙，伙食在外，需工多少，又视椒树之多少为断。每至夏末秋初，满山朱实，红霞斗簇，则椒实已熟。于是雇工采摘，应雇者以妇女为最多。以其时小春已获，大春未收，农妇贫苦者多，藉余暇以获微细工资，添补简单生活。摘椒一斤，给资四百至六百，每日每人摘取至多不过十五六斤，亦能挣钱五六串。采时人挂一袋，头顶一巾，手攀有刺之枝条，细采麻性之椒实，不特呼吸、皮肤感受强烈刺激之痛苦，而在炎炎赤日下，身如火炙，遍体汗流，可谓极苦。故椒户对于雇工，午膳例须馈肉，否则招待不善，采摘不净，斤数收入必差也。如能收获百担之椒，则需雇工五六十名，经十余日，始可采完。花椒采摘后之工作，最要者则为日晒，如连遇大晴，三日后即干，如是则质色最佳；反之无有晴天，或遇梅雨，以致晾露阴干，则质劣色暗，有恶臭无香味，出售鲜人过问，不能得善价矣。至中秋之月，南路（郫灌）东路（安绵）两批椒商，纷纷来茂收买，每担可售洋六十元至八十元，视市价涨落为定。起运时，仅每石纳洋一元，运至外县，每斤价一元五至二元。花椒晒干后，须用风簸机飏去其黑子，椒子亦能得善价。故椒户每担椒，除人工口食资用外，可获纯利五十元。茂县之富绅财主，岁得椒资之滋润，不可谓不丰厚矣。故前年政府拍卖公地，承买者颇多，县城回龙山与龙洞溪等一带荒山，现均遍栽椒树。故所有之椒区，则属于南路各山坡与岷江对岸水西、波西诸村。西路亦有椒区，然甚少。东路则因土质多虫害，三五年后，椒树根腐坏，遂致干枯。然东路干沟、土门一带荒山尚多，若能研究虫害学，考察土性，植椒与改植森林，均无不可。

二、副产物

民国二十五年十六区专员公署《茂县[①]概况表》所载如左：

第一区：本区各地均产花红、梨子、葡萄、李、杏、核桃等，多系农家随意培植，并无果园经营，故产量不多，只能零星出售，其水果糖质与水分均嫌不足，故香味欠佳。干果如核桃，较为优良。花椒为本区主要副产，多以园林培植，每年约产二万余斤，每斤价五六角，多运销安、绵等县，其品质味麻、香薄，与藏椒相反。

第二区：本区各地所产水果，其种类品质培植，亦与第一区相同。此外则农家多招养野蜂，割蜜出售，蜜质尚佳，外地商人来此收买者不少。

第三区：本区核桃产量较一、二区两区为丰，年产约达一万六千斤，花椒产量较少，只二千斤左右。

三、耕地面积

民国二十五年十六区专员公署《茂县概况表》：

第一表

农别 乡别	自耕农	半自耕农	佃农	乡合计面积
富村乡	27010 公亩	60690 公亩	13990 公亩	101790 公亩
凤仪乡	7910 公亩	7385 公亩	7360 公亩	22655 公亩
沟口乡	15105 公亩	25500 公亩	1495 公亩	43000 公亩
富顺乡	26710 公亩	9700 公亩	5160 公亩	41570 公亩
东兴乡	10210 公亩	2500 公亩	1645 公亩	14355 公亩
太平乡	2400 公亩	10000 公亩	17800 公亩	30200 公亩
清平乡	22075 公亩	12145 公亩	15000 公亩	49220 公亩
马槽乡	7880 公亩	255 公亩	2925 公亩	11060 公亩
白什乡	7890 公亩	640 公亩	4015 公亩	12545 公亩
镇西乡	9665 公亩	9515 公亩	2195 公亩	21275 公亩
黑虎乡	24560 公亩	2220 公亩	780 公亩	27560 公亩
龙坪乡	18820 公亩	1850 公亩	1540 公亩	22210 公亩
曲谷乡	123540 公亩	2130 公亩	780 公亩	126430 公亩
小北乡	15900 公亩	3130 公亩	2250 公亩	21280 公亩
大姓乡	25850 公亩			25850 公亩
全县合计	345525 公亩	147660 公亩	76315 公亩	569550 公亩

① 县：原脱。按，下文均作《茂县概况表》，据补。

第二表

区别 \ 农别	自耕农	半自耕农	佃农	区合计面积
第一区	50025 公亩	93575 公亩	22245 公亩	165845 公亩
第二区	77165 公亩	35240 公亩	46545 公亩	158950 公亩
第三区	218335 公亩	18845 公亩	7525 公亩	244705 公亩
全县合计	345525 公亩	147660 公亩	76315 公亩	569500 公亩

四、租佃关系

民国二十五年十六区专员公署《茂县概况表》：

第一表

乡别 \ 种类	纳租纳押	伙分	干租	重押轻租
富村乡	144	65	49	15
凤仪乡	183	27	116	1
沟口乡	44	14	38	25
富顺乡	211	63	15	9
东兴乡	94	4	12	2
太平乡	28	45	302	1
清平乡	117	87	192	5
马槽乡	13	40	7	3
白什乡	41	28	14	2
镇西乡	78	5	100	3
黑虎乡	21	19	17	8
龙坪乡	6	8	14	
曲谷乡	1	12	1	
小北乡	45	1	21	12
大姓乡				
各乡合计	1026 户	418 户	898 户	87 户

第二表

种类 区别	纳租纳押	伙分	干租	重押轻租
第一区	371	106	203	42
第二区	504	267	542	22
第三区	151	45	153	23
三区合计	1026 户	418 户	893 户	87 户

按租佃关系，一项之总户数与职业，一项中佃农、半自耕农。两目之统计户数均为2429之相等户数，实占全县农家总户数7121之百分三四强。其纳租纳押一目，系指谷租钱押兼纳者而言，计1021户，占2429户之百分四二强，实为全县最普遍之租佃制度。其伙分一目，即两户半①耕农平分收获之，临时自由结合，略似租佃，实无契约关系。其干租一目，多因无力纳押，抵纳租谷，致较他目租额为重，重押轻租，即类似典当性质，多因地主急需，佃户又其有相当财力，屡次加押，租额递减，致成地主无力赎回业权，暗暗移转之倾向。

五、每亩租押额

甲. 租额

民国二十五年十六区专员公署《茂县概况表》：

种类 乡别	最高（公斗）	最低（公斗）	普通（公斗）	备考
富村乡	0，539	0，001	0，003	
凤仪乡	1，036	0，016	0，414	
沟口乡	1，36	0，001	0，124	
富顺乡	0，518	0，005	0，021	
东兴乡	0，207	0，003	0，016	
太平乡	0，570	0，006	0，207	
清平乡	0，828	0，003	0，259	
马槽乡	0，207	0，021	0，176	
白什乡	0，311	0，031	0，207	
镇西乡	1，036	0，207	0，414	
黑虎乡	0，414	0，001	0，104	
龙坪乡	0，362	0，001	0，041	
曲谷乡				

① 半：原作“伴”，今据《勘误表》改。

续表

种类 乡别	最高（公斗）	最低（公斗）	普通（公斗）	备考
小北乡	0，204	0，003	0，083	
大姓乡				

乙．押额

民国二十五年十六区专员公署《茂县概况表》：

种类 乡别	最高（元）	最低（元）	普通（元）	备考
富村乡	2，3	0，025	0，12	
凤仪乡	1，4	0，05	0，2	
沟口乡	3，7	0，1	0，35	
富顺乡	4，	0，2	1，00	
东兴乡	3，	0，14	1，00	
太平乡	0，5	0，09	0，18	
清平乡	0，8	0，04	0，17	
马槽乡	0，4	0，1	0，25	
白什乡	0，85	0，05	0，2	
镇西乡	3，0	0，1	0，75	
黑虎乡	0，2	0，06	0，1	
龙坪乡	0，18	0，05	0，1	
曲谷乡				
小北乡	1，20	0，05	0，33	
大姓乡				

按：每亩租押额一项，最高租额，多于干租情形见之；最低租押额，多于重押轻租情形见之；普通租额，多于押租兼纳情形见之。其最高押额多于重押轻租情形见之，最低押额多于租押兼纳之情形见之，普通押额亦多于租押兼纳情形见之。

六、契约存失

民国二十五年十六区专员公署《茂县概况表》：

第一表

乡别	存	失	备考
富村乡	44	368	
凤仪乡	27	287	

续表

乡别	存	失	备考
沟口乡	90	806	
富顺乡	108	792	
东兴乡	33	503	
太平乡	101	231	
清平乡	89	500	
马槽乡	34	116	
白什乡	16	159	
镇西乡	105	279	
黑虎乡	13	330	
龙坪乡		142	
曲谷乡	31	277	
小北乡	1	255	
大姓乡		153	
乡合计	692 户	5198 户	

第二表

区别	存	失	备考
第一区	161	1461	
第二区	381	2301	
第三区	105	1436	
区合计	692 户	5198 户	

按：契约一项之总户数，较自耕农、半自耕农之总户数为多。因系兼括刻已转业之自耕农、半自耕农旧日之契约或宅地契约之故。又往年叠溪大水灾，及去年“匪祸”，两种原因，失者占总计百分之八八强。

七、每户田亩分配

民国二十五年十六区专员公署《茂县概况表》：

第一表

户数 乡别	0	1	50	100	150	200	250	300	350	400	450	500
富村乡	100	145	196	138	59	27		3		1		
凤仪乡	460	324	155	25	8	5		1		1		

续表

户数 乡别	0	1	50	100	150	200	250	300	350	400	450	500
沟口乡	209	763	78	12	8	5		1				1
富顺乡	79	572	340	67	16	11		1				
东兴乡	67	313	197	52	12	4	1	1	2	1		
太平乡	71	255	235	67	19	10		1				1
清平乡	57	445	264	73	25	13	5	4		1		1
马槽乡	13	117	66	19	4	1	1	1				
白什乡	34	150	84	11	30	2			1			
镇西乡	33	328	73	24	10	2	1					
黑虎乡	27	217	75	22	12	20	3	1	2	2		
龙坪乡	2	31	56	23	13	17	2	3	3	3	4	2
曲谷乡	4	7	35	46	58	69	12	10	12	11	7	4
小北乡	5	169	79	13	8	4	6	1	1			4
大姓乡		8	33	46	32	32		2				
全县合计	1162 户	3844 户	1966 户	638 户	287 户	222 户	31 户	30 户	21 户	20 户	11 户	51 户

第二表

户数 区别	0	1	50	100	150	200	250	300	350	400	450	500
第一区	770	1232	429	175	75	37		5		2		1
第二区	321	1852	1186	289	79	41	7	8	3	2		2
第三区	71	760	351	174	133	144	24	17	18	16	11	48
区合计	1162 户	3844 户	1966 户	638 户	287 户	222 户	31 户	30 户	21 户	20 户	11 户	51 户

贰. 狩猎

民国二十五年十六区专员公署《茂县概况表》：

第一区：本区尚无以猎取野味出售之猎户业者，民间多随时私自猎取，获量较少，冬季农隙猎者较多，可以市得。其常见者，则有麞、麅、兔、雉、野猪、崖羊等，野猪为害农作物极大。

第二区：野味有麞、麅、兔、雉、野猪、野牛、岩羊、熊、鹿、豹、猬、娃娃鸡，其猎捕情形，亦与第一区相同。

第三区：野味产岩羊、野牛、野猪、熊、麞、豹、狼、雉、兔、猬、獭、锦鸡、白项鸡、火炭鸡、星秀鸡、金线猴等。

叁. 牧畜

一、牲畜概况

民国二十五年十六区专员公署《茂县概况表》:

第一表

类别 乡别	马	牛	羊	猪	驴	骡	鸡
富村乡	98 匹	197 头	6 头	177 头	1 匹	2 匹	54 支
凤仪乡	136 匹	44 头		70 头		5 匹	85 支
沟口乡	82 匹	292 头	16 头	86 头		25 匹	9 支
富顺乡	6 匹	454 头	18 头	367 头			85 支
东兴乡	2 匹	177 头	1 头	186 头			47 支
太平乡	3 匹	180 头		373 头			125 支
清平乡		215 头	2 头	504 头			206 支
马槽乡		84 头	1 头	49 头			101 支
白什乡		130 头		43 头			94 支
镇西乡	102 匹	129 匹					
黑虎乡	13 匹	133 头	98 头	8 头			2 支
龙平乡	1 匹	30 头		8 头			
曲谷乡	2 匹	79 头	12 头	47 头		1 匹	1 支
小北乡	4 匹	39 头	15 头	12 头			2 支
大姓乡		32 头		24 头			13 支
乡合计	449 匹	2213 头	169 头	1953 头	1 匹	33 匹	823 支

第二表

种类 区别	马	牛	羊	猪	驴	骡	鸡
第一区	316 匹	533 匹	22 头	332 头	1 匹	32 匹	147 支
第二区	11 匹	1240 匹	22 头	1522 头			768 支
第三区	122 匹	440 匹	99 头			1 匹	18 支
区合计	449 匹	2213 匹	169 头	1953 头	1 匹	33 匹	823 支

按:主要牲畜一项,系指经“赤匪”后现存者而言,与往昔比较,约损失百分之九五弱,存者仅百分之四一强。

二、畜牧情形

民国二十五年《川边季刊》中央社记者《松茂汶旅行记》：番人的财产，占其主要部分之一者，马、牛、羊是。牛类除外县常有黄牛而外，还有牦牛，犏牛性很驯，既可以耕地，又可以驮物，气力在黄牛之上。黄牛的公牛，在此地只有传种的地位。犏牛、牦牛之所以性驯力大，都是牛种好的原因，以故番人用来驮运货物的很多，他不怕冰天，不怕雪地。公牦牛大都杀来作食料，因为公牦牛没有好多用处，而野性太大，性质不驯良，但肉质较黄牛肉更脍炙人口。说到羊子，只有绵羊、山羊、羝羊三种。羝羊毛稍长，成一种圆圈形，黑白两色为量最多。其他大绵羊、大山羊，每年在春天剪一次毛，在松灌道上整年不断的运输羊毛、牛皮，也有一部分由茂县产的。

茂县属之番民，大都是半耕半牧，他们山寨附近的山坡平原，或耕作的空地，即为牧养牲畜的所在地。也有特别搭修牛马厂者，当他们在完全畜牧时代，常常大过其露天生活，那[①]个地方有水草，即在那个地方住，直到草完全吃尽，帐幕一收，又去别的地方寻好牧场。

肆. 药材

一、产量

民国二十五年《屯政纪要》列表：

药品别 地别	麝香	虫草	贝母	羌活	秦艽	大黄	木香	五加皮	当归	半夏	茯苓	柴胡	前胡	甘草	泡参	五倍子	赤芍	木通	猪苓
马厂		⊗	△																
干沟						○	○	○	△			○	○		○		○	○	△
松坪沟	○	△	○	△		○		○									○	○	△
安乡					○	△	○	○	⊗	○	○	○	○		○		○	○	△
里不大寨	○	△	△	○		○									○			○	
白溪寨	○	△	△	○		○									○			○	

注：产量之表示最多为⊗，次多为△，最少为○。

二、各区药材概况

民国二十五年十六区专员公署《茂县概况表》所载如左：

第一区：本区药物，概系野生，多在危崖峭壁，高寒积雪地带。以表散之品如羌活、木香为大宗，其余如甘松、大黄、秦艽、当归、朱苓、赤芍等产量则少。马厂之虫草，品质优良，年产售价约千元左右。贝母虽有，产量不多。每年采掘药物时间，自雪溶之三四月起，至积雪之九十月止，多系私人自由集合前往，至治城内。时有黑水夷

① 那：当为“哪”。下同。

地，运来药物销售，以羌活、木香为最多。

第二区：本区药物产升麻、大黄、柴胡、续断、泡参、羌活、独活、寸冬、贝母、虫草、木通、粉葛、雪蛋、草乌子、赤芍等，亦多产于高寒绝壁之中。其采掘情形，亦与第一区相同。售卖地点，北部集中于白什、马槽二场，中部集中于干沟、土门，南部则集中于大坝、大石坝。

第三区：药产羌活、木香、虫草、贝母，为量甚少。其采掘情形，亦与一二两区相同。

三、采药概况

民国二十五年《川边季刊》中央社记者《松茂汶旅行记》：当每年挖药时，由川北来的安岳人和乐至人、遂宁人很多。他们挖药的目的是虫草、贝母，勤能者每一季可以得九十至百元的收获，怠惰者仅得二三十元，但这都是有资本的。至于专门来卖气力的，谁个棚长请他，就帮谁个出力。可惜挖药的工作艰苦得很多，半在荒僻无人的大山上挖取。因此未挖时，先要开一条山路，先搭棚，然后才开始工作。如果棚长要贝母，必先将所有夫子聚集拢来，除极丰富的招待而外，每个夫子再送以药、烟、酒等，于是才正式动工，这谓之曰开正锄。上等药夫子，俗叫大挖手；中等的叫红脚杆；至于未满十岁的孩子，叫猪耳朵；这就是他们的荣誉绰号。

附：鹿茸产量

民国二十五年《川边季刊》二卷二期：茂县药材，比较往年大为减少，现土人所采鹿茸，售市甚少。往年登市，在暮春间，市面即已开盘，今则挖药壮丁乏人，承买者极少，而鹿茸似亦无往年色质之佳。

附：山漆苗子调查

民国二十五年《四川月报》九卷二期：茂县药材，为边地唯一特产，种类之多，在数百种以上。人民应时上山挖采，售之于市，并未详辨其种类与用途，故间或发现一种不知名之药，一经有识者，悉其用途，则相竞取。

所谓山漆苗子，为野生多年生之草木，高二三尺，茎细青白色，叶为羽状，复叶，长狭而略圆，生于茎之前部，甚密。春末夏初，开褐色之小花，其全部与艾相似，然与山漆名同实异。土人当在山采药时，见其形状可爱，试啮之，味甘如参，因以山泉烹之，甘香异常，腹中闷胀顿解。因拔数茎归代茗用，曝于日下，有过客识之，预出资订购，嘱在山中将此草多多采之，约百十斤，此商客运之去。翌年，偕数人先期复出重资订购，于是挖药之人民，感知此草可贵，越长峰大岭而探采之，以获重资。每年一到夏历四五月之交，外商即由安、绵来该地预为收买者，不下数十人。

此药自山采回，分两种制法：一则曝于日中而晒干之，一则悬于空气流通处阴干。前法味苦而色劣，干后叶脱落；后法则味清香而甘，色亦鲜美，干后叶不易落。商贩如买未制者，则每斤价一角几；若买已经干制者，每斤须二三角。运至成都，每斤可售六角，获利二三倍，间能售一元以上者。据言此药之用途，除用作茗饮以止渴除百疫外，又为仁丹清导丸中之重要成分，平、沪各大药房，尤需之云。

伍. 矿产

一、硝矿业概况

民国二十六年《四川月报》十卷三期中国银行《调查报告》所载如左：

产区：茂县硝之产区，以中区城内外一带为最多，城墙边含硝之土质，作黄白色，一望可见浮烁晶粒之硝泥，试取一撮土抛火中，立即燃烧而生焰，其余西区、南区、北区等地，产硝亦旺，东区次之。

产额：过去盛时，在民初至民国十四年间，每岁可出硝七万余斤，当时地方富庶，民力充裕，熬硝者特多，政府征税极轻，未加限制。至民国十八九、二十一二年时，产额渐见减少，但其时每年犹能出硝四万斤①至五万斤。因政府特设官硝局专营，统制硝业，不准私买私售，而人民亦以地方迭遭兵燹，硝户因以减少，故产额远不如前。自此次“匪”乱后，丁口死亡，百业废辍。迄至目前，每年产硝总额，不过二万斤左右而已。

制法：分毛硝、净硝（即火硝）二种。毛硝为制硝之初步工作，将有硝之泥土取来，和水倾入釜中，大火熬之，熬后另以木器（桶属）沉淀，器为圆筒式，中置麦草泥浆，从草中徐徐漏下，一切渣滓提净，所余清汁再入锅熬，然后慢慢凝成块状之结晶物，是为毛硝。毛硝如再加水熬至极度，倾入高二尺径一尺之木桶模型内，俟其固结，则为净硝。此时既几经提熬硝制，晶莹如雪，取出桶则成一中空圆筒状物，遂可出售。

价值：现价每桶净硝为一百二十斤，约售三十四元，零售每斤可售四角左右。暂以全年两万斤产额计算，售出硝银亦七万余元。但此就硝额上一方面言之，实则熬硝者皆得不偿失。盖每桶净硝（一百二十斤）须三百余斤毛硝始能制成，而三百余斤毛硝，需硝十余背（每背数十斤），需工人三人，柴薪二百余斤，费时三日也。

硝户：类皆无产贫民，借熬硝供给家口，自己土地无硝，大半出钱去买硝地（即有硝土之地，地主不屑于熬硝者），每背硝土售钱一角上下。熬硝者命工人持锄铲刮之，此真所谓刮地皮，刮尽无硝时为止。硝户又分二类：一为熬户，即专熬毛硝之户；一为淀户，即买毛硝专熬成净硝之户。淀户每桶毛硝可获利二元，熬户则除糊口外，所获利不过几角钱。以前全县共有三百多家硝户，现仅百余家，去岁仅六七十家。

硝地：以灌、绵为著，从茂县运至灌县，转运新、郫、崇、成、渝各地，此路商人较多。因理番亦产硝，虽不如茂县之盛，但商人可顺路至该县采购，便于输运。从茂县东路运至安县、绵竹者，多转销德、什、梓、昭、广、潼及涪江各属。一因绵竹所产太少，各县采用，供不应求；二因绵、安距茂较近，路途较灌亦平顺宁静；三因茂绵道商贸特多，脚夫易雇。故灌、绵二县，实为茂硝之集散销场，此等商人购硝出境，殆多供给军用造火药、炸药之需。

征税：上年茂县设有官硝局，凡硝户熬出之硝，与商人购买者，皆须向官硝局官买

① 斤：原作“许”，今据《勘误表》改。

官卖，不得私相交易，所以统一营业，限制私买者。闻以硝磺能造火药，有关军事也。在未设官硝局以前，税征漫无定率。近来硝户、商人，以须官买官卖，又须纳一元之税，多不愿熬。去岁重庆硝磺局令实行商包，包案定为三百元，现在尚无人承包也。

二、金银等矿产概况

民国二十五年《川边季刊》二卷一期《松茂屯区矿产一瞥》所列如左：

甲. 金矿

塞耳古：在茂县河西二百里，界连理属，沙金之富，不亚于漳腊。矿区七百亩，金脉露出土面。夷人迷信，最忌开挖。前年为此引起黑水战争，后经调解，约成始得开采。近以地震水灾及“赤匪”之祸，其事遂寝。

吴家沟：在茂县北三十里，沿江数里，皆有沙金。

槽木村：在茂县东区五十里，属乾溪，亦产沙金，色草白，民国八九年，曾由私人开采，现停止已久。

乙. 银矿

石湾沟：在茂县东七十里，属土门，产银矿。前岁北平红十字会燕盛松等，曾与茂县人倡设开采，继以县中多故，未果。该地复产铁，亦未开采。

丙. 其他

小关堡：在茂东三十里，产硫磺矿。

大石桥：在茂东五十里，炭矿最富。

鱼亭：在茂东干沟河东，煤产颇丰。

淙渠[1]：在茂县南十五里，产炭甚多。

大坝：在茂县东二百四十里，矿区约千亩，皆产炭，梅子沟、黄沟一带产量亦丰。

文镇：在茂县南六十里，亦产炭。青坡则产铅、锡。

民国二十五年《川边季刊》重庆中国银行《调查茂县矿产一瞥》：茂县，为边地中心，山环岳峙，矿物蕴藏之富，为松、懋、理、汶之冠，金、银、铜、铁各矿均产。前此虽经官方一度开采，徒以边地多故，经济艰窘，又无矿学专家从事探讨，加之汉夷感情素来隔膜，对于采掘，尤深避忌。西区矿产，全未开采，以致数年来开矿事宜，时作时辍，殊无成绩可言。兹将产矿区域调查志次：

（一）东区

甲. 槽木村：产金矿，民初开采，日可出金四两，有金洞十余个。

乙. 石槽沟：产银矿，曾经开掘。

丙. 鱼亭：产煤矿，未开采。

丁. 小关堡：有硫磺矿。

戊. 大石坝：有炭矿。

己. 土门：产铁矿。

---

① 淙渠：亦作“宗渠”。

（二）南区

甲．大石桥：产炭矿。

乙．淙渠[①]：产铁矿。

丙．雁门：产炭矿。

丁．文镇：产炭矿。

戊．青坡：产铅矿。

（三）西区

甲．塞耳古：产金矿最富，色极佳，现专署已与夷人提议开采。

乙．沙坝：亦产金矿。

（四）北区

甲．吴家沟：沿江数里，皆有沙金。

乙．镇汝关：产沙金。

丙．叠溪沙湾一带：产硫磺矿。

按以上秉[②]东、南、西、北区盛产金、银、铁、煤各矿物，皆系开挖者一度发见，如能集资开掘，无论官办商办，当有无穷之利也。

按以上两表互有详略不同，故并采之。

附：土门之银矿

民国二十五年《川边季刊》二卷二期《经济调查栏》：茂县第一区土门场所属石漕沟，自昔即出产银矿，蕴藏颇富。当清末民元之际，有外方考矿家曾来该地，会同土人，集资试采，银色纯净，惟含铅杂质甚多，然系私自采掘，未经呈报政府备案，故不久即停。有某姓，现尚存有此项化验之生银块数十枚。茂县自遭地震水灾后，民生异常凋敝。前年，北平红十字会职员燕盛松、李槎同等在茂放账，曾与县中人士唐佑高、杨华堂商议，拟由红十字会投资开采，用救茂地游民，惜后仍未成功。此次经“赤匪”劫后，灾情奇重，失业份子太多，饥民嗷嗷，逐处皆是，而该区首遭“匪祸”，情更凄惨。近日[③]，回里之士绅，以银矿久蕴于地，曷若开采以救济灾区，乃集股数千元，呈报县府备案，设银矿厂开采云。

三、土法采掘情形

民国二十五年十六区专员公署《茂县概况表》：第一区中，沿岷江岸，多有以淘沙金为业者，日得金一分左右，售得银约七八角至一元，在治城内交易。又土法取土熬硝者虽多，但产量极微。复有带铁锈铅色之断层岩碎片，日出时光耀闪射，不知有无其他矿产。在第二区中，曾经开采者，有槽木村、道主庙等金矿，石槽沟、银洞子银矿，多系清代所发掘，现以民间资本缺乏，及此种矿床认识不清，空余遗迹，无人继续开采。现未开采而矿脉显露者，有黄水沟、五郎庙二地之硫磺矿。虽五郎庙硫磺矿，曾有人集

---

① 淙渠：亦作“宗渠”。

② 秉：《勘误表》指其为衍文，当删。

③ 日：原作“回”，今据《勘误表》改。

资发掘，未及一月，即遭“匪患”；黄水沟硫磺，金色溶水，臭味袭鼻，人所称道。现在正开采营业者，有天池鞍子沟、花石沟等黑炭厂共十所，纯系旧法采掘，年产达一两万元，运销于绵竹、德阳、罗江等县。惟资本缺乏，出品稀少，辄至停业，故现遗矿洞有四十五处之多。干沟、土门二地，往年农家制碱业，实为重要副业，年销额四五千元，今则衰败已极。第三区中，沿岷江西岸人民，于农隙中多赴河岸淘金，每日所得及售卖情形，与第一区相同。亦有熬硝制碱者，产量极微。崖谷之间，常有黄白色之流质溢出，或凝结如花朵状，乡人均认为矾质，但无人采制。距本区不远之塞①古耳，系黑水夷地，金矿极丰，前屯殖督办署曾以武装前往强制开采，经夷人反对而罢。

陆. 森林

一、各区森林概况

民国二十五年十六区专员公署《茂县概况表》所载如左：

第一区：原始森林，多在丛山峻岭深谷间，人迹罕到之处，作带状绵延之单纯林象，亦间有团块状之混交林象，如施斫伐，运售收益极大。其最大者，则有白虎山、道财主后之公山杉林，约有一万株左右，大者直径二三尺。

第二区：本区白石马槽之西，二十四个和尚头一带，杉木绵延百余里，树株直径有在四五尺以上者。其他如老君山、白龙池、观音梁子、老鼠洞、白木林等地，亦有多量之森林，不过路程较远，运输与斫伐亦较困难。

第三区：

甲. 鲫鱼寨、壳壳寨后山，有纵横五十里之桦、栎、松、杉混生公林。

乙. 二耕米山顶、鹿嘴河、太山顶及矮子关山顶，有纵横约百里之桦、杉、松、柏混生公林。

丙. 五福村、竹木坎、鸡公岩、落多岩，有纵横约二十里之桦、杨、松、柏之混生公林，作团块林象。

丁. 墨飞寨、大小章圭、卜头寨、龙坪、王家沟、色石、杨家沟、龙窝纳耳、哈地花、赵家沟，有纵横约四十里之桦、栎、杉、杨混生公林。

戊. 富不寨有纵横约二十里之野杉单林，现有本县利济木厂施业斫伐，运销本地及成都。

二、待用竹木与菌类

民国二十五年《屯政纪要》：本县山峦重叠，林木种类甚多，就中可供建筑及制备器物用者，厥为云杉、麦吊杉、铁杉及松、柏、檀、桦、槐、椆等，而以云杉、桦两种产量为最丰富。各木厂伐而运至成都灌县等处销售②者，以杉为最，桦次之，桦树可用

① 塞：原作“色”，今据《勘误表》改。

② 售：原缺，据《勘误表》补。

制挖木瓢，其树皮可制草帽汗缘，运诸腹地各县。又供涂料用之漆，产量额亦甚巨。至于竹类，有油竹用以制造笔杆，白夹竹、拐棍竹等用以捻竹索、作纸料，本县遍山皆产。他若香菌、松菌、黄丝菌、麞子菌、羊肚菌、鸡丝菌等，则亦附产于林木中。

附：利济木厂之组织

民国二十四年《川边季刊》：茂县绅民杨华堂、黄雨村、刘纬木、李尔康等，近为供给地方善后建筑，特召集边区失业民众，采买森林，砍伐材料，以资救济。并呈“剿匪”总部，请予保护，其原呈云，呈为开厂，斫伐木料，以利善后建筑。恳祈立案保护事，窃绅民等均属土著，茂县此次遭受匪患，逃避到省，现在边区各县，均先后收复，绅等数人回家，视察所有城乡市镇，被“匪”焚毁罄尽，回籍人士，无所居住，将仍逃出，流离四方。边区素属贫苦，多以劳力谋生，养活家口不易，刻下百业不举，遂皆穷蹙，凄惨之状，早蒙钧部垂念怜恤，绅等仰体德意，复不忍坐视桑梓竟成荒墟，回乡人众，冻馁流亡。乃以私人信用，借银五千元，签立合同，组织木厂，名曰“利济木厂”。拟采买森林，斫伐材料，以供给地方善后建筑。所有厂内应需工人，概召边区失业民众，以工资救济。既可招集回县，复能使全家生活于劳动工资之下。用特恳请出示保证云云。

礼 俗

民国二十四年《川边季刊·屯区鸟瞰》所载如左：

一、婚礼

甲. 汉族婚妻之礼，略与内地相同，特无财礼，只酒、米、猪肉等作订婚及报期之用而已。

乙. 藏、羌两族之婚姻，均以男女相悦为先决条件。盖彼辈不重贞操，女人在正式出嫁以前，颇行自由，迨正式迎娶之后，则玉颜有主，不容他人染指矣。俗有“姊妹是他人的，妻子才是自己的”之说，盖写真也。定婚前仍有媒妁，无非磋[①]议聘礼、婚期等条件而已。聘礼或用布酒，或用牛羊，随地而异，都无定程。结合方式，分嫁娶、赘入两种，大概男富于女，则多行嫁娶之礼；女富于男，则多行赘入之礼。结婚之前夕，女子向长辈拜辞，长辈训以处家为人之道，男女赘入者亦然。结婚之日，拜天地亲友，饮咂酒，跳锅庄，喧腾达旦始休焉。

丙. 回族订婚下聘，均重果盘，且事事须阿衡[②]为之诵经及主持礼节。结婚之日，亲友等须以果谷等迎击新郎，谓之打花鼻子，其有变本加厉者，乃至拳足相殴，往往致伤甚重，盖恶习也。新妇入门之日，例不作礼，须结婚后二日，始行祀神祖，并拜亲友宾客等。

二、丧礼

甲. 汉族丧葬与内地略同，而礼仪则更简单而已。

乙. 藏番丧葬之俗，有天葬、水葬、火葬之别。其中以火葬一节较为通行，在未葬之先，必请喇嘛诵经，置尸棺中，舁诸野外，置柴薪上，纵火烧之，俟火熄，觅取残骨而葬，其上竖一小塔，子孙以时仍携牛酒祀焉。

丙. 羌民火葬，亦甚通行，各以其族氏设立火坟，如陈家火坟、蔡家火坟等，只供陈、蔡两家焚化尸体之用。在未焚之前，棺殓尸身，略与汉族相同。殓后，例请端公诵咒，抬棺至其本焚火坟，坟火只一较平之地，地面毫无异状，只地上置有可以移动之小屋一所，视内地土地庙而大，内设神位，上书某氏历代高曾祖考之神位等字，葬时小屋

① 磋：原作“搓”，今据《勘误表》改。
② 衡：原作“冲”，今据《勘误表》改。

移置别处，而置应葬之棺木于其地，撤[①]去棺木两端之大小回头，四周纵柴火以焚之，火挟风势，自棺木之一端燃入，顷刻即成灰烬。其亲属则围坐号哭，以志永别焉。火熄仍舁小屋，置其上，如原状而去云。

丁．回族不用棺殓，人死请阿冲诵经，沐浴尸体，置一长匣中，匣底可以抽去，上罩白布，而舁赴葬所，葬所均有一定地方，如近来所施行之公墓制然。掘墓至七八尺深，复横掘一方孔，其大以容一人之尸为度。墓既掘就，舁匣临穴而抽去下板，则尸体徐徐降下。另以人扶置横掘之穴内而侧卧焉，其侧卧有一定方向，即头北而足南，面西而背东，葬后由阿冲诵经而毕。

三、养媳统计

民二十五年十六区专员公署《茂县概况表》：

第一表

养媳 乡别	养媳	备考
富村乡	31	
凤仪乡	24	
沟口乡	32	
富顺乡	26	
东兴乡	11	
太平乡	44	
清平乡	29	
马槽乡	2	
白什乡	3	
镇西乡	9	
黑虎乡	7	
龙坪乡		
曲谷乡	1	
小北乡	13	
大姓乡		
乡合计	232 人	

① 撤：原作“撒”，今据《勘误表》改。

第二表

养媳 区别	养媳	备考
第一区	87	
第二区	115	
第三区	30	
区合计	232 人	

四、赘婿统计

民国二十五年十六区专员公署《茂县概况表》:

第一表

赘婿 乡别	赘婿	备考
富村乡	97	
凤仪乡	78	
沟口乡	168	
富顺乡	95	
东兴乡	5	
太平乡	4	
清平乡	6	
马槽乡	1	
白什乡	4	
镇西乡	23	
黑虎乡	25	
龙坪乡	9	
曲谷乡	7	
小北乡	8	
大姓乡		
乡合计	530 人	

第二表

赘婿 乡别	赘婿	备考
第一区	343	
第二区	115	
第三区	72	
区合计	530 人	

生活情形

壹. 衣食住

另篇已详，不赘。

贰. 职业

一、职业①

民国二十五年十六区专员公署《茂县概况表》：

第一表

职业 乡别	自耕农	半自耕农	佃农	雇农	其他
富村乡	295	118	156	62	38
凤仪乡	192	113	214		461
沟口乡	77	62	59		209
富顺乡	709	173	125		79
东兴乡	471	59	53	8	59
太平乡	212	113	263	1	70
清平乡	430	150	251		57
马槽乡	146	5	58		13
白什乡	166	8	77	25	34
镇西乡	252	132	54		8
黑虎乡	289	44	21		27
龙坪乡	129	13	15		2
曲谷乡	295	9	5		4

① 原无，因下文有“二、副业”，故补。

续表

职业 乡别	自耕农	半自耕农	佃农	雇农	其他
小北乡	206	53	26		5
大姓乡	153				
乡合计	4692 户	1052 户	1377 户	96 户	1066 户

第二表

职业 乡别	自耕农	半自耕农	佃农	雇农	其他
第一区	1234	293	492	62	708
第二区	2134	508	827	9	312
第三区	1324	251	121	25	46
区合计	4692 户	1052 户	1377 户	96 户	1066 户

二、副业

民国二十五年十六区专员公署《茂县概况表》：

职业 乡别	技术工人	苦力	自由职业	其他	备考
富村乡	17	250	193	209	
凤仪乡	24	271	228	457	
沟口乡	30	774	189	84	
富顺乡	23	815	123	125	
东兴乡	15	486	106	43	
太平乡	22	333	227	77	
清平乡	37	606	110	135	
马槽乡		44	10	168	
白什乡	2	130	21	132	
镇西乡	2	135	29	305	
黑虎乡	23	196	83	79	
龙坪乡	11	51	33	64	
曲谷乡	5	77	13	218	
小北乡	6	59	17	208	
大姓乡	43	12		98	
全县合计	206 户	4239 户	1382 户	2402 户	

按：职业一项，由农家专业者极少，其备营之副业，又多系合家从事，故以户计业，则主副业之户数相等，主业中其他一目，即副业中所列各目。而副业中之技术工人一目，系指各种手工匠作而言。其苦力一目，系指各种粗重工作体力劳动而言。其自由职业一目，系指各种薪俸生活营利行为，及其他依赖迷信游艺等为生活者而言。其他一目，包括人事服役及状况不明者而言。其自耕农、半自耕农之总户数，占两全县户数八二、八三至百分之八五强。

叁. 嗜好

民国二十五年十六区专员公署《茂县概况表》：

一、藏羌族：普通均嗜酒如命，染烟癖者所在多有，唯赌博之风，尚不甚普通。力作之余，则喜曼声而歌，男女唱答，怡然互乐，往往为情欲媒介。喜爱集会，则设酒于中，男女环立成圆形，或歌或舞，即所谓跳锅庄也。歌倦则以次饮酒，寻复再歌，至晓始罢。

二、回族：以教律森严，向禁烟酒赌博，故沾染不良嗜好者极少。

三、汉族：则多为烟毒所中，而赌博之风尤炽。

附：吸户表

民国二十五年十六区专员公署《茂县概况表》：

第一表

乡别	吸户	备考
富村乡	89	
凤仪乡	87	
沟口乡	200	
富顺乡	150	
东兴乡	65	
太平乡	84	
清平乡	93	
马槽乡	13	
白什乡	7	
镇西乡	42	
黑虎乡	137	
龙坪乡	10	
曲谷乡	45	
小北乡	84	

续表

乡别	吸户	备考
大姓乡	14	
乡合计	1120 人	

第二表

区别	吸户	备考
第一区	376	
第二区	412	
第三区	332	
区合计	1120 人	

肆. 流行病及治疗

民国二十五年十六区专员公署《茂县概况表》：在第一区中以天花、痟疮、疟疾、伤寒、痢疾、胃病为多，医药均缺，亦无钱治疗，仅恃简单之迷信方法，以凭禳解，故重病者，多遭不幸。而第二、三区中，亦与一区情形大概相同。

伍. 灾后生活

民国二十五年十六区专员公署《茂县概况表》：

第一表

户数 乡别	A	B	C	D	备考
富村乡	6	152	366	145	
凤仪乡	109	454	378	39	
沟口乡	35	324	586	132	
富顺乡		39	422	625	
东兴乡		7	249	394	
太平乡	19	34	422	175	
清平乡	29	129	490	244	
马槽乡			85	137	
白什乡		6	107	172	
镇西乡	69	295	103	4	

续表

户数 乡别	A	B	C	D	备考
黑虎乡	1	6	146	228	
龙坪乡		17	27	121	
曲谷乡	3	21	52	237	
小北乡	2	64	123	101	
大姓乡		3	80	70	
乡合计	269 户	1560 户	3630 户	2824 户	

第二表

户数 区别	A	B	C	D	备考
第一区	150	930	1330	316	
第二区	44	224	1775	1747	
第三区	75	406	525	761	
区合计	269 户	1560 户	3630 户	2824 户	

按：灾后生活中：A 为丰裕之家；B 为尚能维持之家；C 为甚为困难，须多方设法始能生活之家；D 为生活十分困难之家。

陆. 工业

一、工厂

民国二十五年《屯政纪要》：民十九年屯政督办署扩充茂县民生工厂，其内部组织，计分纺纱、织棉、裁绒、染色诸科，出品货物，以裁绒一宗最为畅销。

二、工业原料

民国二十四年《川边季刊・屯区鸟瞰》：全县各地盛产火硝，可为军火工业之用。又县城南部亦盛产焙，其功效略同曹达，亦为工业上之重要原料。

三、制造品

茂县教育科科长顺载之《报告》所载如左：

甲. 烧碱

草皮及树枝斫下，用火烧成灰屑，盛在锅中渗水熬煮，至凝结成固体为止，使之成碱，运销内地各县，用以制豆腐、磨房砌灶、制面等，出售以包论，每包二十四斤（每斤十六两），售价一元二三角。

乙．熬硝

熬硝为茂县特别普遍事，每年到阳历十一月起，至次年三月，在地面可以扫硝，用水浸渍，此水在锅中熬成凝固体，是为火硝。在前清时，年可产硝二万多斤。近年由驻军捆购，定价甚低。由驻军首长转卖，其价则又甚昂。四十五军屯殖督办署设有官硝局，专营此事，年来产额，已不及前清之半矣。

四、水磨

民国二十五年十六区专员公署《茂县概况表》：

第一表

水磨 乡别	全水	半水	备考
富村乡	20	14	
凤仪乡	18	6	
沟口乡	19	2	
富顺乡	9	33	
东兴乡	3	1	
太平乡	8	10	
清平乡	7	19	
马槽乡		2	
白什乡		6	
镇西乡	1	2	
黑虎乡	2		
龙坪乡			
曲谷乡	2		
小北乡	1		
大姓乡			
乡合计	90 座	95 座	

第二表

水磨 区别	全水	半水	备考
第一区	59	22	
第二区	27	71	
第三区	6	2	
区合计	90 座	95 座	

按：水磨一项，全水系全年流水不断供磨者，半水则反是。现存者，不及“匪祸”前之半数。

柒[①]. 商务

一、商务概况

茂县教育科科长顺载之《报告》所载如左：

甲. 茂县在商务之地位

运往松、理等边区货物，及由该二地出口者，皆以茂县城为入口之枢纽，买卖货品，均与此交接。故茂县商务特大，行庄商号甚多。

乙. 输出品

输出品以药材、火硝、花椒、金子为大宗，其余如碱、青烟、黄烟、黄牛、兽皮、羊毛等，出口亦多。

丙. 输入品

输入物品当推布匹、金属器用，及一切日用所需物，如茶、黄糖、米、酒、挂面等。

二、市集交易

民国二十五年十六区专员公署《茂县概况表》：

第一区中，在未经“赤匪”窜扰以前，治城内每年贸易额十三四万元。经“匪祸”后，各大商号均倒闭。现有商店平均资本不及五百元，贸易衰落已极。惟治城内每日均有市集，俗称百日场，交易品为米、油、盐、酒、烟、茶、柴、布匹、粮食、药材等，赶集者多来自十里至五十里内之宗渠、石鼓、渭门关、壳壳寨、波西、岳希、平头村等处。

第二区中，干沟之赶集期为四、七、十，乡民以柴草、小菜、鸡蛋、药物、碱等，换取油、盐等必需物品，而此类商品，多运至绵、安两县。土门赶集期为三、六、九，为茂北、茂安及茂、绵各县交通之重要市镇，往年商业发达，市面颇为繁荣，今以经“匪祸”后萧条，其交易物品，亦与干沟、土门相同。大石坝赶集期为一、四、七，此地为茂安、茂绵交通必经之孔道，市集交易，亦与干沟等同。其乡民往安县所属之睢水沟及绵竹所属福星场，交易者多，负柴、木器及白炭等，换取日常必需之物。大坝赶集期为一、五、九，除市中交易如上数项外，农隙所出之白炭，则负至绵竹所属之汉王场交易，更多负天池之黑炭，以脚资换取他物。故汉王场交易，较大坝交易为盛。白什场赶期为三、六、九，马槽场赶集期为二、五、八，市集交易，与干沟等相同，亦有以大宗药物往北川坝地堡交易者。在第三区中，则无定期市集交易，外间小商，多负担货物前往求售，换取药材及他种产物运出，犹存以物易物之遗风，本地人亦有以药物入城求售，换取油盐布匹等。

① 柒：原作“捌”，今据《勘误表》改。

三、粮食之交易

民国二十五年十六区专员公署《茂县概况表》所载如左：

第一区：治城所属之稻米，多由安县、绵竹两县运入销售。往年玉蜀黍产量有余，则运出邻县销售。今以此项粮食不足，亦由安县、绵竹等县输入供给。至本区南部文镇以北之乡民粮食买卖，多来治城；文镇以南之乡民，则多往理番县属之威州。

第二区：往年本区粮食有余，北部如白什、马槽，多运往北川县属之麻窝坝、地堡销售；中部如干沟、土门运往安县之睢水关、秀水河，北川之坝地堡销售；南部如大石坝、大坝亦多运往睢水关、秀水河及绵竹之汉王场、福兴场等处销售。今以“匪”后粮食不足，已变销场为供给市场，恰与往年情形相反矣。

第三区：本区青稞、马铃薯产量较丰，仅供自用，无量运出。其不足者，多入治城购买。

四、肉品皮毛之交易

民国二十五年十六区专员公署《茂县概况表》：

在第一区内，未经“赤匪”以前，每日屠猪二三只，三五日即有杀者。经“匪”后每日宰猪一只，猪肉一斤约值五角；五日或七日屠牛一只，牛肉每斤约值三角；乡间素少屠宰之事。松潘草地及甘、青、宁三省皮毛，经此转输成都、重庆各地，治城制皮毛业者极少。

在二区中，自经“匪”后，平时宰猪，每月共十二三只，年节约宰猪百只，故皮毛极少。安、绵两县商人，经本区往治城购买皮毛。故沿途皮毛虽多见，实系过道性质。

在第三区中，未经“匪”患以前，牧羊者极多；经匪掠杀以后，万家皆空，现几无育种可能。至屠宰之事，向来甚少。而塞耳古[①]方面夷人，能作粗制之毛织品，供自用外，间运往治城求售。

---

① 塞耳古：原作“色古耳”，今据《勘误表》改。

语　文

壹. 语文概况

民国二十五年十月十七重庆《人民日报》《松茂夷部生活状况》：汉族语言文字，均与内地相同；回族亦与汉人同，惟阿冲诵经，尚袭回文；羌民则有语言而无文字，且语言各地互异，称为乡谈，如须记载，则必乞诸汉文也；番族语言，约有三种，皆唐古特语，文字亦同。

贰. 识字人民统计

民国二十五年十六区专员公署《茂县概况表》：

第一表

乡别	识字	备考
富村乡	106	
凤仪乡	259	
沟口乡	72	
富顺乡	123	
东兴乡	42	
太平乡	57	
清平乡	97	
马槽乡	23	
白什乡	31	
镇西乡	37	
黑虎乡	39	
龙坪乡	7	
曲谷乡	4	
小北乡	19	

续表

乡别	识字	备考
大姓乡		
乡合计	916人	

第二表

区别	识字	备考
第一区	345	
第二区	363	
第三区	208	
区合计	916人	

按：识字人数约占全县总人数百分之二强，其程度不过略能读布告，或记账，可见文盲之多。

叁. 应用夷语人民统计

民国二十五年十六区专员公署《茂县概况表》：

第一表

乡别	夷语	备考
富村乡		
凤仪乡		
沟口乡	596	
富顺乡		
东兴乡		
太平乡		
清平乡		
马槽乡		
白什乡		
镇西乡		
黑虎乡	35	
龙坪乡		
曲谷乡	115	
小北乡	11	

续表

乡别	夷语	备考
大姓乡	152	
乡合计	909 人	

第二表

区别	夷语	备考
第一区	596	
第二区		
第三区	313	
区合计	909 人	

按：多系接近夷区之人民，其他能夷语者甚少。

宗　教

壹. 寺庙

民国二十五年十六区专员公署《茂县概况表》：第一区中，寺庙全毁于去年“共匪”。在第二区中，庙宇现存者，共计三十余所，散布各地，如武圣祠、土主庙、川主庙、玉皇庙、三观堂、山神庙、王爷庙、东君庙、龙王庙、文昌宫、宝藏寺、三清寺、五显五谷庙、地母庙、二郎庙、五郎庙、东岳庙、观音庙、千佛庙、城隍庙、火神庙、娘娘庙等，实含有诱人的道德的与农耕的神道信仰。在第三区中，现存庙宇，计共约二十余所，如金圣宫、川主庙、圣寿寺、王爷庙、龙王庙、地母庙、大佛寺、观音庙、玉皇观等。

贰. 神会

民国二十五年十六区专员公署《茂县概况表》：第一区中，自经“匪患”后，神会已未举行。第二区中，主要神会，如东岳庙、城隍庙、千佛庙、老君庙、龙王庙、五谷庙、太阳庙、观音会、清醮会、王爷庙、娘娘庙等，每到会期，募款举办，乡民自由前往烧香，或出份金聚餐，实含有献神集会之性质。在第三区中，各庙多有神会，亦定期举行。

名胜古迹

一、新井与光亭：（白眉初著《秦陇羌蜀四省区志》）在城内有新井，系明正德中巡抚马吴凿地数十丈，方得泉井，味极鲜甘，号曰新井。又有光亭，系因岷江绕境百里，若万丈长虹夭矫其上，爰取杜少陵诗《赋岷江图》有“山虹饮练光”之句，因此光亭名焉。

二、南庄：（《川西边事辑览》、宿师良《屯政交通纪》）距城数里许，有宗渠焉。其地有前清总督夏毓秀公祠，祠后山间，名南庄；对岸名水西，风景甚佳。

三、搽耳岩：由搽耳岩过窝窝店，至观音岩，有一隧道，相传为李道人捐资所凿，道人籍隶崇庆，初为石工，逃俗后乐于为善，有碑记其事。

四、烟堆坡：由两河口至苜蓿堡途中，有地名烟堆坡，相传系前代举烽告警之遗迹，以此得名。

五、一碗水：在普安至太平途中，有地名一碗水，其地有观音庙一所，内有神龛，下有石罅溢水，水甘而清凉，故有名焉。

六、平定关：由平定关至靖夷堡道上多夹道，相传为前代用兵设伏之所，每距二三里，筑石为垣，高与人齐，长约丈许，今多倒坍，为行路之障。

附：长宁摩崖

距县治六十里，有长宁摩岩。清季有李道士募捐筑路，及路成，凿没字丰碑三块于岩间，历久无人镌字。民国十八年，川西汉军统领杨抚权戍边有功，经二十八军军长邓锡侯题奖“松边保障”四字，刻于碑中。松茂机关法团士绅等，复各诵统领德政书于左右。此次地震，前后石岩陷倒者不少，惟杨氏之碑巍然无损云。

大事记

壹. “匪灾”[①]

一、茂县城池被“赤匪”烧杀后之状况

民国二十五年《川边季刊·松茂汶旅行记》：

“赤匪”的放火政策，在茂县是执行得最有力的，经过整整六七天的时候，才将若大一个茂县城，烧成一片焦土。如果天气阴霾，与地下取的焦土相照，那真找不出一线光明地点。现在这一带居民，有三分之二回来了，还有三分之一尚在外面漂流。已回来这一批，他们只有心酸含泪，将已颓倒的石块，慢慢的堆砌起来，上面薄薄的盖些茅草。夜晚住在屋子里，都需用不着油灯，因为天空月星的光芒，可以透进来。幸好茂县不常下雨，即或落雨，是没有什么办法的。他们在这一间狭小的陋室里，用一块地来作寝室，中间挂一个旧破的铜锅，锅下有些人家置一个三足的铁圈，一家大小既可以烤火，又可以煮饭，此外什么都见不到了，这就是“赤匪”执行的“烧屋”政策的结果的茂县。

二、茂县境内人民被“赤匪”蹂躏之状况

民国二十四年《川边季刊》一卷四期：

茂县经“赤匪”摧残后，一片瓦砾，满目荒凉，所存者仅难民之鸠形鹄面，以及呻吟声、呼号声而已。记者至茂县所属之长宁堡，见有十三四岁与十五六岁之女子，为军方运米，而每日仅食草根，状甚凄惨。记者问之，一系深沟人，一系沙坝人，因到其家中调查，初由长宁深沟上山约数十里，始达其地，见其家惟四壁土墙，有一老汉及一老妇，则此十三四岁者之父母也。伊等见余至，以为“匪”军，恐惧殊甚，经记者说明情形后，乃大哭，跪请求援。记者问其情形，则云伊家素贫，平时务农以为生活，有一子一女，子未娶女未嫁。今岁“赤匪”来时，伊家避匪逃遁，其子逃避不及，遂被“赤匪”胁去。迨“匪”去后，伊夫妇率女归家，则家中什物，概被“匪”掠去，无以为生，不幸又复卧病。虽有一女，然为军方派去运米，所得些许工资，尚不够一人充饥。我夫妇二人，卧病室中，既不能去觅草根树皮充饥，又不能运军米稍得微资，只好在此

---

① 此节内容，乃原作者站在当时国民政府反动的政治立场上，发出的诬蔑不实之词，读者勿受其误导。

受罪，坐待断气而已。言时泪如雨下。余将所带干粮分一些与他们，伊等频频叩首。余不忍再看，含泪长叹而已。记者复至沙坝，调查此十五六岁女子之家庭，则仅一老母，伏居一卑湿之岩洞中，瘦骨嶙峋，奄奄待毙。问其情形，则惟作痛苦状，不能言语。问其女，则云伊家被“匪”掳去，伊同母幸得逃脱。而母患病不起，伊运米稍得工资，不能一饱。母病既无医可请，又无药可购，只得任其呻吟。记者此次调查茂县各处灾区情况，言不胜言，即就“赤党”所戮人民及灾后以疾病死亡者，亦屈指难数。闻慈善掩埋队自灌县出发，沿岷江东岸而上，至叠溪止，计程三百余里，所埋死尸即有三千余具之多。而山中及偏僻村落，与岷江西岸一带尚在外，真足骇人听闻。考其原因，被“匪”者固无论也，其患病者，则因医药艰难，一有疾病，惟听其自生自死，且岷江一带桥梁，被“匪”拆毁，灾民出外谋生，万分困难，故只有坐以待毙。

民二十四年《川边季刊》一卷：

自安县睢木关至茂县土门，百余里道中，经“赤党”蹂躏后，人烟寥落，一片荒凉。此条路线本为安、绵、茂、北大道，过去沿途皆有堡栈，人民络绎不绝，经商负贩，仆仆往来。今则全无旅店，仅老弱男妇背油挑盐，咸系茂县难民，或外县运入玉麦粮米，虽不绝于途，然已不如上年十分之一。横梁子山道中，冷雪凝结尺许，寒冷澈骨，闻两山谷坳中，皆埋累累尸骨，系“赤乱”屠杀之民。土门以上，房屋被烧，现系搭盖草房数间。虽经政府令人民修有瓦舍，然仅成椽柱，尚未落成。居民生活之惨，已无有出其右者。干沟一带，尤为特甚，该地人民死亡特多，逃走殆尽。现虽编定保甲，然政治情形，仍属紊乱，新旧土劣，借势鱼肉乡民，以致该区返籍之民，咸居于安绵等地，不敢回里，遂使田土山坡，完全荒芜，无人耕种，此地斗称等税，目下仍抽，人民之黑暗，枭猿妒忌奸贪，时有争竞仇杀之事，因生活关系，虽父子兄弟蔑如也。

民国二十五年《川边季刊》二卷二期：

茂县虽处于群山中，而县城东北两区，附城纵横约十五里内，乃系小小平原，计有坝田一千余亩。“匪患”之后，此宗坝田，遂无耕种。嗣该县长查询，农民答以无牛耕犁，无籽播种，且皆无应用之农具，又缺乏自作业起至收获止之一套工本，心欲耕种，而力量不足，此皆经“赤乱”蹂躏后之实况也。

贰. 震灾

一、叠溪本部之地震

民国二十三年《西部科学院地质研究所丛刊》：

甲. 叠溪之地势

叠溪在茂县之北一百二十里，松潘之南二百四十里，位于岷江东岸之砾石台地上。台地周围皆属坚质岩石，所成之高山多为石英片岩、云母片岩、片麻岩等组织成，海拔高度在四千公尺以上。此台地为昔时河流所冲积，全为砾石组成，粘结亦固，不过粘结质仍未变成硬质砾石，大小不一，其大者直径可达到一公尺以上，但大部分之直径皆仅十数公分。砾石皆不甚圆，仅稍稍去其棱角，有时全带角砾状，为搬运不远之物。故其质料颇与附近岩石相同，多为石英质片岩、云母片岩、片麻岩、辉绿岩等粘结质，多为粘土质及细砂，此层砾石成层颇厚，约在五百公尺左右。当岷江浸蚀力复活时，河道向下浸蚀，在此砾石层中，一切深峡，渐蚀渐深，现有河面，即远在此砾层之下。而此砾石层，即遗留在半山间，成为平台地，叠溪平台地即由此造成。据岷江河床度推算，在未震前，此平台地，当在河面上270公尺。

在叠溪平台地面之西有龙池山，略较叠溪为高而小，亦为平台地，隔江与叠溪遥遥相对，当河床同一台地，被岷江所分割而稍为升起者也。凡组成此台之砾层，在浸蚀后，当成绝壁。故叠溪与龙池山间，为一深峡，其间岩壁陡峭，上下极难。故叠溪、龙池二地，相距一望之地，而途程则及十里。曾有人议以索桥连栈叠溪及龙池，可知岷江在叠溪附近，为此深峡所束，江面遂极狭，在叠溪西北方之天桥，即系用木柱搭成，木柱之两端，即直接置于河之两岸上，其他河面宽度，盖不过十公尺。

岷江自北流来，至银屏岩即曲向西方，会于松坪沟及鱼儿寨沟中小水，过大桥，向东南流，过叠溪后乃向南屈曲流去。岷江在此段内，绕[①]叠溪台地成一大弓形，南北长约二公里，东西广约八百公尺。在其两端，紧靠河之东岸为叠溪故址，海拔高度为2290公尺；其北端平地中，有村名“较场坝”，海拔高2250公尺；两地相距约三里，其间有村名“七株寨”。在近山处，此台地南端高于北端约四十公尺，在大震前，不现阶级状，完全为山地中之一大平原也。岷江河谷之台地，当以此为最高。

叠溪四围之山，皆为硬质岩石组成，多为石英片岩、云母片岩、绿色片岩及黑色片岩等组成，其间常夹有片麻岩，似属花岗岩积成伟晶，多为辉石，而以黑色玻璃质粘结。此种岩层，似属志留泥盆纪岩石，走向多为北，偏东80度，倾角约为30度。向南山极陡峭，皆在四千公尺以上。其东有云峰山、犁牛山，其南有排栅山，其北有飞凤山及蚕陵山，皆载在志书，为茂县名山。

叠溪之西，隔河有松坪沟，为岷江一小水源，沟谷颇宽，长约八十余里，其间番寨林立，向西过山，即入黑水河夷地，现仍为汉人势力不可及之区域，故松坪沟为通番地要道。叠溪以东之山地，昔时属甲竹土司，为青片，白草诸夷盘踞之所，叛服无常。明嘉靖时廷议，有以三万兵追剿。至康熙二年及二十四年大剿之后，仍服王化。故叠溪在昔时为边防要地，历代以来，皆为重镇。于汉时为蚕陵县，寻置铁州。周置翼针县。明洪武时，置叠溪千户所，转叠溪营，即二长官司，置兵一千二百十六人，盖当时茂州兵备，全集中此地。清初在茂州置兵二营：一为威茂营，驻茂州；一为叠溪营，驻叠溪。设游击、千总各一员，把总、外委各二员，驻守兵五百名，其重要程度殆与茂县并立。民国以来，兵家内争不已，不在边鄙之地，然叠溪仍不失为税收重地，置有税捐局、公安局、小学校等公立机关，有房屋二百七十八所，居民五百余口，盖茂县南北两路之唯一重镇也。

叠溪之有城，远在唐贞观时。明洪武十一年，御史大夫讨复故地，令指挥使童胜复筑城，高一丈，周三百九十丈，开门四，城作斜方形。成化间重修，以建置悠远，城南有玉津楼、祈雨台，北城有玉叠洞，城西有瑞芝石诸名胜，为叠溪游览胜地。城中仅有

① 绕：原作“才”，今据《勘误表》改。

一繁盛市，作西北东南向，旧日衙署及学校等皆在此街，城中隙地殊多，皆作为菜园用。

乙．叠溪之毁灭

民国二十二年八月二十五日下午二时半，大地震忽然后[①]发生，事前无微震、地鸣及任何预告。据叠溪北三里较场坝在田中逃出者之所述，地震前连日皆甚晴明，是日尤热。大震发生时，居民多在家用午膳，陡觉霹雳一声，天翻地覆，即时成为黑暗世界。地中发出仑仑然之极大吼声，与地上隆隆之声相混合。人身如被抛弄倒在地上，亦颠簸不定。觉飞沙走石，滚滚而来，耳目口鼻，皆为尘土所塞，满眼迷离，不能远视。只见近处地皮，到处发生大缝，忽开忽闭，或过度倾倒，则地壳向下倾陷，排墙而倒，极似架上陈列之书籍一一倒去。人在地上一步不能移动，意志全失，如在梦中，不知究属何故。约一分钟久，地壳即未震动，地中仑仑之声亦停，但四围地上，绝大隆隆之吼声，仍继续不断，沙石仍继续飞扬，远景仍在朦胧中。三小时后，尘雾始稍歇，可辨远近，则已日影沉西，河山改易，城郭无一存者。

在大地震之一分钟间，叠溪城即时毁灭。其西侧邻河之一部，向河中崩倒；一部垂直向下陷落；其一部分为自东侧山上滚下之岩石所压覆。

叠溪西岸之龙池山，与叠溪隔河相望，其上有湖曰龙池，风景幽丽，为叠溪营八景之一，其侧有龙池村，居民二十余家。大震时，亦向岷江中倾倒，龙池村全村覆没，龙池亦涸。由龙池山崩下之沙石，及由叠溪崩下之沙石，即时将岷江堵塞，在河谷中横成一山脊，其高度在一百五十公尺以上。

叠溪陷落之部分，系沿东北一直线上垂直陷落，在原位上成一断壁，高度一百公尺，俨然成一小断叠陷之部分，因崩堕及被其他岩石压积之关系，不复成为平地，成一片丘陵地，皆为乱石堆成。乱石多属自山崩倒而下者，或大如屋，或小如拳，随地堆积成小山。其间常常有洼地，又常有黑泥流布其上，当系大震时，山谷裂缝中所流出者也。此陷下之区域，约沿叠溪东侧山脉，向西北延伸，其长约 1300 公尺之远。北部陷落较浅，南部陷落较甚，陷落最甚之地，即为叠溪城北部也。向南远望叠溪，则恰如向西北方延长之深谷，在此地带所有之房屋城郭及一切生物遗迹，皆无所见。仅在城隍庙前之断壁下，见一小堆之折断木料，然在乱石之上，当系自它处飞来之残屋，而非陷落之部分之固有物也。

叠溪未陷落之部分极小，仅城东南之一小部，该地人烟稀少，多属荒地。然犹大部分为自山上崩下之岩山所压，未压之地带，一被掊击，无完肤，到处龟裂。今所存之城郭，仅东门城洞一及其南侧之数丈城垣，而城洞被四围乱石压迫及卷缩成圆窦，城墙则半埋乱石中。其北则巨石丛错，皆为自山上崩来者，一片凌乱之地，顺山而北，约有二里之长。

叠溪城隙地中有一城隍庙，大震后，此庙之断柱颓梁，及折腿折足之泥判官等，尚有一部分存在，为叠溪全城建筑中之唯一遗迹，但此庙已随地皮向南方转移十数公尺之

① 后：疑为衍字，当删。

多。此段地皮以前，本向西方岷江中倾斜，现则倾斜向东方山地。叠溪城中原有民房二百七十八所，除此庙外，无一点残迹可寻。

叠溪大震发生之时，正在午后二时半，村民多在此时用午膳，故多在家中。是日，凡在城中之人，仅闻有二人未死，其余全罹浩劫。逃出之二人，有一为城隍庙塑像之画师；又一为妇人，抱一幼孩，正在城北东南角路上，幼孩被飞石击毙，而此妇无恙，盖亦奇也。是日，城中死难人数之可考者，计五百七十人，而旅行客商及暂住此地者，尚不在内。但所有尸体，皆深埋乱石之下，仅在城隍附近寻得二具而已。当时在城北田中工作者，亦无人逃脱，仅在东南方城二三里外田野中有逃脱者。幸当时正值河西番地鸦片烟成熟之期，叠溪居民多往收买，或代为收割。得全性命者，计未在城中之叠溪籍人，在附近遭难而仅受伤者，有四十二人；而苟全性命于他乡者，亦仅八十二人。其中之一部于劫后归来，就城隍庙之遗址，扬幡招魂，地拆天崩，人悲鬼泣，须臾之震，其惨有如此者。

在叠溪城北一里近山之地，有村曰七珠寨，居民十余家，皆因山岩下崩，全村被压，乱石堆积其上，成一片丘陵。

在叠溪城北三里，有村名较场坝。在大震前，与叠溪同在一平台地之上。昔时自叠溪往北到较场坝，田畴相接，地势平衍，为长江上游之惟一大平地。大震后叠溪以北一里许之地，向下陷落，又为自山上崩下岩石压覆作成乱石堆。此古昔完整之平地，遂不复相连接。此时，自叠溪遗址到较场坝，即须先下一百公尺之陡坡，经各乱石堆成之丘陵地者约里许，乃逐渐上升至较场坝平地。

较场坝为古昔叠溪营之大较场，平地之中，有小村居民二十二家，成一长街。大震后，仅有屋二间未倒，其余全数倒坍，共死五十二人。

丙．平地之坼缝及倾斜

较场平地，在大震时发生许多坼裂，当时忽开忽合，裂缝中吐出黄雾，直冲霄汉，状至狰狞。当时逃向田中之人，有五人竟为此大口所吞。大震之后，遍地龟裂，崩倒错乱，竟不知藏身何地。所有裂缝，大都顺东侧山岭排列，作南方向，阔至数寸至四五尺，长至数丈至里许，大小深浅皆具。惟此种裂缝，皆发生于砾石台地中，易致崩裂，故所见最深者，亦不过三丈耳。凡近此之处，经断裂后，裂缝中之土，即下降成为阶级状，两侧高低之差，自一二寸至三丈不等。此崩裂之地，其本身亦倾倒，大致东侧低而西侧高。在较场坝东北方，此种裂缝最为显著。

较场坝平地中，以前无泉水。及坼裂后，在东北角平地中涌起一泉，水量足三十余家之取用。

在较场坝东侧平地中，有小石山一座，即土人多称为宋时杨老令婆之点将台。其附近之土地，则近石山处不动，而远处下陷，可知土质盘踞石山愈远，则下陷愈甚。

此外之砾石地层中，皆处处有裂缝发生，大小长短不一。其最大之一，在点将台东南，沿南偏东四十度，伸向叠溪岩，然①成一断层线。在此线东北之地，多未陷下。西

① 然：《勘误表》指为衍字，当删。

南部分则多陷下，北部陷较浅。南部陷下达一百公尺之多，叠溪是也。在此处陷下地带之南端及西部，皆成一断壁，露出部分，仍属砾石层。

叠溪台地，自大震之后，或崩倒，或陷下，其中三分一地面之地形状态，与前完全不同。仅在较场坝附近，尚能保持其平台地之状态，而断折龟裂之处亦多，且接近江边部分，已有一小部分入河中。而在点将台西南方之地，以前本稍向西南，向河中倒斜，大震之后，竟改向东侧山地倾斜。

丁. 山地中之断层

在较场坝之北十一里，有小山岭，自高山上顺地层走向，向西横出，直到江边，为石英片岩组成，状如卧蚕。按《茂州志》：叠溪城北五里有茂陵山。当即此地。蚕陵山之中峰，高出较场坝平地约及二百公尺，为叠溪台之地北沿。在大震之后，在蚕陵山之山脊上，发生一大断裂，即可称之为一小断层。自山顶顺东北偏东八五度方向，向下裂开，裂口并不平整，状如扯裂之面包，其上岩犬牙交错，棱角森然，裂缝顶部相隔之宽约有七十公尺，长约有六百公尺，西边直到江边，东侧伸至高山上，乃顺倾斜方向垂直。于大裂口断口断开之处，以与高山分离，裂缝之中，全为巨大碎石填塞，深不可测。其露出之沟谷，已约有一百公尺之深。裂缝之南侧，下降约八十公尺，其两侧岩岸上，均发生极多之小裂口，或顺走向，或顺倾向，或作“之”字形，或大或小，或长或短，形状不一。

蚕陵岩山上之大小断层，因南侧下降，其沟谷中，新鲜之岩石，自南面看去，在十七里外即能望见。其南侧下降部分之山岭，为沟谷中台新鲜之剖面所映。其上之峰谷，回曲之状，与新鲜剖面上之山谷，两两相映，如影随形，若合符节，是诚天地间之大观，为近世动力地质史上不可多得者也。

在较场坝村西南三百公尺处，有小石丘一，高约二丈，周广十数丈，顶平如掌，为石英石片岩组成，其侧有唐贞观五六年所刻石佛及元时将官之勒铭，所谓点将台是也。在点将台之南侧，亦有一裂缝，沿南偏西七十度，西南延伸至江干[①]边，裂缝皆在石岩山发生，长约二百公尺，宽约二十公尺，其中亦为碎石所填，现存深度，亦达十六公尺。其南侧下降约五六公尺，亦形成一小断层，至点将台东南方。土地层之大断层线，即在点将台之东侧，与此小断层相接。

由叠溪台地上断折陷落之多，及蚕陵山断折线之伟大，可以想见地壳断折之猛厉，当地层折裂时，附近地皮随之震动，故断层之发生，实为此次地震之原因也。叠溪附近断裂地之多，实足证其为地震中心。而叠溪城全系建筑在砾石层之上，其基础本不坚固，又处于悬崖峭壁之上，其受祸自比他处为烈矣。

戊. 山崩

叠溪四周山地，皆属志留泥盆纪变质岩，多为云母片岩、绿泥石片岩、石英岩及片麻岩，多成尖峻之高峰，峭削之岩壁。其下则深沟窄狭，水流湍急，溅石飞沫。即在平时，亦多流沙崩石，常常伤害人畜。大震时，群山更如发狂，皆向下崩倒，轰天震地。

---

① 江干：原作“干江”，今乙正。

震后二三小时内，犹自飞沙走石，互相冲击，一一连累，几至全体破坏[①]。南至猫儿山起，北自平羌沟止，沿江十余里之山，自顶至麓，其高在二三公尺以上，皆体无完肤，极似一盘剥皮馒头，嶙峋垒列。震后一二月，当狂风陡起，或微震继至，一石滚下，初仅轰然一声，继则全岩引动，随之倒坍，如万炮齐发，声动天地，震撼数里，飞沙走石，尘土蔽天，一望迷离，犹常伤害人畜，大为旅行所畏。崩坏甚烈，叠溪附近而外，当推小关子隔河之烧炭沟。盖在震后二月中，犹日日有崩溃之事。至距江较远之地，则崩倒稍逊。此盖岷江河谷太陡峭，而两岸之山脚不安定，因之容易崩坍。

凡在叠溪附近山上之村寨，多系利用碎裂之片岩和泥土砌成，最易崩倒。其在岷江西岸上之诸寨，如烧炭寨、龙池、吉日沟、梭多寨、白泥寨、石嘴、鱼儿寨、肋骨山、大和尚寨、小和尚寨、白腊寨等，在大震之后，皆完全崩倒。其中近江诸寨，如烧炭寨、龙池、白腊岩[②]等，已崩入江中，即遗址亦不可得见。

叠溪东侧山上村寨较少，但亦完全崩倒。在叠溪南十里之小关子，亦在砾石台地上，开建于明洪武中，震前有居民二十余家。大震时，其接江岸之一部，亦崩入河心；其近山之一部，则完全向下陷落。全村覆灭，仅余木材房柱四列，共死七十五人。陷下区域，自小关子起，向北延长约及一里；其陷下距离，北部较浅，南部较深，约达五十公尺之多。其间稍受坳折土地，多起如乱坟，或则微起小窝，随处龟裂。此地山崩较轻，陷下之区域较少，为岩山所压，其上之荆棘柴草，犹能保存其生态。在此区之北端，有为崩石流被之区域，石岩自山上崩流而下，流入陷下之平台地中。地面受流石之冲击向前移动，受冲击力最烈之地，正当石流中部，移行最远；其受力微弱之边部，则移行较少。当地面移行之时，因冲击频数而强弱异趣，故地皮随行，方向绉成若干弧线，由近而远，俨如巨浪横江，圆浪重重，备极美观，为叠溪而外地形变易之至大者。盖此地仅位于叠溪南数里，又同属台地构造，其所受震撼之强，实理所当然也。

己．岷江堵塞

叠溪附近崩倒最烈之山地，共有三处，皆将岷江堵断，成为深潭。其最下之一，正在叠溪城下，系叠溪城及龙池山崩入河心所填塞，两地崩倒之后，叠溪之河谷即不似以前之深狭而大为扩[③]大。自两侧坠[④]下之乱石，横塞河心，成一小山脊，即时将岷江正源压断，滴水不泄。据岷江河床之坡及现存遗迹推算，当时此地堰坝之高，当在二百六十公尺以上。其二在叠溪西北二里之大桥，由河西之山地所堵塞，其上诸山寨，如梭多寨、白泥寨等，完全沦灭。在大桥附近成一堰坝，其高在一百公尺以上。其三在更北四里之银屏崖下，岷江自沙湾流来，在银屏崖下折向西流。银屏崖紧靠江之西岸，直上直下，峻壁干云，其高盖在江面二千公尺以上。震后，附江一面之崖石，自顶至麓，崩入河心，成一大堰坝，厚约二百公尺，高约一百公尺。因完全为岩石崩塞所成，而位置又在最上流，为三堰中最坚固伟大而蓄水最多之堰。

---

① 坏：原作“坯”，今据《勘误表》改。

② 白腊岩：即白腊寨。

③ 扩：或当为“阔”。

④ 坠：原缺，今据《勘误表》补。

大震时，群山崩倒，三堰同时生成，岷江正流，即时断流。在两河口以上，银屏崖以下之河谷，不论已崩未崩，皆滴水毫无。岷江之水，于地震未停、山崩地裂之际，即回激北流，挟飞沙走石，倒涌一小时后，即[1]掩至五里以北之沙湾，将该村震后之残迹洗净。沙湾亦为驿堡，建于明洪武间，在叠溪北十里，为骡马驮站，站有居民八十家。是日，正有二百余驮马运货至此打尖，又系一清真寺集会日。大震时，房屋震倒，山石下崩，大部分之人民房屋，即以被压，逃出之人，方从事发掘倒屋，救死扶伤。而水已大至，即时将劫后余灰冲没无遗，计震灾及水灾二者，共死回人 103 人，汉人及旅客，当在二百以上，牛马牲畜无一得脱，损失之巨，叠溪而外当属沙湾。

银屏岩积水，于八月二十七日淹没普安堡。此堡建于明宣德间，有居民三十家，震后伤亡过半，仅存残址，复深深沉水底。至九月六日，湖水即倒注至太平堡南二里之泉水岩，将观音庙神座淹没。自银屏岩至此，积水成湖，及二十五里之长，最广之处，及四里许。一片汪洋，深碧如黛。湖水遍注沟谷，随山曲折。以前河谷之小山小岭，皆被淹没，或稍露其顶，则或为长堤，或为圆岛，荡漾其间。近则港湾环合，幽妙成趣；远则雪山耸峙，瑰玮离奇。然田园岩岸，多已崩溃如削壁。每逢岸崩水涌，则烟雾蜃幻，怪吼逼人，身临其境，大有凛乎其不可久留之慨。

二、叠溪附近区域之地震

民国二十三年《西部科学院地质研究所丛刊》：

甲. 叠溪西路

岷江重要支流皆在江之西岸，盖西岸毗连青海高原，山深谷广，源远流长。各山谷中，番寨林立，皆以片岩和黏土砌成平顶房屋，随山上下，鳞次成村。又多叠石成碉楼，下丰上饶，高十数丈，圆方多角，凹面凸面，各式皆备，建筑精美坚固，多宋元以来遗物。每十数家或数家，即成一寨。在叠溪之上，大桥西侧，有松坪沟，为番民生息之所，山寨极多，有娃儿叉、义利、坭巴、上木石坝、下木石坝、刁公寨、坭力子、格司湾、火鸡、八马、木检、二八溪、麦食搽、泥无溪、鸭刮、出死等寨；为小姓[2]寨及叠溪所属四大寨，及松平沟内外五寨；分布之地沟长约八十里。往西过山，可通龙坝，以芦花黑水番地，为汉番交通要道。沟谷颇宽，耕种极盛。地震时，万石飞空，青岩下坠，四郊龟裂，黑气上升，各堡寨亦木石相击，土石横飞。每一碉楼倒下，则轰然一声，覆压数亩之内，木石全摧，人畜遇此，殊难幸免。然著者曾遇一二八妇人，自述曾住于一高十余丈之碉楼中，当楼折断时，被甩[3]自断口中落出，横挂于一巨树上，仅伤及臂部。松坪沟之山寨，因大部为碎石所建，震后几全体覆灭。死亡人数，据茂县政府调查，在三千人左右。

松平沟崩倒后，水磨沟村下之溪谷，即为岩石堵塞，成一深堰，其高约五十公尺，水蓄其中，倒浸至四五里之远。

---

① 后即：原作“即后”，今据《勘误表》改。

② 姓：原作“娃”，今据《勘误表》改。

③ 甩：原作“怡”，今据《勘误表》改。

在河西，松沟沟与大桥之间亦有一小谷，为鱼儿寨沟。大震以后，鱼儿寨覆灭。其下亦成一小湖，自远望之，堰高约及二十公尺，而蓄水则不甚多。

自松坪沟往西过山，可通黑水龙坝番地，黑水河间约向东南流，在叠溪南五十五里之两河口，流入岷江。其沟谷则恰在叠溪之西南侧，完全为番民生息之所，其间山寨更较多于松坪沟。大震之时，山峰崩溃，覆压村落之上，平地或崩陷，或坼裂，成为荒坡，路断沟塞，地形上之变迁甚大。事峻，据一般调查，死人在二千左右。闻在大震前二日内外寨沟中，曾降冰雹，伤及禾苗，惟其他各地，则无以此种事实告者。

乙．叠溪北路

叠溪以北至于平羌沟一带，皆为山崩地裂，震动剧烈之区。而东北至沙湾、普安一带，皆残破不完，群山如剥。但向北走则凡五十里之地，皆为冷杉出产之地，所有房屋，多以木建，故往北至距三十里之太平镇，所见之房屋，震坏倾斜者虽多，而完全倒坍者，仅贫苦家所住之平房，为数实寥寥无几。但四周山地，震坍崩倒者，似缤纷罗列，到处可见，计太平大震后共死十人。

平定关在叠溪北十里，城垣为碎石所砌，已震倒一部，其中房屋，仅震后歪斜，屋瓦倾落，而附近之山，仅稍有崩倒，未伤人畜。更北十里，靖夷堡街市房屋，大部完整，仅屋瓦稍有震落，平房震倒，亦未伤人畜。至更北十里之镇番堡，则屋舍更为完整。至叠溪北七十里之镇平，则城垣被震倒一部，北门城楼倾倒，附郭民家，又多平房，故受灾重，共死八人，其震力约及八度。更北至距叠溪八十里之金屏岩，则屋宇完整，四山微有震塌，仅有一旅客在途中为滚石所击毙。

在金屏岩以北，即未闻有倒岩倒屋及压毙人畜之事，盖去震心已远，其动力已不足破坏建筑物矣。

凡在叠溪已[①]北所见之震坏房屋，皆系向北方倾斜，可见此一段途程中震动之力，系由叠溪而北也。

丙．叠溪南路

叠溪南至小关子一带，皆属剧烈震动之区。其由小关子到两河口一带，约四十五里之区域，两岸山壁，亦皆崩坏，道路断绝。大震时，地中发生仑仑吼声，与四山隆隆崩石之声相应，飞沙走石，黑雾迷天，历一时许。乃在黄草坪南约五里之老龙湾，当山崩时，山上泥土随岩石崩下，成一泥流斜挂半山上，向西南直流入河中，干后成一片黄土，宽及半里，长约二里。其附近村落，如黄草坪、排山营、水沟子等，皆完全震倒，排山营为明洪武十一年大军西征至此所建，至是完全毁灭。

玛瑙顶，在叠溪南二十里，有居民三十余家，震后仅余一庙及一木材房屋未倒，死人五名。在玛瑙顶附近诸小寨，如麂子坪，亦大部震倒，伤亡甚多。南至大定堡侧城垣震倒，至鹦哥嘴一带屋房亦大部震坍，山地亦崩极多，如猫儿山等是。至距叠溪三十五里之青墩，在山崩时正值番商赶运大批驮马至此，约有百余头之多，亦大部压死。至叠溪南四十里，实大关在大震时，本地团总及其友人甲长等，正在关中作叶子戏。大震

---

① 已：当为“以”。

起，壁上观者，尽鸟兽散，团总以擒王在即，力主鏖战，遂及于难。掘出时，手中叶子犹未乱也。大震后，房屋多毁，共死二十四。实大关东侧后沟山寨，其中平房全部倒坍，仅余石碉楼三座，因建筑坚固，尚巍然矗立于颓岩倒房之间，然亦破裂倾斜矣。

后沟以南，高山诸山寨，多系碎石平房，亦复大半倾倒。小牛寨，海拔高2400公尺，建于斜坡之上，大部崩溃，压死四人。大震之后，寨后涌出一泉水如碗巨。在桃花寨南侧之龙塘沟中，有小溪流，水量本小，大震后增出数泉，水流增巨，但二月之后，水仍混浊不清。计实大关以南，山地各寨，共压死三十四人。往南到穆肃堡以南，则仅平房之不坚者倒坍，其稍坚者，仍存无恙。

两河口在叠溪南约五十五里，为黑水河与岷江合流处，该地房屋仅数家，皆倒坍不堪。自此以南，及于茂县，则仅悬岩之上稍有崩坍，山上间有裂缝，然不如两河口以上之处处山崩如剥皮矣，所有房屋，亦仅碎石平房倾斜，其建筑较好平房及木材房屋，则仅小部受伤，多数完整无恙。

茂县在叠溪南一百二十里，当大震时，地如波动，地中发出仑仑吼声，石砌平房及不坚固之墙壁，虽未倒坍，而摇摆[①]如挥扇，梁柱忽开忽合，屋瓦飞下，多所伤害。当时尘土飞扬，隐蔽天日，约半小时乃散。幸城中多木材房屋，成灾不巨。计县城及附城各地，仅死六人，伤亡七人，其震力约系七度。

附：余震表

月	日	时	地点	强度	经过秒数
十	23	下午一时半	茂县	4	1
	26	下午一时二十分	浅沟	3	1
	27	上午一时	龙塘	3	1
	27	上午五时	龙塘	5	3
	27	上午五时二十五分	龙塘	4	1
	27	上午十一时半	桃花寨山上	3	六地鸣
	27	下午零四十分	桃花寨山上		六地鸣
	28	上午十一时五十分	大定		二地鸣
十一	1	下午一时半	叠溪	3	1
	2	上午零[②]二十分	黄草坪	5	2
	2	上午三时	黄草坪	5	3
	2	上午五时二十五分	黄草坪	5	六连震二次
	3	上午二时半	大寨	3	1
	3	上午五时四十分	大寨	3	1
	3	上午九时七分	马厂		二地鸣

① 摆：原作“罢”，今据《勘误表》改。

② 零：应为“零时”。

续表

月	日	时	地点	强度	经过秒数
	4	上十一时	山岔子沟	3	1
	5	下午九时四十分	镇平	6	4
	22	上午二时	镇江关	3	1
	22	下午五时二十分	镇平	3	1
	23	上午二时十五分	镇平	3	1
	23	下午十二时	洞子溪	2	1
	24	下午七时四十分	窄口	6	8

三、损失统计

民国二十三年《西部科学院地质研究所丛刊》：

八月二十五日之震，茂县所受灾害，特较附近各县为巨。盖茂县之主要出口货物为药材皮毛，皆须由北川或灌县转运内地。岷江上游人民，恃此种商业为生活者，盖居极重要之地位。震后山川崩裂，交通梗阻，无法经营，市场因之肃索不堪。而该地方政府，又全恃此诸税收，而货物运输一停，收入毫无，其苦更有甚焉者。惟此项公私损失，详情不易访求，今仅将大震时之直接损失，就茂县震灾救济委员会所调查，列表于后：

地名	死人	伤人	房屋	田地	粮食	牲畜	难民	备考
叠溪	517	42	278	完全覆没	概行淹没	375	82	系地震发源地受灾特重
大小姓寨	876	118	197	完全覆没	保存少数	482	170	近叠溪震动裂
松平内外五寨	3337	343	372	保存少数	保存少数	1472	450	同右
上四塘		52	238	淹没过半	淹没过半	618	430	
下三塘	367	148	268	损坏半数	存留少数	371	380	
渭门关、实大关等寨	84	116	283	略有倾毁	损失少数	671	670	共二十余处
小北区各村寨	318	203	281	损三分之二	概行淹没	1278	780	
内外五寨	69	41	203	损毁大半	完全毁坏	487	910	
三齐河东西廿四岩	75	49	220	略有损坏	损毁大半	281	510	
山后十二寨	342	145	304	损毁半数	损毁半数	127	570	
黑不文寨	85	46	73	损毁小部	略有损毁	2570	42	
芦花黑水各寨	1345	568	2325	损毁半数	毁半数	258		
聊坡及附城三乡	6	17	21	无损	无损	无	40	
大小东西各场	3	12	无	同	同	无	10	

续表

地名	死人	伤人	房屋	田地	粮食	牲畜	难民	备考
大小南区各场	4	25	45	同	同	18	80	
总计	6865	1925	5108			9678		

上表所列受灾堡镇村落，共一百五十余处，死亡人六千八百余名，行商负贩，友客籍人民，尚无从查考。至被灾及受伤难民，约在八千以上。田地损毁大半，粮食存留少数，牲畜死亡九千余头，房屋倒坍五千余所，其他一切损失，估计亦在二十万元以上。此系粗略调查，尚欠[①]详确，但亦可见损失情形之概况也。

叁. 水灾

民国二十三年《西部科学院地质研究所丛刊》：

八月十五日大地震时，叠溪、大桥及银屏岩三处山地崩倒最烈，崩下之岩石，即将岷江堵塞为三大堰，在两河口以上之岷江，即时断流，滴水毫无。在此后四十余日，岷江两岸之难民，皆能自河床中往来行走，无复注意其将来之为害也。银屏岩之水上淹二十五里，至太平南侧二里之泉水岩。至九月十四日，乃盈盈而出，注入大桥之湖中，流出之时，成为大瀑布，堰上不坚固之碎石泥沙随之冲下，如万马奔腾，水如浊泥，渐次乃清洁。至九月三十日，大桥之湖盈溢，乃又入流溪湖中。至十月七日叠溪湖又盈溢，叠溪城下之堰，其高在一百六十公尺以上，而大桥及银屏岩之堰，仅高于一百公尺，故叠溪之堰积水时，大桥及银屏岩之水，又为叠溪湖水所倒注，继续上涨。至十月九日，叠溪之堰注满水，乃盈堰而出，两河口以上，乃有细流，水流出时，即将堰坝冲坏，渐成小溪，而堰上岩石，亦向下冲走，堰基随之动摇。即于十月九日下午七时倾湖溃出，当时霹雳一声，四周山岳，皆为大震。凡沿江岩岸陡峭之地，以及江面狭窄，霹后倒坍过甚，山脚不安定各处，遭此水之猛压，即时倒坍。犹以叠溪附近倒坍最烈，当时乱石飞崩，尘雾障天，又宛然大地震时也。水流过处，挟崩下之碎石泥沙，及所冲洗之人畜建筑，怒涌而下，水流浓稠，如滥泥，腥臭刺鼻，浊浪排空，吼声震地，距水头十数里外，皆可闻知，无如本区人民已熟闻地震之声。是夜，犹以为地震，而大水溃至下游之时，已渐入夜中。计大水以七时溃出，于九时到茂县，十时到汶川，次日上午三时到灌县。水至茂县之时，当地政府即用电话通知威州以下，各地应答迟缓，电线又随水冲断，沿江诸大城镇，竟皆无法避免，随波逐流以去。幸当夜晴明，星月灿烂，人民于睡眼朦胧之际，仓皇出走，尚能略识途径，故死人尚不多，亦大幸也。

大水溃出时，在大定以上之河谷中，水头之高达二十丈。至穆肃堡以上，水头仍有十丈以上高。以下河床渐宽，然水流至灌县，水头仍有四丈之高。幸大水在一[②]小时内即退，而最高之水头流经之时，且不过十数分钟也。

---

① 欠：原作“久”，今据《勘误表》改。

② 一：原文无，今据《勘误表》补入。

洪流之中，因夹有巨石泥沙，其沙壤水力极大，人堕其中，无能幸免。即巨大木材，一经漂流，数十里即被摧剥，细小如舂米杆。岷江床中，本多巨石，已大部分冲走，河床即大为平整，江水吼声亦小，且在河谷稍为平整之地，如茂县、威州旧城外，竟可用木筏渡河，诚岷江上游河床变动之剧烈者也。

岷江上游，在平时之消涨范围，常在一丈以内，故所有沿岸村镇关堡，多建筑于江岸，距水面并不甚高。故水一来，大部落席卷以去。所有关堡，多建筑于明代，多系小城，全用石建，极为坚固，但一经洪波触及，则城垣随之流去，乃如沸汤沃雪。村镇被冲之后，或为乱石埋没，或则地基亦被淘刮至数丈之厚，以前形状，完全无存。

茂县受灾最烈者，有大定关，所有房屋，胥被冲去，死二十四人；实大关房屋冲洗罄尽，城垣冲后，仅余一箭楼，死二十三人；长宁则房屋一无所存，死二十一人，其中七人系来叠溪考查水利之灌县水利局职员之从人；浅沟全部冲浸，死二十三人；椒圆堡，死三十三人；茂县之大河坝，恰在河心沙洲上，全村冲没，死七十一人；羊毛坪，全村没灭，死十三人；文镇全村冲没，死三人；沙坝全村冲没，死四十四人；计茂县共死三百四十人，冲没田地二千六百八十六亩，房舍七百二十九所，各种粮食二千五百七十九石，牲畜二千一百七十头，至淹毙客商行旅之数无可考者，尚不在内。

附：水灾调查表

地名	死人	房屋	田地	牲畜	粮食	冲后情形	备考
大定关	24	25	180	97	165	田房冲毁，沙石堆积	
实大关	23	72	210	184	200	田地冲毁，房基无存	
穆肃堡	14	64	175	176	164	同	
长宁	21	11	120	42	100	同	
浅沟	2	13	80	54	75	同	
花红圆		15	30	22	23	同	
水草坪		14	70	25	68	同	
刁林寨		31	97	134	88	同	
沟口寨	7	75	190	217	187	同	
窄溪沟	24	28	90	48	86	同	
小沙河		7	20	19	18	同	
椒园堡	33	36	148	148	146	田房冲毁，地基犹存	
松溪堡	15	29	95	96	95	村子犹存	
玻水础	18	42	270	64	270	沙石堆积，少数尚可设法弥补	
青坡门	9	40	10	55	10	河心间有少数残缺地基	
大河坝	71	21	280	37	280	村址已成河心	
桥头	17	20	60	21	60	地基犹存	

续表

地名	死人	房屋	田地	牲畜	粮食	冲后情形	备考
石鼓		30	44	75	41	村址已成沙丘	
白水村	1	26	45	165	45	村址已成河心，无法弥补	
羊毛坪	13	35	650	250	237	村址存而已为沙丘矣	
文镇	3	40	125	165	117	同	
青坡	1	17	12	79	12	村址尚存，可设法弥补	
沙坝	44	48	85	96	85		
总计	340 人	279 所	2686 亩	2170 头	2579 石